D1728413

Walter Grasser

Friedrich H. Hettler

Der »rote Schorsch«

Georg Kronawitter – ein bayerischer Politiker

Veda-Verlag Wallmoden

1998

Die Deutsche Bibliothek – CIP-Einheitsaufnahme

Grasser, Walter/Hettler, Friedrich H.:
Der "rote Schorsch" : Georg Kronawitter – ein bayerischer Politiker / Walter Grasser ; Friedrich H. Hettler. – Wallmoden : Veda-Verl., 1998

ISBN 3-928337-10-6

Printed in Germany

Satz: Büro für Textgestaltung,
Reinhold Werth, D-80538 München, Sternstraße 17
Schrift: ITC Stone (Berthold), gesetzt mit Word97

Druck: Danuvia Druckhaus Neuburg GmbH,
D-86633 Neuburg a. d. Donau

Inhaltsverzeichnis

Einleitung

»Ich habe soviel Kritik hinnehmen müssen, daß ich mir jede Selbstkritik ersparen möchte.«
(Georg Kronawitter anläßlich seines 10jährigen OB-Jubiläums 1988)

Das Amt des Münchner Oberbürgermeisters kommt in Bayern an politischer Bedeutung gleich nach dem des Ministerpräsidenten. Mit einer Einwohnerzahl von rund 1,3 Millionen Menschen läßt sich die bayerische Landeshauptstadt bevölkerungsmäßig sogar mit dem Saarland vergleichen. Dem jeweiligen Inhaber der Amtskette im Münchner Rathaus wird deshalb in der ganzen Bundesrepublik große Beachtung geschenkt. Durch die in Süddeutschland übliche unmittelbare Volkswahl erhält der Oberbürgermeister neben dem Stadtrat eine besondere demokratische Legitimation.

Während das 80köpfige Kollegialorgan Stadtrat in München die Bürgerschaft repräsentiert und deren politische Vertretung ist, steht die rechtliche Vertretung allein dem Oberbürgermeister der kommunalen Gebietskörperschaft zu. Er ist die Spitze der gesamten Verwaltung, vertritt die Stadt nach innen und außen. Das Stadtoberhaupt ist aber zugleich auch Mitglied des Stadtrates, in dem er Sitz und Stimme hat. Nur er kann zu den Stadtratssitzungen einberufen, führt dort den Vorsitz und beendet auch die offiziellen Zusammenkünfte des Rates wieder.

Diese starke Stellung läßt die Amtsinhaber gelegentlich vergessen, daß sie zugleich ein politisches Mandat ihrer Partei haben und vor allem bei der Wiederwahl auf deren tatkräftige Mithilfe angewiesen sind. Aufgrund besonderer Sachzwänge im Rathaus kommt es immer wieder zu einem schmerzhaften Spagat zwischen Partei, Fraktion und eigener Meinung. Dann liegt die Versuchung nahe, populistisch zu handeln und sich weg vom »Parteioberbürgermeister« zu einem »Volksoberbürgermeister« zu entwikkeln.

Mit einer Amtszeit von insgesamt 15 Jahren als Münchner Oberbürgermeister hat Georg Kronawitter seine beiden sozialdemokratischen Amtsvorgänger Thomas Wimmer und Dr. Hans-Jochen Vogel übertroffen und zählt zu den am längsten im Amt gewesenen Stadtoberhäuptern der bayerischen Landeshauptstadt.

Ganz besondere Umstände – die anfänglich politisch keineswegs günstig waren – sein missionarischer Eifer, sein knabenhaftes Aussehen, Unerschrockenheit und auch ein gewisses Maß »bayerischer Sturheit« brachten ihm bei der Münchner Bevölkerung, aber auch über die Stadtgrenzen hinaus, eine hohe Popularität, die durch Angriffe seiner politischen Gegner und insbesondere auch durch heftige Verunglimpfungen seiner eigenen Parteifreunde nicht vermindert werden konnte. Unbeirrbar durch Lob und Tadel wurde der »rote Schorsch« immer mehr zu einem beliebten Volksoberbürgermeister.

Kronawitter wäre seit 1978 grundsätzlich dazu in der Lage gewesen, aus seiner Partei – die ihm wiederholt sehr übel mitgespielt hat – auszutreten und sich als Mitglied einer anderen Partei oder sogar als Parteiloser zur Wahl zu stellen. Diesen Schritt erwog er jedoch nie ernsthaft. Er betrachtete sich vielmehr ebenso wie seine beiden Vorbilder Ministerpräsident Dr. Wilhelm Hoegner und Oberbürgermeister Dr. Hans-Jochen Vogel stets als echten bayerischen Sozialdemokraten, der seinerseits auf dem richtigen Weg wandelt. Diese unerschütterliche Haltung hat ihm innerparteilich große Unannehmlichkeiten eingebracht und vorübergehend sogar zu seiner völligen politischen Kaltstellung in der SPD geführt.

Bei seiner ersten Wahl auf den Oberbürgermeister-Stuhl (1972) war Kronawitter der von Vogel ausgesuchte sowie öffentlich der Partei und der Münchner Bevölkerung vorgeschlagene Amtsnachfolger. Aufgrund parteiinterner Querelen galt er 1978 in der Münchner SPD als nicht mehr vermittelbar. Es wurde ihm sogar vorgeworfen, die Partei zu spalten. Daraufhin lehnte er es ab, nur noch als »Galionsfigur« für die SPD aufzutreten.

Die unmittelbare Folge dieser lautstarken Auseinandersetzung in der SPD und der Nichtkandidatur von Kronawitter war der kommunalpolitische Sieg Erich Kiesls und der Münchner CSU. Erst 1984 wurde Kronawitter zähneknirschend auch vom linken Flügel der Partei wieder als OB-Kandidat der SPD akzeptiert, weil vorauszusehen war, daß nur er Kiesl aus dem Amt verdrängen konnte und das Amt des Münchner Oberbürgermeisters sonst für weitere sechs Jahre für die SPD verloren gewesen wäre.

1990 konnte es sich die SPD noch weniger leisten, auf den populären Kronawitter als OB-Kandidaten zu verzichten. Als »Kronprinzen« suchte er sich statt des mit zahlreichen Grünen befreundeten Dr. Klaus Hahnzog den in der Öffentlichkeit vor allem als sogenannter »Mieteranwalt« bekannten Münchner Rechtsanwalt Christian Ude aus, was zunächst in weiten Kreisen der Münchner SPD völlige Ratlosigkeit auslöste. Das Amt der dritten Bürgermeisterin wurde, aufgrund der neuen Mehrheitsverhältnissen im Stadtrat und der sogenannten »Koalitionsvereinbarung«

zwischen SPD und den Grünen mit Sabine Csampai besetzt.

Der geplante »Stabwechsel« mit Ude erfolgte dann mitten in der dritten Amtszeit als Oberbürgermeister. Im Juni 1993 trat Kronawitter ohne Rücksicht auf die dadurch verursachten Millionenkosten vom Amt des Münchner Oberbürgermeisters zurück und übergab die Amtskette an Ude, den er bereits 1989 als Nachfolger seines Stellvertreters Hahnzog beim SPD-Parteitag durchgesetzt hatte. Damit wählte er einen Mann zum Nachfolger aus, der ihn als Pressesprecher der Münchner SPD und Chefredakteur der Parteizeitung Münchner Post innerparteilich lange Zeit massiv bekämpft und wesentlich dazu beigetragen hatte, daß er innerhalb der »eigenen Partei« als den Wählern nicht mehr vermittelbar galt.

Aufgrund seiner besonderen Persönlichkeitsstruktur hat Kronawitter selbst ganz erheblich zu der Polarisierung innerhalb der SPD beigetragen. Erst nach einer sechsjährigen Zwangspause (1978 bis 1984) hatte er soviel dazugelernt, daß er sich letztlich, um überhaupt wieder auf den Oberbürgermeisterstuhl zu kommen, innerparteilich wesentlich versöhnlicher zeigte. Nur so erklärt es sich, daß sein Vorschlag, gerade Christian Ude auf einen Bürgermeisterposten zu wählen, von den eigenen Parteimitgliedern zunächst als »verspäteter Faschingsscherz« abgetan wurde.

Ude, der 1973 über Kronawitter in der Münchner Post zynisch formuliert hatte: »Wer die Vergänglichkeit politischer Würde psychisch nicht verkraften kann, sollte nicht Politik machen«, stellte zwanzig Jahre später als von ihm ausgewählter und den Münchner Wählern empfohlener Oberbürgermeisternachfolger pathetisch fest: »Außerdem hat Kronawitter ein fast sagenhaftes politisches Gespür entwickelt.«

Da sich Kronawitter und Ude trotz aller Kniffe und Listen nicht gegenseitig besiegen konnten, verbündeten sie sich schließlich, um gemeinsam Erfolg zu haben.

Nach der Übergabe der Amtskette an Ude zog sich Kronawitter jedoch noch nicht völlig aus der aktiven Politik zurück, sondern ließ sich 1994 nochmals in den Bayerischen Landtag wählen, dem er bereits von 1966 bis 1972 angehört hatte. Nach einer Wahlperiode von vier Jahren als Parlamentarier wird er 70jährig im Herbst 1998 endgültig auch dort ausscheiden. Allerdings strebt nun seine Frau Hildegard ein Mandat im Maximilianeum für die SPD an.

Unmittelbarer Anlaß für dieses Buch ist Georg Kronawitters 70. Geburtstag. Allerdings soll die Biographie keine Festschrift oder Laudatio auf den »roten Schorsch« sein, sondern eine möglichst ausgewogene Bestandsaufnahme seines politischen Lebens. Die vorliegende Arbeit erhebt nicht den Anspruch auf Vollständigkeit. Sie ist auch kein streng wissenschaftliches Werk. Da prominente bayerische Kommunal- bzw. Landespolitiker bisher eher stiefmütterlich von der Geschichtsschreibung behandelt wurden, sehen die Autoren in ihrer Veröffentlichung einen zeitgenössischen Mosaikstein für die spätere Bewertung des über die Stadt- und Landesgrenze hinaus bekannten ehemaligen Münchner Oberbürgermeisters.

München, im März 1998

Walter Grasser
Friedrich H. Hettler

Geburt – Schule – Ausbildung

Georg Kronawitter wurde am 21. April 1928 in Oberthann im Landkreis Pfaffenhofen/Ilm geboren.[1] Als Sohn eines römisch-katholischen Landwirtes wuchs er dort in kleinbäuerlichen Verhältnissen auf. Die Weltwirtschaftskrise setzte auch dem nur zehn Hektar großen Bauernhof zu und es »mußte jahrelang eisern gespart werden. Der Hof sollte ungeschmälert über die Krise gebracht werden«, was auch gelang.[2]

Der kleine Georg besuchte acht Jahre lang die Volksschule. Während seiner ganzen Schulzeit mußte er auf dem elterlichen Hof mithelfen. Mit zehn Jahren wurde er Ministrant: »Er schwingt das Rauchfaß, trägt bei Beerdigungen und Bittgängen in Oberthann das Kreuz und probiert gelegentlich auch den Meßwein.«[3]

Einen bleibenden Eindruck hinterließ 1938 auf den Buben ein Missionar, der zu Besuch in dem Dorf schwärmerisch vom fernen Afrika erzählte und ihn ermunterte, ebenfalls Missionar zu werden. Die Schulausbildung sollte kostenlos sein, doch der Vater widersprach entschieden. Er fand diesen Schritt für das weitere Leben seines Sohnes zu einschneidend und wollte ihm die spätere Entscheidung für Heirat und Familie offenhalten.[4]

Als Zwölfjähriger sollte er in eine nationalsozialistisch geprägte Schule. Aber auch hier waren seine Eltern anderer Meinung. Auf die einklassige Volksschule folgte eine zweijährige Berufsschule, bei der er auf Landkreisebene sogar den Berufswettkampf seiner Altersklasse gewann.

Den »sehnlichsten Wunsch«, eine weiterführende Schule besuchen zu können, hatte Georg schon begraben, als er durch eine Junglehrerin unerwartet eine Chance erhielt. Diese hatte die Begabung des Jugendlichen erkannt und erreichte bei seinen Eltern, daß er, zwei Jahre verspätet, mit 16 Jahren im April 1944 eine Lehrerbildungsanstalt besuchen durfte.[5]

Dort schlug Georg Kronawitter das Angebot aus, sich als Anwärter für die Mitgliedschaft bei der NSDAP einschreiben zu lassen. Nach eigenen Angaben schrieb Georg bis zuletzt jeden Sonntag ein Gesuch mit dem Wortlaut: »Bitte um Befreiung von der Studierstunde zwischen 9.00 und 10.00 Uhr, Grund Kirchenbesuch.« Schon damals hielt der 16jährige lieber Spott und Isolierung aus, als gegen sein – vom religiösen Elternhaus geprägtes – Gewissen zu handeln.[6]

Unmittelbar vor Kriegsende, im Februar 1945, mußte Georg Kronawitter zum Reichsarbeitsdienst. Am 9. Mai 1945 kam seine Gruppe bei Rottach-Egern in amerikanische Gefangenschaft. Von dort flüchtete er bereits in der ersten Nacht und schlug sich in vier Tagen nach Hause durch.

Georg Kronawitter arbeitete nach seiner Rückkehr für kurze Zeit als Hilfsarbeiter in München. Schließlich begann er eine Bäckerlehre bei seinem Onkel, dessen Geschäft in der Rupprechtstraße in München/Neuhausen war. Schon bei der Arbeit auf dem elterlichen Hof hatte er früh aufstehen müssen, nun wurde er bereits um 4.00 Uhr morgens geweckt, am Samstag sogar gegen Mitternacht. Gearbeitet wurde bis 12.00 Uhr mittags. Die große Hitze in der Backstube und das starke Schwitzen blieben ihm lang Zeit in Erinnerung, ebenso sein Einsatz nach der

Arbeit in der Bäckerei bei Aufräumungsarbeiten an zerstörten Miethäusern in München.[7]

Anschließend war Kronawitter zwei Jahre lang als Lehramtsanwärter an Münchener Volksschulen tätig, an der Bergmann-, Fürstenrieder-, Guldein- und der Schwanthalerstraße. 1951 legte er vorzeitig die zweite Lehramtsprüfung für Volksschulen ab. Mit 23 Jahren holte er im Selbststudium das Abitur nach und studierte an der Ludwig-Maximilians-Universität in München Betriebs- und Volkswirtschaft, Pädagogik und später noch vier Semester Soziologie. Seinen Unterhalt verdiente er damals als Werkstudent. Das Studium schloß er mit dem Diplomhandelslehrer ab. Ab 1956 war er als Assessor an Münchner kaufmännischen Schulen tätig. Zwei Jahre später bestand er sein Zweites Staatsexamen und wurde 1959 Studienrat. 1966 erfolgte seine Beförderung zum Oberstudienrat.[8]

1968 heiratete Georg Kronawitter im Sendlinger Kircherl die aus dem Bayerischen Wald kommende Hildegard Meindl.[9]

Der »rote Schorsch« verbringt nach eigenen Angaben die Freizeit mit Waldspaziergängen, Bergwandern, Skifahren oder »ganz einfach in der Stube daheim«. Er hört gerne Musik, besonders von Carl Orff. Er liebt Ludwig Thoma und Erich Kästner.[10] »Bei Kronawitters ist alles sehr ordentlich. Alles hat seinen Platz. Die Blumenvase auf dem Fernseher, die zweckmäßig angeordnete Sitzgruppe und der blankpolierte Glastisch. An der Wand hängen Drucke von Emil Nolde und Marc Chagall.« »Exakter Seitenscheitel, sauberer Haarschnitt, dunkelblauer Nadelstreifenanzug und dezente, weinrote Krawatte. Und Schorsch Kronawitter gesteht's mit verschmitztem Lachen: Eine Vorliebe für Kirschlikör.«[11]

Als Lieblingsblume gab Schorsch Kronawitter damals den Enzian an. Erst später kamen die populären roten Moosröschen für die Wählerinnen und Wähler dazu.

Der »rote Schorsch» als Oberbürgermeister
im Großen Sitzungssaal des Münchner Rathauses 1993.

Eintritt in die Partei

In die SPD trat Georg Kronawitter am 6. Januar 1962 in Pasing ein. Nach eigenen Angaben hatte ihm der damalige städtische Sozialreferent Alfons Hoffmann in der Gaststätte »Lindnplatzl« den Aufnahmeschein gegeben. Gleichzeitig engagierte ihn der Ismaninger Bürgermeister Erich Zeitler (SPD) als seinen Wahlkampfmanager für die Landtagswahl im Herbst 1962. Im folgenden Jahr holte der damalige Landwirtschaftsexperte der bayerischen SPD, Waldemar von Knöringen, Kronawitter zum Ausbau des agrarpolitischen Referates zu sich in den SPD-Landesverband.[12]

1964 wurde Kronawitter auf einem aussichtslosen Listenplatz als Bundestagskandidat der SPD in München-Land, Erding und Freising aufgestellt. Nun stand er um halb fünf Uhr am Morgen vor den ersten Pendlerzügen in den Landkreisen, besuchte fast jeden größeren Wirtschaftsbetrieb und erreichte nach einem Jahr intensiven Wahlkampfes bereits einen hohen Bekanntheitsgrad. So erzielte der Neuling für die SPD den höchsten Stimmenzuwachs im Bezirk Südbayern und machte auf diese Weise in seiner Partei auf sich aufmerksam.[13]

Mit einem außergewöhnlich hohen Zweitstimmenergebnis zog Georg Kronawitter dann 1966 erstmals in den Bayerischen Landtag für den Stimmkreis Landsberg/Schongau ein.[14]

Im Landtag machte sich Kronawitter schon bald einen Namen als »Agrarexperte der bayerischen SPD«. Er fuhr in dieser Eigenschaft zu einer Reihe von Informationsbesuchen in die damals SPD-regierten Länder Niedersachsen und Hessen, ferner auch nach Dänemark, Schweden und zur Europäischen Gemeinschaft nach Brüssel.[15]

Anfang der 70er Jahre gehörte Kronawitter, der mittlerweile südbayerischer Parteivorsitzender geworden war, neben dem ehemaligen Bayerischen Ministerpräsidenten Wilhelm Hoegner zu den maßgeblichen Persönlichkeiten der bayerischen SPD, die eine Initiative zu einem Schlichtungsversuch vorgelegt hatten, mit dem »der selbstmörderische Bruderkampf innerhalb der Münchner SPD« beigelegt werden sollte. Kronawitter versuchte seinerzeit auch mit dem Landtagskandidaten Adalbert Brunner und Stadtrat Horst Salzmann, die verfeindeten Gruppen um Oberbürgermeister Vogel und den Münchner SPD-Unterbezirksvorsitzenden Dr. Helmut Meyer auszusöhnen.[16]

Fehde mit Baron von Finck

Einer breiteren Öffentlichkeit bekannt wurde der »rote Schorsch« erst durch seine Fehde mit dem bayerischen Großgrundbesitzer Baron August von Finck, dem er vorwarf, sich mit Steuergeldern bereichert zu haben. Obwohl er diesen massiven Vorwurf nicht aufrechterhalten konnte, schildert die vor der zweiten Oberbürgermeisterwahl 1984 von der »Arbeiterinitiative für Georg Kronawitter« herausgegebene Broschüre[17] diesen »Kampf um Gerechtigkeit« noch wie folgt:

> *»Über Bayerns Grenzen hinaus bekannt wird der junge Landtagsabgeordnete durch seine mutige Auseinandersetzung mit einem der reichsten Männer der Bundesrepublik, dem Baron August Finck. Kronawitter vertritt einen Kleinbauern, bekommt aufgrund seiner harten Aussagen über die Grundstückspolitik des mehrfachen Milliardärs (»Den Seinen gibt's der Herr im Schlafe«) einen »Millionen-Prozeß«, läßt sich aber nicht in die Knie zwingen und kämpft sich bis zu einem ehrbaren Vergleich, der ihm keine Kosten auferlegt, beim Bundesgerichtshof durch.«*

Tatsächlich war der Ausgang dieses spektakulären Verfahrens anders, wie ein Blick in die vom damaligen Prozeßbevollmächtigten Baron August von Fincks, dem Münchner Rechtsanwalts Dr. Otto Gritschneder, in Buchform herausgegebenen »Randbemerkungen«[18] zeigt.

Unter der Überschrift: »Oberlandesgericht München verurteilt Kronawitter. Er darf August von Finck nicht mehr verleumden« stellte Gritschneder den Rechtsstreit ausführlich dar. Kronawitter hatte den Anstoß für eine parlamentarische Untersuchung des Bodenreformfalles Finck gegeben. In diesem Zusammenhang vertrat er die Auffassung, daß ihm als Landtagsabgeordneten nicht verboten werden könne, sich auch in Wahlversammlungen, Pressekonferenzen und Rundfunksendungen über den Landwirt und Bankier August von Finck etwa wie folgt zu äußern: Eine »Sauerei« sei es, daß der »vieltausendfache Millionär« aufgrund seiner guten Beziehungen zu Franz Josef Strauß und zur Staatsregierung in seiner Landabgabesache rechtswidrig und über Gebühr begünstigt worden sei, daß er für weit über 100 Millionen Mark wertvolles Bauland widerrechtlich bekommen habe, aus Steuergeldern des kleinen Mannes begünstigt worden sei usw.[19]

Der Streitwert der Unterlassungsklage war von Fincks Anwälten auf eine Million beziffert worden, was die SPD zu der Äußerung veranlaßte, daß »in einem wirtschaftlich ruinösen Prozeß nun ein einzelner Abgeordneter in die Knie gezwungen werden soll«[20].

Vor Gericht hielt Kronawitter dann allerdings nur noch seine »Kernbehauptungen« aufrecht, nämlich den Vorwurf der rechtswidrigen, einseitigen Sonderbegünstigung gegenüber anderen Landabgebern und der widerrechtlichen Erlangung von Bauland im Wert von über 100 Millionen Mark.[21]

Kronawitter konnte sich elf Monate lang mit seinem Privilegienanspruch auf den Vizepräsidenten des Landgerichts München I, Dr. Hans Münich, und dessen zwei Beisitzer berufen. Sie hatten in einer von der Fachwelt heftig kritisierten Entscheidung den gegen Kronawitter gerichteten Antrag des Baron von Finck auf Unterlassung der üblen Nachreden abgewiesen. Ein Verbot solcher Äußerung würde, so führten sie in ihrer Urteilsbegründung vom 11. Mai 1971 aus, den Abgeordneten Kronawitter »in seiner Entschließungsfreiheit und damit in seiner politischen Tätigkeit in unzuverlässiger Weise beschränken«. Es könne daher dahingestellt bleiben, ob Kronawitters Äußerungen wahr oder unwahr seien, die verständlichen Belange des Baron von Finck müßten vielmehr in jedem Fall »hinter dem für eine lebendige Demokratie so lebenswichtigen Recht der Allgemeinheit auf Information über gehandhabtes Verwaltungsermessen zurückstehen«[22].

Dieser gerichtliche Erfolg Kronawitters war jedoch nur vorübergehend. Gritschneder bezeichnete ihn sogar ausdrücklich als »Pyrrhus-Sieg« für den jungen Parlamentarier. Der 2. Zivilsenat des Oberlandesgerichts München hob durch Endurteil vom 14. April 1972[23] das landgerichtliche Urteil vollständig auf und verurteilte Kronawitter wie folgt: »Er darf bei Meidung von Geld- und Haftstrafe nicht mehr sagen, von Finck sei in seiner Landabgabesache rechtswidrig und in einer nicht vertretbaren Weise über Gebühr begünstigt und als 3000facher Millionär über die den anderen Landabgebern gewährten Erleichterungen hinaus einseitig und in einmaliger Weise bevorzugt worden« und habe »rund 130 ha, zum Teil wertvolles Bauland, dessen heutiger Wert nach vorsichtigen Schätzungen weit über 100 Millionen DM betrage, widerrechtlich bekommen.«

2 U 1780/71
(4 O 769/70 LG München I)

Bayer. Oberlandesgericht München

IM NAMEN DES VOLKES

URTEIL

In dem Rechtsstreit

von F i n c k August, Landwirt und Bankier,
8011 Harthausen Nr. 25,
- Kläger und Berufungskläger -
Prozeßbevollmächtigte: Rechtsanwälte Dres. Otto Gritschneder und Hans Weber, 8 München 15, Sonnenstr. 19,

gegen

K r o n a w i t t e r Georg, Mitglied des Landtags,
8 München 25, Ramungstraße 17,
- Beklagter und Berufungsbeklagter -
Prozeßbevollmächtigter: Rechtsanwalt Dr.F. Kohlndorfer,
8 München 15, Schwanthaler Straße 40,

wegen Unterlassung

Verkündet am 14.April 1972.
Der Urkundsbeamte der Geschäftsstelle:

gez. Meigner
Justizangestellte

- 2 -

erläßt der 2.Zivilsenat des Oberlandesgerichts München unter Mitwirkung des Oberlandesgerichtsrats Dr.Osterkorn, des Oberlandesgerichtsrats Seidl und der Oberlandesgerichtsrätin Dr.Goerke aufgrund der mündlichen Verhandlung vom 28.Januar 1972 folgendes

E N D U R T E I L :

I. Auf die Berufung des Klägers wird das Endurteil des Landgerichts München I vom 11.Mai 1971 in Nr. I insgesamt und in Nr. II insoweit aufgehoben, als der Kläger zur Tragung von Kosten verurteilt wurde.

II. Dem Beklagten wird bei Meidung einer Geldstrafe in unbegrenzter Höhe oder Haftstrafe bis zu 6 Monaten für jeden Fall der Zuwiderhandlung verboten, folgende Behauptungen aufzustellen oder zu verbreiten:

1. Der Kläger sei in seiner Landabgabesache rechtswidrig und in einer nicht vertretbaren Weise über Gebühr begünstigt und als 3000facher Millionär über die den anderen Landabgebern gewährten Erleichterungen hinaus einseitig und in einmaliger Weise bevorzugt worden;

2. der Kläger habe rund 130 ha zum Teil wertvolles Bauland, dessen heutiger Wert nach vorsichtiger Schätzung weit über 100 Millionen DM betrage, widerrechtlich bekommen.

- 3 -

III. Der Beklagte hat die gesamten Kosten des ersten Rechtszugs und die Kosten des Berufungsverfahrens zu tragen.

IV. Das Urteil ist vorläufig vollstreckbar; dem Beklagten wird gestattet, die Zwangsvollstreckung durch Sicherheitsleistung in Höhe von 8.010,- DM (m.W. achttausendzehn Deutsche Mark) abzuwenden.

V. Die Revision wird zugelassen.

.....

gez. Dr. Osterkorn	gez. Seidl	gez. Dr. Goerke
(Dr.Osterkorn)	(Seidl)	(Dr.Goerke)
Oberlandesgerichtsräte		Oberlandesgerichtsrätin

Vor dem zivilrechtlichen Schlagabtausch vor dem Oberlandesgericht hatte Kronawitter einen Richter spektakulär unter Hinweis auf Zitate aus dessen Dissertation aus der Zeit des Nationalsozialismus abgelehnt. Er bezeichnete es als untragbar, daß dieser »ausgerechnet in einem Rechtsstreit entscheiden soll, wo die Frage der Kontrollierbarkeit der Verwaltung im Mittelpunkt des Verfahrens steht«. Als namhafter SPD-Politiker müsse er Befangenheit vermuten. Die Folge war, daß der Richter von sich aus jede Tätigkeit in diesem Prozeß ablehnte.[24]

Mit gerichtlicher Autorität wurde also im April 1972 festgestellt, so Gritschneder, daß die Vorwürfe Kronawitters gegen von Finck nicht den Schatten einer tatsächlichen Grundlage hatten.[25] Kronawitter hatte sich bei seinen Äußerungen u. a. auf Art. 22 der Bayerischen Verfassung berufen, wonach wahrheitsgetreue Berichte über Ausschußsitzungen auch von jeder zivilrechtlichen Verantwortung frei sind. Nach den Feststellungen des Oberlandesgerichts München scheiterte diese Argumentation bereits an dem Adjektiv »wahrheitsgetreu«. Kronawitters Äußerungen seien »kein vollständiger Bericht«, »sie enthalten in stark verkürzter, polemischer Form allein Feststellungen des Minderheitenberichts«[26].

Zusammenfassend schrieben damals die Münchner Oberlandesgerichtsräte in der Begründung ihres Urteiles:

> *»Die Einzelakte, die zum Gesamtabschluß des Landabgabeverfahrens (einschließlich Entschädigung) August von Fincks geführt haben, sind, weder jeder für sich allein noch insgesamt betrachtet, geeignet, den Vorwurf einer rechtswidrigen, in nicht vertretbarer Weise erfolgten Begünstigung und Bevorzugung August von Fincks sowie die Behauptung zu stützen, dieser habe rd. 130 ha, zum Teil wertvolles Bauland, im heutigen Wert von mindestens 100 Millionen DM, widerrechtlich im Zuge seines Landabgabeverfahrens bekommen.*

Weil diese gemäß § 823 Abs. 2 Bürgerliches Gesetzbuch in Verbindung mit § 186 Strafgesetzbuch ehrenrührigen Behauptungen Georg Kronawitters objektiv nicht richtig sind, kann von Finck gemäß § 1004 Bürgerliches Gesetzbuch ihre Unterlassung in Zukunft verlangen, denn sie sind weder gerechtfertigt (§ 193 Strafgesetzbuch) noch durch das Grundrecht der freien Meinungsäußerung (Art. 5 Abs. 1 Grundgesetz) gedeckt. «[27]

Nur wegen der Rechtsfrage des Umfangs der Indemnität, die Kronawitter als Abgeordneter beanspruchte, wurde vom Oberlandesgericht die Revision zugelassen und der Vorgang gelangte sogar bis zum Bundesgerichtshof in Karlsruhe.[28]

Als Kronawitter dort deutlich wurde, daß er in der Sache selbst keine gerichtlichen Erfolgsaussichten haben werde, versuchten seine Anwälte die bevorstehende mündliche Verhandlung vor dem Bundesgerichtshof und ein BGH-Urteil zu vermeiden. Es kam eine schriftliche Vereinbarung zustande, bei der Kronawitter in der Sache voll nachgab. Nach Mitteilung von Gritschneder verpflichtete er sich ausdrücklich die klaggegenständliche Äußerung nicht mehr zu verwenden. Baron von Finck ließ seinerseits mitteilen, daß er von Kronawitter keine Kosten und Gebühren ersetzt verlange. Man hatte ihm im Verlauf des Verfahrens mehrfach vorgeworfen, daß er bereits aufgrund der Höhe des Streitwertes den jungen Abgeordneten »mundtot« machen wollte. Kronawitter mußte aber seine nicht unerheblichen Anwaltskosten selbst bezahlen. Dem BGH-Senat wurde von den Anwälten lediglich mitgeteilt, daß man sich »geeinigt« habe.[29]

Mit geschickten Äußerungen versuchte der »rote Schorsch« in der Folgezeit die eigentliche Niederlage in dem Prozeß zu verschleiern.[30] Peinlich vermied er deshalb, daß der vollständige Wortlaut seines »Vergleichs« irgendwie bekannt wurde. Er wiederholte seine Vorwürfe jedoch in Zukunft nicht mehr.

Durch seine mehrjährige Fehde mit dem Baron August von Finck hatte sich Kronawitter aber bei der Bevölkerung öffentlich als streitbarer Abgeordneter profiliert, der die »Bodenspekulation anprangert«, »der auch vor den Reichsten nicht kuscht«, einen »Millionenprozeß« nicht scheute und bis zur letzten Instanz ging. Die in seiner Wahlkampfbroschüre 1984 gewählte Wortwahl, daß er sich nicht in die Knie zwingen läßt, sondern bis zu einem »ehrbaren Vergleich« durchgekämpft hatte, der ihm »keine Kosten auferlegte«, gab den Prozeßausgang also nur einseitig und unvollständig wieder.[31]

Dem Vernehmen nach wurde August von Finck seinerzeit von mehreren hochgestellten Persönlichkeiten der Münchner SPD gebeten, dem jungen Abgeordneten nicht zu schaden, so daß er davon absah, seinen Sieg voll auszukosten. Zu dieser Haltung mag auch beigetragen haben, daß von Finck in dieser für ihn leidigen Angelegenheit endlich seine Ruhe haben wollte und es ihm fernlag, sich in parteipolitische Auseinandersetzungen einzumischen.[32]

Für Kronawitter blieb aber der Spekulationsvorwurf gegen einen vermögenden Großgrundbesitzer und der damit verbundene »Millionenprozeß« ein wichtiges Schlüsselerlebnis, das immer wieder bei ihm auftaucht und sein weiteres Denken und Handeln maßgeblich beeinflußte.

War er sich dabei doch des lauten Beifalls seiner Parteifreunde und der Aufmerksamkeit der Medien gewiß.[33]

Für Kronawitter, der 1970 Vorsitzender des SPD-Bezirks Südbayern[34] geworden war, lag die Versuchung nahe, auf diesem verhältnismäßig einfachen Weg fortzufahren.[35] Tatsächlich läßt sich sein weiteres politisches Handeln weitgehend auf gleiche Grundmuster zurückführen: Wahlwerbung mit Attacken gegen Bodenwucher.[36]

Später hat auch der vom Vorwurf eines ungerechtfertigten »Millionen-Geschenkes« von der Landeshauptstadt München betroffene Großbauunternehmer und Multimillionär Josef Schörghuber lange vergeblich gehofft, daß sich die heftigen Attacken letztlich nicht gegen ihn persönlich und seine Firmen richten, sondern es sich nur um vorübergehende Wahlkampfmanöver handelte.[37]

Kronawitter 1970 bei der Konstituierenden Sitzung des Bayerischen Landtags (links, 1. Reihe)

Kronawitter beerbt Vogel

Mit seinem endgültigen Entschluß auf das Amt des Münchner Oberbürgermeisters 1972 zu verzichten, hatte Hans-Jochen Vogel nicht nur seine Partei, sondern auch sich selbst »in Zugzwang und damit in einige Verlegenheit gebracht«[38].

Die Suche nach einem geeigneten Nachfolger und Gegenkandidaten für den seit Jahren bei Vogel in Ungnade gefallenen Manfred Schmidt brachte »zunächst einmal zu viele Absagen, um das Ergebnis überzeugend wirken zu lassen«[39].

Wer sein Nachfolger auf dem Stuhl des Münchner Oberbürgermeisters werden könnte, hatte Vogel zunächst offenbar zu wenig beschäftigt. So ließ »sein zögerndes und halbherziges Eintreten für den in Parteiabstimmungen unterlegenen Münchner Stadtkämmerer Helmut Gittel keine besondere Mühewaltung erkennen«[40].

In den Medien wurde Vogel deshalb vorgehalten, daß er »wie viele große Männer vor ihm versäumte, rechtzeitig das Personalbeet anzulegen, aus dem dann nahezu automatisch der Nachwuchs hätte entspringen können«[41]. So mußte er, um den in seinen Augen zu linken und nicht klar denkenden Manfred Schmidt zu verhindern, bei Kronawitter Zuflucht suchen, der als Landwirtschaftsexperte bar jeder kommunalpolitischen Erfahrung war.

Der Vorschlag, den »Initiator der Affäre Finck« und »Vorkämpfer für ein besseres Bodenrecht«, Georg Kronawitter zu seinem Nachfolger als Münchner Oberbürgermeister zu wählen, ging also unmittelbar von Vogel aus, der dann auch die gesamte Kandidatur mit allen ihm zur Verfügung stehenden Kräften unterstützte.[42]

Dieser Kandidatur gingen lebhafte Querelen innerhalb der Münchner SPD mit dem Bundestagsabgeordneten Manfred Schmidt voraus, der sich seinerzeit ebenfalls für das hohe kommunale Amt geeignet hielt, und meinte, als »Volljurist« gegenüber dem bloßen »Agrarexperten« und »Handelsschullehrer« eine besssere Ausgangsposition zu haben. Schmidt rechnete sich selbst zur linken Mitte, konnte aber tatsächlich auf alle linken Kräfte der Münchner SPD bei Abstimmungen rechnen.[43]

Oberbürgermeister Vogel verlor deshalb die erste innerparteiliche Runde mit Kronawitter als Kandidaten nach Punkten. Die Mehrheit der Münchner SPD-Vorstandschaft versagte ihm Anfang 1971 die Gefolgschaft. Von den 17 Vorstandsmitgliedern stimmten nur acht für Kronawitter, dagegen neun für Schmidt. Vogel erklärte dazu allerdings: »Das ist keine Schlappe, sondern nur eine Etappe in der Meinungsbildung.«[44]

Aufgrund des knappen Abstimmungsergebnisses entschloß sich das Spitzengremium der Partei, dem Parteitag am 15. Mai 1971 beide Kandidaten zur endgültigen Auswahl vorzuschlagen. Vogel ließ keinen Zweifel daran, daß sein »Verzicht« endgültig sei und er nur Kronawitter unterstützen werde.[45] Manfred Schmidt hoffte dafür auf den vollständigen linken Parteiflügel der SPD.[46] Er kündigte nach der Abstimmung selbstbewußt an: »Ich habe keineswegs die Absicht, in Vogels Schuhen herumzulaufen. Ich werde als Oberbürgermeister meinen eigenen Stil entwickeln.«[47]

Kronawitter erklärte seinerseits wesentlich diplomatischer: »Vogel hat außergewöhnliche Maßstäbe gesetzt, es wäre ungerecht, die Kandidaten an ihm zu messen.«[48]

In Kreisen der CSU wurde angesichts dieser Situation genüßlich daran erinnert, daß es ausgerechnet Kronawitter war, der nach der Aufstellung der SPD-Kandidatenliste für den Bayerischen Landtag 1970 die auf den Platz 32 gesetzte Juso-Aktivistin Carmen König, Mitverfasserin des umstrittenen kommunalpolitischen Juso-Programms, das Züge eines Rätesystems aufwies, euphorisch als zweite Bernadette Devlin begrüßte, die junge Menschen sehr stark anspreche und für die SPD »zweifellos Tausende von Jungwähler-Stimmen« bekommen werde.[49]

Auch hatte Kronawitter, bevor er mit Vogel den Kampf um den künftigen Kurs der Münchner SPD begann und ihn schließlich für sich gewinnen konnte, mehrmals mit der »Linken« paktiert. So hatte er es nicht zuletzt den südbayerischen Jungsozialisten zu verdanken, daß er im April 1970 bei der Neuwahl des Bezirksvorsitzenden der SPD-Südbayern seinen Gegenkandidaten, Günther Müller, schlagen konnte.[50]

In der Partei galt der Sohn eines Kleinbauern aus der Holledau damals als »geiler Aktivist« und »angriffslustiger Politiker«. So hatte er den »bärtigen CSU-Methusalem« Alois Hundhammer solange im Landtag angegriffen, bis dieser schließlich abdankte. Vor allem aber hatte er unnachgiebig versucht, die Kooperation des »Boden-Milliardärs August von Finck« mit dem Freistaat Bayern durch einen parlamentarischen Untersuchungsauschuß zu durchleuchten. Der Spiegel zitierte Kronawitter mit dem stolzen Dialektsatz: »Des soi mia amoi oana nachmachn.«[51]

Allgemein aber wurde festgestellt, daß Kronawitter innerparteilich die »größere Integrationsmöglichkeit« innerhalb der Münchner SPD hatte als Manfred Schmidt. Diese Erkenntnis dürfte letztlich auch bei Vogel den Ausschlag gegeben haben, sich ganz deutlich für Kronawitter zu entscheiden.[52] Auch Altministerpräsident Wilhelm Hoegner schätzte ihn »als einen modernen bayerischen Vollblutpolitiker«.[53]

Bei der Abstimmung im Münchner SPD-Unterbezirk am 15. Mai 1971 wurde der 43jährige Kronawitter mit 129 von 228 Stimmen als Kandidat der SPD für das Amt des Münchner Oberbürgermeisters aufgestellt.[54] Manfred Schmidt erhielt nur 99 Stimmen. Die dreistündige Debatte war zwar betont sachlich, zeigte aber erneut auf, daß die SPD in München in Wahrheit in drei Lager gespalten war. Zu Beginn der Delegiertenkonferenz stellten sich die beiden Bewerber mit Kurzreferaten vor. Kronawitter sagte dabei, daß Kommunalpolitik nicht neutral sein könne: »Sie ist Gesellschaftspolitik und muß klare, gesellschaftspolitische Zielsetzungen entwickeln, denn wir können nicht passiv hinnehmen, daß zum Beispiel Spekulanten und Glücksritter auf Grund kommunaler Planung über Nacht zu Millionären werden, und Tausende von Mietern ein ganzes Leben lang jeden Monat dafür eine Gebühr blechen müssen. Wir wollen unseren Mietern helfen und nicht – wie die CSU – Spekulanten und Kapital.«[55]

Nachdem der Parteitag des SPD-Unterbezirks München seine Entscheidung getroffen hatte, blieb dem Landtagsabgeordneten Kronawitter noch ein knappes Jahr, um sich als echter Kandidat für das Oberbürgermeisteramt der Landeshauptstadt zu profilieren. Mit großer Aufmerksamkeit wurde beobachtet, ob und wie der »Agrar-Experte« auf Kommunalpolitik umlernte.[56]

Darüber, daß die Oberbürgermeisterkandidatur von Kronawitter nicht gerade das »Ei des Columbus« war, gab es keinen Zweifel. Manche Genossen hielten ihn sogar für eine »politische Hamlet-Natur, von Zweifeln geplagt und wenig entscheidungsfreudig«[57].

Die tz schrieb: »Georg Kronawitter hat weder die Originalität eines Thomas Wimmer, noch das weltmännisch souveräne Flair eines Hans-Jochen Vogel vorzuweisen. Er empfiehlt sich vorerst ›nur‹ durch Aufrichtigkeit, gesunden Menschenverstand und Strebsamkeit – aber auch durch eine sozial bestimmte kämpferische Note. Jetzt muß er glaubhaft machen, daß er weder Wimmer noch Vogel ist und auch kein Verlegenheitskandidat der SPD. Sondern eben einfach Kronawitter, eine eigenständige Figur und geeignet, die ungeheueren Probleme einer Millionenstadt zu meistern.«[58]

Franz Schönhuber nahm 1971 an, daß, wenn Kronawitter tatsächlich Oberbürgermeister werden würde, unter Fernsteuerung des »Großen Bruders« Hans-Jochen Vogel der faktische Oberbürgermeister nur Dr. Hubert Abreß heißen könne, denn »ohne den Leiter des Stadtentwicklungsreferates wäre Kronawitter in dem bürokratischen Dschungel der Landeshauptstadt verloren«. Schönhuber beschrieb die aktuelle Situation der Münchner SPD vor der Kommunalwahl weiter wie folgt: »Es zeigt, was ein hochverdienter Mann, der plötzlich abtritt, ohne für den geeigneten Nachfolger gesorgt zu haben, hinterläßt: einen Scherbenhaufen.«[59]

Die CSU-Landesleitung bezeichnete den OB-Kandidaten Kronawitter als »politisches Leichtgewicht« und »einen Musterschüler im Matrosen-Anzug«, hatte aber ihrerseits erhebliche Probleme, einen geeigneten Gegenbewerber zu finden.

Nachdem der Mediziner und 2. Bürgermeister Dr. Hans Steinkohl endgültig Nein gesagt hatte, war Dr. Winfried Zehetmeier der erfolglose Gegenkandidat der CSU, der jedoch für sich einen Achtungserfolg erzielte.[60]

Georg Kronawitter gewann die Münchner Oberbürgermeisterwahl am 11. Juni 1972 mit dem für die SPD bis dahin schwächsten Ergebnis seit dem Zweiten Weltkrieg. Gegen fünf weitere Kandidaten hatte er sich im ersten Wahlgang mit 55,9 % der Stimmen durchgesetzt.[61]

Na also ...

Damit stand auch in den kommenden sechs Jahren wieder ein Sozialdemokrat an der Spitze des Münchner Stadtrates und der Münchner Stadtverwaltung. Für die Münchner SPD war dies allerdings »mehr Grund zum Aufatmen als zum Jubeln«[62].

Kronawitter führte sein niedriges persönliches Ergebnis auf die für die Münchner SPD damals parteipolitisch sehr turbulente Zeit zurück. Tatsächlich dürfte sich in dem Wahlergebnis die Quittung für das Zwielicht widergespiegelt haben, in das sich die Münchner SPD seit 1970 in der Öffentlichkeit gebracht hatte. Die Fortschritte im Rathaus, die nicht zuletzt durch Vogels kluge Zusammenarbeit mit der CSU erzielt worden waren, erschienen 1972 zahlreichen Bürgerinnen und Bürgern durch radikale und utopische Forderungen aus dem sozialdemokratischen Nachwuchs gefährdet, die einen spektakulären Streit innerhalb der Münchner SPD auslösten: »Da wurde die eigene Rathausfraktion immer wieder diffamiert, die Polizei in ein schiefes Licht gebracht und die Bürger mit Begriffen wie Volkssozialisierung und imperatives Mandat verschreckt.«[63]

Vogel war es jedoch nicht gelungen, Kronawitter auch als seinen Nachfolger in der Münchner Parteiführung der SPD durchzubringen, da sich das Kräfteverhältnis in der Münchner SPD zugunsten des linken Flügels verschoben hatte. Da Kronawitter auf dieses wichtige Parteiamt verzichtet hatte, wurde am 8. April 1972 der Rechtsanwalt Rudolf Schöfberger neuer Parteivorsitzender der Münchner SPD.[64]

Kronawitter verkündet Alleinvertretungsanspruch

Kronawitter trat sein Amt als Oberbürgermeister der bayerischen Landeshauptstadt am 1. Juli 1972 an und verzichtete auf sein Mandat im Bayerischen Landtag zum 31. Juli 1972.[65]

»Die Kontinuität in München bleibt gewahrt«, schrieb die Süddeutsche Zeitung über den ersten Amtstag, denn auch der neue Oberbürgermeister machte die publicity-trächtige Fahrt zur Arbeitsstätte mit der Tram und der U-Bahn. Wie Vogel erschien er bereits kurz nach sieben Uhr in der Früh an seinem Schreibtisch im Münchner Rathaus.[66]

Dort fand Kronawitter die »Amtskette« seines Vorgängers vor, und zwar aus Papier und gebunden. Dem Erstlingswerk Vogels über seine zwölfjährige Tätigkeit im Rathaus lag als persönliches Vermächtnis ein kleines Briefchen bei.[67]

Als erste eigene »Amtshandlung« verkündete Kronawitter dann seinen engsten Mitarbeitern, daß er mit seinem Titel nicht »verheiratet« sei. Er habe es vielmehr als besonderen menschlichen Zug empfunden, daß ihn bei der Eröffnung der Fußgängerzone und einem Kinderfest zahlreiche Bürger der Stadt nicht mit dem offiziellen »Herr Oberbürgermeister«, sondern schlicht mit »Herr Kronawitter« angesprochen hätten.[68]

Er kündigte bei dieser Gelegenheit weiter an, er wolle allen Mitarbeitern der Stadtverwaltung vorschlagen, ihn als »Herr Kronawitter« anzusprechen. Der Kommentar des städtischen Presseamtes zu dem persönlichen Verzicht auf den Titel lautete: »Dies geschieht im Zuge der Demokratisierung der Verwaltung.«[69]

Fast der gesamte restliche erste Arbeitstag Kronawitters war dann mit Gesprächen mit SPD-Funktionären über die höchst strittige Wahl der beiden weiteren Bürgermeister ausgefüllt. Von besonderer Bedeutung war ein erneutes »Einigungsgespräch« zwischen SPD-Parteivorstand und der Rathaus-Fraktion. Trotz aller Bemühungen konnte kein gemeinsames Ergebnis erzielt werden.

So schrieb die tz zu dem innerparteilichen Problem: »Bei der Wahl des zweiten und dritten Bürgermeisters, die heute vom neugewählten Münchner Stadtrat in seiner ersten Sitzung vorgenommen wird, kommt es möglicherweise zum Skandal: Der etwa 14 Mann starke ›harte Kern‹ des linken SPD-Fraktionsflügels erwog gestern, dem Wahlakt fernzubleiben oder zumindest leere Stimmzettel abzugeben. Der Wahlboykott wäre ein Novum in der Münchner Stadtgeschichte. Der drohende Eklat ist auf die Verärgerung der Linken darüber zurückzuführen, daß sich die ›rechte‹ Fraktionsmehrheit mit OB Kronawitter an der Spitze zu keinem Kompromiß in der Bürgermeisterfrage bereitfand. Während die Linken wenigstens Max von Heckel als dritten Bürgermeister durchzubringen hofften, beharren die Rechten auf dem Gespann Helmut Gittel/Eckhart Müller-Heydenreich. Die verschiedenen ›Einigungsgespräche‹ erbrachten statt eines Kompromisses eine extreme Verhärtung der Fronten.«[70]

Bei der Abstimmung am 5. Juli 1972 bekam Helmut Gittel bereits im ersten Wahlgang mit 44 Stimmen die erforderliche Mehrheit für das Amt des zweiten Bürgermeisters.

Dagegen erhielt bei der Entscheidung um den Posten des dritten Bürgermeisters im ersten Wahlgang überraschend der CSU-Kandidat Dr. Winfried Zehetmeier mit 33 Stimmen die Mehrheit. Der Vorschlag der SPD-Stadtratsfraktion, Müller-Heydenreich, kam nur auf 29 Stimmen und 18 Stimmen entfielen auf den Favoriten der linken SPD-Räte, Max von Heckel.[71]

Da also keiner der drei Bewerber die erforderliche absolute Mehrheit der gültig abgegebenen Stimmen auf sich hatte vereinigen können, wurde ein neuer Wahlgang um die Position des dritten Bürgermeisters erforderlich. In ihm konnte sich der Münchner Rechtsanwalt Müller-Heydenreich durchsetzen. Damit war gegen den ausdrücklich erklärten Willen und die ursprüngliche Absicht der linken Genossen ein weiterer Mann Kronawitters zum Zug gekommen.[72]

Erwartungsgemäß nahmen die SPD-Linken unmittelbar nach ihrer Niederlage Rache. Als nämlich darüber abgestimmt wurde, ob Bürgermeister Gittel zugleich auch die Stadtkämmerei weiterführen solle, der er bisher als berufsmäßiges Stadtratsmitglied vorstand, stimmten die Linken der SPD zusammen mit CSU und F.D.P. dagegen, so daß die Landeshauptstadt München ab 1. Juli 1972 zunächst über keinen Stadtkämmerer mehr verfügte.[73]

Nun wurde allen Beteiligten rasch klar, daß die Linken in der Münchner SPD den wichtigen Posten des Stadtkämmerers auf jeden Fall mit einem Mann aus ihren Reihen besetzen wollten, der bei der Bürgermeisterwahl nicht zum Zuge gekommen war: Max von Heckel.

Total war auch die Konfrontation der SPD mit der CSU, da sich der rechte Flügel der SPD eindeutig zum Unterbezirksbeschluß bekannte, keinerlei Koalition im Rathaus einzugehen. Die Stimmung zwischen den großen Parteien war gereizt und teils sogar feindselig.[74]

So brachte eine kleinliche Belehrung Kronawitters über die laut Geschäftsordnung im Sitzungssaal zugelassenen Eß- und Trinksitten (»Man solle nicht Brotzeit machen und als Getränk seien nur Limonade und Mineralwasser gestattet – nicht aber Kaffee«, wie CSU-Stadtrat Walter Zöller ihn bei der letzten Sitzung getrunken hatte) die ganze CSU in Rage. Der CSU-Fraktionsvorsitzende Delonge erschien darauf mit einer dampfenden Tasse schwarzen Tees, und unter Protestrufen wie »Der soll doch Bürgermeister in Huglhapfing werden«, verließ die CSU zum zweiten Mal innerhalb von nur ein paar Monaten den Saal.[75]

Kronawitter wurde nicht müde zu betonen, daß er sich in erster Linie den wirtschaftlich schwachen Bürgern gegenüber verpflichtet fühlte: »Er meint es gewiß grundehrlich. Doch während ihn Mitarbeiter als angenehmen und konzilianten Chef loben, tritt er im Stadtrat als Mann mit der eisernen Faust auf. Mangels diplomatischen Geschicks legt er sich dann einmal mit den Linksaußen der eigenen Partei, ein anderes Mal mit den Routiniers auf der rechten Seite an. Weder Ironie noch Souveränität wollen ihm gelingen. Vielmehr wirkt er wie ein permanenter Wahlkämpfer.«[76]

Im Bayerischen Rundfunk kommentierte Josef Othmar Zöller das »Münchner Modell des extensiven Machtgebrauches« in der Kommunalpolitik: »Der Münchner City-

Sozialismus, der die Münchner Sozialdemokratie genauso wenig repräsentiert wie Schwabing die Landeshauptstadt, hat mit seinem vulgären Machtstil die guten kommunalpolitischen Sitten im Lande Bayern verdorben. Es war bei den Wahlen der zwei Bürgermeister z. B. weithin selbstverständlich, daß die zweitstärkste Fraktion zum Zuge kam. Mit der Münchner Modellentscheidung, mit der die SPD alle drei Bürgermeister besetzt und so nach der Geschäftsordnung auch die Totalherrschaft im nicht unwichtigen Ältestenrat usurpiert, ist der gute demokratische Stil verletzt.«[77]

Dreimal gelang es Kronawitter, zusammen mit den rechten SPD-Stadträten und vor allem dem SPD-Fraktionschef Hans Preißinger, die meist lautstark mit eigenen Vorschlägen auftretenden linken Genossen von wichtigen Personalentscheidungen fernzuhalten. Neben den zwei Bürgermeistersesseln wurde auch das Amt des Personalreferenten mit dem Favoriten der »Rechten« besetzt.[78]

Deshalb einigte sich der SPD-Fraktionsvorstand im Januar 1973, daß Nachfolger von Stadtkämmerer Helmut Gittel der zum linken Flügel zählende SPD-Stadtrat Max von Heckel werden sollte. Preißinger bestritt zwar öffentlich das allseits vermutete »Austauschgeschäft«: »Beide Wahlen wurden in der Fraktion völlig getrennt durchgeführt.« Er räumte jedoch in diesem Zusammenhang gegenüber der AZ ein: »Jeder muß mal eine Kröte schlucken.«[79]

Allgemein wurde darauf hingewiesen, wie negativ sich die Zerrissenheit der Münchner SPD auf die Politik im Rathaus auswirkte. Verwunderung herrschte darüber, daß die SPD nach dem Wahlspruch »Mir san die Mehrheit« einfach ihren Vorschlag, Max von Heckel als Nachfolger des Stadtkämmerers Gittel zu wählen, bereits als endgültige Berufung wertete.

So schrieb der Münchner Merkur am 18. Januar 1973: »Noch unverständlicher aber ist es, daß sogar der Oberbürgermeister in dieser Sache nur noch Parteisprecher ist und dem Regierungspräsidenten in einem Brief mitteilt, man werde auf eine Ausschreibung des Stadtkämmererpostens verzichten, obwohl dieser Stadtratsbeschluß noch gar nicht gefaßt war. Hier treibt die SPD eine Kommunalpolitik, die sich nur auf ihre Mehrheit im Rathaus stützt, nicht aber auf die erforderliche Abwägung bei Personal- oder Sachentscheidungen oder auf die gegebenen demokratischen Spielregeln.«[80]

Trotz dieser offiziellen Berücksichtigung des linken Flügels der SPD bei der Postenvergabe im Münchner Rathaus schwelte der parteiinterne Streit heftig weiter. Zur nächsten öffentlichen Auseinandersetzung kam es anläßlich der Wahl des Nachfolgers für den freigewordenen Posten des Stadtentwicklungsreferenten.

Hier standen der SPD mit ihrer absoluten Mehrheit im Stadtrat gleich zwei offensichtlich qualifizierte SPD-Mitglieder zur Verfügung. Weil sich nicht alle SPD-Stadträte für ein- und denselben Kandidaten ihrer eigenen Partei ausgesprochen hatten, war innerhalb der Fraktion buchstäblich der Teufel los. Prof. Detlef Marx wurde nämlich nur gegen den Widerstand der linken Kräfte von neun SPD-Stadträten mit den Stimmen von CSU und F.D.P. durchgebracht.[81]

Während die Süddeutsche Zeitung meinte, daß »doch geradezu Freude darüber herrschen müßte, den Bürgern wieder einmal ein Beispiel ›lebendiger Demokratie‹ geliefert« und »eine sachliche Entscheidung getroffen zu haben, um die jeder einzelne dazu gewählte Stadtrat persönlich gerungen hat, ausschließlich in dem Bemühen, den besten Mann zu finden«, ging es hier in Wirklichkeit gar nicht um die Sache.[82]

Offensichtlich war der »Fall Marx« für die Exponenten des linken Flügels nur der Vorwand für einen erneuten, heftigen Versuch in der Stadtratsfraktion, das Zepter in die Hand zu bekommen. »Gelingt das in der für den 5. März geplanten außerordentlichen Fraktionssitzung, so dürfte die Spaltung innerhalb der Münchner SPD-Fraktion für die restlichen fünf Jahre dieser Stadtratsperiode endgültig sein«, kommentierte die Süddeutschen Zeitung und erinnerte bei dieser Gelegenheit an ein von Oberbürgermeister Kronawitter in derselben Vollversammlung, wenn auch nicht im Zusammenhang mit der Wahl geäußertes Wort: »Es sollten in Zukunft häufiger Entscheidungen getroffen werden, bei denen die Fraktionsdisziplin nicht unbedingt eingehalten werden müßte.«[83]

Im Mai 1973 schrieb die Süddeutsche Zeitung, die Münchner Genossen seien »linker als recht ist« und daß sich der Unterbezirksvorsitzende Schöfberger – im eigenen Vorstand schon weitgehend isoliert – nur noch halten könne, weil er nach ein paar hohlen Versöhnungsformeln mit brillanter Demagogie auf den rechten Flügel der Rathausfraktion und damit auch auf Oberbürgermeister Kronawitter eindresche.

Erstaunt kommentierte Die Welt, daß sich »die alte Auseinandersetzung zwischen radikalen und gemäßigten Sozialisten, zwischen Lenin und den Menschewiken, zwischen der Ebert- und der Liebknecht-Linie, zwischen parlamentarischen Sozialdemokraten und Anhängern eines Rätesystems heutzutage in der Münchner SPD vollzieht!« Dabei mache sich bei den Linken eine deutliche Verachtung für parlamentarische Spielregeln und Methoden bemerkbar.

»So präsentiert sich die Münchner SPD nicht als geschlossene Organisation, sondern als eine Hülse, in der sich – wie ein Beobachter der Münchner Rathausszene sagte – neben Blindgängern auch einige scharfe Granaten verbergen. Wer diese Partei heute in der Hand hat, ist ungewiß: sicher aber weder die Gemäßigten, noch der schwankende Oberbürgermeister, noch auch der Unterbezirksvorsitzende Schöfberger. Die Münchner Abendzeitung, – die man als links bezeichnen kann – spricht von einem ›Abgrund‹ in der Münchner SPD, über den keine Brücke mehr führe.«[84]

Nachdem Kronawitter auf einer SPD-Fraktionssitzung erklärt hatte, »in Zukunft Mehrheitsentscheidungen seiner

Partei zu akzeptieren und sich bei Abstimmungen im Plenum entsprechend zu verhalten«, warf ihm der F.D.P.-Stadtrat Manfred Brunner in einem offenen Brief ein »gebrochenes Verhältnis zum Rechtsstaat« und »einen Verstoß gegen seinen Amtseid« vor.[85]

Angesichts dieser Situation wird es verständlich, daß bei den Beteiligten nach den monatelangen Streitigkeiten die Nerven offen lagen und in der Münchner SPD selbst mit einstweiligen Anordnungen gearbeitet wurde. So erwirkte der Oberbürgermeister im Mai 1973 beim Landgericht München I eine Einstweilige Verfügung, mit der der Freimanner SPD und deren Vorsitzenden Georg Fendt untersagt wurde, weiter zu behaupten, Kronawitter habe die Behauptung aufgestellt, daß »in Freimann niemand etwas gegen den Müllberg sagen würde, wenn da nicht ein paar g'spinnerte Jusos wären!« Die Freimanner SPD hatte diese angebliche Kronawitter-Äußerung in einem Flugblatt wiedergegeben.[86]

Aufgrund der permanenten Auseinandersetzungen innerhalb der Münchner SPD und der heftigen Querelen der Mehrheit der SPD-Rathausfraktion mit dem Unterbezirksvorstand, konnte sich Kronawitter um die eigentliche Sacharbeit im Münchner Rathaus kaum kümmern.[87]

Neben dem Krach in der eigenen Partei und Fraktion bekam Kronawitter noch zusätzlichen Ärger mit der politischen Opposition.

Die CSU-Stadtratsfraktion warf ihm im Juli 1973 öffentlich vor, sein 1972 vorgelegtes »erstes Halbjahresprogramm« für die ersten sechs Monate des Jahres 1973 in fast allen Referaten nicht erfüllt zu haben.[88]

Der Vorsitzende der CSU-Stadtratsfraktion, Dr. Winfried Zehetmeier, hielt ihm vor: »Bei der Verkündung des Programms hat der Oberbürgermeister eine regelrechte Schau abgezogen. Er sollte in Zukunft mit seinen Äußerungen vorsichtiger sein und seine Programme sorgfältiger prüfen, bevor er sie dem Stadtrat vorlegt.«[89]

Kronawitter meinte zu den Vorwürfen: »Der größte Teil des Programms konnte verwirklicht werden. Zwei Studien folgen in den nächsten Tagen.«[90]

Wegen seiner Weigerung, dem traditionellen Pfingsttreffen der Sudetendeutschen Landsmannschaft einen Gruß zu übermitteln, griff ihn CSU-Generalsekretär Gerold Tandler heftig an: »Die Entscheidung ist bezeichnend für das Format des Oberbürgermeisters, für die innere Verfassung seiner sozialdemokratischen Partei und für eine politische Landschaft, in der linke Revoluzzer allerhöchsten Zuspruch erhalten und die Kerkermeister des östlichen Kommunismus mit Elogen bedacht werden.«[91]

»Die CSU ist nicht frei von Heuchelei, wenn sie dem bayerischen Landesvorsitzenden und wahrscheinlichen Ministerpräsidentenkandidaten für 1974, Dr. Hans-Jochen Vogel, Widersprüche zwischen seiner Münchner Tätigkeit als Oberbürgermeister und seiner jetzigen Politik als Bundesstädtebauminister vorwirft«, stellte Kronawitter im Mai 1973 in einem Beitrag für die Sozialdemokratische Pressekorrespondenz (spk) fest. Unter Vogels Amtsführung seien die Gefahren für die großen Städte früher erkannt und bekämpft worden. Als Beispiele führte er u. a. den 1963 verabschiedeten Stadtentwicklungsplan, die Schaffung eines eigenen Stadtentwicklungsreferates, den U-Bahn-Bau, die Konzipierung der Fußgängerzone, die Aufwertung des

Münchner Nordens durch die Olympischen Spiele sowie die Gründung des Vereins zur Schaffung überörtlicher Erholungsgebiete auf. »Dank der Politik Vogels« habe München für seine Amtszeit »Voraussetzungen, auf denen zielstrebig aufgebaut« werden könne.[92]

»Wenn die bayerische Gemeindeordnung dies zulassen würde, so müßte seit Montag nachmittag das Münchner Stadtparlament aufgelöst und Neuwahlen für den Stadtrat ausgeschrieben werden«, meldete der Münchner Merkur am 4. Juli 1973. »Die 45köpfige SPD-Rathausfraktion ist nämlich seit der Erklärung des Oberbürgermeisters, die radikale linke Münchner SPD-Parteimehrheit und deren Repräsentanten im Rathaus hätten das Recht der Einflußnahme auf die Münchner Stadtpolitik nunmehr endgültig verwirkt, auch optisch in zwei sich bekämpfende Gruppen auseinandergefallen.«[93]

Durch diese Spaltung stellte die Rathaus-SPD nach Meinung politischer Beobachter nicht mehr jene Gruppierung dar, der die Wähler am 12. Juni 1972 noch einmal mit 52,7 Prozent das Vertrauen geschenkt hatten: »Die Anhänger Kronawitters, die auf dem SPD-Parteitag nicht einmal mehr ein Zehntel der Delegierten ausmachen, waren seit kurzem auch in der Rathausfraktion knapp in der Minderheit, denn die bislang zwischen den Flügeln hin- und herpendelnden SPD-Stadträte haben sich aus mehr oder weniger opportunistischen Gründen jenen ›linken‹ Kräften genähert, auf deren Unterstützung sie bei der Kandidaten-Aufstellung in vier Jahren voraussichtlich angewiesen sind.«[94]

Kronawitters »Kriseninszenierung«

Die verbliebene »rechte« und »gemäßigte« SPD-Fraktionsminderheit um Kronawitter und seine beiden Bürgermeister Gittel und Müller-Heydenreich sah sich nun erstmals gezwungen, nach neuen Stadtratsmehrheiten für ihre weitestgehend auf Vogels altem Stadtentwicklungskonzept beruhende Kommunalpolitik zu suchen. Kronawitter machte deshalb an CSU und F.D.P. das überraschende Angebot, in Zukunft im Rathaus am Marienplatz über alle Parteigrenzen hinweg eine Art »Koalition der Vernunft« zu installieren.[95]

Der Münchner Merkur beurteilte diese politische Offerte aufgrund des vorangegangenen Verhaltens des Oberbürgermeisters kritisch und schrieb: »Die beiden Münchner Oppositionsparteien CSU und F.D.P. – sie stellen zusammen 36 der 81 Stimmberechtigten im Stadtrat – täten gut daran, würden sie den Verlockungen Kronawitters und seines etwa 20 Mann starken SPD-Resthäufleins nicht so ohne weiteres nachgeben. Schließlich hat Kronawitter in den vergangenen zwölf Monaten, als es um die Besetzung von Führungspositionen ging, diese selbstherrlich an Männer mit SPD-Parteibuch vergeben, ohne auch nur den Versuch zu machen, zusammen mit CSU und F.D.P. nach dem geeignetsten Fachmann zu suchen.«[96]

»CSU und F.D.P. im Rathaus wären töricht, wenn sie nunmehr dem von der SPD abgehalfterten Kronawitter den Steigbügel für einen ›Volksoberbürgermeister‹ halten, ohne gleichzeitig am Informations- und Machtfluß am Marienplatz, beispielsweise durch jeweils einen Bürgermeister ihrer eigenen Couleur, wirklich beteiligt zu sein.

Denn nicht von ungefähr haben F.D.P. und große Teile der CSU seit Juli 1972 oftmals mit dem linken SPD-Fraktionsflügel gestimmt, wenn es um die Beseitigung von Münchner Mißständen ging, die Ex-OB Vogel samt SPD-Fraktionschef Preißinger der bayerischen Landeshauptstadt vornehmlich in den Jahren 1960 bis 1966 eingebrockt hatten.«[97]

Bei aller Kritik am »jüngsten Vabanquespiel der Kronawitter-Gruppe im Rathaus« wies der Münchner Merkur auf einen wichtigen positiven Ansatz ihres Vorgehens hin: »Erstmals seit Beginn der Münchner SPD-Auseinandersetzungen im Frühjahr 1970 sind prominente SPD-Führer dieser Stadt bereit, nicht länger als sozialdemokratisches Aushängeschild für eine Parteitagsmehrheit zu dienen, die die SPD weg von der Position einer linken Volkspartei und hin zu einer intoleranten Kaderpartei mit dem Ziel der Systemsprengung führen will.«[98]

Am 27. Juni 1973 überraschten die sozialdemokratischen Stadtväter jedoch plötzlich mit Einigkeit. Einstimmig wählten sie den 36jährigen Amtsrichter Dr. Klaus Hahnzog zum neuen Kreisverwaltungsreferenten. Dieser sprach sich zwar dafür aus, das Prinzip der Gesetzmäßigkeit als oberste Richtschnur zu bewahren, betonte aber gleichzeitig, daß die »Interpretations- und Gestaltungsmöglichkeiten der Gesetze voll ausgeschöpft werden müssen«[99].

Diese unerwartete Geschlossenheit bei der Wahl des Kreisverwaltungsreferenten im Stadtrat verhalf dem folgenden SPD-Parteitag zur Ruhe. »Zum erstenmal seit langem«, so lobte die Süddeutsche Zeitung, »gelang es der Münchner SPD wieder, einen Parteitag in sachlicher Atmosphäre zu führen.«[100] In der Tat blieb auf diesem Parteitag der von vielen erwartete öffentliche »Bruderkrieg« der Münchner Sozialdemokraten aus.

Dabei hatte der Parteitag am 28. Juni recht polemisch begonnen: Oberbürgermeister Kronawitter verdächtigte seine Widersacher vom linken Flügel »Maden im Speck der Marktwirtschaft« zu sein und Fraktionschef Preißinger warf den Linken seiner Partei sogar »konspirative Geheimbündelei« sowie »psychischen Terror« vor.

Die Mehrheit der SPD-Delegierten beschloß aber, sofort in die Debatte der Sachthemen einzutreten. Die wichtigsten Forderungen des Münchner SPD-Parteitages an den Oberbürgermeister und die SPD-Stadtratsfraktion lauteten:[101]

- In Zukunft sollen keine Grundstücke der Stadt mehr verkauft werden.
- Wo es zur Schaffung gesunder Wohn- und Arbeitsverhältnisse notwendig ist, soll übergeleitetes Staffelbaurecht entschädigungslos herabgesetzt werden.
- Ein weiterer Ausbau des Mittleren Rings kommt nur dort in Betracht, wo dies zum Schutz der Anwohner vor starker Verkehrsbelästigung erforderlich ist.
- Größere Straßenbauvorhaben sollen bis zur Erstellung eines Generalverkehrsplanes zurückgestellt werden.

Zu Beginn des Parteitages hatte der Vorsitzende der Münchner SPD, Schöfberger, nachdrücklich zur Sachlichkeit geraten und auch empfohlen, sich nicht mit dem »Freundeskreis«, einer politischen Gruppierung um Ludwig Koch[102], zu befassen.

In der Juli-Ausgabe der SPD-Parteizeitung Münchner Post wurde von ihrem Chefredakteur Christian Ude verärgert beklagt, daß »die jüngste Krise der Rathaus-SPD offenkundig von der Rathaus-Spitze künstlich inszeniert wurde.« Als Insider schilderte Ude »die Kriseninszenierung« Kronawitters und seiner Gefolgsleute wie folgt: »Noch am 27. Juni bewies die SPD-Stadtratsfraktion sich und anderen, daß Geschlossenheit möglich ist und zum Erfolg führt. Der OB verstand es gerade noch rechtzeitig, sein Ruder herumzureißen, sich an die Spitze der Einigungsbewegung zu stellen, und selber den Kompromißkandidaten Dr. Hahnzog als neuen Kreisverwaltungsreferenten vorzuschlagen.

Doch tags darauf, auf dem Parteitag der Münchner SPD, gingen OB und Fraktionschef auf Kollisionskurs: Statt den Erfolg vom Vortag als Rezept aufzugreifen, lieferten sie den Delegierten eine Publikumsbeschimpfung. Sie warfen den Linken fließende Grenzen zum Kommunismus, konspirative Geheimbündelei, psychischen Terror und Befürwortung des imperativen Mandats vor. Und dann waren sie noch empört, daß die Parteitagsmehrheit den Fehdehandschuh nicht aufnahm, sondern sofort in die Sachdebatte einstieg.«[103]

Ude fuhr fort: »Ein Parteitag, der auf seinem vorangegangenen Treffen die Unvereinbarkeit von demokratischem Sozialismus und Kommunismus beschlußmäßig festgestellt hat, braucht nicht vor einer ›Verbrüderung‹ mit Kommunisten gewarnt zu werden und braucht sich auf derart diffamierende Unterstellungen auch nicht einzulassen.

Und was soll der Vorwurf der ›konspirativen Geheimbündelei‹, wenn er ausgerechnet von einem Mitglied eines ›Freundeskreises‹ erhoben wird, der als ›geschlossene

Gesellschaft‹ ausgewählter Sozialdemokraten politische Veranstaltungen abhält?«

Weiter ging Ude mit Kronawitter und Preißinger sehr deutlich ins Gericht: »Wie lange wollen Kommunalpolitiker den Hinweis, daß sie unter bestimmten Voraussetzungen nicht mehr als Kandidaten aufgestellt werden, als ›psychischen Terror‹ bezeichnen? Die Demokratie gewährt eben nur Ämter auf Zeit und keine Erbhöfe. Wer die Vergänglichkeit politischer Würden psychisch nicht verkraften kann, sollte nicht Politik machen.«[104]

Da Kronawitter auf dem Parteitag lautstark erklärt hatte, daß der Parteitag sein Recht auf Einflußnahme auf die Kommunalpolitik verwirkt habe und er eine Koalition der Vernunft anstreben müsse, fragte Ude: »Mit wem? Mit der CSU, die Kronawitter im Wahlkampf noch mit Recht als ›Partei der Spekulanten‹ bekämpft hatte.« Und er stellte die Preisfrage: »Wer setzt hier seine politische Glaubwürdigkeit aufs Spiel?« Mißbilligt wurde von Ude auch ausdrücklich, daß Kronawitter seine Erklärung auf dem Parteitag nicht mit der Stadtratsfraktion abgestimmt hatte: »Die hohen Herren empfinden offensichtlich nicht nur die Einflußnahme der Partei, sondern auch schon die Mitsprachegelüste von Stadträten als eine lästige Einmischung in ihre Politik.«[105]

Demgegenüber sah Kronawitter einen »ständig steigenden Druck der Münchner Partei in Richtung imperatives Mandat« und eine »wachsende Verwischung der Gegensätze zwischen Sozialdemokraten und Kommunisten« und beschwerte sich über »bewußte Gruppenbildung in der Fraktion«. Ganz offensichtlich waren Mitte 1973 in der Münchner SPD die radikalen Linken weiter auf dem

Vormarsch. Selbst überregionale Medien sahen »Kronawitter in der Klemme«[106] und unterstellten ihm bereits »Rückzugsgefechte«[107]. Der Münchner SPD drohte damals ernsthaft eine Spaltung.[108]

Trotzdem versuchte das rote Stadtoberhaupt in seinem kommunalpolitischen Lagebericht zu Beginn seines zweiten Amtsjahres, zunächst nach außen noch Einigkeit zu demonstrieren. Im Stil einer Bundesliga-Reportage behauptete er als »Kapitän« seines Stadtratsteams, trotz etlicher Mängel im Zusammenspiel sei »der Klassenerhalt nie gefährdet gewesen«. Über seine SPD-Fraktion meinte er: »Der linke Flügel vollbrachte ein großes Laufpensum, war aber oft nicht am Ball. Der rechte Flügel verstärkte häufig die Verteidigung. Die sachverständige Presse auf der Bühne profitierte von turbulenten Szenen im Strafraum.« Gespielt habe man zwar im roten Dreß, wiederholt aber auch Aushilfe von den Schwarzen auf der Reservebank benötigt.[109]

Am Ende der Bilanz seines ersten Amtsjahres verkündete Kronawitter optimistisch, er habe in der »spielfreien Zeit« (Sitzungsferien des Stadtrates) ein »neues taktisches Konzept erarbeitet, von dem er sich eine spürbare Leistungssteigerung verspreche«[110].

Kronawitters »Kardinalfehler«

Als Peinlichkeit endete 1973 der Versuch Kronawitters, in einer Art Alleingang Julius Kardinal Döpfner zum Ehrenbürger von München zu machen. Die Abendzeitung unterstellte ihm, in dieser heiklen Angelegenheit so ungeschickt wie nie zuvor taktiert zu haben. »Nun darf also auch noch spekuliert werden, wem Georg Kronawitter die Schlappe verdankt, schlechten Ratgebern oder dem eigenen Drang, die Bandbreite seiner Popularität auf katholische Kreise Münchens auszudehnen.«[III]

Der OB und Friedrich Kardinal Wetter

Als im November 1973 die SPD-Stadträtin Ingrid Schönhuber nach elfjähriger Mitgliedschaft ihr Mandat zurückgab und die Partei verließ, wurden erneut die »chaotischen Zustände« der Münchner SPD und das schier unlösbare Dilemma, in dem Kronawitter politisch im Rathaus steckte, deutlich. Die CSU hatte dem sozialdemokratischen Rathauschef klar zu verstehen gegeben, daß sie ihr Ansehen nicht »zur Wiederherstellung des politischen Leumunds einer schwachen Administration« zur Verfügung stelle, und die Münchner SPD zeigte ebenfalls wenig Neigung, Kronawitter bei seiner Stadtregierung »über alle Parteigrenzen hinweg« zu unterstützen.[112]

Ein Jahr nur nachdem der »rote Schorsch« keck öffentlich erklärt hatte, die SPD wolle mit ihrem Stimmenanteil von 52,5 % bei den letzten Kommunalwahlen künftig allein die Verantwortung im Rathaus tragen, war seine eigene Fraktion in zwei heftig rivalisierende und sich bekämpfende Gruppen gespalten. Bei Abstimmungen im Stadtrat konnte Kronawitter praktisch nur noch auf Zufallsmehrheiten hoffen. Nach seinem Verzicht auf eine erneute Kandidatur räumte das demontierte Stadtoberhaupt ein, daß er sich während seiner Amtszeit nicht auf die eigene Partei, aber auf die aus Vogels Zeiten noch gut funktionierende Stadtverwaltung verlassen konnte.

Vogel war es auch, der Kronawitter in dieser schwierigen Situation immer wieder zu helfen versuchte und aus Bonn an alle Parteimitglieder appellierte, »die SPD nicht zu verlassen, sondern innerhalb der Partei für klare Standpunkte und eine Änderung der Mehrheitsverhältnisse zu kämpfen«. Ingrid Schönhuber hatte ihre Mandatsrückgabe damit begründet, daß in der SPD keine klare Abgrenzung zum Kommunismus bestehe, in der Münchner Partei eine antiamerikanische Stimmung herrsche und im Münchner Stadtrat Sachentscheidungen unter starkem Druck der Ideologie getroffen würden.[113]

Eines der bemerkenswertesten Dokumente, die es in dieser Zeit zur Situation in der Münchner SPD beziehungsweise zu den politischen Zielsetzungen des linken Flügels in der SPD gab, war ein Brief, den das linke Vorstandsmitglied Dr. Hans Bleibinhaus am 16. November 1973 an den stellvertretenden Vorsitzenden der bayerischen SPD, Dr. Peter Glotz, schrieb. Bleibinhaus nahm darin zu zehn Konfliktthemen Stellung, die Glotz aufgestellt hatte.[114]

Angesichts dieser heftigen parteiinternen Querelen verwundert es nicht, daß bereits Ende Dezember 1973 der Streit zwischen den beiden zerstrittenen Flügeln der Münchner SPD auch öffentlich wieder voll ausbrach. Grund dafür war, daß bei der letzten Vorstandssitzung die Mitglieder des Münchner SPD-Unterbezirksvorstandes einen zunächst streng geheimgehaltenen Beschluß gefaßt hatten: »Gegen eine Stimme wurde gegen den Exponenten des ›rechten‹ Flügels und Kronawitter-Mitarbeiter Helmut Pfundstein ein Parteiverfahren in Gang gesetzt. Gleichzeitig legte die linke Vorstandsmehrheit fest, daß bis zur Entscheidung des Parteigerichts alle Mitgliedsrechte des Genossen Pfundstein ruhen.«[115]

In der Presse wurde das Parteiverfahren gegen Helmut Pfundstein als »offene Kriegserklärung« des Münchner Unterbezirks an den rechten Parteiflügel bezeichnet. Der Unterbezirksvorstand warf Pfundstein vor, an Münchner Zeitungen Geheimnisse aus der Partei verraten zu haben. Insider wiesen aber darauf hin, daß Pfundstein, der von 1965 bis 1967 Parteisekretär der Münchner Sozialdemokraten war und als SPD-Pressesprecher arbeitete, als Dirigent und Manager im Hintergrund kräftig dazu beitrug, daß die Vogel-Anhänger bei den für die zukünftigen Parteitage entscheidenden Delegiertenwahlen wieder kräftig an Stimmen gewonnen hatten.[116]

Oberbürgermeister Kronawitter reagierte auf das Parteiverfahren gegen den rechten Helmut Pfundstein, indem er in einem Brief vom Unterbezirksvorstand seiner Partei verlangte, er solle die beiden linken Stadträte Peter Kripp und Rainer Uhl zur Aufgabe der aktiven Mitarbeit beim Verein Bürgerzentrum Haidhausen auffordern. Kronawitter begründete seine Forderung damit, daß in diesem Verein nach seinen Informationen immer mehr die Kommunisten die Oberhand gewännen.[117]

Anfang 1974 gab Kronawitter vor Pressevertretern im Rathaus eine kommunalpolitische Vorschau für das erste Halbjahr 1974. Mitglieder des Stadtrates oder der Fraktion waren dabei nicht anwesend. Der Münchner Merkur kommentierte, daß Kronawitter auf 46 Seiten »bereits mehr oder weniger lange eingeleitete Einzelmaßnahmen in unserer Stadt aneinanderreiht ohne daß dabei wesentlich Neues zu finden wäre. Statt dessen viele Platitüden.«[118]

Weiter wurde kritisiert: »Da verkündet der OB beispielsweise, es könne schon heute gesagt werden, daß der vorgeschlagene MVV-Tarif von 1,25 Mark vom Tisch sei ... Welch ein Erfolg und eine Volksverdummung, wo doch die Spatzen seit Monaten von den Münchner Dächern pfeifen, daß eine derartige Tariferhöhung weder vom Bund noch von der Stadt erwogen worden ist! So baut man also Erfolge auf.«[119]

Besonders lobte Kronawitter seine Bemühungen um eine »Demokratisierung der Feste«, obwohl solche Aktionen anderswo als selbstverständliche Aufgaben von Fremdenverkehrs- und Kulturämtern wahrgenommen werden.

Natürlich gehörte auch der Punkt »Mehr Grün in unsere Stadt« zu Kronawitters kommunalpolitischer Vorausschau und der Münchner Merkur meinte dazu kritisch, daß darüber wohl die von Kronawitters Stadtverwaltung mitzuverantwortende Zerstörung des Münchner Gartenstadtviertels vergessen werden solle: »Daß ausgerechnet unter Punkt 13 der Kronawitterschen Vorausschau die geplante »Schaffung eines Biergartens auf der Zirkuswiese auf der Theresienhöhe« aufgeführt wurde, konnte nicht darüber hinwegtäuschen, daß in Kronawitters Amtszeit hinter der Zirkuswiese auf dem ehemaligen Hacker- und Bavariakeller-Gelände eine Betonwüste entstehen durfte.«[120]

»Überhaupt kann man sich nach der Lektüre des Kronawitter-Reports nur wundern, was alles in München bis zum 1. Juli 1972 versäumt wurde, um dann endlich vom neuen Rathaus-Chef zügig angepackt zu werden«, kommentierte der Münchner Merkur die Bilanz des Oberbürgermeisters, »die man bisher in München höchstens in Wahlkampfzeiten gewohnt war.«[121]

Der Vogelsche Stadtentwicklungsplan aus dem Jahre 1963(!) mußte sich dagegen laut Kronawitter damit begnügen, das expansive Wachstum der Stadt zu kanalisieren. Wobei Kronawitter ankündigte, daß der Stadtentwicklungsplan 1974 »wesentlich stärker als 1963 mit der gesamten Bürgerschaft diskutiert werden soll.« Ob dieses Versprechen allerdings lange Zeit Bestand haben werde, wagte der Münchner Merkur nach den Erfahrungen der letzten Wochen, »als die Mimosenhaftigkeit des derzeitigen Oberbürgermeisters gegenüber scharfer Kritik offen zutage trat«, zu bezweifeln.[122]

Da Kronawitter bei seinem Rückblick auf ein Jahr Amtszeit geäußert hatte, er hätte gern eine Hose aus Blech, weil es immer wieder einen kläffenden Köter besonders juckt, wenn er mich sieht«, bastelten zwei Münchner Gürtlermeister ihrem Stadtoberhaupt umgehend eine Rüstung aus Metallbund, Blechwaden und Schenkelschützern. Kronawitters Hoffnung, daß seine Gegner »sicher Angst bekommen«, wenn sie ihn in dieser Blechhose sehen, erfüllte sich allerdings nicht.[123]

Nach heftigen Diskussionen um das Berufsverbot für DKP-Mitglieder in der Münchner Stadtverwaltung unterschrieben 74 Jusos einen am 11. Januar 1974 verfaßten Brief an Kronawitter und übergaben ihn im Lauf des gleichen Monats an die Presse. »Kronawitters Polemik«, so die Jusos, gehe sogar soweit, daß er Demokraten in »demagogischer Manier« als »Systemsprenger«, »Brandstifter und Konfliktstrategen« bezeichne. Denn im Sinne einer Überwindung der Gesellschaftsordnung zum Wohle der Mehrheit seien ja auch die Jusos dann »Systemsprenger«. Die Jusos verlangten deshalb von Kronawitter zu den genannten Ausdrücken eine Erklärung.[124]

Keine revolutionäre Umwälzung, sondern schrittweise Veränderung

In einer 23 Seiten starken Stellungnahme analysierte Kronawitter 1974 die Verhältnisse in seiner durch erbitterte Flügelkämpfe erschütterten SPD. In seiner Äußerung für die SPD-Schlichtungskommission betonte Kronawitter, vor Detailerörterungen müsse man sich erst einmal über Grundsatzfragen einig werden, denn diese hätten zu den heftigen innerparteilichen Kontroversen in den letzten Jahren geführt: »Tiefgreifende Meinungsunterschiede über Inhalt, Ziel und Weg sozialdemokratischer Politik sind in München immer stärker aufgebrochen und haben sich verfestigt, eine gemeinsame Linie wird immer weniger sichtbar.«[125]

Kronawitter stellte damals fest, daß die Münchner SPD »mit erstaunlicher Bedenkenlosigkeit« vorhandene »Vertrauenspolster« abgebaut habe und damit empfindliche Einbußen bei Wahlen hinnehmen mußte. Persönliche Attacken hätten eine »verheerende Öffentlichkeitswirkung« gehabt.

Der Münchner Oberbürgermeister forderte dringend, Parteimitglieder mit extremen Positionen »durch eine entschiedene Haltung zu isolieren«. Er selbst wolle dabei eine »Politik der Mitte« vertreten. Unter »Politik der Mitte« verstand Kronawitter »Reformen für soziale Gerechtigkeit, gegen elitären Dogmatismus und gegen die Einengung der SPD zur Kaderpartei wie gleichermaßen gegen beharrenden Konservativismus«. Linke Mitte hieße nicht revolutionäre Umwälzung, sondern schrittweise Veränderung.[126]

»Die Münchner SPD muß wieder ins Lot kommen. Wer alte Spannungen verschärft und neue Konflikte einbringt, erweist der Sozialdemokratie in unserem Land keinen guten Dienst«, betonte auch Münchens SPD-Vorsitzender Schöfberger bei seiner Wiederwahl auf dem Parteitag im Februar 1974 und richtete dann vor allem an die Adresse Kronawitters und seiner Gefolgsleute die Warnung: »Kleinkrämerisches Hickhack hilft uns nicht mehr! Wechselseitige Schuldzuweisungen sind sinnlos! Rechthaberei führt nicht weiter!«[127]

Zu Beginn seines Rechenschaftsberichts räumte Schöfberger ein, es gebe noch »Nachwehen« der Krise, die in den Jahren 1970 bis 1972 ihren Höhepunkt in der Münchner SPD erreicht hätten. Der Vorstand habe sich aber ständig bemüht, »Konflikte abzubauen, die Sozialdemokraten in München zusammenzuführen und nicht auseinanderzutreiben«. Im wesentlichen sei dies gelungen.[128]

Schöfberger vertrat die Ansicht, daß dem Parteitag der Münchner SPD 1973 eine »Rückkehr zur Sacharbeit« gelungen sei. Er verwies in diesem Zusammenhang vor allem auf die zahlreichen Beschlüsse zur Rathauspolitik, auf die bildungspolitischen Aussagen und die Arbeitnehmerforderungen sowie die klare Stellungsnahme gegen Berufsverbote und die »verantwortungsbewußte Entscheidung zur MVV-Tariffrage«[129].

Daß sich die SPD augenblicklich »in einem Stimmungstief« befand, erklärte Schöfberger damit, daß die Probleme wie z. B. Preise, Ölkrise usw. immer schwieriger werden, daß die SPD-Reformarbeit in Bonn teilweise hinter den hohen Erwartungen zurückbleibt und daß die Konservativen hemmungslos Angst und Unsicherheit verbreiten »als ob der Untergang des Abendlandes bevorstünde«[130].

Als Stellvertreter Schöfbergers wählte der Parteitag der Münchner SPD Hans Bleibinhaus, Siegmar Geiselberger und Konrad Kittel, also keine Frau und keinen Gewerkschaftler.[131]

Kronawitter selbst erlitt eine empfindliche Abstimmungsniederlage. Gegen seinen ausdrücklichen Willen wurde in der Frage der »Nichtbeschäftigung Radikaler« mit großer Mehrheit ein Antrag des SPD-Vorstandes angenommen, der die Nichteinstellung als einen Verstoß gegen die Rechtsstaatlichkeit bezeichnete.

Aktueller Anlaß für die erneute schwere Kontroverse war die Weigerung der Münchner Stadtverwaltung und ihres Oberbürgermeisters, den Sozialarbeiter Hans-Georg Frieser, ein DKP-Mitglied, in das Angestelltenverhältnis zu übernehmen.

Im Gegensatz zu Kronawitter hatte der Münchner SPD-Chef Schöfberger unter Hinweis auf verfassungsrechtliche Bedenken für die Ablehnung der, wie er sagte, »Berufsverbote« plädiert. Kronawitter hatte dem Parteitag erklärt, er sei nicht nur wegen der DKP-Mitgliedschaft, sondern wegen anderer Aktivitäten, die er als »verfassungswidrig« bezeichnete, gegen Friesers Einstellung.

Nach dem Parteitagsbeschluß sagte Kronawitter, er wolle auch weiterhin in Sachen Nichteinstellung Radikaler so verfahren wie bisher. Es werde zwar jetzt nochmals eine

Diskussion im Stadtrat um den Fall Frieser geben, er werde sich aber energisch dafür einsetzen, daß »dieser Mann« nicht in den öffentlichen Dienst übernommen wird.[132]

Während die Abendzeitung einen neuen Höhepunkt im Krach der Münchner SPD meldete, schrieb die tz, daß die Grabenkämpfe in der SPD weitergehen und Bild München stellte fest, daß nach der »Nacht der langen Messer am Oberanger« Münchens SPD zerstritten sei wie noch nie. Andererseits gewann Kronawitter damals aufgrund seiner konsequenten und tapferen Haltung allmählich immer mehr positive Beachtung.[133]

Der Oberbürgermeister wertete die Vorstandswahl seiner Partei als einen »demonstrativen Schritt zurück zur Klassenpartei«, der breite Bevölkerungsschichten vor den Kopf stoßen würde. Einmalig in der Geschichte der SPD sei die »Ausschaltung der Gewerkschaften aus der Parteiführung«[134].

So berichtete Die Welt, daß Georg Kronawitter als Münchner Oberbürgermeister eine erstaunliche Wandlung durchgemacht habe: »Von einem opportunistischen Anpasser, der niemandem – und am wenigsten der mächtigen Linken in seiner eigenen Münchner SPD – weh tun wollte, ist er zu einem Kämpfer gegen die linksradikalen Tendenzen in der Sozialdemokratie geworden. Noch vor einem Jahr, als prominente Altsozialdemokraten Münchens bereits von einer ›kommunistischen Unterwanderung‹ des SPD-Unterbezirks der bayerischen Landeshauptstadt sprachen, zählte Kronawitter zu denen, die diese Gefahr verharmlosten.«[135]

Und weiter: »Bei seinem Amtsantritt als Nachfolger von Hans-Jochen Vogel brüstete er sich, er brauche die anderen Parteien – besonders aber die CSU – im Rathaus nicht. München könne allein von Sozialdemokraten regiert werden. Inzwischen spricht der Oberbürgermeister von der ›Solidarität der Demokraten‹, vom notwendigen Abbau parteipolitischer Konfrontationen.«

Die Welt wies zu Recht darauf hin, daß solche Bekenntnisse angesichts der Stimmung in den Münchner SPD-Kadern durchaus einen gewissen Mut erforderten, »nämlich den Mut zu der Erkenntnis, daß die Partei weder diesen Oberbürgermeister noch seinen Stellvertreter noch einmal zur Wahl aufstellen wird. Kronawitter hat also eine Flucht nach vorne angetreten. Da die Basis der Münchner SPD es nicht geschafft hat, diesen Mann ›imperativ‹ einzubinden, ist man jetzt entschlossen, Kronawitter, wo immer es geht, zu demütigen.«[136]

Am Münchner Oberbürgermeister beweise sich erneut, so die Welt, daß es ein »Gesetz der Stelle« gibt: »Ein bis dahin fast unbekannter Parteifunktionär, der ins Münchner Rathaus eingezogen ist, erfaßt plötzlich seine Verantwortung für die ganze Stadt, und vielleicht spürt er auch das in ihn gesetzte Vertrauen der Bürger, für die das Rathaus immer noch mehr bedeutet als ein Parteibüro.«

Zusammenfassend stellt Die Welt fest: »Kronawitter ist mit seinem Amt gewachsen – und das ist gewiß nicht das Schlechteste, was von einem Mann zu sagen ist. Aber diese Feststellung ändert nichts daran, daß ihm die Mehrheit in der Münchner SPD wohl für immer weggeschwommen ist, und daß er im Münchner Rathaus abgeschnitten von der Basis regieren muß, denn diese ist dabei, die Grenzen der parlamentarischen Demokratie zu verlassen.«[137]

Bereits einen Tag nach dem Parteitag im Hofbräuhaus, bei dem die »Linken« einen totalen Sieg hatten feiern können, trafen sich rund 300 rechte Sozialdemokraten im »Freundeskreis Ludwig Koch«. Der Initiator Koch, früher DGB-Chef von München, war bei den Vorstandswahlen klar unterlegen und kündigte nun im Namen seiner Freunde an, es werde jetzt ein »harter Trennungsstrich zwischen den Vertretern einer realen sozialdemokratischen Politik und den Anhängern der Doppelstrategie und der radikalen Klassenkampftheorie gezogen werden«[138].

Teilnehmer an diesem rechten Freundeskreis-Treffen waren neben den Bürgermeistern Gittel und Müller-Heydenreich, Alt-Ministerpräsident Wilhelm Hoegner, Bayerns DGB-Chef Willi Rothe, der SPD-Landesvorsitzende Hans-Jochen Vogel sowie OB Kronawitter. Erneut berichteten die Medien deshalb über eine bevorstehende Spaltung der SPD.[139]

Nachdem Kronawitter in einem Interview[140] die Meinung geäußert hatte, die Regierung von Oberbayern genehmige städtische Beschlüsse aus politischen Gründen nicht, wurde in einer Erklärung der Regierung jeder Versuch des Münchner Oberbürgermeisters, Fragen der Rechts- und Fachaufsicht auf ein parteipolitisches Gleis zu schieben, entschieden zurückgewiesen. Die Regierung von Oberbayern wies besonders darauf hin, daß mit solchen Darstellungen das Klima sachlicher Zusammenarbeit vergiftet werden könne.[141]

Bevor sich Kronawitter in die Sommerferien verabschiedete, erklärte er noch Ende Juli 1974, daß sich seiner Ansicht nach die Ideologen in der Münchner SPD zahlenmäßig auf dem »Rückmarsch« befinden. Er sehe sich jedoch im Stadtrat einer »Allianz« von linken Sozialdemokraten und Konservativen der CSU und F.D.P. gegenüber. Die Auseinandersetzung mit dieser Opposition koste ihn »sehr viel Kraft, Zeit und Nerven«. Daß die Kronawitter-Preißinger-Gruppe beim Parteitag der Münchner SPD nur über eine Minderheit verfüge, erschwere für ihn die Situation.[142]

Im August 1974 zog der Chefredakteur des Münchner Stadtanzeigers, Erich Hartstein, eine Bilanz der ersten zwei Amtsjahre und stellte dabei fest, daß die Lehrzeit von Georg Kronawitter »hart und enttäuschungsreich« gewesen sei: »Der jetzt 46jährige stand, was niemand so recht erfahren hatte, aber doch wahr ist, mehr als einmal am Ende seiner seelischen und körperlichen Kräfte und grübelte verbittert darüber nach, wie er die Wahlperiode mit Anstand zu Ende bringen könne. Die Ursache so dunkler Stunden und Tage, wie sie der wendige und pfiffige, seine Karriere steuernde Selfmademan der bayerischen SPD-Mittelklasse nie zuvor im Leben gekannt hatte, waren indessen nicht die bösen oppositionellen Stadträte der CSU und F.D.P., sondern seine erklärten Feinde in der eigenen Partei und in der SPD-Stadtratsfraktion.«[143]

Hartstein führte aus, daß Kronawitter ursprünglich nicht aus dem Vogel-Flügel der Partei kam. Der »einstige kaum auffallende Boß der südbayerischen SPD« entwarf seine Erklärungen und Entscheidungen eher in distanzierter Neutralität und manchmal sogar im Gegensatz zu Vogel:

»Und kein Insider der Münchner Stadtpolitik wäre auf die Idee gekommen, der große Zampano der Stadtgeschicke in den Jahren 1960 bis 1972 würde im zweiten Anlauf (nachdem die Partei Helmut Gittel nicht akzeptieren wollte) diesen Nichtverwaltungsfachmann, Nichtjuristen und Nichtkommunalpolitiker auf den Schild heben. Vogel tat es mit Instinkt, der durch einige personelle Mißerfolge geschärft war und ertrotzte damit, wie mittlerweile bewiesen, das Bestmögliche, was angesichts des grauslichen desolaten und zerrissenen Zustandes der Münchner SPD überhaupt möglich war. Der Kandidat mußte ja eine Mehrheit innerhalb dieser Partei erhalten!«[144]

Vogel ärgerte seine Gegner in der SPD durch Kronawitter über die Maßen: »Könnten den Schorsch Haß und Verachtung umbringen, er wäre viele Tode gestorben. Dabei hatte Kronawitter geradezu leidenschaftlich an eine geschlossene Mehrheitsfraktion geglaubt und darauf nach der Wahl 1972 den Allein-Regierungs-Anspruch der SPD im Rathaus der Landeshauptstadt sogar deklaratorisch begründet – und damit einen fundamentalen Fehler begangen. Einen, den vor ihm solidere Mehrheiten wohlbedacht vermieden hatten. Anstelle einer breiten Absicherung seiner Position möglichst quer durch alle drei Parteien blieb Kronawitter – beinahe – seinen Erzwidersachern im eigenen Lager ausgeliefert.«[145]

Nachdem Kronawitter mehrfach an den Stimmen linker Genossen bei Abstimmungen aufgelaufen war, bekannte er sich seit Herbst 1973 unmißverständlich zum rechten Flügel der Partei: »Er zählt heute zum harten Kern der Vogelanhänger (und das heißt allemal, des Volksparteiflügels). Und nahe genug kam Kronawitter, der auf Solidarität quasi selbstverständlich vertraut hatte, an Konsequenzen heran, die womöglich eine krachende Kettenreaktion in der Bundesrepublik ausgelöst hätten.«[146]

Kronawitter suchte letztlich »Rathausmehrheiten mit oder ohne seine Fraktion«. Er wirkte in der Fraktion kaltblütig und lernte wesentlich schneller aus Fehlern als ihm allgemein zugetraut wurde. »Seine kommunalpolitische Bilanz ist so spärlich nicht, wie seine Gegner behaupten: Sie enthält das in diesen Jahren mögliche mit deutlichen sozialdemokratischen Akzenten.«[147]

Kronawitter kam bei der Bevölkerung von Monat zu Monat besser an. Er war nicht hochfahrend und nicht siebengescheit. »Der Mann auf der Straße mag ihn, weil er unermüdlich fleißig arbeitet und weil Wunder von ihm nicht erwartet werden. Er paßt sein Regiment geschickt dem Bedürfnis nach einer Konsolidierungsphase in München an. Rückläufige Bevölkerungs- und auch Wirtschaftsraten kommen ihm dabei sozusagen automatisch entgegen.«[148]

In Kreisen des linken Flügels der Münchner SPD wurde schon damals darüber nachgedacht, ob nicht Kronawitter 1977 sogar mit ihrem ausdrücklichen Votum erneut als OB-Kandidat aufgestellt werden müsse, »weil die Partei gar keinen Besseren hat und weil sonst der Posten und die absolute Mehrheit glatt beim Teufel, das heißt bei den Stadträten der christlich-sozialen Union sind.«[149]

In einem neuen Machtkampf zwischen dem »gemäßigten« und dem »linken« SPD-Flügel weitete sich der Streit um die Forderung Max von Heckels aus, die Gewerbesteuer um rund 40 oder 50 Punkte zu erhöhen. Der »rosarote« Baron war dadurch zu einem totalen Konfrontationskurs, und zwar nicht nur gegenüber der Regierung von Oberbayern, sondern auch gegenüber Kronawitter zurückgekehrt.[150]

Kronawitter wollte der Regierung, die eine Reduzierung der städtischen Steuererhöhung forderte, entgegenkommen. Es handelte sich offensichtlich um eine Kraftprobe zwischen dem Stadtoberhaupt einerseits und dem als SPD-links geltenden Stadtkämmerer andererseits. Für die CSU forderte Dr. Zehetmeier den Oberbürgermeister auf, »endlich zu zeigen, wer im Rathaus die Hosen anhat.«[151]

Die Münchner Gewerbesteuer betrug 1972 360 Punkte. Sie stieg in der ersten Amtszeit Kronawitters ab 1. Januar 1973 auf 420 Punkte. In seiner dritten Amtszeit wurde sie ab 1. Januar 1991 auf 480 Punkte angehoben.

Vergabepraktik mit Parteitaktik: »Die Vogel-Abreß-Affäre«

»Eine Woge der Entrüstung« löste im September 1974 das eigenwillige Vorgehen von Oberbürgermeister Kronawitter bei der Behandlung des mit großer Spannung erwarteten Revisionsamtsberichts über die Mißstände im Stadtentwicklungsreferat bei den Fraktionen der CSU und der F.D.P. aus, über die erstmals im Februar 1974 öffentlich berichtet worden war.[152]

In dem offiziellen Bericht der von dem SPD-Mitglied Stadtdirektor Willi Nitsche geleiteten städtischen Prüfungsstelle hieß es, das sogenannte »Abreß-Referat« habe sich in der Zeit vom 4. Juni 1970 bis 14. Januar 1973 »teilweise über die primitivsten Grundsätze einer ordnungsgemäßen Verwaltung hinweggesetzt.« Das unabhängige und nur dem Oberbürgermeister unterstellte Revisionsamt rügte auch, daß das Stadtentwicklungsreferat die Prüfungstätigkeit sogar durch »schleppende Aktenanlieferung« und »zögernde Beantwortung von Rückfragen« erschwert habe.[153]

Insgesamt hatte das städtische Revisionsamt 254 sogenannte »Forschungsaufträge« an Privatpersonen und nichtstädtische Organisationen geprüft. Beanstandet wurden davon 179 Auftragsvergaben(!), also mehr als 70 Prozent der Fälle.

Obwohl Kronawitter auf Befragen nicht ausschloß, daß es zu »dienstaufsichtlichen Würdigungen« der Vorgänge kommen werde, spielte er im September 1974 die in ersten Einzelheiten näher bekannt gewordene »Stadtentwicklungsaffäre« um den ehemaligen berufsmäßigen Stadtrat Hubert Abreß und den vormaligen Oberbürgermeister Hans-Jochen Vogel unerwartet herunter, indem er einfach behauptete, die vom Revisionsamt festgestellten Mängel seien »vorwiegend formeller Natur«[154]. Dieses Verhalten brachte ihm im Stadtrat und auch in den Medien erheblichen Ärger.

Nachdem zusätzlich der Vorwurf laut geworden war, daß Abreß während eines zweitägigen Aufenthalts in München mehr Akten zugänglich gemacht worden seien als dem Revisionsamt im Verlauf seiner fünfmonatigen Untersuchung zur Verfügung gestanden hätten, versuchte Kronawitter auch hier in einer wenig überzeugenden Art und Weise zu entkräften.[155]

In einer Presseerklärung betonte der Oberbürgermeister, daß er selbst Staatssekretär Abreß die Möglichkeit gegeben habe, in die einschlägigen Akten Einsicht zu nehmen und mit Mitarbeitern des Stadtentwicklungsreferates sowie des Revisionsamtes Gespräche zu führen. Dies sei für ihn »ein selbstverständliches Gebot der Fairneß«. Daß Abreß einige Prüfungsbemerkungen des Revisionsamtes habe »richtigstellen können«, sei darauf zurückzuführen, daß nach Vorlage des Berichts die entsprechenden Unterlagen von ihm noch einmal »gesichtet« werden konnten.[156]

»Als Degradierung und Provokation des Stadtrates« bezeichnete dagegen der Vorsitzende der CSU-Stadtratsfraktion, Winfried Zehetmeier, den Verlauf der Sitzung des städtischen Verwaltungsausschusses in dieser Sache. Er warf Kronawitter vor, daß die Sitzung nicht zur Aufklärung der Vergabepraxis im Stadtentwicklungsreferat beigetragen habe.[157]

Zehetmeier äußerte in diesem Zusammenhang, er habe den Eindruck gewonnen, »daß der Oberbürgermeister mit der verzögerten Herausgabe des Revisionsberichts seinen Vorgänger Dr. Vogel als den seinerzeit Verantwortlichen im Rathaus sowie den damals zuständigen Referenten Dr. Hubert Abreß, heute Staatssekretär in Bonn, im Vorfeld der Landtagswahl möglichst schonen will.«[158]

Der CSU-Fraktionsvorsitzende betrachtete es als »beispiellosen Vorgang«, daß Abreß die Gelegenheit zu einer »eineinhalbstündigen Rede vor dem Stadtrat gegeben worden war, bevor nur ein einziges Mitglied des Stadtrates reden konnte«.

Als »empörend« wurde im Stadtrat auch das Verhalten von Abreß bezeichnet, der »angeblich wegen einer weiteren Verpflichtung« das Rathaus sofort nach seiner Rede verlassen hatte und so ganz gezielt nicht zur Beantwortung von Fragen zur Verfügung stand. Auch die Tatsache, daß der Rechtsanwalt von Abreß mit Duldung Kronawitters einfach am Bürgermeister- und Referententisch im Stadtrat Platz genommen hatte, wurde von Zehetmeier ausdrücklich beanstandet: »Es sollte wohl als Drohung verstanden werden, wenn jemand sich erlauben sollte, dem Staatssekretär am Zeug zu flicken.«[159]

Unbeantwortet war in der Sitzung des Stadtrates die Frage der CSU geblieben, über welche Kontakte die von ihr benannten, »als linksradikal zu bezeichnenden« Personen ihre Aufträge erhalten hatten. In diesem Zusammenhang wurde insbesondere die Frage gestellt, warum es Abreß für zweckdienlich gehalten hatte, eine Studie gerade an den damaligen Vorsitzenden der Münchner Jungsozialisten, Dieter Berlitz, zu vergeben.[160]

Die CSU griff anläßlich der »Vogel-Abreß-Affäre« genüßlich eine in der Süddeutschen Zeitung wiedergegebene Äußerung des SPD-Fraktionsvorsitzenden Hans Preißinger auf, wonach ein Teil der beanstandeten Vergaben der »wohl etwas dilettantische Versuch« gewesen sei, »gewisse politische Kräfte durch Aufträge in das Establishment zu integrieren«. Zehetmeier fragte deshalb, ob diese Äußerung anders zu verstehen sei, als daß »Herr Abreß nach Meinung Preißingers die innerparteiliche Opposition in der Münchner SPD durch öffentliche Aufträge kaufen und mundtot machen wollte«[161].

Rüge für Kronawitter

Allgemeine Beachtung fand im Januar 1975 die Rede von Oberbürgermeister Kronawitter anläßlich der Verabschiedung von Regierungspräsident Dr. Adam Deinlein. Obwohl in letzter Zeit in einzelnen Fragen Meinungsverschiedenheiten zwischen der Regierung und der Stadt aufgetreten waren, bemühte sich der Oberbürgermeister, die positiven Seiten der Zusammenarbeit darzustellen. So würdigte er ausdrücklich das besondere Wohlwollen, das Deinlein der Stadt bis zuletzt entgegengebracht hatte.[162]

Hintergründig meinte Kronawitter zur Begrüßung des neuen Regierungspräsidenten Dr. Raimund Eberle, die Stadt würde auch mit ihm fertig werden, zumindest in der Art, wie Karl Valentin einen kleinen Angestellten seinen großen Direktor schimpfen ließ: »Dös müassn's Eahna merka, Herr Direktor, Sie sind auf mich nicht angewiesen, aber ich auf Sie.« Alle Beteiligten hofften, daß der neue Chef der Aufsichtsbehörde der bayerischen Landeshauptstadt diesen deutlichen Wink des Oberbürgermeisters verstand. Tatsächlich mischte sich Eberle in die Verwaltung Münchens nur ein, wenn es unbedingt erforderlich war oder es ihm von höherer Stelle ausdrücklich nahegelegt wurde.[163]

Im gleichen Monat hatte Kronawitter bei dem Versuch, »eine Rüge der Regierung von Oberbayern in ein Lob zu verkehren«[164], allerdings kein Glück. Der Oberbürgermeister hatte aus einem Schreiben der Aufsichtsbehörde herausgelesen, »er führe sein Amt unparteiisch«. Dagegen hatte F.D.P.-Fraktionschef Manfred Brunner den Rathauschef ausdrücklich der »Parteilichkeit« bezichtigt und die

»Vertrauensbasis für die dringend notwendige Zusammenarbeit innerhalb des Stadtrates in Frage gestellt.«[165]

In Wirklichkeit wurde Kronawitter in dem aufsichtlichen Schreiben gerügt. Regierungsvizepräsident Heinrich von Mosch stellte deshalb persönlich richtig: »Die Stadt hat unseren Brief in entstellender Weise zitiert. Die Regierung hat die Äußerungen des Oberbürgermeisters in Sachen Vergabeaffäre mit aller Entschiedenheit zurückgewiesen.«[166]

Der Vorgang veranlaßte den F.D.P.-Bundestagsabgeordneten Hans Engelhard zu der Äußerung: »Die OB-Umdeutung ist ein Musterbeispiel hartnäckiger Begriffsstutzigkeit. Offenbar muß die Regierung mit dem Stadtoberhaupt im Holzhammerstil verkehren, um verstanden zu werden.«[167]

Falsch war nach Mitteilung der Regierung von Oberbayern auch die weitere Behauptung Kronawitters, sie habe die Dienstaufsichtsbeschwerde Brunners gegen den Oberbürgermeister zurückgewiesen. Die Regierung habe lediglich erklärt, die rechtliche Beurteilung durch die Aufsichtsbehörde sei aus formaljuristischen Gründen nicht möglich: »Dies ändere aber nichts an der grundsätzlichen Kritik an den Äußerungen des Oberbürgermeisters.«[168]

Die Rathausseite

Ende Januar 1975 wurde darüber geklagt, daß die von Oberbürgermeister Georg Kronawitter bestimmte Presse- und Öffentlichkeitsarbeit im Rathaus »mehr und mehr aggressive, ja fast autoritäre Züge« annimmt. Es wurde der Vorwurf erhoben, daß den Journalisten echtes Quellenstudium verwehrt werde und daß Mitteilungen nur noch mit dem Public-Relations-Stempel »Kronawitter« das Münchner Rathaus verlassen dürften: »Persönliche Aussagen von qualifizierten Führungskräften im Rathaus werden immer zögernder abgegeben. Genehmigt scheint nur noch die Oberbürgermeister-Diktion zu sein: eine Diktion, die aber die Öffentlichkeit nicht allein befriedigen kann, geht sie doch über Bolzplatzphilosophie, Lebensqualitätsphrasen, gewollt forsches Auftreten und über die Aufzählung lang bekannter, allgemeiner Schwerpunkte meist nicht hinaus.«[169]

Kronawitter wurde in den Medien die Absicht unterstellt, »von der Stadtverwaltung ein völlig homogenes, intaktes Bild in der Öffentlichkeit« schaffen zu wollen.[170]

Zu dieser neuen Pressepolitik im Münchner Rathaus kam noch etwas hinzu, »was zu Vogels Zeiten undenkbar war«. Journalisten, die Kritisches über Kronawitter schrieben, wurden nicht mehr um Richtigstellung gebeten, sondern Kronawitter reichte gleich eine amtliche Gegendarstellung mit Prozeßdrohung ein.[171]

Heftiger Unmut wurde auch im April 1975 an der Pressepolitik des Oberbürgermeisters laut. Nach einem Vorschlag Kronawitters sollte die Stadt künftig rund

50 000 Mark im Jahr ausgeben, um jede Woche im Münchner Stadtanzeiger, der Beilage der Süddeutschen Zeitung, eine Seite mit Rathaus-Meinung und Rathausmeldungen zu füllen.[172]

Journalisten fürchteten damals, daß hier auf eine ungewöhnliche Art der Kritik in den Zeitungen begegnet werden sollte und daß viele Leser solche offiziellen Nachrichten der Stadt nicht von unabhängigen redaktionellen Beiträgen unterscheiden könnten. Der Münchner Merkur hatte deshalb vor Jahren einmal sogar ausdrücklich abgelehnt, solche »gekaufte« städtische Informationsseiten aufzunehmen.[173]

Die CSU-Landesleitung bezeichnete die Kronawitter-Aktion als einen Versuch, unerwünschte Kritik an der Politik des SPD-Oberbürgermeisters zu unterlaufen und zu neutralisieren.

Als medienpolitisch problematisch wurde bei dieser OB-Pressepolitik auch die Bevorzugung einer Zeitung gesehen und zwar »sowohl von der Möglichkeit des Informationsvorsprungs her wie auch des Eingriffs in den Wettbewerb konkurrierender Zeitungen«[174].

Der Münchner Verleger Ludwig Vogl vom Pressehaus in der Bayerstraße entwickelte deshalb einen völlig anderen Plan. Danach hätten der Münchner Zeitungsverlag und der Süddeutsche Verlag eine Firma gründen sollen, die wöchentlich ein eigenes Informationsblatt der Stadt verlegt. Die Stadt hätte dann über ihr Presseamt die Möglichkeit gehabt, mit Nachrichten und ähnlichem rund 400 000 Haushalte in München zu erreichen. Alle verlegerischen Aufgaben hätten bei der neuen Firma liegen sollen, die dafür das Recht bekommen sollte, das Blatt als Werbeträger für den gesamten Stadtbereich auszubauen. An eine Unterteilung auf sechs bis acht Stadtbezirke war gedacht.[175]

Bereits im Mai 1975 war die seit April erscheinende wöchentliche »Rathaus-Seite« aber aus ganz anderen Gründen wieder in Gefahr und die Konkurrenz-Zeitungen meldeten hämisch, daß Kronawitter als »Verleger« kein Glück habe. In einem aufsichtlichen Schreiben an den Oberbürgermeister vertrat nämlich die Regierung von Oberbayern die Auffassung, daß bei der »Anmietung« vorher der Stadtrat hätte eingeschaltet werden müssen. Der Rathauschef hatte zwar den »Ältestenrat« des Stadtrates (der keine Kompetenzen für Beschlüsse hat) unterrichtet, im übrigen aber das Zeitungsprojekt mit jährlichen Kosten in Höhe von 50 000 Mark auf dem Verwaltungsweg als Geschäft der laufenden Verwaltung abgewickelt. Daraufhin war CSU-Stadtrat Dr. Peter Gauweiler bei der Regierung von Oberbayern vorstellig geworden und hatte dort das Verfahren gerügt. Auch die F.D.P. forderte eine Befassung des Stadtrates.[176]

Von Kronawitter war das Projekt offensichtlich dem Stadtrat deshalb nicht vorgelegt worden, weil auch seine eigene Fraktion und damit die Mehrheit dieses städtischen Hauptverwaltungsorgans gegen die gekaufte Zeitungsseite war. Der Fraktionsvorsitzende der Rathaus-SPD meinte dazu: »Wenn der Oberbürgermeister hier von der eigenen Fraktion im Stich gelassen wird, ist das natürlich von äußerster politischer Brisanz.«[177]

Das Problem konnte auch so beleuchtet werden: »Kronawitter ist in einer schwierigen Situation. Ihm fehlt die feste Hand, mit der sein populärer und erfolgreicher Vorgänger Vogel die Rathaus-Riege der bayerischen Metropole regierte. Daneben mangelt es ihm auch noch an fähigen Mitarbeitern: Als ihm von seinen Fachleuten empfohlen wurde, im vielgelesenen Münchner Stadtanzeiger jede Woche eine Seite zu kaufen, um dort den Standpunkt der Stadt zu aktuellen Problemen per Inserat bekanntzugeben, griff Kronawitter vorschnell zu. Ausschlaggebend mag dafür auch gewesen sein, daß Stadtanzeiger-Chefredakteur Erich Hartstein als gewieftester Kenner der Rathausszene mit kritischer Sonde in die Amtsstuben piekste. Doch die Regierung von Oberbayern schob als Aufsichtsbehörde dem Vorhaben einen Riegel vor: Der OB muß sich vorher noch die Zustimmung des Stadtratsplenums für sein ungewöhnliches Vorhaben einholen. Und diese wird Kronawitter wohl nicht bekommen.«[178]

Mitten im »Zeitungsstreit« reiste Kronawitter zusammen mit einer Gruppe von insgesamt 23 Politikern, Journalisten und Persönlichkeiten des öffentlichen Lebens nach China.[179]

Nach der Rückkehr aus Ostasien kämpfte Kronawitter unerschütterlich weiter für eine eigene »Papier-Plattform« der Stadt.

Er hielt seine Entscheidung, einmal in der Woche eine Seite des »Münchner Stadtanzeigers« für Rathausinformationen »einzukaufen« nach wie vor für rechtens.

Durch Zugeständnisse, die Seite nicht als Wahlkampfforum »zu benutzen, sondern auf rein sachliche Äußerungen der Stadtverwaltung zu beschränken« wurde die Angelegenheit – nachdem sich die Wogen wieder etwas geglättet hatten – vom Stadtrat abgesegnet. Der Münchner Zeitungsverlag im Pressehaus an der Bayerstraße wurde geschickt dadurch beruhigt, daß die Stadt künftig auch dieser Gruppe eine Seite abkaufte«[180] Das Ausgabevolumen für die städtischen Presseseiten stieg damit auf das Doppelte.

Skandälchen oder Skandale?

»Nachdem er nun fast auf den Tag genau drei Jahre und damit auch die Hälfte seiner sechsjährigen Amtsperiode hinter sich hat, steht Kronawitter jetzt vor größeren Schwierigkeiten, denn je. Skandale und Skandälchen erschüttern den städtischen Verwaltungsapparat. Und in der eigenen Partei scheint sich immer mehr die Meinung herauszukristallisieren: Oberbürgermeister darf Kronawitter nicht mehr werden«, schrieb Die Zeit Mitte Juni 1975.[181]

Eine besondere Bombe ließ schließlich der erst vor kurzem aus der SPD ausgetretene, schnurrbärtige Linksaußen-Stadtrat Siegmar Geiselberger platzen: »Sie hat das Ansehen der Verwaltung ganz schön angekratzt. Geiselberger, dem aus seiner Zeit der Tätigkeit im SPD-Unterbezirksvorstand noch zahlreiche interne Vorgänge bekannt sind, schlug Alarm: Der Stadtrat hatte entgegen einem früheren Beschluß ein Grundstück in dem an der Stadtperipherie gelegenen Zamdorf als Bauland ausgewiesen.«[182]

Geiselberger hatte nun behauptet, daß der Besitzer des Grundstücks die Zusage zur Umwandlung des Ackers in Baugrund von dem Münchner Stadtbaurat Uli Zech (SPD) angeblich nicht nur gegen das Versprechen großzügiger Honorierung, sondern auch noch zu einem Zeitpunkt erhielt, als der Stadtbaurat nicht mehr ganz nüchtern gewesen sein soll.[183]

Während die städtischen Untersuchungen zum »Zwist im Rathaus« noch liefen, kündigte Geiselberger in der allwöchentlich in der Münchner Lach- und Schießgesellschaft stattfindenden Talk-Show »weitere wohldosierte Enthüllungen« an.[184] Die negativen Zeitungsberichte über die Stadtverwaltung häuften sich. Kronawitters Rathausschiff kam also immer mehr in rauhe See.

Auch die nur mit fünf Sitzen im achtzigköpfigen Stadtrat vertretene F.D.P.-Fraktion mit ihrem Vorsitzenden Manfred Brunner machte Kronawitter das Regieren im Rathaus schwer. Der 28jährige Jurastudent spielte mit »quickem Intellekt« und »rhetorischer Begabung« immer wieder die eigentliche Rathausopposition. So beunruhigte er mit dem Gerücht, die F.D.P. wolle die absolute Mehrheit der Rathaus-SPD (43 Sitze) brechen und mit den Christlich-Sozialen koalieren: »Sicher scheint heute schon, daß Kronawitter das Stimmergebnis von 1972 nicht mehr wiederholen kann. Das Ansehen der Münchner Sozialdemokraten ist derzeit in der Bevölkerung so gering, daß ein Ende der fast dreißigjährigen SPD-Herrschaft am Marienplatz durchaus absehbar ist.«[185]

»Ich lebe noch und zwar gar nicht schlecht«

Mitte Juni 1975 gab Kronawitter in seiner »Halbzeit-Bilanz« vor Journalisten bekannt, daß er auch bei der Kommunalwahl 1978 wieder eine OB-Kandidatur anstrebe. Er kündigte aber an, daß er »nicht danach schielen« werde, ob ihn seine Partei wieder aufstellt, »sondern weiter die Verantwortung gegenüber dem Bürger in den Vordergrund stelle«[186].

Bei dieser Bilanz sparte der OB nicht mit Kritik nach links und nach rechts.[187] In seinem Rückblick mußte Kronawitter einräumen, daß in den vergangenen drei Jahren das politische Klima im Stadtrat teilweise durch »miserable Zustände« in der SPD-Fraktion beinträchtigt gewesen sei. Obwohl bei einer Mehrzahl der SPD-Unterbezirksdelegierten nach wie vor die Stimmung gegen ihn sei, gäbe es aber für ihn keine »Resignation in der OB-Frage«. Er würde seine »klare Linie« nicht verlassen, denn schließlich würden »sich die Zeiten in der Münchner SPD auch einmal ändern«[188].

Zur CSU-Stadtratsfraktion meinte Kronawitter, »daß sie sich zunehmend intern zerstritten habe«. Der Einfluß des Zöller-Delonge-Sonthofen-Flügels habe sich in der jüngsten Zeit abgeschwächt, die »kleinen Sträuße werden immer stiller«. Im übrigen komme ihm die CSU oft vor, wie »Hühner ohne Eierstöcke, die zwar fleißig gackern, aber keine Eier legen«[189].

Für die Rathausbeobachter überraschend äußerte sich Kronawitter trotz deren rechtsaufsichtlicher Beschwerden sehr zurückhaltend über die F.D.P.-Fraktion. Sie sei von der Zahl her zu klein, als daß Alternativen zur Rathauspolitik erwartet werden könnten. Wenn von ihr auch hin und wieder »konstruktive Vorschläge« kämen, verfalle sie oft in »rein formalistische Kritik«[190].

Zusammenfassend meinte Kronawitter: »Trotz all dieser Widerwärtigkeiten lebe ich noch und zwar gar nicht schlecht.«[191]

Zur Sacharbeit im Rathaus sagte der Oberbürgermeister, sie sei in den letzten drei Jahren vor allem durch die katastrophale Lage der kommunalen Finanzen und durch eine gewisse »München-Müdigkeit« des Bundes erschwert worden. Trotzdem habe er sein Wahlversprechen gehalten, ein »Mehr an Lebensqualität« zu schaffen. Auch der soziale Friede sei in den drei Jahren gewahrt worden. Es habe »nur« zwei Hausbesetzungen gegeben, die man »schnell und ohne Diskussionen« unterbunden habe.[192]

Im Überblick über die »kommunalpolitische Arbeit 1972 bis 1975« nannte Kronawitter an erster Stelle den weiteren Ausbau der U-Bahn und die Erweiterung der Fußgängerzone in der Innenstadt. Für den Schulhausbau seien 227 Millionen Mark aufgewendet worden. Auch Kronawitters Lieblingsthemen, die Schaffung von 50 neuen Spiel- und Freizeitflächen und 170 Hektar Grünflächen sowie die Pflanzung von 3500 neuen Bäumen, fehlten nicht in der Halbzeit-Bilanz. Eigens betonte Kronawitter ferner, daß für den Tierpark Hellabrunn als »Naherholungsperle« ein Generalausbauplan verabschiedet worden sei.[193]

Gegen Zerstörung der Stadtstruktur

Nach den Stadtratsferien 1975 thematisierte Kronawitter die bösen Erfahrungen der Großstädte, vor allem aber Münchens, in den sechziger und Anfang der siebziger Jahre mit der Erhaltung von Wohnraum:[194] »Ohne das Instrument der Zweckentfremdungsverordnung mußte der Stadtrat machtlos zusehen, wie vor allem im City-Bereich Wohnhäuser abgerissen und an deren Stelle Banken, Versicherungen, Kaufhäuser und Verwaltungen gekommen sind.«

Dadurch wurden tausende von Mietern aus den Innenstadtgebieten verdrängt. Die sinnvoll gemischte Stadtstruktur wurde laut Kronawitter zunehmend zerstört. Die Gefahr war sehr groß, daß preiswerter Wohnraum, den sich der Durchschnittsbürger leisten konnte, immer weniger wurde, kurz: daß die größere Rendite die Wohnbevölkerung aus dem Kernbereich der Stadt verdränge.

»Dieser fatalen Entwicklung« wurde nach Ansicht des Münchner Oberbürgermeisters seit seinem Amtsantritt (1972) »ein sehr starker Riegel vorgeschoben«. Die Stadt habe sich durch eine wohlüberlegte Handhabung dieser Verordnung auch Respekt bei den betroffenen Hauseigentümern verschafft. Kronawitter konnte darauf verweisen, daß die Gerichte die Verordnung und die städtische Praxis im wesentlichen bestätigt hatten.

Er erklärte deshalb zu dem Vorhaben von Innenstaatssekretär Erich Kiesl, die Zweckentfremdungsverordnung wieder aufzuheben, »ein klares und entschiedenes Nein der Stadt«. Wer die Aufhebung der Zweckentfremdungsverordnung veranlasse, müsse wissen, »daß er der Vertreibung unserer Mieter aus den Innenstadtrandgebieten und gleichzeitig auch der Zerstörung der Stadtstruktur Vorschub leistet.«[195]

In der Frage der Referentenwahlen 1976 zeigte sich Kronawitter nach allen Seiten, auch zur CSU hin, offen: »Wir nehmen den bestqualifizierten Mann.« Er kündigte an, daß die Referentenstellen ausgeschrieben werden, da gebe es keinerlei vorherige Festlegungen. Wenn es der Zufall so wolle, daß nur unter den CSU-Leuten ein wirklich fachlich guter Mann sei, so werde er diesen nehmen. »Ein schlechter Fachmann mit einem SPD-Parteibuch nützt mir ja weniger.«[196]

Auf die Frage, ob es für ihn bei den nächsten Kommunalwahlen ein Vorteil sei, wenn ein CSU-OB-Kandidat als Kulturreferent in die SPD-Verwaltung eingebunden sei, antwortete Kronawitter, dies sei nicht nötig: »Im Gegenteil, je aggressiver sein Gegenkandidat sei, desto weniger Chancen habe dieser.« Deshalb habe er nichts gegen einen »scharfen Wahlkampf«. Über die Münchner CSU meinte Kronawitter im Dezember 1975, sie zeige zur Zeit »mehr Alternativlosigkeit als je zuvor«[197].

Kronawitters politische Hinrichtung

Völlig ungeachtet der durchaus positiven Jahresbilanz 1975 verweigerte der Münchner Unterbezirksparteitag Kronawitter am 6. März 1976 nach seiner als »konsequent und kompromißlos« empfundenen Rede den angestrebten Platz im Parteivorstand. Nachdem Kronawitters Verhalten von Rednern der linken Mehrheit der Münchner SPD als »reformistisch, anpasserisch, konservativ« mißbilligt worden war, erhielt er bei seiner Kandidatur für einen der drei Stellvertreterposten von den 268 Delegierten lediglich 125 Stimmen.[198]

Durch diese Entscheidung bereitete die Partei nicht nur ihrem »besten Mann« (Wahlkampfslogan der SPD für Kronawitter bei der Oberbürgermeisterwahl 1972), sondern auch ihrem neuen Vorsitzenden Max von Heckel, der den Bundestagsabgeordneten Rudolf Schöfberger ablöste, eine schwere Niederlage. Max von Heckel hatte sich nämlich persönlich energisch für eine Wahl Kronawitters eingesetzt, da er zu einer Konsolidierung der Verhältnisse innerhalb der Münchner SPD beitragen wollte.

»Selbst wenn ich es wollte, könnte ich nicht verheimlichen, daß sich die Münchner SPD in einer äußerst schwierigen Situation befindet«, hatte Stadtkämmerer von Heckel den Delegierten noch vor dem entscheidenden Wahlgang eindringlich erklärt. Der Streit in der Münchner SPD reibe zu sehr die Mitglieder auf und verschrecke und verärgere die Wähler. Von Heckel sprach in diesem Zusammenhang sogar von einer »bundesweit beachteten Entscheidung«. Er warnte die Delegierten nahezu beschwörend, »daß eine ›Nichtvermittelbarkeit‹ des Oberbürgermeisters ihrerseits den Bürgern und Wählern nicht zu ›vermitteln‹ wäre.[199]

Kronawitter hatte seine Kandidatur vor dem Unterbezirksparteitag damit begründet, daß Personen auch für Programme stünden und daß er als Repräsentant einer Gruppe antrete, die identisch sei sowohl mit der Mehrheit der SPD-Stadtratsfraktion wie auch mit tausenden von Münchner Sozialdemokraten. Nach dem gegenwärtigen Stand, erklärte Kronawitter den Delegierten, werde die SPD, wenn sie bei ihrem Kurs bleibe, bei der Bundestagswahl in München alle fünf Direktmandate an die CSU verlieren und bei der Kommunalwahl 1978 dann auch die Mehrheit im Rathaus: »So geht unsere Partei vor die Hunde.«[200]

Wie Beobachter mitteilten, zeigte aber nicht nur die Wahlentscheidung, sondern der ganze Verlauf des Parteitages, daß die Mehrheit der Delegierten, obwohl sie den sich zur »linken Mitte« zählenden Max von Heckel für zwei Jahre zum Vorsitzenden wählten, in Wirklichkeit längst hinter dem früheren Juso-Vorsitzenden Dieter Berlitz stand, »der unbestritten zum Anführer der marxistisch orientierten Sozialisten« geworden war. Unter dem Beifall der Parteitagsmehrheit bestimmte Berlitz den weiteren Kurs der Münchner SPD: »Ich setze mich dafür ein, daß aus der Münchner SPD eine konsequent sozialistische Partei wird!« Berlitz wandte sich in diesem Zusammenhang gegen jeden Trend der »politischen Rückentwicklung«, also auch gegen eine Hinwendung zur linken Mitte.

Nach Kronawitters Niederlage auf dem Unterbezirksparteitag erklärte der neue Münchner SPD-Vorsitzende von Heckel, er werde alles tun, um erneute Konfrontationen innerhalb der Rathaus-SPD zu verhindern. Kronawitters Wahlniederlage bedauere er sehr, aber diese sei nach dessen Rede »absehbar« gewesen: »Ich habe nach der Rede von Schorsch Kronawitter ein solches Ergebnis erwartet, ich habe ihm auch gesagt, daß er sich um Kopf und Kragen redet, aber er hat es für richtig gehalten, es so zu machen.«[201]

Auf geht's zum Schichtl. Heut' ist Hinrichtung.
Hermann Memmel (li.) assistiert dem Henker.

Doch da erlitt Kronawitter bereits die nächste parteiinterne Niederlage, nämlich bei der Vorbereitung der bevorstehenden Referentenwahlen. Die SPD-Stadtratsfraktion lehnte am 23. März 1976 mit 22 : 19 Stimmen alle Vorschläge ab, die von der Verhandlungskommission der SPD und der CSU im Beisein Kronawitters ausgearbeitet worden waren. Weitere Gespräche konnten nun erst wieder geführt werden, sobald der neue Fraktionsvorstand gewählt war.[202]

Der bisherige Fraktionsvorsitzende Hans Preißinger hatte erklärt, daß er sich nicht mehr als Vorsitzender der SPD-Fraktion betrachte. Gleich zu Beginn der Fraktionssitzung hatten sieben »linke« SPD-Stadträte (Marie Anne Claus, Inge Hügenell, Klaus Jungfer, Dietmar Keese, Peter Kripp, Alfred Lottmann und Maria Nindl) beantragt, gegen die Verhandlungskommission (bestehend aus Kronawitter, Preißinger, Gerson Peck, Fritz Schuster und Horst Salzmann) ein »Parteiordnungsverfahren« zu beantragen. Obwohl darüber schließlich doch nicht abgestimmt wurde, war die parteiinterne Stimmung endgültig verdorben.[203]

Kronawitter hatte in Übereinstimmung mit der CSU erklärt, daß er sich mit aller Kraft für eine »sachbezogene Lösung« der Referentenfrage einsetze und daß es sein oberstes Ziel sei, »Exponenten einer marxistischen Kaderpartei im Münchner Rathaus zu verhindern«[204].

Nun war das Chaos der Münchner SPD wieder einmal perfekt. Sogar Willy Brandt nannte Kronawitters Gespräche mit der CSU »skandalös« und forderte die Genossen in Bayern auf, sich dieser Vorgänge »mit großem Nachdruck anzunehmen«. Selbst gemäßigte Parteigenossen nahmen damals an, daß das Verhalten Kronawitters um die Wahl der »richtigen« Stadtreferenten sogar seinen Parteiausschluß zur Folge haben könnte.[205]

»Damit statt politischer Gesichtspunkte die gesetzlich vorgeschriebenen sachlichen Kriterien wieder in den Vordergrund der Entscheidung rücken«, stellte die Rathaus-F.D.P. den Dringlichkeitsantrag, sämtliche Referentenposten öffentlich auszuschreiben.[206]

Bei der SPD-Fraktion war zunächst keinerlei Konzept mehr erkennbar, wie sie nunmehr in der Referentenfrage verfahren wollte. »Offenbar ist es kaum noch möglich, innerhalb der Stadtratsmehrheit noch Mehrheit zu finden.«[207]

Einen neuen Höhepunkt erreichte der »Münchner Polit-Zirkus« im März 1976, als der CSU-Fraktionschef Zehetmeier in der Öffentlichkeit behauptete, ein »namhafter SPD-Linker« habe mit einem »namhaften CSU-Mann« einen »Kuhhandel« bezüglich der bevorstehenden Referentenwahlen im Rathaus versucht. Er löste damit ein politisches Halali auf die beiden großen Unbekannten aus. Parteigremien trafen sich zu Sondersitzungen, Stadträte palaverten nur über die beiden »Dunkelmänner«[208].

Als »namhafter SPD-Linker« wurde von Rathaus-Insidern Hans Bleibinhaus gehandelt. Dieser galt schon immer als Star, wenn es um etwas trübe SPD-Geschichten ging. Genauer gesagt, man traute ihm viel zu und er wurde dann jeweils bei den Skandalen von seinen zahlreichen politischen Gegnern innerhalb und außerhalb der Münchner SPD zum »Star« ernannt, so z. B. in der »Zamdorfer Bau-Affäre« und in der »Vergabeaffäre«. In den nachfolgenden

Prozessen um den Wahrheitsgehalt dieser Behauptungen behielt der angebliche Bösewicht der Partei regelmäßig die Oberhand. So drohte Bleibinhaus nach Bekanntwerden der sogenannten »Dunkelmänner-Affäre«, jeden zu verklagen, der ihn mit der Zehetmeier-Äußerung in Zusammenhang bringen würde. Als namhafter CSU-Mann wurde in den Medien der CSU-Stadtrat Franz-Josef Delonge vermutet.[209] Im Gegensatz zu Bleibinhaus kündigte er allerdings keine Verfahren wegen dieser Behauptung an.

Zufrieden zeigte sich Kronawitter mit dem Ausgang der Referentenwahlen 1976. Sein »aufsehenerregendes Rendesvous« mit der CSU begründete er mit den Worten: »Vor ein paar Wochen hat es noch nicht so ausgesehen, daß die SPD-Fraktion dazu in der Lage wäre.« Seiner Meinung nach war diese Referentenwahl nur ein erster Schritt auf dem Weg zur Genesung der Partei: »Jetzt muß ein Kurs gesteuert werden, den die Bevölkerung versteht.«[210]

Unter dem ständigen Druck der linken Genossen mehrten sich in der Münchner SPD die Parteiaustritte. Am 25. März 1976 kündigte auch der enge Stabsmitarbeiter von OB Kronawitter, Helmut Pfundstein, seine Mitgliedschaft und begründete seinen Schritt mit der festgestellten Marschrichtung der Münchner SPD. Der Parteivorsitzende Brandt habe die Münchner Probleme »schon seit Jahren ignoriert und sie in unvertretbarer Weise als lokale oder personelle Sondersituation verharmlost«. In Wirklichkeit schreite der Trend der Linksverschiebung innerhalb der SPD nicht nur in München, sondern auch auf Bundes- und Landesebene »deutlich voran«[211].

Wird Affäre Heger zur Affäre Kronawitter?

Kronawitter hatte während seiner Amtszeit als Münchner Oberbürgermeister die Angewohnheit, in sogenannten »Hintergrundgesprächen« bestimmten Journalisten der Münchner Tageszeitungen vertrauliche Nachrichten zuzuspielen. Diese Methode benutzte er ganz gezielt auch als Mittel der Personalpolitik.

Dieses Verfahren brachte den Oberbürgermeister im September 1976 in der vermeintlichen »Bestechungs-Affäre Heger«[212] selbst unerwartet in die Schußlinie heftiger Medienkritik.

Nachdem sich der anfängliche Bestechungsverdacht gegen den städtischen Presseamtsleiter Josef Heger in einer Vergabeangelegenheit als haltlos erwiesen hatte[213], mußte sich Kronawitter plötzlich gegen Vorwürfe wehren, er selbst sei es gewesen, der das zunächst streng geheimgehaltene staatsanwaltschaftliche Ermittlungsverfahren gegen seinen Berater an die Öffentlichkeit gebracht hatte.

CSU-Fraktionschef Zehetmeier sprach von einer neuen Wendung der Angelegenheit: »Um einen ungeliebten Kollegen aus der Führungsetage im Rathaus abzuschießen wurde ein Skandal gezimmert.«[214] Durch die groß aufgemachte Affäre sollte seiner Ansicht nach Heger in der Öffentlichkeit bloßgestellt und unmöglich gemacht werden. »Der Vorgang beweise, daß bei den rathausinternen Auseinandersetzungen die ›Gesetze des Dschungels‹ voll in Anwendung gekommen seien.«[215]

Der Münchner Merkur hatte sogar berichtet, Kronawitter habe telefonisch behauptet, er selbst habe diese Ermittlungen gegen Heger »initiiert«.[216]

Kronawitter führte dazu aus, er selbst sei bereits mehrfach vorher aufgrund kursierender Gerüchte über die Bestechungsangelegenheit von Journalisten befragt worden und habe stets – auf Veranlassung der Staatsanwaltschaft – dementiert. Erst als dann die Staatsanwaltschaft von sich aus Auskünfte gegeben habe, habe er »aus Gründen der Fairneß« beim »Merkur« angerufen und »auf die Staatsanwaltschaft verwiesen«[217].

Für Kronawitter zeigte sich wieder einmal deutlich, »daß sich die Stadt in dieser Angelegenheit korrekt verhalten hat«. Es stand für ihn nach wie vor fest, »daß gezielte Informationen bereits zu Beginn der Untersuchung der Presse zugespielt wurden«[218].

Verzicht auf erneute OB-Kandidatur

Wie ein Lauffeuer verbreitete sich am 24. November 1976 im Münchner Rathaus die Nachricht, daß Georg Kronawitter bei der Kommunalwahl 1978 nicht der OB-Kandidat der SPD sein werde. Diese politische Sensation und die weniger überraschende Mitteilung, daß auch seine beiden Stellvertreter im Amt, die Bürgermeister Helmut Gittel und Eckhart Müller-Heydenreich, künftig nicht mehr in der SPD-Spitzenmannschaft zu finden seien, war das Ergebnis einer Nachtsitzung des Gesamtvorstandes des Unterbezirks der Münchner SPD.[219]

Bei der sechsstündigen Marathonsitzung des 19köpfigen Gesamtvorstandes der Münchner SPD, an der als Vertreter des Bundesvorstandes der Bremer Bürgermeister Hans Koschnick und als Vertreter des Landesvorstandes der SPD-Fraktionsvorsitzende im Landtag, Helmut Rothemund, sowie mehrere der SPD angehörende Gewerkschaftsfunktionäre teilnahmen, war Kronawitter ohne größere Diskussion als nächster OB-Kandidat wieder akzeptiert worden, so daß eigentlich der Weg für eine OB-Kandidatur frei gewesen wäre.[220]

Nur zum Teil waren jedoch die massiven personellen Forderungen Kronawitters angenommen worden, seine beiden Vertreter im Bürgermeisteramt und den Vorsitzenden der SPD-Stadtratsfraktion, Hans Preißinger, wieder in die SPD-Spitzenmannschaft aufzunehmen. Zwar hatte die Mehrheit des Gesamtvorstandes nichts gegen Preißinger einzuwenden (Abstimmung 11 : 3, bei 3 Enthaltungen), Gittel und Müller-Heydenreich, fielen jedoch durch. Beide erhielten nicht eine einzige Stimme des SPD-Gesamtvorstandes.[221] Sitzungsteilnehmer berichteten, daß sich Kronawitter »weder mit Engels- noch mit Marxzungen« zu einem Kompromiß habe bewegen lassen. In der Frage seiner beiden Stellvertreter sei er vielmehr »halsstarrig wie ein indischer Wasserbüffel« gewesen.[222] Der von Kronawitter gemachte Vorschlag, nur als Oberbürgermeister, nicht aber als Nr. 1 der Stadtratsliste der SPD zu kandidieren, konnte und wollte die Partei nicht annehmen. Mit einem Schuß Bosheit wurde vermutet, daß Kronawitter mit dieser Teilbereitschaft auf jeden Fall taktisch die in der Gemeindeordnung vorgeschriebene Voraussetzung für die Bewilligung seines Ruhegehaltes erfüllen wollte.[223]

Der SPD-Unterbezirk München erklärte zu Kronawitters Verzicht: »Der Vorstand betrachtet es als seine Aufgabe, die Rechte des demokratisch gewählten Parteitages zu wahren und die Delegierten keinen personalpolitischen Nötigungen auszusetzen.« Es sei eine Voraussetzung für einen erfolgreichen Wahlkampf, »daß alle Kandidaten für die Kommunalwahl loyal und ohne Vorbehalte zu ihrer Partei stünden.«[224]

Kronawitter begründete dagegen sein Verhalten damit, daß er auf seine bewährten Stellvertreter im Bürgermeisteramt, Gittel und Müller-Heydenreich, nicht verzichten wolle, »die meine Arbeit entscheidend mitgetragen haben und die Gewähr für eine erfolgreiche Weiterführung der Arbeit der laufenden Legislaturperiode[225] auch nach 1978 bieten«: Lieber verzichtete er auf seinen OB-Sessel als auf seine Glaubwürdigkeit.[226]

In einer gemeinsamen Stellungnahme räumten die beiden Bürgermeister ein, daß sie »nach dem heutigen Selbstverständnis der Münchner SPD als ihre Repräsentanten nicht mehr in Betracht kommen«. Konsequent erklärten sie deshalb ihren Parteiaustritt.[227]

In einer Presseerklärung bedauerte der Münchner SPD-Unterbezirk die Entscheidung Kronawitters. Verärgert über das »Absägen« des erfolgreichen Oberbürgermeisters reagierte die SPD-Führung in Bonn. So erklärte der stellvertretende Parteivorsitzende Hans Koschnick, »er sehe in der jetzigen Entscheidung eine Verschlechterung der sozialdemokratischen Hoffnung, die Mehrheitsverhältnisse im Münchner Rathaus auf Dauer zu sichern. Er hoffe nur, daß die für die Kandidatenaufstellung verantwortliche, neu zu wählende Delegiertenversammlung des Unterbezirks München Vernunft und Augenmaß besitze, um trotz allem eine ausgewogene Stadtratsliste aufzustellen und der Münchner Bevölkerung einen Oberbürgermeisterkandidaten zu präsentieren, der auch künftig bürgernahe Politik mit sozialdemokratischen Zielvorstellungen verbinden könne.«[228]

Tatsächlich erklärte bereits am Tag nach dem Verzicht Kronawitters der amtierende Münchner SPD-Vorsitzende Max von Heckel erstmals öffentlich seine Bereitschaft zur OB-Kandidatur 1978. Aufgrund der endgültigen Absage von Kronawitter fühle er sich an sein früheres Versprechen (»Gegen Kronawitter trete ich nicht an«) nicht mehr gebunden.[229]

Vernunftehe mit der SPD gescheitert

Damit war die bislang manche interne Kluft überbrükkende Vernunftehe der Münchner SPD mit ihrem Oberbürgermeister Georg Kronawitter abrupt beendet worden. Zwar hätten sich die Münchner Genossen gerne auch bei den nächsten Kommunalwahlen noch der unbestrittenen Zugkraft des »lieben Schorsch« bedient, das von ihm diktatorisch geforderte, persönliche »Hausrecht« in der neuen SPD-Stadtratsfraktion konnte die Partei jedoch so nicht akzeptieren. Schließlich hätte Kronawitter vier von fünf wichtigen Ämtern nach seinen Vorstellungen mit »rechten« Sozialdemokraten besetzt.[230] Diese »personalpolitischen Nötigungen« wurden vom Unterbezirksvorstand entschieden abgelehnt.[231]

Nun aber scheiterte wegen des Wirbels in der SPD sogar die Verabschiedung des städtischen Haushalts für 1977. Allgemein wurde durch die Vorgänge eine Krise für die Stadtverwaltung befürchtet. Doch Kronawitter meinte: »Da die Fraktion von Anfang an gespalten war, konnte eigentlich gar keine Verschlechterung eintreten.«[232]

Von den Medien wurde die Entscheidung Kronawitters, kein bloßes Aushängeschild der Münchner SPD sein zu wollen, einhellig respektiert: »Man mag ein Freund Kronawitters sein oder nicht. Anerkennung verdient er jedenfalls, daß er nicht nur sich selbst, sondern auch seiner Führungsmannschaft treu blieb. Mag sein, daß er sich selbst durch diese konsequente Haltung einen Gefallen erwies, seiner Partei hingegen auf keinen Fall.[233]

Der »Fall Kronawitter« verschaffte dem OB und der Münchner SPD wieder einmal Schlagzeilen in der gesamten bundesrepublikanischen Presse. Die Kaltstellung des Amtsinhabers für die Kommunalwahl 1978 durch die eigene Partei wurde von den auswärtigen Zeitungen fast einhellig als »Dummheit«, »Borniertheit« und sogar »Unmenschlichkeit« kritisiert. Da war von einer »Münchner Krankheit« und dem »ständigen Ärger mit den Bayern« die Rede.[234]

Die Kölner Rundschau kommentierte: »Die Mehrheit der Münchner SPD zog keine Lehre aus zwei verlorenen Wahlen in Land und Bund, sondern blieb halsstarrig auf ihrem Linkskurs, der von der Münchner Wählerschaft offensichtlich nicht gebilligt wird. Eine ›königlich-bayerische SPD‹, wie sie mit dem Namen des ehemaligen Ministerpräsidenten Dr. Wilhelm Hoegner verknüpft ist, war für die Münchner in ihrer Mehrheit wählbar. Ein Sieg der CSU bei den nächsten Gemeindewahlen in München erscheint seit einem Menschenalter wieder möglich. Auf Wimmer, Vogel und Kronawitter könnte ein Mann der CSU folgen – wenn sie einen hätte.«[235]

Auch bei ihren Zukunftsprognosen waren sich die meisten Kommentatoren einig. Unter ihnen war kaum einer, der nicht für die seit dreißig Jahren andauernde SPD-Vorherrschaft im Münchner Rathaus schwarz sah. »Dies wird mutmaßlich schreckliche Konsequenzen haben. Die SPD muß, falls sich in der CSU doch noch ein namhafter Politiker mit Courage findet, mit einer Niederlage rechnen – und hätte damit auch kommunalpolitisch in der Landeshauptstadt ausgespielt. Doch dabei könnte es kaum bleiben. Eine solche Umdrehung der Mehrheitsverhältnisse würde bis in die letzten Winkel des Freistaates durchschlagen. Wenn es dann wenige Monate später um die Neubesetzung der Abgeordneten-Plätze im Maximilianeum geht, könnte das kommunalpolitische Fiasko in Form einer Kettenreaktion weitere tiefe Wunden schlagen. Münchner Krankheiten wirken ansteckend im ganzen Land.«[236]

Für den Münchner CSU-Chef Erich Kiesl warf das »für Herrn Georg Kronawitter betrübliche Ergebnis Schlaglichter auf die tatsächlichen Machtverhältnisse in der SPD. Genauso wie auf die fehlende politische Durchsetzungskraft des Oberbürgermeisters«[237].

Auch der Fraktionsvorsitzende der Münchner Rathaus-CSU Zehetmeier, sah im SPD-Beschluß einen weiteren »Autoritätsverlust« von Kronawitter. Die »Abqualifizierung« der beiden SPD-Bürgermeister durch die eigene Partei wegen »mangelnder Linientreue« sei außerdem ein »für eine demokratische Partei unerhörter und zutiefst beschämender Vorgang«[238].

Nicht unbedingt überraschend kam für den F.D.P.-Fraktionsvorsitzenden Manfred Brunner die Niederlage Kronawitters gegen die eigene Parteispitze: »Die Münchner SPD-Führung und der Oberbürgermeister haben sich im Lauf der Zeit in eine so ausweglose Situation gebracht, daß es fast zwangsläufig zu diesem Eklat kommen mußte.« Brunner sprach von einem »dreißigjährigen Verschleißungsprozeß der Münchner SPD«[239].

Für Volksparteikurs

In einem im Dezember 1976 in mehreren Tageszeitungen abgedruckten offenen Brief von Kronawitter an die Bevölkerung – »Natürlich möchte und muß ich Ihnen, liebe Münchnerinnen und Münchner, sagen, warum ich 1978 nicht mehr zur Wahl stehen werde« –, erklärte der amtierende Oberbürgermeister öffentlich, daß er nicht bereit gewesen sei, sein Rückgrat an der Garderobe der SPD-Parteizentrale abzugeben, nur um seine Haut zu retten, und daß es in Wirklichkeit um einen »erbittert geführten Richtungsstreit« in der Münchner SPD gehe.[240]

»Auf der einen Seite finden sich die Vertreter des Volksparteikurses als gemäßigte Sozialdemokraten mit der Zielsetzung, Reformen schrittweise aber zielstrebig durchzusetzen. Auf der anderen Seite stehen die Vertreter der Ausrichtung unserer Partei zu einer rein sozialistischen Partei mit Forderungen wie zum Beispiel nach Vergesellschaftung von Wohnungsbau und Wohnungsvergabe, von Banken, Versicherungen und strukturbestimmenden Unternehmen sowie der direkten Investitionslenkung und der Einschränkung unerwünschter Nachfrage (wie sie die Münchner SPD mit Mehrheit auf den Parteitagen am 2. Juni und 19. Juli 1975 beschlossen hatte).

Personen stünden nun einmal für Programme. »Hans Preißinger, Helmut Gittel, Eckhart Müller-Heydenreich und ich stehen für den Volksparteikurs. Wir wehren uns gegen jede ideologische und dogmatische Einengung. Und wir sagen das auch. Wir halten die in der Münchner SPD schon seit Jahren andauernde Entwicklung für verhängnisvoll, weil hier ›linke Politik mit rechter Wirkung‹

gemacht wird, weil durch einen harten Linkskurs immer mehr Wähler verschreckt und immer mehr nach rechts gedrängt werden. Wir glauben, daß Politik nicht am Bürger vorbei im luftleeren Raum gemacht werden darf.

»Wer sich aber gegen die Mehrheitsmeinung in der SPD in München anstemmt, wird abgewählt. Es ist zwar das gute Recht der Partei, zu fragen, welche Personen der Partei vermittelbar sind. Ein Oberbürgermeisterkandidat muß sich aber auch die Frage stellen: Was will denn überhaupt unser Bürger, was ist ihm vermittelbar? Ich war außerdem auch aus Solidarität nicht bereit, meine bewährten Mitstreiter mit vorgeschobenen Gründen politisch kaltstellen zu lassen. Deshalb habe ich eine konsequente Haltung eingenommen, von der nun manche Gegner behaupten, sie sei halsstarrig. Aber wenn es an die Substanz der eigenen Überzeugung geht, wird Flexibilität zur Charakterlosigkeit.«, erklärte der »rote Schorsch« zu der aktuellen Situation.

Aber ich behalte dafür die persönliche Glaubwürdigkeit und – so hoffe ich – den Respekt der Bürger. Und das ist mehr als alles andere zusammen.«[241]

Ganz entschieden dementierte Kronawitter die Behauptung, daß er amtsmüde sein könnte: »Ich bin es nicht; im Gegenteil. Erst eine zweite Amtsperiode läßt die gewonnene Erfahrung zur Geltung bringen, rundet das Leistungsbild ab, macht einen ganzen Abschnitt der Stadtgeschichte sichtbar. Ich hätte gerne – wie meine großen sozialdemokratischen Vorgänger Thomas Wimmer und Hans-Jochen Vogel – zwölf Jahre unserer Stadt als OB gedient.«[242]

Solidarität mit Kronawitter: »Ritt über den Bodensee«

Im Dezember 1976 traten neben den Bürgermeistern Gittel und Müller-Heydenreich noch eine ganze Reihe weiterer prominenter Münchner Sozialdemokraten aus der SPD aus. Sie begründeten ihren aufsehenerregenden Schritt u. a. damit, daß »die ideologisch begründete Überzeugung, im Alleinbesitz der Heilmittel gegen Strukturschwäche und Einzelungerechtigkeit zu sein, zu Intoleranz gegenüber dem Andersdenkenden und Andershandelnden, ja sogar zu Beschränkung des Solidaritätsbegriffs auf Gleichgesinnte führe«. Außerdem beriefen sie sich darauf, daß die politischen Vorstellungen der Münchner SPD eindeutig sowohl dem Godesberger Programm als auch dem erkennbaren Wählerwillen widersprächen.[243]

Nachdem sechs rechte SPD-Stadträte bereits am 10. Dezember 1976 das Handtuch geworfen und erklärt hatten, daß sie für eine erneute Kandidatur bei der Kommunalwahl 1978 nicht mehr zur Verfügung stünden,[244] ging die absolute Mehrheit der SPD-Stadtratsfraktion mit der Gründung des »Sozialen Rathaus-Blocks« (SRB) durch Bürgermeister Gittel und vier ehrenamtliche Stadtratsmitglieder noch in diesem Jahr endgültig verloren.[245]

Kronawitters Entscheidung erinnerte in ihrem persönlichen Ergebnis an den Verzicht von OB Vogel bei der Kommunalwahl 1972. Daß Kronawitter nicht nur große Teile der Münchner Bevölkerung, sondern auch viele SPD-Mitglieder, vor allem im Umland von München, hinter sich wußte, zeigt deutlich ein Schreiben des Altöttinger Landrates Seban Dönhuber (SPD), der im Namen zahlreicher verantwortlicher Kommunalpolitiker seine Solidarität mit dem Münchner Amtskollegen ausdrücklich schriftlich formulierte.[246]

Dönhuber äußerte Ende 1976 seine Befürchtung, daß sich die »ungeheuerlichen Münchner Verhältnisse« überall in der Bundesrepublik und bei allen Wahlen sehr negativ für die SPD auswirken würden. Er gehe davon aus, daß es 1978 in der Landeshauptstadt auf jeden Fall einen Oberbürgermeister der CSU geben wird. »Die SPD wird also einen Denkzettel aus Protest erhalten, wie sie ihn weder bei der Landtagswahl 1974 noch bei der Bundestagswahl 1976 einstecken mußte, obwohl dieser normalerweise schon nicht mehr steigerungsfähig sein dürfte.«[247]

Sollte es der Partei aber egal sein, kritisierte Dönhuber, ob sie in München künftig wieder den Oberbürgermeister stellt, so werde es ihr ebenso gleichgültig sein, ob sie in Bayern noch einige Landräte und Bürgermeister habe. Für manche Kommunalpolitiker könne dies aber der Grund sein, darüber nachzudenken, »ob wir 1978 als Kandidat der SPD zur Verfügung stehen.« Auch anderweitig gab es Solidaritätsadressen für Kronawitter, u. a. von den SPD-Verbänden aus Dachau, Haar und Unterpfaffenhofen.[248]

Kronawitter wurde also von zahlreichen SPD-Ortsverbänden in ganz Bayern und vor allem im Umland von München wie ein Held gefeiert. Es zeigte sich verhältnismäßig rasch, wo Kronawitter in der SPD sein etwaiges Comeback vorbereiten konnte. Und Kronawitter, der sich noch viel zu jung fühlte, um mit der Politik aufzuhören, griff die vielen ernstgemeinten Hilfsangebote zielstrebig auf. Dabei war er sich vor allem der parteiinternen Unterstützung seines Mentors Hans-Jochen Vogel bewußt.[249]

In die gleiche Richtung ging auch die persönliche Erklärung Hans Preißingers, mit der dieser am 16. Mai 1977 seinen Rücktritt als Vorsitzender der SPD-Stadtratsfraktion begründete.[250]

Preißinger, der den gleichen politischen Kurs wie Vogel und Kronawitter in der Münchner SPD vertrat und sich vor seinem Rücktritt mit beiden Politikern intensiv beraten hatte, bezeichnete die Beibehaltung seiner Funktion als einen »Ritt über den Bodensee«[251].

Er erklärte ferner im Mai 1977 in Übereinstimmung mit Kronawitter, daß er nicht das Handtuch werfe und auch nicht »in die neutrale Ecke« gehe: »Ich gebe eine unhaltbar gewordene Stellung auf, um meine Bemühungen, das Aufbrechen des Volksparteicharakters der SPD zu verhindern und das Wählervertrauen zurückzugewinnen, von einer anderen Position aus fortzusetzen.«[252]

Bar aller bösen Basiszwänge
kommt man sehr schnell aus dem Gedränge …

Bricht die Münchner SPD auseinander?

Kenner der Münchner SPD waren überzeugt, »daß Preißinger und Kronawitter ihre Attacke auf die eigene Partei nicht ohne Wissen von Hans-Jochen Vogel geritten haben«. Der »Adler« hielt den Zeitpunkt für gekommen, um sich wieder persönlich um die politischen Verhältnisse in der Münchner SPD zu kümmern.[253]

Beobachtern der erneuten parteiinternen Querelen fiel auf, daß »die Parteirechten, die den Spaltpilz seit Monaten mit Veröffentlichungen in der Münchner Tagspresse kräftig düngten, bisher ungeschoren davongekommen« waren. Als konkrete Beispiele wurden der enge Vogel-Vertraute Jürgen Maruhn[254] und der SPD-Stadtrat Rolf-Helmut Pfeiffer genannt, die beide trotz eines Ausschlußantrags des SPD-Bezirksvorstandes Südbayern vom Schiedsgericht nur milde gerügt worden waren.[255]

In den Medien gab man Georg Kronawitter sogar gute Chancen, als »unabhängiger Sozialdemokrat« 1978 wieder als Münchner Oberbürgermeister gewählt zu werden: »Wenn sie so weitermachen, wird Münchens SPD bald überhaupt nichts mehr zu koalieren haben. Was freilich für Bayerns Landeshauptstadt so tragisch auch nicht sein wird, denn 30 Jahre unbeschränkte SPD-Herrschaft im Rathaus haben die Sozialdemokraten völlig zerschlissen. Ob just dies Kronawitter zu seinem Verzicht bewog, wird er nur selbst beantworten können. Ganz aus der Luft gegriffen sind jene Gerüchte jedenfalls nicht, die ihm noch eine Karriere prophezeien: als Münchner Oberbürgermeisterkandidat einer bayerischen CSU.«[256]

Kronawitter dementierte diese Gerüchte jedoch und sagte im Dezember 1976 bei einem Gespräch im Münchner Presseclub, daß er weder die SPD verlassen noch etwa bei der nächsten OB- und Stadtratswahl im Frühjahr 1978 für einen Bürgerblock kandidieren wolle.[257]

Auf die Frage, wie die Münchner SPD wieder gesunden könne, meinte Kronawitter, das bedürfe einer langfristigen Arbeit, die bei den Ortsvereinen ansetzen müsse. Seiner Ansicht nach sind in den Jahren 1968 und 1969 viele von der damaligen »außerparlamentarischen Opposition« (APO) in die Münchner SPD eingetreten. Diese Kräfte hätten sich in der Zwischenzeit verfestigt, während andere gleichzeitig resignierten. Inzwischen gebe es für ihre Vorstellungen sogar eine Mehrheit in der Partei.[258]

Flucht nach vorne: »Das Jahr des Bürgers«

Zur künftigen Zusammenarbeit mit CSU und F.D.P. – auf deren Unterstützung Kronawitter im Hinblick auf die Spaltung der eigenen Partei zunehmend bei seiner Amtsführung angewiesen war – kündigte der Oberbürgermeister Ende 1976 an, er werde künftig Vorlagen im Rathaus umfangreicher und besser ausarbeiten lassen als bisher, »damit man über die Fraktionen hinweg Zustimmung finden kann.« Zu bevorstehenden Gesprächen mit der CSU-Fraktion sagte Kronawitter, es sei seine Verpflichtung als Oberbürgermeister, auf die Bitte einer Fraktion zu Fraktionsgesprächen zur Verfügung zu stehen. Er werde dies allerdings streng politisch trennen, denn »dahingehend darf so ein Gespräch nicht ausgenutzt werden«[259].

Taktisch äußerst geschickt und publikumswirksam kündigte Kronawitter außerdem an, daß er in seinem letzten vollen Amtsjahr die Münchner Bürger viel mehr mitreden lassen wolle, und rief offiziell ein »Jahr des Bürgers« aus. Offensichtlich sorgte Kronawitter ganz gezielt dafür, daß ihn die Bevölkerung als bürgernahes Stadtoberhaupt in Erinnerung behielt.

So versprach er, zusammen mit der Münchener Bevölkerung eine »aktive Stadtgemeinschaft« zu schaffen, worunter er mehr Bürgerbeteiligung an Planungen und mehr Verantwortungsgefühl verstand: »Über alle Vorhaben sollen die Bürger ausführlich informiert werden, mit aktiv am Entscheidungsprozeß beteiligt werden, andererseits aber gehindert werden, privategoistische Forderungen zu stellen.«[260]

Dieses neue Konzept zielte offensichtlich darauf ab, erneute emotionale und scharfe Bürgerproteste gegen viele städtische Planungen, wie sie in den letzten Jahren vorgekommen waren, zu vermeiden. Kronawitter legte Wert auf die Feststellung, daß »Bürgerbeteiligung« nicht heiße, übertriebene Bürgerwünsche zu erfüllen. Den Bürgern müsse in Zukunft deutlich gemacht werden, »welche finanziellen und planerischen Grenzen dem Stadtrat gesetzt sind«[261].

Aufgrund seiner Kritik am Regionalen Planungsverband »in der heutigen Form« kurz vor seiner Wahl zum neuen Regionschef löste Kronawitter im April 1977 eine scharfe Attacke des Landrates Joachim Gillessen (CSU) aus. In einem Interview mit der Süddeutschen Zeitung hatte der OB betont, »persönlich« vertrete er nach wie vor die Meinung, daß ein Regionalparlament mit Vollzugsvollmachten wirksamer arbeiten könnte als der jetzige Planungsverband, dessen Mitglieder lediglich von Gemeinden, Kreisen und der Landeshauptstadt delegiert werden.[262]

Gillessen bezeichnete es »mehr als taktlos, ja geschmacklos dem Umland gegenüber«, zwei Tage vor der eigenen Wahl zum Vorsitzenden des Regionalen Planungsverbandes den »alten Hut« der Forderung nach der Verwaltungsregion wieder auszupacken. Dadurch werde die loyale Partnerschaft zwischen den in der Region München übermächtigen Landeshauptstadt und den Umlandgemeinden gefährdet.[263]

Kronawitter und die Stamokap-Theorie

Kronawitter galt seit 1976 in der Münchner SPD nicht mehr als »vermittelbar«, das heißt, daß er den neomarxistischen Dogmatikern in seiner Partei nicht mehr genehm war. Der Anspruch der SPD, eine Volkspartei zu sein, erlosch aber in den Augen vieler Wähler, als die Absicht größerer Gruppen in der Partei sichtbar wurde, aus der SPD von Godesberg eine sozialistische Klassenpartei zu machen. Kronawitter gehörte damals zu den Sozialdemokraten, die den Kurswechsel des Godesberger Programms ernst genommen hatten.[264]

So forderte er im Juli 1977 in einem offenen Brief an den SPD-Vorsitzenden Willy Brandt eine sofortige Klarstellung der Äußerung des Parteivorstandsmitglieds und niedersächsischen SPD-Landesvorsitzenden Peter von Oertzen zur »Stamokap-Theorie«[265]. Von Oertzen hatte in einem Beitrag für das SPD-Parteiorgang Vorwärts geschrieben, daß die »Stamokap-Theorie« mit den Grundwerten und Grundforderungen des Godesberger Programms vereinbar sei.[266]

Kronawitter appellierte nun öffentlich an Brandt, den Ausschluß all jener Parteimitglieder zu betreiben, die diese Theorie in der SPD vertreten. Außerdem betonte der Münchner Oberbürgermeister, daß von Oertzen selbst ausführlich dargestellt habe, daß diese Theorie in den Reihen des Kommunismus der Moskauer Richtung und durch die SED entwickelt worden sei. Kronawitter wies zugleich auf eine Definition hin, die besagte, die »Stamokap-Theorie« sei der systematische Versuch, die dogmatische Grundlage des Marxismus-Leninismus mit der Realität in Übereinstimmung zu bringen.

Nach Meinung Kronawitters entsprach die Auffassung des Stamokaps in der SPD von der Rolle der gegenwärtigen Staaten und ihre Auffassung zur Bündnispolitik im wesentlichen denen der DKP und deren Vorgängerin, der KPD. Sie stünde in deutlichem Widerspruch zu den entsprechenden Beschlüssen der Partei. Selbst profilierte Vertreter des linken Parteiflügels hätten bisher eindeutig gegen die Stamokap-Theorie Stellung bezogen.[267]

In seinem Schreiben an Brandt führte Kronawitter weiter aus: Wenn diese kommunistische Theorie mit den Grundwerten des Godesberger Programms in Einklang stünde, wie von Oertzen fälschlich behaupte, dann wäre eine Grenzziehung zwischen Sozialdemokraten und Kommunisten in einer für den Bürger verständlichen Form nicht mehr möglich. Die Folgen, die sich daraus für die Partei ergeben würden, bezeichnete der Münchner OB als verheerend. Kronawitter richtete deshalb an Brandt den eindringlichen Appell, unverzüglich eine verbindliche öffentliche Erklärung des Parteivorstandes über die Frage der Vereinbarkeit der »Stamokap-Theorie« mit dem Godesberger Programm herbeizuführen.

Kronawitters Brief an den SPD-Bundesvorsitzenden stieß in der SPD-Führung auf Kritik und Ablehnung. Besonders angelastet wurde Kronawitter, daß er mit seiner Ablehnung und Ausschlußforderung von »Stamokap«-Anhängern gleich wieder an die Öffentlichkeit gegangen war.

SPD-Vorstandssprecher Lothar Schwartz erklärte auf Anfrage, Bundesgeschäftsführer Bahr habe in einer kurzen Antwort auch im Namen Brandts die Auffassung vertreten, »daß die von Kronawitter vorgenommene und veröffentlichte Beurteilung des Artikels von Peter von Oertzen ... offensichtlich auf einer Reihe von Fehldeutungen« beruhe. Schwartz fügte hinzu, man könne sich im übrigen »von einem so angelegten und durch falschen Beifall begleiteten Notenwechsel nichts versprechen«[268].

Unterstützung erhielt Kronawitter dagegen vom Vorsitzenden des SPD-Bezirks Südhessen, Rudi Arndt, der sich ebenfalls entschieden für den Parteiausschluß der »Stamokap-Anhänger« aussprach. In einem Interview mit der Bild-Zeitung unterstrich Arndt ebenfalls, daß der demokratische Sozialismus »nur über Reformen und nicht über Revolution« erreicht werden könne. Wer dies – »wie die Stamokaps« – ablehne, gehöre seiner Meinung nach »nicht in die Partei«[269].

Das Echo auf seinen Brief an Brandt reizte den Münchner Oberbürgermeister zu einer schroffen Replik. So weiteten sich die Meinungsverschiedenheiten innerhalb der SPD immer mehr zu einem ernsten Konflikt zwischen Oberbürgermeister Georg Kronawitter auf der einen Seite und der Bonner Parteiführung auf der anderen Seite aus. In einem Fernschreiben an Brandt und Bundesgeschäftsführer Egon Bahr, von dem wiederum Abdrucke der Presse übergeben wurden, drang Kronawitter noch einmal nachhaltig darauf, die Unvereinbarkeit von »Stamokap-Theorie« und SPD-Mitgliedschaft festzustellen.[270]

Kronawitter zeigte sich in seiner Erwiderung über die Antwort der Parteispitze auf sein erstes Schreiben vom

22. Juli 1977 »unbefriedigt«. Da die SPD-Spitze ihm »Fehldeutungen« des von-Oertzen-Artikels »unterstellt« hätte, sehe er sich nun zu einer Reihe von Klarstellungen veranlaßt. Er habe sich in seinem warnenden Brief ausschließlich auf von Oertzen bezogen, der die »Stamokap-Theorie« selbst als eine kommunistische Ideologie »entlarvt, aber gleichzeitig die angebliche Vereinbarkeit mit dem Godesberger Programm festgestellt hatte«. Es wäre ein Akt der Fairneß gewesen, kritisierte Kronawitter, wenn der SPD-Parteivorstand ihm gesagt hätte, worin seine Fehldeutung bestanden habe.[271]

Auch den Vorwurf der Bonner SPD-Parteizentrale, er habe sich auf einen öffentlichen Notenwechsel eingelassen, der von falschem Beifall begleitet werde, empfand Kronawitter als »Verdrehung der Tatsachen«. Nicht er habe den innerparteilichen Konflikt an die Öffentlichkeit getragen. Den Artikel von Oertzens im Vorwärts habe die Presse bereits vorher im Abdruck erhalten. Deshalb könne die Reaktion auf den Artikel des Genossen Peter von Oertzen nur wieder öffentlich sein. »Sollte diese öffentliche Antwort unterbunden werden«, schrieb Kronawitter, »würde dies einem einseitigen Argumentationsverbot für die Gegner der kommunistischen Stamokap-Theorie gleichkommen.«

Nachdem die Auseinandersetzung über die Frage der Vereinbarkeit der kommunistischen »Stamokap-Theorie« mit den Grundwerten des Godesberger Programms nun einmal öffentlich geworden sei, wäre es verhängnisvoll, wenn der Parteivorstand hierauf »nur mit taktischem Schweigen« reagieren würde, schrieb Kronawitter nach Bonn. Partei und Öffentlichkeit hätten ein Recht zu erfahren, welche Haltung der Bundesvorsitzende und das oberste Gremium der SPD gegenüber den »Stamokap-Anhängern« und ihrer »kommunistischen Rechtfertigungsideologie« einnähmen.[272]

Kronawitter fordert öffentliche Kehrtwendung der SPD

Zur gleichen Zeit schrieb Kronawitter wegen der »Gefahr von verheerenden Wahlniederlagen« einen zunächst vertraulichen Brief an den bayerischen SPD-Vorsitzenden Dr. Helmut Rothemund und forderte eine »öffentlichkeitswirksame Kehrtwendung« der Münchner SPD-Politik sowie die Abwahl von namentlich genannten führenden Parteilinken aus ihren Positionen.[273]

Er nannte in diesem Zusammenhang die Namen von Hubertus Schröer und Ulrike Mascher, die Parteilinken Manfred Jena, Gudrun Jakubeit, Hans Bleibinhaus, Monica Lochner, Jürgen Heckel und Hedda Jungfer. Diese Genossen unterschieden sich nach Meinung Kronawitters »in nichts oder nur in Nuancen von den neun Herren, die kürzlich von der SPD zur DKP übergetreten sind«[274].

Zur Wiederherstellung der Wahlchancen der Münchner SPD forderte Kronawitter in seinem Brief an Rothemund, daß der »bürgernahe Erfolgskurs der Nachkriegsbürgermeister wieder zur Richtschnur werden müsse, und zwar mit Heckels Unterstützung!« Öffentlichkeitswirksam müßten auf einem Unterbezirksparteitag »eine Reihe von Beschlüssen der Münchner SPD über Bord geworfen« werden.[275]

Der »rote Schorsch« wußte natürlich, daß die jetzige Parteitagsmehrheit die Notwendigkeit der Umkehr kaum einsehen würde. Trotzdem fühlte er sich verpflichtet, »Dich als Landesvorsitzenden nochmals auf den mir einzig möglich erscheinenden Weg zum Erfolg aufmerksam zu machen. Eine letzte hauchdünne Chance sollte zumindest ausgelotet werden.«[276]

Kronawitter erhielt aber auch hier nicht die erhoffte Unterstützung. Rothemund antwortete vielmehr, daß die Meinungsunterschiede über die Beurteilung der Situation in der Münchner SPD nicht auf dem Weg eines Briefwechsels gelöst und geklärt werden könnten. Als bayerischer SPD-Vorsitzender vertrat er die Auffassung, das kommunale Wahlprogramm der Münchner SPD sei voll mit dem Godesberger Programm vereinbar.[277]

Rothemund schrieb weiter, Kronawitter sollte auch zur Kenntnis nehmen, daß aus der Münchner SPD Mitglieder ausgetreten seien, weil ihnen der Kurs nicht weit genug links gewesen sei. Eine Personaldiskussion über die von Kronawitter namentlich genannten acht Parteimitglieder hielt Rothemund »nicht für notwendig und sinnvoll«. Der Partei sei nicht gedient, wenn nur die Fehler der Vergangenheit erörtert würden, es gehe vielmehr darum, daß die SPD ihre ganze Kraft auf die bevorstehende Wahlauseinandersetzung konzentriere. Es solle den Sozialdemokraten zu denken geben, wenn gerade in München die CSU unter Strauß mit der lügnerischen und unwahren Parole »Freiheit statt Sozialismus« den Wahlkampf zu führen gedenke.[278]

Auch der südbayerische SPD-Vorsitzende Dr. Alfons Bayerl kritisierte Kronawitter. In deutlicher Anspielung auf die beiden jüngsten Aktivitäten des Münchner Oberbürgermeisters meinte er, daß »Profilierungsversuche« von SPD-Mitgliedern gegen die eigene Partei unterbleiben müßten. Wer durch »ständiges öffentliches Briefeschreiben«, durch »Indiskretionen« und durch »Verbalradikalismus« dem politischen Gegner Wahlkampfmunition liefere, »schadet der Sozialdemokratischen Partei schwer«[279].

Der südbayerische Bezirksvorstand habe auf seiner jüngsten Sitzung die Angriffe von Georg Kronawitter gegen die Münchner SPD und mehrere ihrer Mitglieder »entschieden« zurückgewiesen. Nach Auffassung des Vorstandes bestehe keinerlei Anlaß, der Kronawitter berechtigen würde, die von ihm namentlich genannten Mitglieder in dieser »ehrenrührigen Weise« anzugreifen.

In der Presseerklärung von Bayerl hieß es weiter: »Ich habe auch kein Verständnis dafür, wenn sich Kronawitter wegen von ihm vermuteter Mißstände mit Briefen an den Parteivorsitzenden wendet, die er gleichzeitig der Presse übergibt.« Nach Auffassung Bayerls wäre der richtige Platz, an dem Kronawitter seine Besorgnis vorbringen könne, der Münchner SPD-Vorstand, dem er mit beratender Stimme angehöre. Er lud Kronawitter auch ausdrücklich ein, seine »Sorgen« mit dem Bezirksvorstand zu diskutieren.[280]

Das von Kronawitter dem »radikalsozialistischen Flügel« zugerechnete Münchner SPD-Mitglied Jürgen Heckel warf Kronawitter sogar öffentlich »Verleumdung« und »Diffamierung« vor. In einem veröffentlichten Schreiben stellte er fest, daß die Bezichtigungen Kronawitters »tief hinein bis ins persönliche Leben« gingen und angesichts des gegenwärtigen politischen Klimas jedem der von Kronawitter namentlich angesprochenen acht Parteimitglieder eines Tages die berufliche Existenz kosten könnten. »Es ist bezeichnend, daß Kronawitter selbiges in Kauf nimmt.« Der Oberbürgermeister benutze wahllos Begriffe wie Kaderpartei, extrem linker Kurs, Volksparteigegner oder

Volksfrontanhänger gegen Einzelne oder die Partei, ohne sich in einer wirklich inhaltlichen Diskussion mit den Gliederungen der Partei darüber auseinanderzusetzen. Die Diffamierungen Kronawitters ihm gegenüber als »Anhänger eines Rätesystems« oder als »DKP-Sympathisant« hingen davon ab, was in der öffentlichen Meinung gerade als Buhmann »in« sei, jedoch haben beide soviel gemeinsam, »wie auf dem zoologischen Gebiet die Ameisen und die Blaumeisen«[281].

Georg Kronawitter als scheidender Oberbürgermeister 1978

Keine Unterstützung des OB-Kandidaten Max von Heckel

»Angesichts des fundamentalen Unterschieds in den politischen Grundauffassungen zwischen mir und der Mehrheit der Münchner SPD wäre eine Wahlkampfhilfe unglaubhaft. Sie würde mich und den Kandidaten nur lächerlich machen«, erklärte Kronawitter im September 1977 zu der öffentlich diskutierten Frage, ob er den SPD-OB-Kandidaten Max von Heckel im Kommunalwahlkampf 1978 unterstützen werde.[282]

Der »rote Schorsch« bekräftigte, daß sich von Heckel »jetzt uneingeschränkt vor die gesamte Münchner SPD stelle«. Er habe den Appell des Münchner Oberbürgermeisters, »die extrem linken Kräfte in der SPD gemeinsam zurückzudrängen«, abgewiesen. Kronawitter bestätigte, daß er von Heckel künftig nur dann unterstützen wolle, wenn dieser sich eindeutig zu seiner (Kronawitters) politischen Linie durchringen könne und zusammen mit ihm offensiv gegen jene linken Kräfte in der Münchner SPD vorgehe, die für den Mißerfolg der vergangenen Wahl hauptverantwortlich seien.[283]

Kronawitter bestritt auch Heckels These, nach der die »Stamokap-Jusos« im Münchner SPD-Unterbezirk keine Rolle spielen würden. Die letzte Jungsozialistenkonferenz habe deutlich gemacht, daß man in München »mit an der Spitze der extrem linken Jusos marschiere«. Es sei deshalb »haarsträubend«, wenn in einer einmütig gebilligten Resolution gefordert werde, daß nur Juso-Kandidaten unterstützt werden könnten, die die Legitimität der kommunistischen Stamokap-Theorie in der SPD nicht anzweifelten. »Wenn sich der SPD-Unterbezirk dieses Katz-und-Maus-Spiel der Jusos gefallen läßt, wird er sich über entsprechende Auswirkungen nicht wundern dürfen.«[284]

Der Münchner Oberbürgermeister sprach sich in diesem Zusammenhang auch deutlich dafür aus, »Stamokap-Anhänger« beim Eintritt in den öffentlichen Dienst genauso zu behandeln wie die Angehörigen anderer radikaler Parteien auch. Hier müsse jeweils der Einzelfall geprüft werden.[285]

Kronawitter nannte die »Stamokap-Theorie« erneut eine »rein kommunistische Ideologie«. Sie sei deshalb »mit der Sozialdemokratie so unvereinbar wie Feuer und Wasser«. Statt einer politischen »Einheitspartei« wollten die Sozialdemokraten den sozialen Rechtsstaat »ohne Wenn und Aber« erhalten. Die »Stamokap-Theorie« sei »antisozialistisch, antifreiheitlich und auch antidemokratisch«. Deshalb forderte er den SPD-Bundesvorstand zum »administrativen Ausschluß« des gesamten Stamokap-Flügels aus der SPD auf.[286]

Trotz seiner öffentlichen Weigerung, Max von Heckel als OB-Kandidaten im Kommunalwahlkampf zu unterstützen, lehnte es die bayerische SPD ab, gegen den populären Münchner Oberbürgermeister irgendwelche Schritte zu unternehmen. Der SPD-Landesvorsitzende Rothemund erklärte vielmehr gegenüber den Medien: »Man kann niemanden zu einem politischen Engagement zwingen; ich bedauere aber sehr, daß Kronawitter zu einer Unterstützung Heckels nicht bereit ist«[287].

Für kommunalpolitische Beobachter war es seit Monaten mehr als ein bloßes Gerücht, daß Kronawitter einen Wahlsieg Heckels für ganz unwahrscheinlich hielt. Dennoch mußte er sich natürlich öffentlich mit seiner Prognose zurückhalten. So beharrte er noch Anfang Dezember 1977 auf seiner »offiziellen Äußerung«, von Heckel werde sich schon gegen den CSU-Kandidaten Erich Kiesl durchsetzen: »Max von Heckel schafft es im ersten Wahlgang«[288].

Von der immer wieder geäußerten Vermutung, es sei ihm vielleicht sogar an einem Wahlsieg der CSU in München gelegen, distanzierte sich Kronawitter deutlich. »Wenn die CSU in München bei den Kommunalwahlen dominiert, sehe ich die liberale Linie in München auf jeden Fall gefährdet; man sieht das heute schon an der Behandlung von Kulturreferent Dr. Kolbe durch die CSU.«[289]

Seiner eigenen politischen Zukunft sah Kronawitter mit Optimismus entgegen, denn er habe ja seine »Glaubwürdigkeit« bewahrt. Um auch weiterhin glaubwürdig zu bleiben, werde er in den nächsten Jahren kein politisches Mandat anstreben, »erst dann, wenn die Konsolidierung geschafft ist«. Einen Austritt aus der SPD erwäge er »auf gar keinen Fall«. Auch werde er sich stets so korrekt verhalten, daß man ihn nicht aus der Partei ausschließen könne.[290]

Mitte Dezember 1977 sah Kronawitter in München keinen SPD-Kreisverband, in dem es für die von ihm vertretene gemäßigte Linie eine Mehrheit gab. Kronawitter kündigte deshalb eine Denkpause an, nach der er seinen ganzen Einsatz an der Parteibasis einbringen werde, um »die gemäßigten Kräfte zusammenzuführen. Dieses Ziel werde ich massiv unterstützen«. Kronawitter glaubte, die Mehrheiten in der Münchner Parteigliederung langfristig »wieder umkehren zu können, mit dem Ziel, wieder Erfolg mit dieser Partei zu haben«[291].

Seine Tätigkeit als Oberbürgermeister im abgelaufenen Jahr (1977) verglich Kronawitter mit der eines Fuhrmanns: »Ich habe viel Selbstbeherrschung und Verantwortungsbewußtsein gebraucht, um die auseinanderstrebenden Kräfte im Rathaus zu einem ›Vierergespann‹ zusammenzuführen.«[292]

Der »rote Schorsch« erklärte: »Um dahin zu kommen, wohin ich wollte, blieb mir allerdings nur Zuckerbrot, nicht die Peitsche. Am Schluß war ich aber selbst überrascht, daß ich mit diesem Gespann im Vorfeld der Wahl sogar besser fahren konnte als früher mit den Pferden aus meinem eigenen Stall.«[293]

»Grob parteischädigend«: Kronawitter rügt Bundesvorstand der SPD

Im Januar 1978 griff der Münchner Oberbürgermeister in die bundesweite parteiinterne Auseinandersetzung um die Teilnahme von zwei SPD-Mitgliedern an einer angeblich kommunistisch gelenkten Diskussion ein. Trotz ihrer SPD-Mitgliedschaft hatten der Schriftsteller Bernt Engelmann und der Betriebsratsvorsitzende Knut Becker ein Flugblatt der Aktion »Schluß mit den Berufsverboten« unterzeichnet, unter dem auch DKP-Funktionäre standen.[294]

Der Münchner SPD-Sprecher Christian Ude hatte darauf die Unterschriften von Engelmann und Becker öffentlich in Schutz genommen und erklärt, daß der Unterbezirksvorstand »nicht den mindesten Anhaltspunkt für ein parteischädigendes Verhalten« habe finden können. Die DKP-Mitglieder hätten das Flugblatt erst nachträglich unterschrieben.[295]

Nach Meinung Kronawitters war diese »höchst unverantwortliche« Darstellung Udes geeignet, die SPD in Mißkredit zu bringen. Sie stehe in eindeutigem Widerspruch zu Ausführungen des Bundesvorstandes und auch zu Äußerungen Heckels.[296]

In einem offenen Brief an von Heckel zitierte Kronawitter dessen Rundschreiben, in dem eine Beteiligung der Münchner SPD an dem Komitee untersagt worden war. Auch in einer SPD-Presseinformation vom 29. November 1977 waren die Münchner SPD-Mitglieder aufgefordert worden, die Plakat- und Flugblattaktion des Komitees nicht zu unterstützen, weil diese sich auf diesem Plakat selbst als »kommunistisch gelenkt und der DKP dienend« darstellte.[297]

Weiter kritisierte Kronawitter die »herabwürdigenden Äußerungen« des SPD-Sprechers Christian Ude über den SPD-Ortsverein »Echardinger Grünstreifen«, der gegen Engelmann und Becker ein Parteiausschlußverfahren beantragt hatte. Der Ortsverein mache nur von seinen satzungsgemäßen Rechten Gebrauch und habe sich im Gegensatz zum sonstigen Trend durch ausgezeichnete Basisarbeit hervorgetan.[298]

Der »rote Schorsch« forderte von Heckel deshalb auf, durch einen Vorstandsbeschluß zu klären, welche Haltung die Münchner Partei in diesem Falle einnehme. Die Äußerung Udes aber sollte Heckel unverzüglich und öffentlich zurückweisen.

Den neuerlichen SPD-Streit kommentierte CSU-Generalsekretär Gerold Tandler: »Es sei alarmierend, daß nicht diejenigen unter Beschuß kommen, die die Volksfront praktizieren, sondern diejenigen, die den Ausschluß solcher Mitglieder fordern.«[299]

Vorwärts greift Kronawitter an: »Akt schlichter Dummheit«

Offensichtlich wurde durch Kronawitters öffentlich gemachte Forderungen die SPD-Führung in Bonn endgültig verärgert. Das offizielle SPD-Organ Vorwärts kritisierte in seiner Januar-Ausgabe 1978 in scharfer Form Kronawitters Haltung im Zusammenhang mit dem SPD-Ortsverein Echardinger Grünstreifen, wo der Parteiausschluß des Schriftstellers Bernt Engelmann und des Betriebsratsvorsitzenden Knut Becker gefordert worden war,.[300]

Der Vorwärts beurteilte in verschiedenen Ausgaben[301] den von Kronawitter geforderten Beschluß nicht nur als »überflüssig«, sondern auch als einen »Akt schlichter Dummheit«. Obgleich die Angelegenheit bereits parteiintern bereinigt worden war, ließen die »Unverbesserlichen in der Münchner SPD« nicht locker. Der Querschuß des SPD-Ortsvereins Echardinger Grünstreifen sei »identisch mit der zunehmenden Praxis weniger, doch hinreichend prominenter Münchner Sozialdemokraten«, den Wahlkampf der eigenen Partei öffentlichkeitswirksam zu stören. Er liege auch ganz auf der Linie, wie sie seit Wochen insbesondere von Oberbürgermeister Kronawitter vorgezeichnet werde: »Mit polemischen Interviews und umfangreichen Presseinformationen soll offenkundig die deutlich ansteigende Sympathiekurve für die Münchner SPD und die ihres OB-Kandidaten Max von Heckel gebremst werden.«[302]

Das vor allem in Bayern »allein demagogisch« diskutierte Thema »Zusammenarbeit von Sozialdemokraten und

Kommunisten« müsse schon jetzt dafür herhalten, den Sündenbock für eine mögliche Wahlniederlage am 5. März 1978 aufzubauen. »Die kleine Gruppe um Kronawitter tut gegenwärtig alles, um ihre eigene Prophezeiung eintreten zu lassen – grob parteischädigend fördert sie jene Wahlschlappe, die sie zu verhindern vorgibt. Bessere Wahlhelfer kann sich die CSU-Zentrale in der Lazarettstraße nicht wünschen.« Sein Einschreiten begründet der Vorwärts damit, daß der Schaden der Auseinandersetzung bereits weit über München hinausreiche: »Die Wellen dieser todernsten Provinzposse haben Bonn längst erreicht.«[303]

Kronawitter fühlte sich von seinen Parteigenossen aus dem Norden mal wieder völlig zu Unrecht angegriffen. Er meinte, der Vorwärts sei teils falsch informiert, teils seien wesentliche Dinge verschwiegen und einseitig dargestellt worden. Er wollte deshalb eine Klarstellung erreichen. Um »Legendenbildungen« vorzugreifen, erinnerte Kronawitter an den Ausgangspunkt der Kontroverse, nämlich an die öffentlichen Ausführungen des Münchner SPD-Pressesprechers Christian Ude, die die ganze Problematik noch einmal aufgeworfen hätten.[304]

Als eine Art politisches Vermächtnis warnte Kronawitter vor der Beamtenfachgruppe der Münchner ÖTV davor, Verfassungsfeinde in den öffentlichen Dienst zu übernehmen. »Ich sehe nicht ein, daß wir den ›Brandstiftern‹, die offensiv gegen die parlamentarische Ordnung vorgehen wollen und das auch noch ankündigen, im Sinne der Biedermeier dazu Pulver und Lunte geben. Ich halte aber nichts von übertriebener Schnüffelei und Hatz, die sich lediglich gegen Kritiker richtet.«[305]

Vom »Olympiaboom« zu Stagnation und Resignation

Mit einer scharfen Attacke auf den aus dem Amt scheidenden Oberbürgermeister eröffnete im Februar 1978 der CSU-Fraktionschef Zehetmeier seine Bilanz der letzten sechs Jahre. Zehetmeier gab Kronawitter »eine nicht wegzudiskutierende Schuld an der negativen Entwicklung der Münchner Kommunalpolitik während seiner Amtsperiode«. Anstatt zum Abbau der parteipolitischen Polarisierung im Stadtrat beizutragen, habe Kronawitter diese zementiert.[306]

Der Neubeginn sei »unabdingbar notwendig« geworden, weil die SPD, die die Geschicke Münchens seit 1948 mit ihren Mehrheiten bestimme, an »ihrer inneren ideologischen Zerrissenheit und an ihrem arroganten Machtanspruch« zerbrochen sei. Sie müsse deshalb abgelöst werden.

Der CSU-Fraktionschef erinnerte daran, daß Kronawitter in seiner Antrittsrede 1972 den Alleinvertretungsanspruch angekündigt hatte: »Mag Kronawitter diese kurzsichtigen Worte später bereut haben: Seine Einsichten kamen zu spät und erst zu einer Zeit, als er Opfer seiner eigenen Parteiideologen und Parteistrategen geworden war.«[307]

Kritisch setzte sich Zehetmeier auch mit der Kommunalpolitik der SPD in München in den letzten sechs Jahren auseinander. Das wirtschaftsfeindliche Klima, das die Mehrheitsfraktion in der Landeshauptstadt verursacht habe, sei schließlich mit der Grund für die Abwanderung von Unternehmen und Bürgern aus München und für den Verlust von mehreren zehntausend Arbeitsplätzen gewesen. »Die Zeche zahlten die Arbeitnehmer und die Mieter. Die Verteufelung des freien Unternehmertums, der Gewerbetreibenden, der Vermieter, des Eigentums, haben vom Olympiaboom zu Stagnation und Resignation geführt.«

Zehetmeier hielt Kronawitter ferner vor, daß er auch die sogenannte »Verelendungstheorie« der Städte vertreten habe. Der OB habe der CSU vorgeworfen, durch die Ablehnung von Steuererhöhungen gefährde sie den Bau von wichtigen Infrastruktur-Einrichtungen: »Die Tatsache, daß München mittlerweile Rücklagen von mehr als einer halben Milliarde hat, demaskiert die SPD-Finanzpolitik als Betrug am Steuerzahler.«[308]

Kronawitter sah die Leistungsbilanz seiner Amtsperiode positiver. Ein erklärtes Ziel sei es gewesen, »unsere Stadt wohnlicher zu machen. Persönlich glaube ich, daß wir diesem Ziel einen großen Schritt nähergekommen sind. Es ist mit Hilfe der Zweckentfremdungsverordnung gelungen, zu Beginn der Amtsperiode den deutlich sichtbar gewordenen Vormarsch der Banken und Versicherungen hinein in das Zentrum der Stadt und in die Innenstadtrandbereiche weitgehend zu stoppen. Wir konnten als weiteres großes Vorhaben die Sanierung in Haidhausen und im Westend sicherstellen. Es war also das Ziel, zu verhindern, daß diese Gebiete zum Armenhaus der Stadt werden.

Ein zweiter Schwerpunkt für meine Amtsperiode war zweifellos auch die Devise, unter der ich angetreten bin, mehr Grün in die Stadt zu bringen. Rückblickend muß ich feststellen, daß wir erhebliche Millionen-Beträge in den Bau von Erholungs- und Grünflächen stecken konnten. Ich freue mich natürlich, daß es im letzten Amtsjahr gelungen ist, die Internationale Gartenbauausstellung 1983 nach München zu holen. Dies ist sozusagen der krönende Höhepunkt dieser Bemühungen, ein mächtiger Impuls.«[309]

Rückblickend stellte er ferner fest: »Unser Konzept ›Soviel Massenverkehr wie nur möglich, soviel Individualverkehr wie unbedingt nötig‹ wird damit weitgehend realisiert werden können. München wird eine Stadt bleiben, die nicht vom Auto umgebracht werden wird.«[310]

Auf die Frage, ob es in der Rückschau auf die Amtsperiode 1972 bis 1978 Entscheidungen gab, die er gern hätte revidieren wollen, antwortete Kronawitter mit Nein: »Schon gar nicht die Entscheidung, die ja sehr im Kreuzfeuer der Kritik stand, das Europäische Patentamt nach München zu holen. Denn die Schaffung von Arbeitsplätzen ist heute natürlich außerordentlich bedeutungsvoll.«[311]

Kronawitter betonte, daß er stets versucht hatte, sein Programm und Wahlversprechen in die Tat umzusetzen. Er räumte allerdings auch ein, »daß in verschiedenen Fragen die SPD-Fraktion auseinandergefallen ist. Ich habe zwar in der SPD-Fraktion in den ersten fünf Jahren vielfach für meine Vorstellungen eine Mehrheit gefunden. Die linke Minderheit war aber des öfteren nicht bereit, im Plenum diese Mehrheit mitzutragen. Und es ist richtig, daß ich dann für einen Mehrheitsbeschluß der SPD-Stadtratsfraktion andere Fraktionen, vielfach die CSU-Fraktion gebraucht habe, um diesen in die Tat umzusetzen. Eine sehr bedauerliche Tatsache, die ich aber nicht ändern konnte. Ich ließ mich aber deswegen nicht beirren.«

Auf die Frage, ob es auf Landes- oder Bundesebene ein Amt gebe, daß er noch lieber bekleiden würde als das des Münchner Oberbürgermeisters, antwortete Kronawitter Ende Dezember 1977: »Meine Vorgänger haben schon gesagt, daß das Amt des Münchner Oberbürgermeisters zwar ein außerordentlich schwieriges, arbeitsreiches Amt ist, aber auch eines der schönsten, das es gibt. Ich kann mir nicht vorstellen, daß es ein interessanteres Amt für mich gibt.«[312]

Sechs Jahre sind noch keine Ära

Im Hinblick auf die erste sechsjährige Amtszeit von Oberbürgermeister Georg Kronawitter konnte man 1978 noch nicht von einer Ära sprechen. Kronawitter übernahm nach Hans-Jochen Vogel und der Durchführung der Olympischen Spiele eine vorzüglich disponierte und straff organisierte Stadtverwaltung. Die für München dringend notwendige Atempause nach den stürmischen Wachstumsjahren war natürlich leichter zu steuern als etwa ein weiterer Aufschwung zu neuen großen Projekten. Die Zuwanderungswelle von jährlich 30 000 bis 40 000 und noch mehr Menschen war 1972 fast über Nacht abgeebbt, und dementsprechend geringer wurde der Druck der Folgelasten für die Stadtverwaltung.[313]

Die Amtszeit von Georg Kronawitter ist selbstverständlich wesentlich mit den Leistungen seines Vorgängers Vogel verwoben. Was Vogel in seinen zwölf Jahren Amtszeit für München geleistet hatte, mag im Auf und Ab schneller Zeitläufe enthusiastisch oder leichthin herablassend gewürdigt werden; mit etwas mehr Abstand werden sich aber die Münchner Jahre von 1960 bis 1972 als der große Umbruch der Stadtentwicklung im 20. Jahrhundert erweisen. »Die eigentliche Verwaltungsarbeit übernahmen die Bürgermeister Gittel und Müller-Heydenreich sowie die noch aus der Amtszeit Vogels eingearbeiteten berufsmäßigen Stadträte und ihre Vertreter. So konnte sich Kronawitter vor allem den Details der Bewahrung und Abrundung des Erreichten, der Filigranarbeit der Stadtverschönerung und der geduldigen Zwiesprache mit den Bürgern und ihren Wünschen widmen«, stellte der Münchner Stadtanzeiger fest.

Kronawitter brauchte zwei lange Jahre für die Einarbeitung im Rathaus. Sie wurden ihm sehr schwer. Aber dann begann er allmählich Fuß zu fassen: »zunächst pfiffig, freundlich und bescheiden in der Sicht auf seine Möglichkeiten, Einreden zugänglich und stets mit klarem Blick auf alles, was ihm für seine Wiederwahl dienlich sein könnte.«[314]

Ebensowenig wie Vogel gelang es ihm jedoch, die heftigen Streitigkeiten und Flügelkämpfe innerhalb der Münchner SPD zu besänftigen. Er zählte damals eindeutig zum »rechten« Flügel seiner Partei und wandte sich mit missionarischem Eifer gegen die Linken. Die politischen Querelen innerhalb der eigenen Partei kosteten ihn viel Zeit, ohne daß er etwas verändern konnte. Bei Parteiabstimmungen siegten seine zahlenmäßig überlegenen und strategisch besser gerüsteten Gegner. Kronawitter konnte damals zwar die Sympathie der Münchner Bevölkerung gewinnen, bei den Münchner SPD-Funktionären aber stieß er überwiegend und ständig zunehmend auf Ablehnung.[315]

So trat Kronawitter nach den ersten sechs Jahren Amtszeit »als ein Mann mit weißer Weste« und ein »Parteivertreter ohne Verfilzung« ab. Im nacholympischen Fahrwasser von Vogel konnte er sich ohne besondere eigene Leistung eine Reihe von Erfolgen wie einen Orden an die Brust heften. Der zunächst nur als Lückenbüßer angesehene Politiker hatte sich mehr und mehr freigeschwommen. Er war sicherer und souveräner im Auftreten geworden und die Kommentare der Medien lauteten überwiegend bedauernd, daß ihm und den Bürgern der Stadt keine weitere Amtszeit gegönnt war. »Die Münchner sind unter ihm nicht schlecht gefahren«, und er war es »zum geringsten Teil, der das von Thomas Wimmer und Hans-Jochen Vogel übernommene Kapital aufs Spiel gesetzt hat. Das haben vor allem andere getan.«[316]

Oberbürgermeister Kronawitter mit den Bürgermeistern Eckhart Müller-Heydenreich (li.) und Helmut Gittel (re.)

Kiesl schlägt Heckel

Kronawitters Nachlaß war »nicht mehr das Werk einer mit ihm geschlossen arbeitenden SPD, sondern das Beschlußergebnis des Zusammenwirkens aller politischen Kräfte im Rathaus, wenn auch nicht in jedem Fall der gleichen«[317].

»Die Nöte der SPD, die in München seit Jahrzehnten mit absoluter Mehrheit regiert, sind nicht zur Notsituation für die Stadt geworden. Im Gegenteil: Seitdem – einem reifen Geschwür gleich – aufgebrochen ist, was innerhalb der Partei nun fast schon ein Jahrzehnt getobt hatte, finden sich auch Oberbürgermeister, Bürgermeister und Fachreferenten von Druck befreit. So übergibt Georg Kronawitter am Ende seiner Amtszeit im März ein finanziell ordentlich ausstaffiertes Gemeinwesen mit respektabler, auf Jahre hinaus krisenfester Wirtschaftskraft (soweit das von einem Rathaus aus überhaupt lenkbar ist). Und er konnte gerade im letzten Jahr die Weichen in eine Richtung stellen, die entscheidende Kurskorrekturen wohl auch nach der Wahl erübrigt«[318].

Wie erwartet, brachte der 5. März 1978 eine verheerende Wahlniederlage für die Münchner SPD. Erich Kiesl (CSU) wurde neuer Oberbürgermeister und die SPD verlor ihre absolute Mehrheit im Münchner Stadtrat. Von den 80 Sitzen bekam sie nur noch 31 (1972: 44). Stärkste Partei wurde die CSU mit 42 (1972: 29), die F.D.P. erhielt 6 Sitze (1972: 4) und der Münchner Rathausblock von Helmut Gittel einen Sitz.[319]

»Es lohnt sich eigentlich nicht mehr, der Frage nachzuhängen, was wäre wenn ... Georg Kronawitter hat nicht kandidiert, Erich Kiesl hat also das sozialdemokratische Münchner Rathaus erobert und wird es heute in Besitz nehmen. Georg Kronawitter ist kein Geschlagener. Er war ganz einfach nicht mehr gefragt. ›Nicht mehr vermittelbar‹, wie es im Jargon der linken SPD heißt. Am Tage der Amtsübergabe am Marienplatz müßte es wenigstens einigen wenigen Parteifeinden Kronawitters im Unterbezirk dämmern, was dieses ›nicht vermittelbar‹ für die Sozialdemokraten bedeutet. Eine Partei, die einen Politiker wie ihn ihren Delegierten nicht mehr zumuten kann, ist nicht mehr mehrheitsfähig. Nicht in München, nicht in Bayern. Ihr Mütchen an Kronawitter zu kühlen war den Dogmatikern des Unterbezirks mehr wert als die Machtposition am Marienplatz, mehr wert als das vermutlich zweitwichtigste politische Amt im Freistaat. Aber was bedeutet schon die Realität im Vergleich zur Inbrunst des wahren Glaubens«[320].

Kronawitter hatte die Schuhe »recht prall« ausgefüllt, die am Anfang zu groß für ihn erschienen. Er räumte seinen Sessel als selbstbewußter, bescheidener, aber souveräner Mann, den das Amt geprägt und der das Amt geprägt hatte. »Der nacholympische Alltag eignet sich nicht für Effekthascherei. Kronawitter auch nicht. Er ist sich selbst bis zum Schluß treu geblieben. Eine Rarität in unserer Zeit, die den flexiblen, gelenkigen Dynamiker für die Krone der Schöpfung hält. In München ist Kronawitters bäuerliche, hartschädelige Beharrlichkeit gottlob honoriert worden. Die Münchner mögen ihn ohne daß er sich dafür besonders hätte anstrengen oder verbiegen müssen. Wir teilen diese Gefühle und wagen die Prognose, daß wir von Kronawitter noch hören werden.«[321]

In der Bilanz seiner sechsjährigen Amtszeit betonte Kronawitter, daß »nicht immer nur geplant« worden sei, sondern auch viele Pläne umgesetzt werden konnten. Als Beispiele nannte er 500 Millionen Mark für den Schulhausbau und 200 Millinen Mark jährlich für den Ausbau des Münchner U-Bahn-Netzes. Er legte großen Wert auf die Feststellung, daß »München noch wohnlicher geworden, seine Attraktivität ungebrochen« ist. Trotz mancher unbefriedigender Zustände, »die weder beschönigt, noch vertuscht werden sollten, sondern nach und nach behoben werden müssen«, sei München für seine Bürger Heimat geblieben.[322]

Der Bayerische Städtetag hob bei der Verabschiedung des »roten Schorsch« hervor, daß er wesentlich dazu beigetragen habe, daß »die Solidarität zwischen den großen und kleinen Städten über die Parteigrenzen hinaus gewachsen« sei. Er habe erkannt, daß die Landeshauptstadt auch »von der Sympathie des Landes getragen werden müsse.«[323]

Kritisch wiesen die Kommentatoren auf den großen Unterschied zwischen Kronawitter und Kiesl hin: »Von Georg Kronawitter zu Erich Kiesl, bayerisch bis in die Knochen der eine wie der andere – aber welch ein Unterschied im Denken, im Temperament, in der Selbsteinschätzung, im Wollen. Eigentlich, man darf es ja nicht mehr laut sagen, wäre der neue Oberbürgermeister lieber der neue Innenminister. Aber wenn schon OB, dann will er sich selbst die Maßstäbe setzen. Unbestritten ein tüchtiger, fähiger Mann von gewaltiger Arbeitskraft. Seine

Schwäche: er will zuviel auf einmal und sein Tempo ist für München zu schnell. Eher preußisch, aber vielleicht legt sich das, wenn einer, auf den er hört, ihm beibringt, daß er wirklich das zweitwichtigste Amt in Bayern bekleidet.«[324]

Vom Rathaus zur Basisarbeit

Am 28. April 1978 wurde Georg Kronawitter feierlich im Münchner Rathaus mit der Verleihung der Goldenen Bürgermedaille verabschiedet. Ab 1. Mai durfte er den Titel »Altoberbürgermeister« führen.[325]

Eine Woche später nahm er offiziell Abschied von der Münchner Bevölkerung.[326] Die 5000 roten Moosröschen in Fünfer-Packerln von der Stadtgartendirektion wurden einzeln verteilt und waren nach zwei Stunden aus. Insgesamt blieb Kronawitter drei Stunden auf dem Marienplatz. Zur Seite stand ihm lange Zeit, doch von vielen unbemerkt, seine Frau. Wie in den sechs Jahren seiner Amtszeit hielt sie sich auch jetzt bescheiden im Hintergrund, die Frau, »die sich auch in Zukunft ganz auf ihren Mann einstellen will, wenn er wieder Basisarbeit macht«[327].

Nach dem Abschied vom Münchner Rathaus beschäftigte sich der »rote Schorsch« tatsächlich vor allem mit der Arbeit bei den SPD-Gliederungen: »Ein zwar sehr mühsames, aber für die SPD notwendiges und sinnvolles Geschäft.«[328] »Die finanzielle Unabhängigkeit ermöglichte es mir, die Parteiarbeit zu leisten. Ich habe mich deshalb entschlossen, ein lukratives Angebot aus der Wirtschaft abzulehnen.«[329]

So konnte sich der 51jährige Pensionär künftig fast ausschließlich der Basis-Arbeit in der Münchner SPD widmen. Dabei stellte sich Kronawitter ganz bewußt in eine Kampflinie mit seinem Mentor Hans-Jochen Vogel. Durch die heftige Kritik von links fühlte er sich als »gemäßigter« Sozialdemokrat bestätigt.

Den von der eigenen Partei bzw. konkret dem Münchner SPD-Unterbezirk öffentlich bloßgestellten Oberbürgermeister empfing bei seinem ersten Wahlkampf-Auftritt im Hasenbergl-Mathäser nur ein »freundlich-lauer Beifall« der Genossen. Beiden Seiten war nicht sonderlich wohl bei dieser Begegnung: »Der demontierte Oberbürgermeister zürnt seiner Partei, die Mitglieder wollen ihm die Niederlage Max von Heckels nicht verzeihen. Und etwas mißmutig treten sie im ›Mathäser‹ zur ›Rettung Bayerns‹ ein«, meldete der Münchner Merkur.[330]

Kronawitters Marschparole lautete damals schlicht: »Weil Bundeskanzler Schmidt eine vernünftige Politik betreibt, weil er die Inflation drückte und den Lebensstandard hob, weil er Brandts Friedenspolitik fortsetzte und den Terrorismus niederhält, bietet sich logischerweise die bayerische SPD als Korrektiv zum CSU-Machtmonopol an.«[331]

Kronawitter verpaßte bei der Veranstaltung am Hasenbergl in wechselnder Reihenfolge den »CSU-Filzokraten« und den »Systemveränderern« im eigenen Lager wohltemperierte Watschen und behauptete, daß Strauß wegen seiner Äußerungen über die Junta in Chile unter den Radikalenerlaß fallen müßte und er im öffentlichen Dienst Bayerns keine Chance hätte.[332]

Mit deftigen Ludwig-Thoma-Sprüchen zog der Alt-Oberbürgermeister vor den Landtagswahlen am 15. Oktober 1978 gegen die »Mehrer'n Halleluja« eine Woche lang durch München, die Region und das bayerische Oberland zu Felde. Dabei bescheinigte er der CSU, sie habe in den 21 Jahren ihrer Herrschaft »nicht gerade nichts geleistet«, aber zu viele wichtige Entscheidungen unterlassen. Auf dem Gebiet der Landesentwicklung und Regionalplanung, der Schule und Kulturpolitik käme ihm die CSU vor, »wie ein Auto mit drei Rückwärtsgängen, das nach vorne geschoben werden muß«. Kronawitter wandte sich bei diesen Gelegenheiten auch gegen die »unerträgliche Handhabung des Radikalenerlasses im Freistaat Bayern«, gegen »Gesinnungsschnüffelei« und »Untertanenerzeugung«[333].

Besonderer Zorn packte den Alt-Oberbürgermeister bei dem Thema »Spezlwirtschaft, Skandale und Machtmißbrauch« im Staat wie in der Stadt. Die neue CSU-Stadtregierung habe mit »der Sensibilität eines niederbayerischen Metzgerhundes« ihr Amt begonnen und sofort eine Million für »Prunk und Protz« herausgehauen, während er seinerzeit die erste Million – schwierig genug – für Kinder- und Erholungsplätze zusammengekratzt habe. Er sei der »altmodischen Meinung, daß Politik und Moral nicht getrennt werden dürfen« und schloß seine Wahlrede mit dem Aufruf, doch »denen eins auf den Deckel zu geben, die hier mit ihren 62 Prozent schon glauben, sie könnten machen, was sie wollen!«[334]

Im persönlichen Gespräch ließ der »rote Schorsch« die Münchner SPD jedoch lieber noch links liegen. Aber aus seinen Andeutungen, seiner Selbsteinschätzung, klang heraus: »Die Münchner SPD hat nur eine Chance, für den Wähler wieder attraktiver zu werden, mit ihm, Georg Kronawitter, und einem seiner Mitstreiter. Er will nicht schimpfen, obwohl ihm der schnelle Abschied vom OB-

Sessel, den ihm seine eigenen Genossen einbrockten, nicht leicht fiel.«335

Kronawitters Abende waren bereits wieder mit Terminen gefüllt. Die Aufforderungen, als Wahlkampfhelfer zu fungieren, kamen allerdings nur von »gemäßigten« SPD-Kandidaten. Die Linken wollten von ihm zu diesem Zeitpunkt noch nichts wissen. Da ihm das OB-Image fehlte, lauschten ihm 1978 in München meist nur noch wenige und vor allem ältere Bürger und Parteifreunde.

Seit wenigen Tagen wird dort eine neuartige Wurfbude ausprobiert ...

... bei der auch der Werfer getroffen werden kann.

»Rückgewinnung von Mehrheit und Macht in München«: Ein Strategiepapier

Die Münchner SPD hatte bei der Kommunalwahl im März 1978 die größte Niederlage ihrer hundertjährigen Geschichte in München hinnehmen müssen: Verlust der absoluten Mehrheit und des Oberbürgermeisters, Einbußen von 15 Prozent auf einen Schlag. Die Landtagswahl am 15. Oktober dieses Jahres hatte noch einmal ein Minus von 0,2 Prozent gegenüber 1974 gebracht.[336]

Nur elf Tage nach den Landtagswahlen 1978 hatten sich etwa 180 engagierte Sozialdemokraten aus München und der Region getroffen, um »Bilanz« zu ziehen und eine »Perspektive zur Wiedergewinnung der Mehrheitsfähigkeit der SPD« zu diskutieren. In Form einer Broschüre, für die Jürgen Maruhn[337] verantwortlich war, wurde ein »Wortlautbericht« von dieser Veranstaltung bekannt, an der neben Bundesjustizminister Hans-Jochen Vogel auch Alt-Oberbürgermeister Georg Kronawitter teilgenommen hatte. Es ging dabei »um eine innerparteiliche Alternative zur Haltung derer, die offensichtlich noch immer nicht die Schwere der Niederlage in München und Südbayern voll erfaßt haben und deshalb zwangsläufig noch kein überzeugendes Programm für die künftige Arbeit entwikkeln konnten.«[338]

Im Februar 1979 wurden dann von Kronawitter ein schonungsloser Bericht zur Situation der Münchner SPD und seine Gedanken über eine Strategie zur Rückgewinnung von »Mehrheit und Macht in München« veröffentlicht.[339]

»Die Partei befindet sich weiterhin in einem Zustand der Lethargie. Allein in den letzten 4 Jahren sind über 4500 Mitglieder aus der Münchner SPD ausgetreten (oder mußten gestrichen werden), vorwiegend aus jenen Schichten, aus denen gerade wegen ›Godesberg‹ Bürger zu uns gekommen sind und uns mehrheitsfähig gemacht haben.

Tausende von Mitgliedern haben resigniert. Versammlungen von Ortsvereinen und Kreisverbänden sind vielfach schlecht besucht, oft nicht einmal beschlußfähig. Jeglicher Schwung und Auftrieb fehlen.

Die Konservativen dagegen haben sich im Rathaus, dem Zentrum der Macht in München, in den Vereinen und Verbänden sowie in den Sportorganisationen etabliert; sie haben selbst bei den traditionellen Wählerschichten der SPD, den Arbeitnehmern, erhebliche Einbrüche erzielt.«

In seinem kommunalpolitischen Strategiepapier fuhr Kronawitter fort: »Eine solche Situation hinzunehmen wie heißes Sommerwetter und vorwiegend zu schweigen, ist keine Lösung, sondern ein politisches Armutszeugnis. Ich sehe es als eine Pflicht aller Mitglieder der SPD an, sich Gedanken darüber zu machen, wie unsere Partei in München wieder aus der Talsohle herausgeführt werden kann.

Dies gilt um so mehr als bis heute, acht Monate nach der Kommunalwahl, immer noch keine Konzeption und keine Strategie für die Rückgewinnung von Mehrheit und Macht in München sichtbar geworden sind. Die Münchner SPD macht heute jedenfalls nicht den Eindruck, als sei sie in erster Linie eine Kampfgemeinschaft zur Durchsetzung gesellschaftspolitischer Ziele, sondern gleicht eher einer Wählerinitiative zur Verteidigung erlangter Positionen und Pfründe.

Der Wille zur politischen Macht ist offensichtlich immer noch überdeckt von dem Willen zur politischen Gleichrichtung. Wir dürfen aber nicht zulassen, daß sich konservative Machtstrukturen in München so verkrusten und verfestigen, daß sie jahrzehntelang nicht mehr aufgebrochen werden können.

Wir müssen deshalb den mündigen und kritischen Münchner Bürger davon überzeugen, daß Position, Politik und Perspektiven der Münchner SPD verheißungsvoller sind als die für alle sichtbar gewordene egozentrische Machtpolitik der CSU. Dies muß offensiv geschehen und nicht nach dem Motto: Wir sagen jetzt gar nichts mehr, dann werden uns die Leute schon wieder wählen.

In der Politik gewinnt man Vertrauen nicht durch Verschweigen, sondern durch einen klaren politischen Standort, ein attraktives Programm und überzeugende Persönlichkeiten. Was die Münchner SPD heute dringender denn je braucht, ist deshalb

- eine überzeugende Klarstellung ihres politischen Standortes,
- die Konzentration aller Kräfte, die auf dem Boden des Godesberger Programms stehen, und
- eine langfristige Strategie zur Rückgewinnung von Mehrheiten und Macht in unserer Stadt.«[340]

In seinen Gedanken über eine Strategie zur Rückgewinnung von Mehrheit und Macht in München ging Kronawitter zusammenfassend davon aus, daß nach vier vernichtenden Wahlniederlagen der Münchner SPD zumindest die folgenden Erkenntnisse Allgemeingut geworden seien und nicht mehr strittig sein dürften:

»1. Die Hauptursachen für den gravierenden Vertrauensentzug der Bürger ist nicht (nur) der innerparteiliche Streit, sondern der anspruchsvoll als ›links‹propagierte Kurs der Münchner SPD. Dieser Kurs und die radikale Form der Durchsetzung haben die Bürger der Mittelschichten, ja selbst viele Arbeiter und Tausende von eigenen Mitgliedern verschreckt und abgestoßen.

2. Damit eng verknüpft ist eine weitere Erkenntnis: Je weiter sich die SPD von einem bürgernahen Volksparteikurs entfernt, um so größer wird der Vertrauensentzug durch den Bürger. Wir haben dies bitter erfahren müssen.

3. Schweigen kann Politik nicht ersetzen. Es wäre außerdem entwürdigend, für eine so große und stolze Partei, wie sie die Münchner SPD ist, wenn sie weiter primär von den politischen Brosamen leben wollte, die vom Tische des Herrn Kiesl fallen. Davon wird man nicht satt. Die eigene politische Konzeption muß offensiv vertreten und als überlegene Alternative dem Macht- und Prunkstreben der CSU entgegengesetzt werden.

4. Programme ohne überzeugende Persönlichkeiten verkaufen sich schlecht. Wer SPD-Mitglieder aus jeder Verantwortung aussperrt, für nicht ›vermittelbar‹ erklärt, braucht sich nicht zu wundern, wenn die SPD dem Bürger auch nicht mehr vermittelbar ist.

5. Unser gemeinsames Ziel muß es sein, unter Minimierung des innerparteilichen Richtungsstreites, die Kompaßnadel wieder auf Erfolgskurs zu richten.«[341]

Der Münchner SPD warf der »rote Schorsch« vor, daß sie in den letzten Jahren zumindest den Eindruck erweckt habe, daß ihr die innerparteilichen Auseinandersetzungen und Siege wichtiger seien als Siege bei öffentlichen Wahlen. Damit verfehle die Münchner SPD aber ihren Hauptzweck.[342]

»Schorsch und Hans-Jochen«: Das Duo gegen den Münchner Linksblock

Kronawitters heftiges Basteln an einer neuen Karriere in der SPD spaltete seine Gegner und Kritiker in ihren Gefühlen: »Die einen verharren noch in ungläubigem Staunen, die anderen empfinden unheimliches Bangen vor dieser ›vagabundierenden Kraft‹ der Münchner SPD, deren Stärke nicht ganz einzuschätzen ist. Zumal sich das Aktionsfeld dieser politischen Potenz ohne Amt und Mandat von Fürth bis zu den Alpen ausgeweitet hat.«[343]

Ganz im Bewußtsein, einen Sendungsauftrag für die Partei zu erfüllen, und von seiner eigenen Kraft überzeugt, spottete Kronawitter über linke Kritiker: »Ich betreibe legitime Parteiarbeit, auf die ich immer verwiesen worden bin und die der Unterbezirk nur begrüßen kann.«[344]

Den Segen dazu hatte zumindest Kronawitters Münchner OB-Vorgänger gegeben, mit dem er in ständigem Kontakt stand. »Der Minister im fernen Bonn eilt, wenn es der Terminkalender zuläßt, auch schnell an die Isar und läßt zum Beispiel vor 180 Sympathisanten im Hofbräuhaus das Duo ›Schorsch und Hans-Jochen‹ an der ›Basis‹ wieder aufleben, das 1972 die Münchner Stadtspitze noch einmal für die SPD ›holen‹ konnte. Jetzt soll nach der Rechnung der prominenten Streiter die schweigende Partei-Mehrheit auch tatsächlich mehrheitsfähig gemacht werden.«[345]

Gegen das »linke Spektrum« operierten Kronawitter und Vogel mit folgender Taktik: Mobilisierung der Basis gegen den linken Unterbezirksvorstand in München und zugleich Stärkung der Parteikräfte in den ländlichen Bereichen des Bezirks Südbayern, die von Oberbayern bis Schwaben gegen den »Münchner Linksblock« Front machten. Kronawitter selbst rechnete damals mit Erfolgen auf dieser Ebene erst nach »jahrelanger Missiontätigkeit«.

Der politische Aschermittwoch 1979 in Röhrmoos bei Dachau lockte aufgrund der Münchner Ereignisse so viele Zuhörer in das Sportheim, daß eine SPD-Delegation aus München kaum noch Platz fand, die »Küche hoffnungslos überlastet« war und dennoch »eine Stimmung herrschte wie sonst bei einer politischen Veranstaltung kaum üblich«[346]. Der Grund für diesen großen Andrang war der Hauptredner des Abends, der mit besonderem Applaus überschüttete ehemalige Münchner Oberbürgermeister Georg Kronawitter.

Kronawitter sprach den Röhrmooser Genossen sein Kompliment dafür aus, daß sie Mut zeigten, »die rote Fahne in dieser schwarzen Landschaft hochzuhalten«. Er gab sich in seiner Rede betont als Repräsentant der SPD als Volkspartei. Nachdem er eingangs die Vermutung geäußert hatte, daß nicht nur SPD-Anhänger im Saal seien, stellte er ausdrücklich fest: »Die Anhänger der CSU sind keine Lumpen und Betrüger«. Die CSU selbst bezeichnete er im Hinblick auf die Landesplanung spöttisch erneut als »Hühner ohne Eierstöcke: da drückt man nur rum und es kommt nichts raus«[347].

Beifall bekam Kronawitter für seine klare Distanzierung von den terroristischer Gewalt und auch von deren Sympathisanten, von denen »die bei der Ermordung eines Generalbundesanwalts eine klammheimliche Freude empfinden«. Laut mehrerer Beobachter bekam Kronawitter wiederholt dafür Applaus, daß er sich auf der Veranstaltung nicht zu sehr als »CSU-Fresser« gab, sondern seine Kritik differenzierte. So stimmten die Zuhörer seiner Äußerung bei, daß die Regierungspartei in Bayern nicht völlig versagt habe, »doch was sie in den 21 Jahren geleistet hat, rechtfertigt nicht ihre 50 Prozent«[348].

Kein gutes Haar ließ Kronawitter jedoch am bayerischen Ministerpräsidenten Franz Josef Strauß.

»Mit allen Kniffen und Listen« – Kronawitters Paukenschlag

»Aus ihm spricht, wenn das große Wort erlaubt ist, ein Stück des Gewissens der deutschen Sozialdemokratie nach dem Zweiten Weltkrieg«, schrieb 1979 der Münchner Politologe Kurt Sontheimer über Georg Kronawitter. Dieser anerkennende und zugleich auch Respekt zollende Satz steht in dem Vorwort des Buches »Mit allen Kniffen und Listen. Strategie und Taktik der dogmatischen Linken in der SPD«, mit dem der ehemalige Münchner Oberbürgermeister mit seinen Genossen abrechnete.[349]

Kronawitters spektakuläre Publikation richtete sich nicht, wie man es eigentlich von einem engagierten SPD-Funktionär erwartete, gegen das übliche Ziel einer Partei, den reaktionären Konservatismus eines Franz Josef Strauß oder die CSU, sondern gegen die kleine aktivistische Minderheit in der eigenen Partei, »die uns wieder zu einer Klassenpartei zurückbilden will. Es ist eine Kampfansage gegen die dogmatischen Linken und eine leidenschaftliche Verteidigung des Bad Godesberger Programms der SPD.«[350]

Der extremen Linken sprach der Alt-Oberbürgermeister sogar das Recht ab, ein Parteibuch der SPD zu besitzen. Das Motto des Autors war: »Gegen das, was man durchschaut, kann man sich leichter wehren«.

Das ungewöhnliche Buch ist aber weit mehr als eine kleinkarierte Abrechnung mit Kronawitters marxistischen Widersachern in München. Es beschrieb aus der Position eines Opfers der dogmatischen Linken in der SPD das

Vorgehen dieser Gruppe, ihre Methoden, die Partei zu unterwandern und als Kampfinstrument zu mißbrauchen.[351]

Persönlich tief verletzt und schwer gekränkt legte Kronawitter damals schonungslos die Methoden offen, mit denen die »linke« Basis nach und nach alle wichtigen Parteiämter in der Münchner SPD erobert hatte. So berichtete er, daß es in einzelnen Ortsvereinen zu regelrechten »Entscheidungsschlachten«[352] kam: Die dogmatische Linke sei mit missionarischem Sendungsbewußtsein in die SPD »eingebrochen« und sei dabei, sie zu einer »konsequent sozialistischen« Partei umzufunktionieren:

»Wie Fliegen gegen Fensterscheiben rennen sie bei der Bevölkerung gegen eine Wand der Ablehnung; Mehrheit und Macht verschenken sie leichten Herzens an den politischen Gegner wie ein Stück an die Armen, und der Partei singen sie das Lied der Schlümpfe: ›Warum seid ihr denn so klein?‹ – ›Wir wollen gar nicht größer sein!‹«

Der »rote Schorsch« bezeichnete es als »phänomenal«, wenn die führende Partei einer Millionenstadt mit einem Streich alle elf direkt gewählten Landtagsmandate an die Partei des Franz Josef Strauß verliert (1974), »sich ein bißchen schüttelt und wieder weitermacht, als sei nichts geschehen«. Er hielt es ferner für »absonderlich«, wenn bei der folgenden Wahl vier Bundestagsstimmkreise an die CSU verschenkt werden (1976) und nur noch ein einziger Kandidat der SPD, Bundesjustizminister Vogel, sich durchsetzt: »Gerade der sollte aber mit allen Mitteln blockiert werden: Nicht von Strauß oder CSU, sondern von Mitgliedern der eigenen Partei! Und selbst für abgebrühte Politiker ist es ein herausragendes Ereignis, wenn die Münchner SPD (1978) mit einem Schlag 15 % der

Stimmen verliert, den Oberbürgermeister, den sie 30 Jahre lang ununterbrochen stellte, die absolute Mehrheit – und damit die entscheidende politische Gestaltungsmöglichkeit – mit der CSU tauschen muß, nur weil der Mann, den hunderttausende von Münchner Bürgern wollten, zweihundert Parteifunktionären nicht mehr ›vermittelbar‹ war.«[353]

Angesichts dieser Situation fand es Kronawitter ein weiteres Mal »phänomenal«, daß der Vorsitzende der Münchner SPD nach einer solchen Katastrophe nicht in Sack und Asche ging, und auch nicht zurücktrat, sondern »sich aufs hohe Roß schwingt, einige, von allen Parteifunktionen abgewählte und ausgeschlossene, gemäßigte Sozialdemokraten zu Buhmännern und Illoyalisten stempelt und dafür vom Unterbezirksparteitag frenetischen Beifall und mit 90 % der Delegiertenstimmen neues Vertrauen für die nächsten zwei Jahre erhält«:[354]

»Vom Traum der Selbstverwirklichung stimuliert und getrieben, stürzte sich die Neue Linke Ende der sechziger Jahre auf eine brave und träge gewordene SPD, brauste wie der Sturmwind durch die Juso-Organisation, fegte dort alles, was sich ihr in den Weg stellte, wie welkes Laub hinweg und begann mit ›allen möglichen Kniffen, Listen, illegalen Methoden‹ (Lenin) den Marsch durch zahlreiche Basisgliederungen der SPD.«[355]

Kronawitter erklärte in seinem Buch sorgfältig, woher die dogmatischen Neomarxisten in der SPD stammten und was sie wollten: »Die dogmatischen Neomarxisten in der SPD kommen von Marx (was legitim ist) und bleiben dogmatisch bei Marx (was Godesberg nicht mehr zuläßt). Sie wollen den mit dem Godesberger Programm über

Bord geworfenen marxistischen Ballast wieder einfangen und aufpolieren. Für sie ist Sozialismus wieder identisch mit der Sozialisierung aller Produktionsmittel. Die offene Volkspartei SPD wollen sie zur geschlossenen Klassen- und Weltanschauungspartei zurückbilden.«[356]

Unbegreiflich bleibt Kronawitter auch, »daß diese Leute ihre mit dem Godesberger Programm unvereinbaren Theorien als Mitglieder der SPD in der SPD verfechten dürfen«.

»Als engagierter Sozialdemokrat sind meine entschiedenen Gegner Radikale und Reaktionäre, jene Tandemfahrer, die auf unterschiedlichem Sattel in die gleiche Richtung treten und so die Schubkraft auf der Straße zur Diktatur verdoppeln. Ich bin kein Biedermann, der die Brandstifter ins eigene Haus läßt und ihnen auch noch Pulver und Lunte reicht. Ich kämpfe gegen die Konservativen in unserem Land, weil ich sie wie Bruthennen auf ihren Privilegien hocken sehe: ›Mehr Freiheit, mehr Gerechtigkeit, mehr Chancengleichheit, mehr Solidarität haben immer Sozialdemokraten, Gewerkschaften und Liberale erkämpfen und den Konservativen Stück für Stück abtrotzen müssen.‹«[357]

Der Spiegel stellte fest, daß Kronawitter den damaligen SPD-Pressesprecher Christian Ude in seinem Buch mit »Täuschung und Heuchelei«, »intellektueller Raffinesse« und »moralischer Skrupellosigkeit« in Verbindung brachte, sowie mit Leuten, »die in der SPD nichts verloren und nichts zu suchen haben«. Diese Mitternachtssozialisten forderten ein »Stadtteil-Rätesystem«, die Kommunalisierung von Wohlfahrtsverbänden und der Sozialversicherung, den Nulltarif für den öffentlichen Verkehr, für

Strom, Gas, Wasser, Kanalisation, Müllabfuhr, Straßenreinigung und sogar die Wohnungsnutzung, schrieb der Spiegel.[358]

Von Sontheimer wurde die Publikation des Münchner Ex-OB als ein pointierter Beitrag zu den innenpolitischen Diskussionen, um die es in der großen innenpolitischen Auseinandersetzung des Jahres 1980 ging, bezeichnet.

Interessanterweise wurden Kronawitters heftige Vorwürfe von den zum Teil sogar namentlich angegriffenen Linken in der Münchner SPD einfach ignoriert. So ist von ihnen keine schriftliche Erwiderung bekannt. Überliefert sind jedoch verärgerte mündliche Äußerungen einiger linker Genossen wie: »Jetzt arbeitet er mit der gleichen Methode, die er im Buch uns vorwirft.« Auch die Münchner SPD-Führung schwieg den »Störenfried« einfach tot. Offensichtlich hoffte man noch immer, daß sich der Fall »Georg Kronawitter« im Laufe der Zeit von selbst erledigt.[359]

Wer dies angenommen hatte, unterschätzte allerdings den starken Willen und vor allem auch die enorme physische Kraft des politisch »toten« Schorsch erheblich. Durch sein Buch »Mit allen Kniffen und Listen« war er plötzlich wieder in aller Munde, löste heftige Diskussionen aus und die Medien interessierten sich erneut für ihn. Kronawitter erhielt nicht nur von der CSU und der F.D.P., sondern auch aus den Reihen der eigenen Partei viel Beifall. Zeigte doch endlich ein bekannter und prominenter Genosse in einer für die Zukunft der SPD wichtigen Frage nicht nur Mut sondern auch »Flagge«[360].

»Kronawitter ante portas«

Unter der Überschrift »Kronawitter ante portas« hieß es im November 1979 zu den Münchner Vorgängen: »Das Aufsehen des Buches ist bundesweit. Das beweist auch eine Sendung des 1. Fernsehprogramms am 30.10.1979. Kronawitter streitet zudem unermüdlich und mit Härte an der Basis der SPD-Ortsvereine für eine Wende in seiner Partei. Der Kreis seiner Anhänger nimmt langsam zu. Die Anzeichen dafür, daß Kronawitter weiter von sich Reden machen wird, sind deutlich.«[361] Die Säle waren plötzlich wieder überfüllt.

Der von seinen Gegnern innerhalb und außerhalb der Münchner SPD längst totgeglaubte und totgesagte »rote Schorsch« war völlig unerwartet wieder auf der kommunal- und landespolitischen Bühne des Freistaates Bayern erschienen. »Dabei zeigte sich, daß seine Parteierfahrungen in den vergangenen Monaten deutlich gewachsen waren, die personellen Verengungen in Richtung Volkspartei zu sprengen«[362].

Die von Erich Kiesl bei Amtsantritt angekündigten neuen Akzente kommentierte Kronawitter bereits Anfang Juni 1979: »Ein paar Tage nachdem er im Amt war, hat er verlauten lassen, daß in meinem persönlichen Bürobereich asoziale Verhältnisse geherrscht hätten. Und die CSU behauptete, das gesamte Rathaus sei verschlampt gewesen. Ich sage dies vorweg, daß nicht der Eindruck entsteht, ich würde meinen Nachfolger aus der hohlen Hand kritisieren.«

Der »rote Schorsch« bezeichnete es unter anderem als unverantwortlich, »wie großspurig die neue Stadtregierung mit dem Geld umgeht. Bevor die Arbeit überhaupt begann, wurde erst einmal kräftig fürs eigene Wohl gesorgt. Die beiden Bürgermeister wurden um 1000 Mark aufgestockt und die Stadtratsdiäten um 60 bis 100 Prozent. Neue Stellen wurden geschaffen, und immer spielte das Geld keine Rolle. Die Lücke zwischen Kiesls Ankündigung und der Realisierung ist zu groß. Hier nur ein paar Beispiele: Bau des Prinzregententheaters, Verlagerung der Brauereien an den Stadtrand, direkte Unterstellung der Rechtsaufsicht unter die Staatsregierung oder die Privatisierung der Stadtwerke. Immer wieder wurden Pläne vorgelegt. Handfestes aber konnte nach einem Jahr relativ wenig vorgewiesen werden.«[363]

»Für seinen positiven Eigensinn und seine mutige Haltung als Politiker« erhielt Kronawitter im Herbst 1979 die Ludwig-Thoma-Medaille. Bei dieser Gelegenheit stellte er mit eigenen Worten seine Haltung zu den Ereignissen der Münchner SPD in den vergangenen Jahren dar: »Ich verstehe die Ludwig-Thoma-Medaille als Würdigung einer politischen Haltung, die im Spannungsfeld zwischen Einzelpersönlichkeiten und Partei von Mut und Zivilcourage im Gegensatz zu opportunistischer Anpassung gekennzeichnet ist. So darf ich also unterstellen, daß ich sie bekommen habe wegen erwiesener ›Tapferkeit vor dem Freunde‹. Dies ist eine politische Haltung, die vielen eigen ist, letztlich all jenen, die es nicht vermögen, ihre politische Überzeugung und Grundauffassung zugunsten von Positionen und Pfründen preiszugeben. Eine Haltung, die allerdings – und nicht nur vereinzelt – zu Konflikten mit manchmal erheblichen Auswirkungen führen kann.«[364]

Kronawitter bezeichnete sich selbst als Exponent des »gemäßigten« SPD-Flügels. Als solcher gründete er als »Freizeitpolitiker mit Kasse und Kartei« in der Münchner SPD einen eigenen »rechten« Zirkel und wurde so wieder zu einem ernsten Gegner der linken Mehrheit seiner Partei.[365]

Schöfberger warnt vor »Kronawitter-Fan-Club«

Vier Jahre nachdem Kronawitter durch die eigene Partei öffentlich als »nicht mehr dem Wähler vermittelbar« abqualifiziert worden war, zog er am 1. März 1980 beim Münchner SPD-Parteitag als einer von elf »SPD-Kurfürsten« in den Löwenbräukeller ein. Erst drei Tage vorher hatte ihn der Kreisverband Trudering-Perlach zum neuen Vorsitzenden gewählt. Kronawitters Kandidatur wurde mit der notwendigen neuen Aufbruchstimmung in der SPD begründet.[366]

Bei dieser Rückeroberung des ersten SPD-Kreisverbandes durch die »rechten Genossen« herrschte nach Augenzeugenberichten wieder einmal so hektische Atmosphäre wie in den alten »SPD-Kampftagen«. Der linke Bundestagsabgeordnete Rudi Schöfberger hielt Kronawitter vor, daß die »SPD kein Fan-Club« sei und machte sich zusammen mit dem Chef der Rathaus-SPD, Horst Salzmann, für den bisherigen Kreisverbandsvorsitzenden, Stadtrat Hermann Memmel, stark.[367]

Kronawitter war es tatsächlich gelungen, mit seiner Parole »Wir müssen ein Zeichen setzen« die Partei aus ihrer Müdigkeit und Resignation aufzuwecken. Das hatte Signalwirkung über den Kreisverband hinaus. Längst wußte er die stärkeren Bataillone hinter sich: 67 von 115 Delegierten des Kreisverbandes Trudering-Perlach wählten ihn zu ihrem neuen Vorsitzenden. Damit gehörte Kronawitter nach Zustimmung durch den SPD-Parteitag grundsätzlich auch dem Gesamtvorstand der Münchner SPD an.

Der unterlegene, ebenfalls dem rechten Flügel der SPD zugerechnete Hermann Memmel trug das Ergebnis mit Fassung: »Ich habe eben das Pech, daß Kronawitter nach Perlach gezogen ist.« Er wurde zusammen mit der Landtagsabgeordneten Ria Burkei und Norbert Kreitl zum Stellvertreter Kronawitters gewählt.[368]

Obwohl vermutet wurde, daß Kronawitter – im Gegensatz zur bisherigen Praxis – als Kreisvorsitzender nicht automatisch in den Gesamtvorstand der Münchner SPD aufrücken würde, sondern auf dem Parteitag die Routine-Wahl erneut zum Anlaß genommen werde, eine »Kronawitter-Debatte« anzuzetteln und dem »Rechts-Kämpfer« innerparteilich die Leviten zu lesen, schaffte es der Alt-Oberbürgermeister in den Vorstand gewählt zu werden. Denn »in der SPD ist es üblich, Basis-Nominierungen zu akzeptieren«[369]. Zumindest insoweit war man wieder zu den früheren Verhältnissen zurückgekehrt. Trotz oder gerade wegen dieses Erfolges blieb Kronawitter für viele Genossen ein rotes Tuch.

Kronawitter selbst mußte sich auf dem Parteitag noch sehr zurückhalten, denn er wußte: »Meine Freunde und ich haben da 20 Prozent der Delegierten hinter uns. Das ist mehr als wir erwarten konnten, aber keine Mehrheit.«[370]

Einziger Kandidat bei der Neuwahl des Vorsitzenden der Münchner SPD war auf dem Parteitag der bisherige Parteichef Max von Heckel, der über den »Wiedereindringling« Kronawitter sagte: »Wir haben keinen Grund, ihn zu bekämpfen. Wir müssen sehen, wie er sich künftig aufführt.«[371]

Daß der »rote Schorsch« den ebenfalls gemäßigten Memmel hatte schlagen können, hing zu einem guten Teil damit zusammen, daß dieser die Parteiarbeit nicht systematisch genug betrieben hatte. Durch den Sieg beim Kreisvorsitz und dem Aufrücken in den Gesamtvorstand der Münchner SPD bekamen Kronawitter und sein Anhang nun natürlich einen gewaltigen Auftrieb. Gerade darin lag aber für ihn auch eine große Gefahr.

Reizte er seine früheren Widersacher zu sehr, hätte der »alte Grabenkrieg« wieder ausbrechen und seinen weiteren Aufstieg vereiteln können. »Wo die Reizschwelle für die verunsicherten Linken liegt, ist noch nicht ganz klar. Die CSU hofft jedenfalls, daß sie bald erreicht wird.«[372]

Neuer Hauskrach durch Krona(ge)witter?

»Vor vier Jahren ließ ihn die Münchner SPD fallen. Als OB-Kandidat war er 1978 für seine Genossen ›nicht mehr vermittelbar‹: Jetzt aber ist Georg Kronawitter wieder wer in seiner Partei!«[373]

Die Abrechnung des »roten Schorsch« mit seinen Gegnern war im Ton moderat, in der Sache aber durchaus hart und über weite Strecken auch überzeugend: »Ob mit dem Einzug Kronawitters in den Parteivorstand neuer Hauskrach einprogrammiert ist, wird vom Verhalten beider Seiten abhängen«, meinte die tz.[374]

Der »rechte« Ostwind mit nördlichen und westlichen Ausläufern hatte den »Schorsch« mitten in den Vorstand hineingetragen: »Seine Gegner nahmen's gelassen hin, wohl in der Hoffnung, daß so am ehesten aus dem Ostwind ein laues Lüfterl wird und nicht der gefürchtete Sturm, das Krona(ge)witter.«[375]

Über den »Parteitag der Ermutigung«, schrieb Kronawitter, daß die Meinung vorherrschte, daß der schwierige Balanceakt zwischen der notwendigen innerparteilichen

Offenheit, um Probleme auch wirklich klären zu können, und einer notwendigen streitbaren innerparteilichen Auseinandersetzung »auf dem jüngsten Parteitag der Münchner SPD gelungen ist. Letztlich weiß man ja, daß sich Sozialdemokraten von ihrem demokratischen Selbstverständnis her nicht eignen, aus ihren Parteitagen etwa nur Jubelveranstaltungen für Vorsitzende oder Vorstände zu machen. Den Bürger halten sie für kritisch und mündig genug, um ihm kontroverse Diskussionen zuzumuten.«[376]

Von Bedeutung war der Parteitag aber auch, da er überzeugend aufgezeigt habe, daß die, »die mit ihrer politischen Grundauffassung mit der großen Mehrheit der Bundes-SPD übereinstimmen, nicht etwas Streit entfachen oder gar alte Gräben aufreißen wollen! Nein: Gerade die ›Gemäßigten‹ vermochten mit zahlreichen Sachanträgen deutlich zu machen, daß es ihnen um politische Inhalte geht, daß nach ihrer Meinung die Münchner SPD nur dann wieder mehrheitsfähig werden kann, wenn sie Kurskorrekturen vornimmt. Dafür sich einzusetzen, ist legitim, demokratisch, und nicht nur das gute Recht eines Mitglieds, sondern sogar seine Pflicht, vor allem dann, wenn – wie in München – ein offensichtlich zu linkslastiger Kurs gravierende Niederlagen gebracht hat. Dieser Parteitag hat gezeigt, daß die Disziplinierung von Mitgliedern nicht soweit gehen kann, daß berechtigte Kritik als unzulässig gebrandmarkt wird. Der Vorsitzende Max von Heckel hat dies erfreulicherweise ebenfalls bekräftigt.«[377]

Die aufregende Zeitungsschlagzeile »Schüsse gegen den Alt-OB Kronawitter« im November 1980 betraf in Wirklichkeit das heftige Kostendebakel im Stadtrat um die Steigerung von ursprünglich 162 Millionen (1976) über 251

Millionen (1980) auf 371 Millionen Mark beim Kulturzentrum am Gasteig, somit einen weiteren Kostensprung von rund 120 Millionen Mark.[378]

Kiesl hatte zu dem »größten Bauskandal in der Nachkriegsgeschichte Münchens« öffentlich erklärt: »Ich habe das Millionengrab nicht erfunden, ich habe es geerbt.«[379]

„DER KRONAWITTER *hat wenigstens den ersten Spatenstich tun dürfen ...*" Hanitzsch

Kronawitter, der am 1. Februar 1978 anläßlich der Projektausweitung auf rund 200 Millionen Mark im Stadtrat noch formuliert hatte: »Wir haben schon viel Luft aus der Baumasse gelassen, wir können guten Gewissens zustimmen«[380], mußte nun 1980 angesichts der drohenden neuerlichen Kostenexplosion gegenüber der Abendzeitung einräumen: »Die Fehleinschätzungen gibt's ja, zweifellos. Man hätte bei so einem Riesenbau wahrscheinlich von vornherein einen größeren Risikofaktor einkalkulieren müssen.«[381]

Der »rote Schorsch« wollte hier jedoch nicht wieder allein der Verantwortliche sein und wehrte sich heftig gegen die von seinem CSU-Amtsnachfolger Kiesl im Zusammenhang mit dem »Gasteig-Baukostenskandal« gegen ihn und die ehemalige SPD-Mehrheitsfraktion erhobenen Vorwürfe. »Fast drei Jahre lang hat der jetzige OB gebraucht, um endlich einen ihm genehmen ›Sündenbock‹ für die Kostenexplosion zu finden, nachdem er erst kürzlich aus der hohlen Hand die Stadtverwaltung in Bausch und Bogen verurteilt hat und nun wieder rehabilitieren mußte.«[382]

Kronawitter erklärte, daß Kiesl das Projekt am 1. Mai 1978 unter folgenden Voraussetzungen übernommen hatte: Einstimmiger Stadtratsbeschluß vom 7. April 1976; ausgeräumte baurechtliche Einsprüche von Nachbarn; bis dahin getätigte Investitionen von drei bis vier Millionen Mark sowie auf rund 200 Millionen Mark fortgeschriebenen Gesamtkosten.[383]

Kiesl hätte selbstverständlich das Recht und die Pflicht gehabt, das Projekt erneut zu überprüfen und, »falls ihm irgend etwas nicht paßte, dies auch zu ändern. Er hätte die Kosten neu berechnen lassen können, Privatgutachter einschalten oder die Bauarbeiten einstellen lassen können, nichts von alledem geschah.« So seien ein halbes Jahr nach Kiesls Amtsantritt noch 68 Millionen Mark für die Rohbauarbeiten vergeben worden, »ohne daß die von Kiesl geforderte Genauigkeit bei der Detailplanung auch nur entfernt erreicht worden war«[384].

Der Alt-Oberbürgermeister erklärte erbost, daß »wer das kritisiere, was er selbst über Jahre hinweg nicht verändert habe, an Glaubwürdigkeit verliere«, räumte aber gleichzeitig ein, daß Verwaltung, Stadtrat und Oberbürgermeister aufgrund der gesetzlichen Vorschriften bei Großprojekten in einem erheblichen Dilemma stecken: »Wartet man ab, bis die Kostenschätzungen relativ genau werden, laufen einem die Baupreise davon; beginnt man frühzeitig mit dem Bauen, werden die Kostenschätzungen ungenauer und die Verärgerung beim Bürger wird verständlicherweise groß.«[385]

Scharfe Kritik kam zu dem »Gasteig-Debakel« auch von dem Kammer-Präsidenten Heribert Späth bei der Vollversammlung der Handwerkskammer München im Dezember 1980: »Eine städtische Behörde ist nicht dazu geschaffen, um Bauträgeraufgaben für Großprojekte durchzuführen. Jeder private Bauherr wäre längst Konkurs gegangen, wenn er so arbeiten würde.«[386]

Die explosionsartige Kostensteigerung von 1976 bis 1980 und die damit verbundenen Finanzierungsprobleme im Haushalt und im Mehrjahresinvestitionsprogramm (MIP) veranlaßten den Stadtrat am 29. Januar 1981, die Stadtkämmerei mit der Prüfung der Fortführung des Gasteig-Projekts im Leasing-Verfahren zu beauftragen. Auf diese Weise konnte schließlich verhindert werden, daß das in der Amtszeit Kronawitters angefangene und offensichtlich unzulänglich kalkulierte Großprojekt Gasteig zu der bereits befürchteten Bauruine wurde.[387]

Kronawitter und der Münchner Norden

Mit dem Weggang von Vogel nach Berlin hatte die SPD im Münchner Norden einen schweren personellen Verlust erlitten. Der SPD-Abgeordnete im Wahlkreis 109, Bayerns DGB-Chef Jakob Deffner, war 1978 nur über die Liste in den Landtag gekommen. Er beabsichtigte 1982 nicht mehr zu kandidieren, sondern in den Bayerischen Senat zu wechseln.

Es verwundert deshalb nicht, daß Anfang 1981 von den Feldmochinger Genossen immer lauter gefordert wurde, daß doch wenigstens der andere »populäre Alt-OB fest in München verankert bleibt« und damit 1982 die Hoffnung bestehe, »diesen Stimmkreis für die SPD zurückzugewinnen«[388].

Kronawitter, der sich bisher stets nur für eine Landtags-Kandidatur in der Region (zum Beispiel Dachau) interessiert gezeigt hatte, schien den Ruf aus dem Münchner Norden selbst nicht ungern zu hören: »Er habe mit Interesse davon Kenntnis genommen«, erklärte er im Februar 1981. Zwar könne er sich »heute noch nicht entscheiden«, aber: »In der Tat ergibt sich mit Vogels Weggang und Deffners Wechsel eine Situation, die in die Überlegungen miteinbezogen werden muß.«[389]

Tatsächlich ließ die SPD-Struktur im Münchner Norden einen Kronawitter-Erfolg durchaus zu. Allerdings standen dort zwei Konkurrenten aus der eigenen Partei bereits fest, so daß ein harter parteiinterner Kampf um die Aufstellung zu erwarten war.[390]

Da die SPD bereits im Mai 1982 ihren »ersten Mann« benennen wollte, also ein halbes Jahr vor der Landtagswahl, hätte eine Kandidatur auf dem Lande Georg Kronawitter in Schwierigkeiten gebracht. In München dagegen konnte ihm der »Tanz auf zwei Hochzeiten« sogar politische Vorteile bringen.

Obwohl die endgültige Aufstellung für 1982 bei der Münchner SPD offiziell erst im Herbst 1981 erfolgen sollte, hatte die Personaldiskussion in den Ortsgremien bereits Anfang 1981 begonnen. »Am Oberanger, im Maximilianeum und hinter den Türen mancher Ortsverbände ertönt neuerdings recht hartnäckig auch wieder der Name Georg Kronawitter, wenn es um die Münchner Landtagskandidaten für 1982 geht. Sowohl im Landesvorstand wie im Unterbezirk wächst der Wunsch, Kronawitter nicht – wie beabsichtigt – als Kandidat dem flachen Land zu überlassen, sondern ihn wieder dort ins Spiel zu bringen, wo er als bürgernaher OB noch in guter Erinnerung ist. Es gibt auch bereits konkrete Absichten. Zur Debatte steht der Wahlkreis 109 (Moosach – Hasenbergl – Feldmoching – Lerchenau – Olympia – Pressestadt)«, berichtete die Süddeutsche Zeitung.[391]

Bereits zwei Wochen später nahm der »rote Schorsch« das Angebot des SPD-Ortsvereins Feldmoching an, sich als Kandidat für die Landtagswahlen 1982 im Stimmkreis 109 aufstellen zu lassen. In einem Schreiben an den Ortsverband betonte er »den besonderen Stellenwert«, den der Landtagswahlkampf für die Münchner SPD einnehmen sollte, und erklärte, seine »heute mögliche und sinnvolle Kandidatur« werde den »Weg der behutsamen Integration« fortsetzen, der insbesondere von Alt-Oberbürgermeister Vogel praktiziert werde. Außerdem halte er es im Interesse der Gesamtpartei für sinnvoll, »wenn jemand, der in dieser Stadt sechs Jahre Oberbürgermeister war, einen hohen Bekanntheitsgrad erreichen und ein erkennbares Vertrauenskapital ansammeln konnte, hier auch wieder kandidiert.«[392]

Die Stimmung in der Münchner SPD zur Landtagskandidatur Kronawitters war im Februar 1981 noch nicht einheitlich gewesen. In den vier Ortsvereinen der SPD für den Stimmkreis 109 waren vier verschiedene Bewerber für das Landtagsmandat vorgeschlagen worden. Einheitlich war dagegen die Meinung der SPD in der Frage, wer als OB-Kandidat gegen Erich Kiesl antreten soll: »Im Moment noch niemand.« Bekannte SPD-Politiker hatten immer wieder erklärt, zu dieser Frage wolle man sich jetzt noch nicht äußern.[393]

Anfang 1980 war es aber zu aufschlußreichen Äußerungen namhafter SPD-Funktionäre über die neue politische Karriere von Alt-Oberbürgermeister Georg Kronawitter gekommen. Der Münchner SPD-Parteivorsitzende Max von Heckel sagte: »Zu einem Comeback von Kronawitter kann ich sagen, daß ich ihm sicher nichts in den Weg lege. Die Frage der Landtagskandidatur ist aus mehreren Gründen deswegen schwierig, weil Kronawitter immer erklärt hatte, daß er außerhalb von München sich ein Landtagsmandat sucht. Wir haben ihm da nichts in den Weg gelegt. Im Kreisverband IX, wo der bayerische Landesvorsitzende des DGB aufhört, jetzt zu kandidieren, macht einige Schwierigkeiten, weil es dort einen Mann gibt, der sich schon früher für eine Kandidatur interessiert hat.«[394]

Wesentlich deutlicher wurde dagegen der SPD-Bundestagsabgeordnete Schöfberger: »Ich bewundere Kronawitter, daß er sich mit 53 Jahren nicht aufs politische Altenteil zurückzieht und sich nicht zum Frührentner machen läßt; dazu hat er meine volle Sympathie. Wenn er aber versuchen sollte, wieder Oberbürgermeister zu werden, würde ich der Münchner SPD davon abraten. Kronawitter hat schon bewiesen, daß er sein Verhältnis mit der Münchner SPD während seiner Amtszeit nicht ins Reine gebracht hat und insofern eine Belastung für die Münchner Sozialdemokraten war. Dies möchte ich auf ein Neues der Münchner SPD ersparen helfen.«[395]

Ungeachtet dieser deutlichen Warnung erklärte Kronawitter Ende März 1980, daß er davon überzeugt sei, daß er »trotz starker interner Gegenkräfte« die Aufstellung zum Landtagskandidaten in München für die Wahl im Herbst 1982 erreichen werde. Für den Fall der Nominierung kündigte Kronawitter an, große Anstrengungen zu unternehmen, um den Stimmkreis der CSU abzunehmen.[396]

Ein Wahlsieg Kronawitters im Münchner Norden hätte nach Ansicht seiner Anhänger seine Aussichten gestärkt, noch einmal – und zwar für 1984 – als Oberbürgermeisterkandidat aufgestellt zu werden. In der CSU wurde zum damaligen Zeitpunkt bereits eingeräumt, daß nur Kronawitter »vielleicht« die Wiederwahl Erich Kiesls gefährden könnte.

Kronawitter bezeichnete den Weggang von Hans-Jochen Vogel als »sehr schmerzhaft« für die Münchner SPD. Sie müsse deshalb jetzt insgesamt noch enger zusammenrükken. Notwendig sei es, die von Vogel vertretene politische Linie breiter in die Ortsvereine und Kreisverbände zu tragen: »Was Vogel an Mut, Pflichterfüllung und Solidarität für die SPD erbracht hat, ist ohne Beispiel.«[397]

Als notwendigen Schritt und Gebot der Stunde nannte Kronawitter die Vorbereitung der Partei auf die Landtagswahl. Wenn es gelänge, der CSU 1982 in der Landeshauptstadt Stimmen abzunehmen, bestünden berechtigte Aussichten, bei den Stadtratswahlen 1984 »eine gute Figur zu machen«. Über Programm und Ziel für die Landtagswahl müsse schon jetzt geredet werden. Mit der Bemerkung, nicht den zweiten Schritt vor dem ersten zu tun, warnte Kronawitter die Parteikreise vor der jetzt begonnenen Diskussion, auf welche Weise der Unterbezirk den nächsten OB-Bewerber für 1984 nominieren sollte.[398]

Kronawitter räumte selbst ein, daß der Weg für ihn bis zur Nominierung zur Landtagswahl im Norden der Stadt »nicht leicht« sein werde. Es sei zusammen mit seinen politischen Freunden »eine große Kraftanstrengung« notwendig, um die Gegenkräfte zu überwinden. Man spüre aber in der Partei immer stärker, daß für viele »der Erfolg das Wichtigste ist und nicht die Ideologie«. Durch die angestrebte Nominierung im Stimmkreis 109 werde auch niemand verdrängt. Der bisherige Landtagsabgeordnete Jakob Deffner wolle bekanntlich nicht mehr kandidieren. Dazu komme noch die »Lücke«, die Vogel durch seinen Wegzug hinterlassen habe. Zusammen mit Dr. Jürgen Böddrich, dem stellvertretenden Landes- und Fraktionsvorsitzenden wolle er die Lücke schließen.[399]

Auf einem geschlossenen SPD-Treffen in München hob auch die Berliner Bundestagsabgeordnete Brigitte Traupe, Mitglied des SPD-Parteivorstandes, die Notwendigkeit hervor, daß die Partei in den nächsten Wochen wieder »zur Ruhe kommt«[400].

Nachdem Kronawitter bereits auf dem Unterbezirksparteitag vom 14. Mai 1981 vor einer Beteiligung von SPD-Gliederungen an den sogenannten »Friedenskundgebungen« gewarnt hatte, schaltete er sich am 26. Mai 1981 mit einer öffentlichen Erklärung in die Auseinandersetzung ein. Kronawitter, der sich in der innerparteilichen Diskussion erneut als Außenseiter in die rechte Ecke gedrängt sah, stellte deshalb fest: »Nicht ich allein habe mich gegen die Beteiligung von SPD-Mitgliedern an den Aktivitäten des ›Krefelder Kreises‹ gewandt, sondern vielmehr nur aufgegriffen, was die SPD-Bundesparteispitze und andere in dieser konkreten Frage verlangen.«[401]

Kronawitter fuhr in seiner Erklärung zum Thema »Friedenskundgebung auf dem Münchner Marienplatz« fort, auch ihm gehe es nicht um einen platten Antikommunismus. Es blieben aber die Bedenken, »daß die große Friedenssehnsucht unserer Bürger, der verständliche Widerwille gegen eine maßlose Rüstungsspirale von der DKP und ihren Tarnorganisationen für deren parteitaktische Ziele mißbraucht werden: Deshalb solle die SPD eigenständig Initiativen für Frieden und Sicherheit entwickeln und nicht als Anhängsel oder Beifahrer von DKP-orientierten Organisationen auftreten.«[402]

Anfang August 1981 stand es in vier der sieben Ortsvereine des Kreisverbandes IX (Moosach-Hasenbergl) nicht schlecht um Kronawitter in seinem innerparteilichen Kampf mit dem Gewerkschafter Max Weber: »In Moosach, der Borstei, in den Ortsvereinen Feldmoching und Hasenbergl jedenfalls konnte Kronawitter seinen Gegenkandidaten weit abschlagen. Insgesamt 215 entfielen auf ihn, während Weber ganze 98 Stimmen ernten konnte. In den verbleibenden drei Ortsvereinen indes wird es noch zu einem harten Schlagabtausch kommen. Sollte sich diese Einschätzung bestätigen und sich das grobe Meinungsbild auch in die notwendigen Delegiertenstimmen für die Aufstellung des Landtagskandidaten durch die Kreiskonferenz (im November) umsetzen lassen, stünde Kronawitters Comeback in die aktive Politik sichtlich nichts mehr im Wege.«[403]

Gerne sah der Unterbezirksvorsitzende die sich anbahnende Rückkehr des Alt-OB in die aktive Münchner Politik nicht. Ihm wie auch vielen anderen Genossen wäre eine Landtagskandidatur Kronawitters auf dem Lande lieber gewesen. Im Münchner Norden hatte von Heckel die Kandidatur des schwerbeschädigten, parteiintern geschätzten Gewerkschafters Max Weber favorisiert. Unwidersprochen hatte der Münchner SPD-Chef den rechten Kronawitter-Kreis gerügt, daß er »mit eigener Kartei, eigener Pressearbeit und eigenen Veranstaltungen gegen das Interesse der Gesamtpartei verstoße.«[404]

Noch kein Landtags-Comeback

Die Hasenbergl-SPD war im November 1981 zum Schlüssel der Kandidatur für den heißumkämpften Stimmkreis im Münchner Norden geworden, da dieser Ortsverein rund ein Drittel der Delegierten für die geplante Aufstellungsversammlung stellte. Vier der dabei betroffenen sieben Ortsvereine hatten ja bereits für Kronawitter gestimmt, zwei gegen ihn. Das Hasenbergl war also das »gewichtige Zünglein an der Waage«[405].

Die vor diesem Hintergrund entstandene heftige Konfrontation der beiden SPD-Bewerber um die Landtagskandidatur im Münchner Norden hatte erwartungsgemäß zu einem neuen tiefen Zerwürfnis in der Münchner SPD geführt. Es kam zu einem Gerangel, bei dem man sich »linke Brut« und »rechte Säue« schimpfte und sogar Ohrfeigen verabreichte (Spiegel 1982).[406]

In dieser Situation griff Kronawitter wieder zu seiner alten Methode des Schreibens offener Briefe. Dieses Mal adressierte er sein Schreiben an den Landesvorsitzenden der Partei, Helmut Rothemund, und schickte gleichzeitig 350 Kopien an die Mitglieder der Hasenbergl-SPD.[407]

In dem Kronawitter-Brief hieß es u. a., der »Gesinnungsrigorismus« der Linken beschleunige die Talfahrt der Münchner SPD. Ferner beklagte er den Verlust von Mehrheiten »für gemäßigte Kräfte« in weiten Bereichen der SPD.

Diesem erneuten Schlagabtausch zwischen rechten und linken Genossen in München war eine ganze Serie von verschiedenen Kraftakten beider Gruppierungen vorausgegangen. Die Freunde von Max Weber hatten in einer Blitzaktion 52 neue Mitglieder für den Ortsverein Hasenbergl geworben. Die Anhänger Kronawitters warben ihrerseits »bei Kundgebungen und Kaffeekränzchen« (Spiegel 1982) 85 Neumitglieder. Eine Probeabstimmung in dem SPD-Ortsverein hatte zunächst sogar bereits eine Mehrheit von 72 zu 65 Delegiertenstimmen für Kronawitter ergeben. Diese Mehrheit wäre noch höher ausgefallen, wenn alle Neuaufnahmen zur Abstimmung zugelassen worden wären. Zahlreiche Neumitglieder aus dem rechten Lager erhielten aber erst nach der Wahl von Max Weber das Parteibuch.[408]

Der Kreisverband IX (Moosach-Hasenbergl) wählte im November 1981 schließlich in seiner Delegiertenversammlung mit 63 von 64 Stimmen den Gewerkschaftssekretär Max Weber. Zum Zeitpunkt der Wahl hatte Kronawitter mit seinen Anhängern – es handelte sich dabei um rund 50 Delegierte – den Saal bereits verärgert verlassen. Vorausgegangen war gleich zu Beginn der Versammlung ein vergeblicher Versuch dieser Gruppierung, ihren Antrag durchzusetzen, daß die Nominierung des Landtagskandidaten im Hinblick auf ein von Kronawitter angestrengtes Parteischiedsgerichtsverfahren zur Delegierten-Auswahl vertagt werden sollte.[409]

Unmittelbar nach der Wahl erklärte der SPD-Ortsverein Feldmoching, dessen Delegierte zusammen mit denen der Ortsvereine von Moosach, Borstei/Gern und Hartmannshofen aus dem Saal gegangen waren, die Vorgänge in der Delegierten-Versammlung als ein »peinliches Schauspiel« und die Einstimmigkeit als eine »Farce«. Ortsverbandsvorsitzender Gerhard Daum sagte: »Die Kronawitter-

Gegner bestanden darauf, die Nominierung gegen alle Gepflogenheiten durchzusetzen, so, als fürchteten sie die Entscheidung der Schiedskommission. Hier handle es sich nicht um einen isolierten Vorgang, sondern um eine Strategie extremer Kräfte.«[410]

Der »rote Schorsch« focht die Wahl des Gewerkschaftssekretärs Max Weber sofort an, so daß sich unverzüglich der Unterbezirksvorstand der Münchner SPD mit seiner Anfechtung befassen mußte. Daraufhin wurde die innerhalb von zwei Wochen vorgeschriebene Einberufung der Schiedskommission des SPD-Bezirks Südbayern erwartet.

Auf der Delegiertenversammlung hatten sich nicht nur Deffner, sondern auch der Kreisverbandsvorsitzende Moosach-Hasenbergl und fast alle Vorstandsmitglieder des Unterbezirks München (darunter auch Christian Ude) für den 50jährigen körperbehinderten Gewerkschaftsfunktionär Weber ausgesprochen. Deffner betonte: »Der Münchner Norden ist mehr als andere Stadtteile ein Wohngebiet für Arbeitnehmer, die auch im Landtag engagiert vertreten werden müssen.«[411]

Der Kreisverband IX erklärte bereits einen Tag nach der Wahl Webers, daß die von Kronawitter eingelegte Wahlanfechtung nach der Wahlordnung keine aufschiebende Wirkung habe; »die Delegiertenkonferenz hat deshalb zu Recht stattgefunden. Die SPD im Münchner Norden darf nun nicht mehr länger durch Kampagnen, wie sie Georg Kronawitter und seine Gruppierung entfachen, die zu keiner sachlichen Auseinandersetzung mehr bereit ist, erschüttert werden.« Kronawitter habe sich durch seinen »Auszug« wieder einmal sachlicher Auseinandersetzung entzogen. Es sei deshalb notwendig, »daß der Kreisverband IX wieder zu der Geschlossenheit zurückfindet, die im Bundestagswahlkampf für Hans-Jochen Vogel erreicht werden konnte«[412].

Kontrahenten bei der Landtagskandidatur 1982:
Max Weber und Georg Kronawitter

Droht der alte Grabenkrieg? »Falkland der Münchner SPD«

Eine »weitere Niederlage« für Kronawitter meldeten die Tageszeitungen am 11. Dezember 1981, nachdem die Anfechtung der SPD-internen Landtagskandidatenwahl am Abend vorher von der Schiedskommission des SPD-Parteibezirks Südbayern zurückgewiesen worden war. Unklarheit bestand aber zunächst darüber, ob es eine weitere Instanz (Bundesschiedskommission) geben würde, die Kronawitter zur letzten Entscheidung anrufen konnte oder ob die umstrittene Nominierung des Kronawitter-Kontrahenten Max Weber nun endgültig bestätigt war.[413]

Trotz dieses neuerlichen Tiefschlages aus den Reihen seiner politischen Gegner innerhalb der eigenen Partei erklärte der Münchner Alt-Oberbürgermeister die Entschlossenheit, seine Arbeit an der Parteibasis gegen die »Linksaußen-Politik« fortzusetzen. Aufgrund von Meinungsumfragen sah Kronawitter sogar die Gefahr, »daß die SPD allmählich zur Splitterpartei wird«[414]. Linke Parteimitglieder warfen ihm darauf vor, selbst die Fackel der Spaltung in die SPD hineinzutragen. Christian Ude befürchtete, daß der Norden der Stadt zum »Falkland der Münchner SPD« wird (Spiegel 1982).[415]

Dagegen verkündete der bayerische SPD-Chef Rothemund versöhnlich vor der Presse, daß er persönlich zwar den 53jährigen Kronawitter gerne im nächsten Landtag sähe, »doch auch er nicht mehr an eine realistische Chance für Kronawitter glaube«[416].

Der Münchner SPD-Vorsitzende Max von Heckel wollte sich zu der Entscheidung des Schiedsgerichts zunächst überhaupt nicht äußern, sondern erst die schriftliche Begründung abwarten. Dennoch sagte er: »Es ist aber bekannt, daß ich mich immer für Max Weber ausgesprochen habe.«[417] Die Jusos lehnten den »rote Schorsch« als »Politclown« nach wie vor entschieden ab.

Die Entscheidung des SPD-Parteigerichts war allseits mit großer Spannung erwartet worden, da man annahm, daß es für Kronawitter die letzte Möglichkeit darstellte, doch noch für den Landtagsstimmkreis 109 als Kandidat in München aufgestellt zu werden.

Der Vorsitzende des SPD-Ortsvereins Feldmoching, Daum, sah dagegen »in Übereinstimmung mit anderen gemäßigten Kräften in der SPD die Verantwortung für das verheerende Erscheinungsbild der Partei eindeutig bei denen, die in Kronawitter den Mann verhindern wollen, der heute die meisten Wählerstimmen bringt«[418].

Zu dem heißen Eisen der Münchner OB-Kandidatur wollten sich weder Kronawitter (»Kein Thema für mich«) noch Rothemund die Finger verbrennen. Der SPD-Chef äußerte dazu nur knapp: »Ich werde den Teufel tun und dazu Stellung nehmen.«[419]

Nachdem Kronawitters Einspruch von den SPD-internen Gremien in zwei Instanzen zurückgewiesen worden war, aber ein zwischenzeitlich eingelegter weiterer Einspruch noch lief, schrieb Kronawitter einen »vertraulichen Rundbrief« an seine SPD-Parteifreunde im Münchner Norden zu den »Hintergründen der Wahlanfechtung«[420]:

»Heute wäre ich auch mit großem Vorsprung Euer Landtagskandidat, wenn nicht die gegen uns stehende Mehrheit des Ortsvereinsvorstandes Hasenbergl – angetrieben von wenigen Wortführern – 50 Bewerber der eigenen Richtung als Mitglieder bestätigt, 85 Bewerber unserer Richtung aber dann fünf Minuten später abgelehnt hätte. Auch jetzt, acht Wochen später, werden diese 85 Bewerber immer noch ausgesperrt! Bereits viermal wurde seit dieser Zeit eine Behandlung dieser Neuaufnahmen verweigert! Dies ist in den demokratischen Parteien der Bundesrepublik ein wohl einmaliger und beispielloser Vorgang! Wer nur mit solchen Methoden innerparteilich gewinnen kann, schafft eine wackelige Grundlage für eine erfolgreiche SPD-Politik. Denn eines dürfen wir nie vergessen: Das letzte Wort hat immer der Wähler. Deshalb wird erst der 10. Oktober 1982 zeigen, wie groß der Erfolg dieser Machenschaften für unsere Partei wirklich war …«

»Es bleibt zu hoffen, daß alle endlich erkennen, unser Gegner ist die CSU und nicht der Teil der Partei, dessen Politik die SPD erst mehrheitsfähig machen kann.

Ich persönlich resigniere nicht, wenngleich auch für mich die Entscheidung des Unterbezirksvorstandes und des Bezirksschiedsgerichtes nicht verständlich sind. Ich werde auch in Zukunft kommen, wenn Ihr mich braucht.«[421]

Trotz des Scheiterns seiner Landtagskandidatur war Kronawitter der einzige Münchner Genosse, der dem amtierenden Oberbürgermeister Erich Kiesl (CSU) den Rathaus-Sessel streitig machen konnte. Nach einer SPD-internen Umfrage hatte der populäre Alt-Oberbürgermeister Georg Kronawitter (53) bei der Kommunalwahl 1984 durchaus eine Chance, die Mehrheit zu erringen. Und auch Partei-Chef Max von Heckel, der mit dem »Schorsch« bekanntlich nicht gerade befreundet war, nannte die in der Münchner SPD betriebene Kaltstellung des Wählermagneten Kronawitter mit als Grund dafür, sein Amt aufzugeben.[422]

Auch der »rote Schorsch« war der Meinung, der Zug zur erneuten OB-Kandidatur sei noch nicht abgefahren: »Mit mir kann man über die OB-Frage reden – allerdings erst nach der Landtagswahl im Herbst.« Die SPD-Mehrheit wollte zu diesem Zeitpunkt noch ihren OB-Kandidaten im Mai 1982 präsentieren, und zwar entweder den städtischen Kreisverwaltungsreferenten Hahnzog oder den bereits bei der Kommunalwahl 1972 innerparteilich erfolglosen Bundestagsabgeordneten Manfred Schmidt.[423]

Kronawitter hielt die Aufstellung zu diesem Zeitpunkt für absolut falsch: »Keiner, wie auch immer er heißen mag, kann den langen Zeitraum bis zur Wahl gegenüber einem amtierenden OB durchstehen, da wird jeder vorher verschlissen.«[424]

Auch sei es mit der Nennung von Personen allein nicht getan. Die Partei müßte dann schon auch ein Programm bieten, das sie in München wieder mehrheitsfähig mache.

Als »Galionsfigur« der SPD für den OB-Wahlkampf würde er sich nicht hergeben, denn »das habe ich ja schon einmal erlebt«[425].

Gegen heftige Vorwürfe der Kronawitter-Gruppe wie »Gesinnungsrigoristen«, »Politgenossen« und »Machenschaften« wehrte sich Anfang Februar 1982 massiv die stellvertretende Ortsvorsitzende Christa Felber in einem Brief an die Mitglieder des Ortsvereins Hasenbergl.[426]

Ein »Etappensieg« des Ex-OB wurde Mitte Februar gemeldet. Seine Anhänger im SPD-Ortsverein Hasenbergl wählten nämlich mit einer Zweidrittelmehrheit alle Kreisverbandsdelegierten ab, die in der Vergangenheit dafür gesorgt hatten, daß statt Kronawitter der Gewerkschaftssekretär Max Weber als Landtagskandidat worden war. Ein bislang beispielloser Vorgang in München.[427]

Bereits eine Woche später annullierte der Münchner SPD-Unterbezirksvorstand mit nur einer Gegenstimme und einer Enthaltung diese Abwahl der Weber-Delegierten. Zur Begründung wurde angeführt, daß für einen solchen Schritt wichtige Gründe vorliegen müßten. Das sei aber nicht der Fall. Die Änderung von Mehrheiten stelle keinen solchen Grund dar. Damit schien die letzte Chance für Georg Kronawitter, doch noch als SPD-Landtagskandidat aufgestellt zu werden, endgültig geplatzt.[428]

Die Genossen stoppten also wieder einmal den »Ruhestörer« und »Unruhestifter« Kronawitter und stellten damit auch seine politische Rückkehr in Frage.[429]

Für den Alt-OB stellte sich das verbissene Ringen um sein Comeback so dar: »Ich soll immer dort aufgeben, wo ich g'rad bin.« Dabei wollte er doch »gar nicht anders behandelt werden als jeder einfache Genosse auch«. Aber ein einfacher Genosse war Kronawitter insbesondere nicht für die tonangebenden Parteilinken, seit er ihnen als Oberbürgermeister den Kampf angesagt hatte. Seine Bewerbung um das freie Landtagsmandat im Münchner Norden aber brachte die Linken wieder auf den Plan und sie schlugen ihn mit dem ihm bereits bekannten und bewährten Methoden.[430]

Der SPD-Ortsvereinsvorsitzende vom Hasenbergl, Rudolf Kühnel, meinte zu dem Ergebnis verärgert: »Kronawitter werde mit einem Trick als Landtagskandidat verhindert.«[431]

Bei dem ganzen Hick-Hack ging es für beide Seiten in der SPD um mehr. Kronawitter wollte mit einem spektakulären Erfolg sein Prestige als »Wählermagnet« in München festigen. Dann wäre die SPD wohl kaum noch an einem OB-Kandidaten Kronawitter vorbeigekommen. Jetzt aber wurden ihm kaum noch ernsthafte Chancen eingeräumt, ins OB-Rennen einzugreifen.[432]

Mit alten Gegnern auf den OB-Sessel?

Im März 1982 wurde Kronawitter erwartungsgemäß mit großer Mehrheit wieder zum Vorsitzenden des Kreisverbandes X (Trudering/Perlach) der Münchner SPD gewählt. Von den 87 abgegebenen Stimmen erhielt er 67, nur 15 Delegierte stimmten mit Nein und fünf enthielten sich der Stimme. Als vordringliche Aufgaben für die politische Arbeit des Kreisverbandes nannte Kronawitter »die Beschäftigungspolitik, Fragen der Umwelt sowie die Friedens- und Sicherheitspolitik«[433].

Nachdem seine intensiven Bemühungen um die Landtagskandidatur im Münchner Norden endgültig gescheitert waren, stellte er geschickt seine politischen Pläne auf ein Comeback als OB-Kandidat der SPD um. Für dieses Vorhaben entwickelte er mit seinen Anhängern einen völlig neuen und auch überraschenden Schlachtenplan.

Offensichtlich hatte Kronawitter spätestens im Frühjahr 1982 doch eingesehen, daß er ohne personelle und politische Einbindung von namhaften Exponenten der linken Gruppierung der SPD seine Rückkehrpläne zumindest in München für immer begraben konnte. Und erstaunlicherweise zeigte sich, daß diese geänderte Strategie Kronawitters durchaus tragfähig war. Die linken Kräfte begannen nämlich ihrerseits zu diesem Zeitpunkt endlich zu begreifen, daß sie ohne den rechten Flügel der SPD und damit vor allem auch ohne Kronawitter in München bei den bevorstehenden Kommunalwahlen nichts erreichen konnten.[434]

So benutzte Kronawitter 1982 ohne jede Hemmungen die vormals von ihm immer wieder heftig angegriffenen Linken in der Münchner SPD, um wieder OB-Kandidat seiner Partei und schließlich auch erneut Oberbürgermeister 1984 zu werden. Er hatte keine Bedenken, die Linken der SPD dadurch bei den Wählern wieder salonfähig zu machen. Er half ihnen zur Macht und legte bewußt den Grundstock für die spätere Übergabe seines Amtes an den ehemaligen Pressesprecher des SPD-Unterbezirks, Christian Ude.

Kronawitter kündigte deshalb Mitte März 1982 völlig überraschend an, daß er jetzt nicht mehr als Landtagskandidat, sondern als OB-Bewerber der SPD sein politisches Comeback in München feiern möchte.[435] Um für dieses Vorhaben eine breite Basis in der Partei zu erreichen, erklärte er plötzlich seine Bereitschaft, mit einem »Spitzentrio« gegen Erich Kiesl anzutreten, dem neben ihm zwei Exponenten des bislang von ihm bekämpften linken Flügels angehören sollten, nämlich der im Rathaus abgewählte Kreisverwaltungsreferent Hahnzog und Ude.[436]

Schulter an Schulter mit zwei Exponenten des linken Flügels der SPD, mit denen er jahrelang »schier unüberwindbar« verfeindet war und die ihn selbst wiederholt als für die Münchner Wähler »nicht mehr vermittelbar« bezeichnet hatten, strebte Kronawitter also nunmehr sein politisches Comeback an.

Die Erfolgsaussichten des neuen Kronawitter-Planes, mit dem er offensichtlich ganz gezielt seine schärfsten innerparteilichen Kritiker ausschalten wollte, waren Mitte März 1982 nur schwer einzuschätzen. So waren erwartungsgemäß die Meinungen in der SPD zu Kronawitters jüngstem Vorschlag, wieder selbst in das politische Geschäft einzusteigen, »sehr geteilt«. Manfred S. Schmidt, der amtierende Pressesprecher des SPD-Unterbezirks, sah die Situation realistisch: »In unseren Gliederungen, bei den Ortsvereinsvorsitzenden, herrscht die Meinung vor, daß man in der Frage der OB-Kandidatur endlich aus dem ewigen Hin und Her herauskommen muß.«[437]

Allerdings gab es an dem Kronawitter-Konzept noch einen gewichtigen Haken: Ude und Hahnzog wollten überhaupt nicht mit Kronawitter antreten. »Ich habe persönliche und nicht etwa politische Gründe, zu dem Kronawitter-Vorschlag nein zu sagen«, sagte Ude.[438]

Helmut Rothemund wiederum erklärte: »Ich bin für eine Kandidatur Kronawitters. Die Partei sollte ihren besten Mann vorschicken und dieser hat gewiß gute Chancen.« Die gleiche Meinung vertrat der SPD-Fraktionschef im Münchner Rathaus Horst Salzmann: »Ich halte Kronawitters Vorschlag für sehr diskutabel und glaube, daß ihn die Partei akzeptiert.«[439]

Skeptisch äußerte sich dagegen nach wie vor Salzmanns Stellvertreter im Rathaus-Fraktionsvorsitz, Dr. Dietmar Keese: »Meine zurückhaltende Einstellung gegenüber Kronawitter ist, glaube ich, bekannt. Ich halte es für fraglich, ob der Partei mit seinem Konzept gedient ist.«[440]

Der noch amtierende SPD-Unterbezirksvorsitzende Max von Heckel vertrat nüchtern die Ansicht, daß Kronawitter die meisten Chancen hätte, Erich Kiesl im nächsten OB-Wahlkampf zu schlagen und er deshalb »sicher in der Partei eine Mehrheit bekommen wird«. Hahnzog ließ verlauten, Kronawitter müßte zunächst noch einige Fragen hinsichtlich seines Verhältnisses zur Partei klären. »Ich sage nicht grundsätzlich nein, bin aber skeptisch.«[441]

Da die SPD-Parteispitze von Stadt und Land also einer Kandidatur der »Wahllokomotive« Kronawitter plötzlich positiv gegenüberstand, wurde nicht ausgeschlossen, daß sich Kronawitter »jetzt erneut auf die Suche nach linken Bundesgenossen machen wird«. Auch Christian Ude hatte mit seiner Absage eine entsprechende Empfehlung verbunden: »Um eine Zerreißprobe in der SPD zu vermeiden, sollte seiner Meinung nach weiter versucht werden, den aussichtsreichsten Kandidaten für das Amt des Oberbürgermeisters mit anderen Genossen, die das Vertrauen und die Unterstützung der Parteibasis haben, zu einem Team zusammenzufassen.«[442]

Dies setzte aber voraus, daß zunächst die erneut stark emotionsgeladene Stimmung zwischen den beiden Flügeln der Partei abgebaut wurde. »Wenn die SPD-Prominenz nach dem Bundesparteitag[443] wieder das Feld geräumt haben wird, geht es bei der Münchner SPD erst richtig rund. Vorerst sind die Münchner Parteispitzen in Deckung gegangen – vorneweg Georg Kronawitter, um den sich die meisten Spekulationen ranken.«[444]

Das »Gezerre und Gezeter« um die Aufstellung eines eigenen OB-Kandidaten für 1984 warf ein bezeichnendes Licht »auf die allgemeine Konfusion« in der SPD zur damaligen Zeit: »Je lauter die Töne gegen ihn werden, desto klarer tritt zutage, daß dem ›Schorsch‹ auch von seinen Gegnern durchaus gute Chancen eingeräumt werden, das Rennen gegen Schmidt und Hahnzog zu gewinnen.«[445]

Daß sich der Landesvorsitzende Rothemund für den »roten Schorsch« stark gemacht hatte, galt in München allerdings nicht unbedingt als Vorteil. Auch gab es viele Genossen, die »den Kronawitter« einfach nicht mochten, auch wenn sie mit seiner politischen Linie weitgehend übereinstimmten.[446]

In diesen bemerkenswerten Wandel der Münchner Genossen in Richtung auf ein gegenseitiges Verständnis platzte nun überraschend die Entscheidung des Bundesschiedsgerichts der SPD, das Ende April 1982 endlich bestätigte, daß es nicht korrekt gewesen war, bei der Aufstellung des Landtagskandidaten Max Weber 50 Kronawitter-Gegner in die SPD aufzunehmen und fünf Minuten später 85 Kronawitter-Anhänger auszusperren. Damit war für alle Münchner Genossen sicher: »Die seit Monaten umstrittene Wahl des SPD-Landtagskandidaten im Stimmkreis 109 muß wiederholt werden.«[447]

Die unmittelbare Folge der Entscheidung der Schiedskommission war, daß fünf der insgesamt sieben Ortsvereinsvorsitzenden des SPD-Kreisverbandes IX Max Weber aufforderten, »als Demokrat nunmehr selbst die Konsequenz zu ziehen«. Gleichzeitig baten sie den Alt-Oberbürgermeister, sich nach wie vor als Landtagskandidat zur Verfügung zu stellen. Obwohl man Verständnis dafür haben müßte, wenn Kronawitter nach all dem, was ihm »von seinen innerparteilichen Gegnern« zugemutet worden sei, nicht mehr dazu bereit wäre, solle er aus Solidarität mit der sozialdemokratischen Partei erneut kandidieren. Nach Meinung der Unterzeichner des Schreibens war er als »einziger in der Lage, das durch die Machenschaften in Mitleidenschaft gezogene Vertrauenskapital für die SPD zurückzugewinnen«[448].

Bei einem »Gipfeltreffen« im Landtag am 29. April 1982, an dem neben Kronawitter Bayerns SPD-Chef Rothemund, der Münchner SPD-Vorsitzende Max von Heckel und sein Nachfolger Hans-Günther Naumann teilnahmen, wurde die weitere Marschroute für Kronawitters Landtagskandidatur festgelegt. Dabei entschied sich das »SPD-Spitzenquartett« für den »friedlichen Weg«. »Die Neuwahl«, so Naumann, »muß ohne Kampfabstimmungen über die Bühne gehen.«[449]

Anläßlich dieser Gesprächsrunde kam auch das alte Thema der OB-Kandidatur in München wieder zur Sprache. Alle vier waren sich einig, daß der Termin für die Nominierung auf 1983 verschoben werden müsse.

Nach langem Hin und Her gab Kronawitter Mitte Mai 1982 seine mit Spannung erwartete Entscheidung bekannt, im Münchner Stimmkreis 109 für den Landtag zu kandidieren.[450] Die Angelegenheit schien in seinem Sinne beendet.

In einer gemeinsamen Erklärung von fünf der insgesamt sieben SPD-Ortsvereine im Stimmkreis 109 wurde die Entscheidung Kronawitters begrüßt, er habe »erneut Rückgrat gezeigt« und sei dem Ruf der Mehrheit gefolgt. Daß Kronawitter durch die Kandidatur zugleich die Spitze der bayerischen SPD brüskiert hatte, wurde ihm von seinem Freundeskreis als »gradlinige Haltung« zugute gehalten. Helmut Rothemund sowie auf Münchner Seite Max von Heckel und Hans-Günther Naumann, hatten sich mit Engelszungen bemüht, Kronawitter zu einem Verzicht auf diese Kandidatur in München zu bewegen, um nicht neuen Streit in der Partei zu provozieren.[451]

Kronawitter ging daraufhin mit sich selbst und einigen Vertrauten in Klausur. Am 11. Mai 1982 gab er dann bekannt: »Es gibt auch heute keine neuen – auch keine übergeordneten – Gesichtspunkte, die mich zwingen könnten, eine andere Entscheidung zu treffen.« Sein Einsatz im Münchner Norden sei vielmehr »im Sinne der Gesamtpartei«[452].

Naumann, der die Meinung der SPD-Mehrheit in München genau kannte, sagte: »Ich hätte mir gewünscht, daß es eine einvernehmliche Lösung gibt, und das sieht jetzt nicht danach aus.«[453]

Am 18. Mai 1982 kürte der SPD-Ortsverein Hasenbergl Kronawitter nach turbulenten Debatten mit 154 der 226 stimmberechtigten Mitglieder zu ihrem Landtagskandidaten und wählte 30 Kronawitter-Anhänger als neue Kreisverbandsdelegierte.

Die Linken in der Münchner SPD sahen in der Haltung Kronawitters den Beweis für ihre These, daß der Versuch der Befriedung der Partei schon gescheitert war, ehe er richtig begonnen hatte. Nach Meinung des auf Ausgleich bedachten Kreises der »linken Mitte« wäre eine spätere Nominierung Kronawitters zum OB-Kandidaten bei einem Verzicht Kronawitters auf die Landtagskandidatur leichter über die Bühne zu bringen gewesen.

Bei den Rechten wurde die Entscheidung dagegen gefeiert. Sie bedauerten jedoch, daß nun bis zur Landtagswahl nur mehr wenige Monate Zeit für die Werbung um das Vertrauen der Bürger blieben. »Wir hoffen aber«, so hieß es, »daß Kronawitters geradlinige Haltung und sein unerschütterliches Rechtsbewußtsein den Respekt und eine breite Zustimmung der Bürger finden werden.«

Den Kritikern von »Kronawitters Kraftakt« warfen die »rechten« Ortsvereinsvorsitzenden vor: »Wer jetzt gar von den SPD-Mitgliedern des Münchner Nordens verlangen würde, auf Kronawitter zu verzichten und statt dessen einen Kandidaten zu nominieren, der eine willkürliche Aufnahmepraxis des Ortsvereins aktiv unterstützt hat[454], zerstört ein Stück Glaubwürdigkeit, Vertrauen und Kraft der Sozialdemokratie.«[455]

Der Streit und die Verwirrung »in dem geradezu in zwei verfeindete Lager gespaltenen Ortsverein« war aber mit der Wahl noch nicht beigelegt. Vielmehr zogen 25 der im Herbst 1981 gewählten Delegierten des Kronawitter-Konkurrenten Max Weber vor Gericht und erwirkten beim Landgericht München I eine einstweilige Verfügung. Sie betrachteten sich nämlich nach wie vor als rechtmäßig gewählt und die Absetzung durch die Bundesschiedskommission für ungerechtfertigt.[456]

Kronawitter äußerte sich zu dem Beharren der Linken im Ortsverein: »Beschämend, was sich da abspielt. Es ist mir völlig unverständlich, daß man das Urteil des höchsten Parteigerichtes nicht respektiert.« Er hoffte aber, daß die ordentlichen Gerichte bald eine Entscheidung herbeiführten, »damit der Wahlkampf begonnen werden kann«[457].

Die Entscheidung des Landgerichts München I kam dann auch tatsächlich rasch, fiel aber völlig anders aus, als es sich der Alt-Oberbürgermeister vorgestellt hatte. Das Zivilgericht entschied nämlich zu seinen Ungunsten und bestätigte in der einstweiligen Verfügung die »Anti-Kronawitter-Delegierten« in ihren Ämtern. Die Verwirrung und das Unverständnis waren nun komplett.[458]

Kronawitter sagte öffentlich nicht viel zur einstweiligen Verfügung: »Eine nicht sehr erfreuliche Entscheidung. Ich bedauere, daß der Landtagskandidat der SPD über Zivilgerichte festgestellt werden muß.« Da es völlig ungewiß war, bis wann der neuerliche Rechtsstreit unter den Genossen endgültig geklärt sein würde, meinte er außerdem verärgert: »Die Zeit für den Wahlkampf wird dadurch immer knapper.«[459]

Die Kronawitter-Gruppe legte umgehend gegen die einstweilige Verfügung Widerspruch ein, bekam damit aber wiederum beim Zivilgericht nicht recht. In seiner Begründung stellte das Gericht fest, daß die SPD-Bundesschiedskommission ihre Kompetenz überschreite, wenn sie eine neue Delegiertenwahl und damit auch eine neue Wahl des SPD-Landtagskandidaten verlange. Das Bezirksschiedsgericht sei in diesem Streitpunkt die letzte Instanz. Damit mußte die leidige Frage, ob die seinerzeit gewählten »Weber-Delegierten« aus ihren Ämtern von den inzwischen neu gewählten »Kronawitter-Delegierten« abgelöst werden durften, jetzt in einem Hauptsache-Verfahren vom Landgericht München I endgültig geklärt werden.

Während Weber nun den gegen ihn gerichteten Spruch der SPD-Bundesschiedskommission »als nicht berechtigt« betrachtete und erklärte, daß er mit dem Wahlkampf nicht bis zur Entscheidung im Hauptsacheverfahren mehr warten wolle, erinnerte sich Kronawitter wehmütig an ein ähnliches Verfahren, daß das Stadtratsmitglied Jakob

Baumann einmal ins Rollen gebracht hatte: »Das hat damals drei, vier Jahre gedauert.«[460]

Vor dem Hintergrund des Gerichtsentscheids beabsichtigte der Ortsverein Hasenbergl eine nochmalige Abwahl derjenigen Delegierten, die Max Weber als Landtagskandidat nominiert hatten. Die neuerliche Abwahl der vom Gericht in ihren Ämtern bestätigten Delegierten sollte nun nach Paragraph 9 der SPD-Statuten »aus wichtigen Gründen« erfolgen. Statt Weber sollte dann nochmals der »rote Schorsch« von den neuen Delegierten als offizieller SPD-Landtagskandidat aufgestellt werden.[461]

Dazu wurde von der Kronawitter-Gruppe unter anderem unwillig erklärt: »Ein subalternes öffentliches Gericht war in die Lage versetzt worden, eine SPD-interne Entscheidung zu unterlaufen«. »Linksinterne Kräfte« innerhalb der Münchner SPD seien »eine faktische Koalition mit konservativen CSU-freundlichen Gerichten eingegangen«[462].

Da Weber im Machtkampf mit Kronawitter seinerseits die Flucht nach vorne antrat und ankündigte, »er werde nach den Pfingstferien mit dem Wahlkampf beginnen«, wurden Vermutungen angestellt, ob dann möglicherweise neben den »Weber-Plakaten« auch Wahlaufrufe von Kronawitter an den Wänden kleben. Hier winkte der Alt-Oberbürgermeister allerdings ab und räumte am 1. Juni 1982 ein: »Obwohl höchste Zeit für den Wahlkampf wäre, kann ich nichts unternehmen, weil ich blockiert bin.« Kronawitter war über den Stand der Dinge um so mehr verärgert, weil er in dem Streit von der Bundesschiedskommission der SPD ja ausdrücklich recht bekommen hatte.[463]

Alt-OB läßt SPD nicht ruhen

Zum Verdruß der Münchner SPD, die ihm schon vor fünf Jahren den Laufpaß gegeben hatte, brachte sich Kronawitter also unermüdlich immer wieder öffentlich zu Gehör: »In seinem Unterbezirk hat er nichts mehr zu sagen und dennoch ist er derzeit der bekannteste städtische Sozialdemokrat. So sind die Münchner: Sie halten einen pensionierten Alt-Oberbürgermeister für bedeutsamer als alle seine Widersacher.«[464]

Das Problem der bayerischen und der Münchner SPD war, daß der »rote Schorsch« nicht irgendwohin, sondern nur auf Münchner Terrain in die Politik zurückkehren wollte: »Er war da und wartete. Als endlich auch einer der elf Münchner Kreisverbände einen neuen Landtagskandidaten brauchte, meldete er sich zur Stelle. Flugs suchten die, die ihn nicht leiden können, einen Konkurrenten und fanden ihn in einem völlig unbekannten Mann, gegen den, so hieß es, wohl niemand etwas einwenden wolle, denn er sei Gewerkschaftler und außerdem ein Behinderter.«[465]

Da Kronawitter aber weiterhin da war und »keine Miene macht auszuwandern, wird seine an sich wenig aufregende Person die Münchner SPD nicht ruhen lassen«[466].

In der bayerischen SPD wurde allseits gehofft, daß endlich jemand in der Lage wäre, den gordischen Knoten der Kandidatenaufstellung im Münchner Norden zu durchhauen. Da wurde gemeldet, daß Kronawitter auf die Landtagskandidatur verzichten würde und damit der Schwebezustand bei der Münchner SPD beendet wäre. Als

Begründung wurde die Einsicht Kronawitters angegeben, daß seine Kandidatur nicht mehr zeitgerecht bis zu den Wahlen durchgesetzt werden könne.[467]

Nun herrschte zumindest die erhoffte Klarheit für den Landtagskandidaten. Kronawitter aber schrieb an die für ihn aktiv gewesenen Ortsvorsitzenden zu seinem Verzicht:

> »*Liebe Freunde,*
>
> *auf Grund der gegebenen Sachlage muß ich Euch bitten, auf Orts- und Kreisverbandsebene Euere Bemühungen einzustellen, mich als Landtagskandidaten im Stimmkreis 109 doch noch durchzusetzen. Diese Bitte darf ich kurz begründen: Ich halte es im Interesse eines jeden Landtagskandidaten für dringend geboten, wenigstens ein Vierteljahr intensiven Wahlkampf führen zu können. Allein durch die Terminierung der noch anstehenden parteiinternen Verfahren durch die Bezirksschiedskommission wurde dies – unabhängig von inhaltlichen Entscheidungen – für meine Person zunichte gemacht. Obwohl das Recht und die große Mehrheit der Ortsvereine und Mitglieder auf unserer Seite sind, konnte wegen verschiedener Einsprüche und juristischer Verfahren die zeitgerechte Durchsetzung dieses Rechtes blockiert und schließlich verhindert werden (von Zivilgerichtsverfahren weiß jedermann ohnedies, daß sie über Jahre andauern können).*
>
> *Allerdings halte ich es – wie Ihr – für unerträglich, daß eine kleine Minderheit den kompletten Vorstand des Kreisverbandes IX stellen und den Landtagskandidaten bestimmen kann – noch dazu aufgrund einer satzungswidrigen Aufnahmepraxis« (so das Urteil der Bundes-*

schiedskommission vom 26.4.82). Mein Verzicht kann und darf deshalb die Durchsetzung Euerer Rechte nicht tangieren.

Ich hoffe, daß trotz der Verhinderung meiner Person als Landtagskandidat auf ›satzungswidrige‹ Weise das Vertrauen der Bürger in die Münchner SPD nicht allzu sehr tangiert wird.

Selbstverständlich stehe ich Euch auch in den nächsten Jahren – wann immer und wo Ihr mich brauchen könnt – voll zur Verfügung.«[468]

Verständlicherweise wurde diese Äußerung sofort auf eine mögliche neuerliche OB-Kandidatur Kronawitters bezogen. Der frischgewählte SPD-Unterbezirksvorsitzende Naumann wollte sich zu dieser Frage zum damaligen Zeitpunkt allerdings noch nicht äußern. Er meinte dazu lediglich orakelhaft: »Kronawitters jetziger Schritt ist jedenfalls weise und weitsichtig. Mit diesem Schritt ist der Schwebezustand im Norden beendet, der die Partei schwer belastet hat.«[469]

Ende September 1982 erklärte der SPD-Bezirksvorsitzende Jürgen Böddrich: »Kronawitter ist unser bestes Zugpferd. Es wäre geradezu unverzeihlich, wenn wir ihn nicht nehmen würden.« Manfred Schmidt solle seine Aufgabe in Bonn erfüllen, Hahnzog könne er sich »gut in der Mannschaft Kronawitters als Bürgermeister vorstellen«. Da wollte dann auch Münchens SPD-Vorsitzender Naumann seine Meinung nicht mehr länger öffentlich zurückhalten: »Nur mit dem Schorsch haben wir eine reelle Chance.«[470]

Gleichzeitig wurde bekanntgegeben, daß die OB-Nominierung »frühestens im Frühjahr 1983« erfolgen werde. Böddrich: befürchtete keinen großen Widerstand vom linken Flügel »nachdem die Sache im Münchner Norden ausgestanden ist«. Und weiter: »Wenn ja, dann werde ich den Genossen mal ganz deutlich machen, daß sie endlich wieder mal an den Erfolg der Partei denken sollen.«[471]

Der plötzlich wieder sehr gefragte »Schorsch« wollte sich nicht zu den Konditionen äußern, unter denen er für seine Partei antritt: »Kein Kommentar. Erst nach der Landtagswahl am 10. Oktober.«[472]

Mit überwältigender Mehrheit sprach sich dann im Oktober 1982 auch die einflußreiche Arbeitsgemeinschaft für Arbeitnehmerfragen (AfA) in der Münchner SPD dafür aus, daß sich Kronawitter bei den Kommunalwahlen 1984 wieder als Kandidat für das Amt des Oberbürgermeisters zur Verfügung stellen solle.[473]

Der Münchner AfA-Vorsitzende Alois Mittermüller befürchtete für die Kandidatur Kronawitters »das Problem weniger bei der Wählerschaft als bei der Partei«. Das SPD-Vorstandsmitglied Helmut Schmid sah in dem Beschluß der AfA einen »deutlichen Rückhalt Kronawitters in den Gremien«[474].

Mit grünem Käppi auf Vogels Spuren

In einem 19 Seiten umfassenden Thesenpapier, in dem er die Grundpositionen für sein angestrebtes kommunalpolitisches Comeback absteckte, präsentierte »sich der ehemalige wackere Streiter des rechten Flügels« von einer ganz neuen Seite »ohne den Blick zurück im Zorn auf jene Zeit zu werfen, in der er der SPD ›nicht vermittelbar‹ war, nahm er »den grünen Faden auf, den sein Amtsvorgänger im Rathaus, der SPD-Kanzlerkandidat Hans-Jochen Vogel seit geraumer Zeit spinnt«. Der »rote Schorsch« plädierte für mehr Aufgeschlossenheit gegenüber den neuen sozialen Strömungen wie der Ökologie- und Friedensbewegung. Die SPD müsse sich verstärkt den drängenden Fragen dieser kritischen Gruppierungen zuwenden ohne ihre feste Basis als Partei der Arbeitnehmer zu verlassen.«[475]

Eine klare Kampfansage enthielt Kronawitters Papier an Kiesls »Stadtpolitik der Rekorde und Steigerungen«. Der Alt-OB, der wegen seiner zurückhaltenden Stadtentwicklung gegen Ende seiner ersten Amtszeit den weiteren Spitznamen »der rote Schorsch mit grünem Käppi« oder auch »der grüne Schorsch« trug, wandte sich in seinem Papier entschieden gegen die »bedenkenlose Zubetonierung« des ganzen Stadtgebiets und schlug einen »Freiflächen-Schutzplan« vor. Im Falle seiner Wahl wollte er den Marienhof »von jeder Bebauung freihalten« und als »städtischen Erholungs- und Kommunikationsraum« gestalten. Die Grenzen waren seiner Meinung nach bezüglich der Lärm- und Schadstoffbelastung sowie der finanziellen Belastbarkeit der Münchner Bürger »durch ständige Abgaben- und Tarifsteigerungen« erreicht.[476]

Kronawitter riet in dem Konzept seinen Genossen: »Wir müssen uns von den hochtrabenden Versprechungen der CSU-Mehrheit und des neuen Oberbürgermeister wohltuend unterscheiden.«[477]

Der Alt-Oberbürgermeister sah sich durch das Ergebnis der Landtagswahl am 10. Oktober 1982 in seiner Auffassung bestätigt, daß »München keine CSU-Stadt ist«. Seiner Auffassung nach habe die Landeshauptstadt ein »aufgeschlossenes liberales Bürgertum mit einer – auch heute noch – potentiellen SPD-Mehrheit«[478].

Am Schluß seines Konzeptes stellte Kronawitter verschiedene Überlegungen darüber an, ob Erich Kiesl als Oberbürgermeisterkandidat der CSU unter Umständen gegen einen anderen Bewerber, »eventuell sogar aus der Ministerriege«, ausgewechselt werde. Kronawitter begründete diese Spekulation mit dem Hinweis, daß Kiesl schon 1978 nicht kandidiert hätte, wenn er wieder der SPD-Kandidat gewesen wäre. Hundertprozentig sei ein solcher Wechsel auch deshalb nicht auszuschließen, weil »Strauß München um jeden Preis halten wolle«[479].

In Anbetracht von Kronawitters verstärktem Verständnis für die Ökologiebewebung war es nur folgerichtig, daß er nun auch von seiner früheren Haltung hinsichtlich der Beteiligung der Stadt am Atomkraftwerk Isar II bei Ohu abrückte und eine nochmalige Überprüfung forderte. Das städtische Engagement bei diesem umstrittenen Projekt, das nach wiederholten Forderungen der SPD-Fraktion beendet werden sollte, war während der ersten Amtszeit Kronawitters beschlossen worden.

In einem Gespräch erklärte der ehemalige Oberbürgermeister, daß er im Falle seiner Wahl den Ausstieg überprüfen werde, nachdem die Entwicklung des Stromverbrauchs weit hinter den damaligen Prognosen zurückgeblieben sei. Im Rahmen eines dringend notwendigen Gesamtenergiekonzepts müßte Nutzen und Schaden der Beteiligung für die Stadt erneut gegeneinander abgewogen werden.[480]

Zu der während seiner ersten Amtszeit getroffenen Entscheidung stellte Kronawitter fest, daß sie negativ ausgefallen wäre, wenn Ohu II nur unter der Voraussetzung einer städtischen Beteiligung hätte gebaut werden können. Da das Atomkraftwerk jedoch nach seiner Überzeugung auf jeden Fall gebaut worden wäre, habe sich damals die Entscheidung auf die Frage reduziert, ob eine Beteiligung oder ein späterer Kauf des Atomstroms der Stadt mehr Nutzen bringe. Die naheliegende Vermutung, er habe sich seinerzeit auf den Rat der Spitzenbeamten verlassen, »wies Kronawitter entschieden zurück: ›Ich habe in der Vergangenheit meine eigene Verantwortung als Oberbürgermeister nie auf die Verwaltung oder Fachleute abgeladen und habe dies auch in Zukunft nicht vor.‹« [481]

Heftige Kritik an Kiesl

Noch bevor die Münchner SPD offiziell Georg Kronawitter als Oberbürgermeister-Kandidaten für die Kommunalwahl 1984 aufstellte, wirbelte ein SPD-internes Papier des wieder kämpferischen Alt-Oberbürgermeisters viel Staub auf.

Der »rote Schorsch« versuchte in einem, dem SPD-Vorstand und der SPD-Stadtratsfraktion zugeleiteten Schriftstück seine Position in dem Rennen um die OB-Kandidatur weiter auszubauen: »Mit einer ungewöhnlich scharfen Attacke gegen seinen Amtsnachfolger Erich Kiesl« wollte er sich den von ihm noch immer gefürchteten Zweiflern unter den SPD-Delegierten empfehlen, die auf dem SPD-Parteitag am 9. April die personelle Entscheidung über die SPD-Liste für die Kommunalwahl im März 1984 zu treffen hatten.[482]

Kronawitter kritisierte in seiner Studie vor allem die »Großmannssucht« seines Nachfolgers auf dem Oberbürgermeister-Stuhl. Er erinnerte an den »teueren Kronleuchter«, der Kiesls Amtszimmer erleuchten sollte und an die sogenannte »Hofdame«, die als Unterstützung für die Frau des Oberbürgermeisters einmal im Gespräch war, an die Ausflüge im »Jet-set-Stil« und Kiesls Glanz- und Glamour-Ambitionen im Zusammenhang mit den in der Zwischenzeit geplatzten Filmwochen. Kiesl hatte seine Grundeinstellung zur Sparsamkeit, die in krassem Gegensatz zu den Gepflogenheiten seiner drei SPD-Vorgänger stand, mit dem Wort »München ist nicht Hinterpfuideifi« selbst am besten charakterisiert.[483]

Ferner warf Kronawitter Kiesl »mangelnde Verläßlichkeit« vor. Anhand einer Reihe von Beispielen versuchte er zu belegen, daß es in der Nachkriegszeit in München noch keinen Oberbürgermeister gab, »bei dem – sehr vornehm ausgedrückt – die Lücke zwischen Ankündigung und Verwirklichung so groß war wie bei Erich Kiesl«. Auch im Fleiß erteilte Kronawitter seinem Nachfolger eine schlechte Note. In mühsamer Kleinarbeit hatte er außerdem Zeitungsnotizen über Kiesls Ausflüge zur Jagd nach Afrika oder zum Karneval nach Rio gesammelt und war dabei zu dem Ergebnis gekommen: »Wer im Rathaus häufig abwesend ist, braucht sich nicht zu wundern, wenn so manches kommunale Geschehen an ihm vorbeiläuft, wenn er auf viele problematische Entwicklungen zu spät aufmerksam wird, wenn sich Skandale und Affären häufen.«[484]

Kronawitter rechnete in seinem Papier nicht minder hart mit der Sachpolitik der CSU-Mehrheit im Rathaus ab: Sie habe dem Druck der Wirtschaft, des Handels, der Banken und Versicherungen auf den Stadtkern unvertretbar nachgegeben. München zur »Stadt für Wohnungsspekulanten und Mietpreistreiber« gemacht und an den »Rand der finanziellen Belastbarkeit« geführt. Überhastet habe man Grün- und Freiflächen hergegeben, nur um »großspurigen Versprechungen« über die Beseitigung der Wohnungsnot wenigstens teilweise gerecht zu werden.[485]

Ein weiterer Kritikpunkt Kronawitters in dem 23 Seiten umfassenden »Kiesl-Sündenregister« war, daß die neue Stadtregierung die Normalbürger mit »raketenhaft ansteigenden Tarifen und Gebühren« zum Teil über das notwendige Maß zur Kasse gebeten habe, während die Gewerbesteuer, die allein die größeren Betriebe treffe, um keinen einzigen Punkt erhöht worden sei.[486]

Die CSU hatte das Papier von einem der zahlreichen innerparteilichen Gegner Kronawitters zugespielt bekommen. Sie ging nun ihrerseits damit an die Öffentlichkeit und bezeichnete es als »Beweisstück« für den »miesen Stil« Kronawitters und seinen »Wahlkampf weit unter der Gürtellinie«. Der Bundestagsabgeordnete und Pressesprecher der Münchner CSU, Hans Klein, wertete zusammen mit Stadtrat Otto Lerchenmüller (CSU) den Rundschlag als einen interessanten Hinweis auf die psychologische Situation eines Mannes, der »aufgeregt zum letzten Kampf« um eine Position in der Stadt antrete, um nicht endgültig in der Versenkung zu verschwinden. Das Papier dokumentiere Kronawitters Frust und Haß, den bislang seine eigenen Genossen zu spüren bekommen hätten.[487]

Der »rote Schorsch« selbst fand am 25. März 1983 ironisch »Worte der Dankbarkeit« dafür, daß die CSU sein Papier der Öffentlichkeit übergeben hatte. Er selbst habe davon bislang nur deshalb Abstand genommen, da er vor der Nominierung des OB-Kandidaten seiner Partei spektakuläre Auftritte vermeiden wollte. Die SPD-Pressesprecherin Sabine Asgodom meinte dazu: »Dies sind alles absolut korrekte Daten, die gesamte Münchner SPD steht dahinter.« Im übrigen sei die Schrift mit dem Münchner SPD-Chef Hans-Günther Naumann abgesprochen«[488].

Beim Münchner SPD-Parteitag am 9. April 1983 ging die im Vorfeld so heftig umkämpfte Nominierung des SPD-Kandidaten und der Spitzenmannschaft für den Stadtrat reibungslos über die Bühne.

Anstelle einer offenen Diskussion wurden von je zwei Fürsprechern die Vorzüge der drei Kandidaten hervorgehoben. Auf diese, von Naumann ausgeklügelte Weise, die von der Mehrheit des Parteitages zunächst ausdrücklich gebilligt worden war, konnte jedes verletzende – und letztlich nur den politischen Gegnern willkommene – Kontra von vorneherein ausgeschlossen werden.

Als erster der drei OB-Kandidaten-Anwärter der SPD empfahl sich der vom linken Flügel gestützte frühere Kreisverwaltungsreferent Klaus Hahnzog als ein Mann, der jahrelang mit OB Kiesl die härtesten Kämpfe ausgefochten und zum Beispiel mit seinem Nein zum Nato-Doppelbeschluß seine Linie stets gehalten hatte. Hahnzog riet den Delegierten bei der Auswahl Mut zu zeigen, denn »Halbherzigkeit« wird die Mehrzahl der Bürger nicht honorieren.[489]

Als zweiter Redner bewies Georg Kronawitter, daß er nicht von ungefähr als »rote Wahlkampflokomotive« bezeichnet wurde. Er machte den 240 Delegierten klar, daß die Bezeichnung »SPD« in den nächsten elf Monaten in Gefahr sei, wenn nicht endlich eine Besinnung auf echt sozialdemokratische Politik möglich werde.

Für München müsse die Abkürzung SPD sogar noch eine zusätzliche Bedeutung bekommen müsse. Sie solle nämlich für das Motto »Schorsch packt's doch« stehen. Dem politischen Gegner hielt er vor, daß München »zu schön« sei, als daß die SPD diese Stadt weiterhin der »Großmannssucht und Spezlwirtschaft der CSU« überlassen könne. Kronawitter vermittelte in Anlehnung an das Jahr 1978 seinen Genossen nun die späte Einsicht, daß innerparteiliche Gruppensiege »Pyrrhussiege« seien und der

Erfolg nur miteinander und nicht gegeneinander erkämpft werden könne. Er wolle deshalb nicht als Kandidat einer Gruppe, sondern als Kandidat der gesamten SPD gegen Kiesl antreten.

Von den drei Bewerbern verharrte als einziger Manfred Schmidt in den Schützengräben des alten roten Bruderkrieges. Er vertrat den Standpunkt, daß die SPD 1972 und auch 1978 mit der OB-Kandidatur Max von Heckels »unglückliche Personalentscheidungen« getroffen habe. Diese Fehler hätten zum Dauerkonflikt in der Partei geführt. Der Parteitag sollte sich deshalb der Präjudizierung von Personalentscheidungen »durch die Zeitungsverlage oder der oberen Landesetage der Partei« entziehen. Schmidt schloß mit dem Satz: »Die Meinung, man könnte mit Personen von gestern, deren Wahlerfolg 14 Jahre zurückliegt, erfolgreich die Probleme von morgen meistern, halte ich für eine naive und gefährliche Nostalgie«[490].

In der anschließenden in der Zahl der Redner und im Inhalt beschränkten »Diskussion« machte sich der Münchner SPD-Vorsitzende Naumann für Kronawitter stark. Unter Hinweis auf Umfragen und »unzählige Gespräche mit Bürgern« meinte er, daß der Alt-OB zwar keine Garantie, aber doch die begründete Aussicht auf einen Wahlsieg 1984 bietet.

Abschließend richtete Naumann ein persönliches Wort an Kronawitter: »Wenn der Parteitag Dich heute nominiert, und erst recht dann, wenn die Münchner Wähler Dich wieder zum Oberbürgermeister dieser Stadt wählen, übernimmst Du auch für den innerparteilichen Frieden und auch für die künftige Stärke der Münchner SPD – ja, darüber hinaus – eine große Verantwortung! Niemandes

Wort zählt in der Öffentlichkeit mehr als das eines Oberbürgermeisters. Die Respektierung anderer Meinungen und das Selbstbestimmungsrecht der Partei sind unantastbar. Ich vertraue darauf, daß Du, wie jedes andere Mitglied, Dich von Solidarität bestimmen läßt und einen Beitrag für den Erfolg der SPD über die Kommunalwahl hinaus leistest. Gelingt dies, hätten wir heute ein altes und schwieriges Kapitel in der Münchner SPD-Geschichte abgeschlossen und ein neues, erfolgreiches begonnen.«[491]

Auch der Münchner DGB-Chef Alois Mittermüller setzte sich für Kronawitter ein und fügte an, daß sich 25 von 29 Münchner Betriebsgruppen für den Alt-Oberbürgermeister ausgesprochen hätten.

Bei der anschließenden Wahl gelang es Kronawitter bereits im ersten Wahlgang mit 123 von insgesamt 239 abgegebenen Stimmen die erforderliche absolute Mehrheit zu erhalten. Hahnzog bekam 70 Delegiertenstimmen und Schmidt mußte sich mit 45 Nominierungen begnügen. Sichtbar erleichtert verband der strahlende Kronawitter seine Dankesworte mit der Feststellung: »Wir haben die siebziger Jahre hinter uns.«[492]

Als die Kür der SPD-Stadtratskandidaten vorgenommen wurde, erhielten Hahnzog und der Fraktionschef im Rathaus, Dietmar Keese, »Traumergebnisse« von 200 bzw. 196 Stimmen. Sie wurden damit hinter Kronawitter auf die Plätze zwei und drei gewählt. Schmidt stand hier nicht mehr zur Auswahl, da sich der SPD-Vorstand schon am Vorabend gegen ein Doppelmandat des Bundestagsabgeordneten ausgesprochen hatte.

Die CSU reagierte auf die Nominierung Kronawitters zum OB-Kandidaten der SPD erwartungsgemäß mit scharfen Angriffen. Der Fraktionsvorsitzende der Rathaus-CSU, Franz Josef Delonge, warf der SPD in einer Stellungnahme vor, sie habe »nicht den Mut, Farbe zu bekennen« und auch mit ihrem OB-Bewerber zu zeigen, wo es bei ihr »wirklich langgeht, nämlich scharf nach links außen«. Statt des eigentlichen »Vaters des kommunalpolitischen Programms der SPD«, Klaus Hahnzog, schicke sie einen »abgehalfterten Ex-Oberbürgermeister« ins Rennen.[493]

Der Fraktionsvorsitzende der F.D.P., Manfred Brunner, sandte Kronawitter einen Brief, in dem er ihm mitteilte, er freue sich, daß sich der Alt-Oberbürgermeister, dem er in der ersten Wahlperiode ironisch eine »kommunalpolitische Todessehnsucht« nachgesagt hatte, künftig wieder aktiv an der Münchner Kommunalpolitik beteiligen werde.[494]

Nach der Kandidatenwahl Kronawitters wurde übereinstimmend festgestellt, daß der amtierende Oberbürgermeister Erich Kiesl den »vermutlich gefährlichsten Gegner« vorgesetzt bekomme, den die SPD aufbieten könne. »Die Macht im Rathaus« sei deshalb für die Genossen wieder in Reichweite. »Der Erfolgsdruck ist enorm: Die SPD erhofft und erwartet den Sieg. Eine Niederlage würde sie weit zurückwerfen. Und ihr mehr aus Verstand als mit Liebe gesatteltes Zugpferd wäre dann politisch endgültig abgehalftert.«[495]

Farbiger Schlagabtausch im Münchner Kommunalwahlkampf

Tatsächlich begann Kronawitter umgehend mit einem bunten »Kontrastprogramm zur Konzeptionslosigkeit der CSU« in bestimmten Fragen. So stellte er seine Position zu den in städtischen Krankenhäusern durchgeführten Schwangerschaftsabbrüchen (§ 218 StGB) öffentlich dar und präsentierte im April 1983 seine Vorstellungen zur städtischen Grünplanung. Damit gab er den Startschuß zu einer Reihe von Veranstaltungen, in denen er sich bis zur Wahl im März 1984 schwerpunktmäßig zu für München wichtigen Themenbereichen äußern wollte.[496]

Der OB-Kandidat versprach für den Fall seiner Wahl ab 1984 ein »Umdenken«. »Wir machen Schluß mit der Zubetonierung der schönsten und unverzichtbaren grünen Fleckerl in unserer Stadt.« Dies bedeute aber keinesfalls, daß von der SPD keine Wohnungen mehr gebaut und keine Gewerbeflächen mehr ausgewiesen würden. Nur werde die SPD immer genau prüfen, wo Wohnungen und wo Grünflächen den Vorrang haben sollten.[497]

Außerdem versprach Kronawitter, sich dafür einzusetzen, daß der Marienhof hinter dem Münchner Rathaus nicht für eine »Allerweltsplanung mit Geschäften und Büros« freigegeben, sondern als Grünanlage genutzt werde. Von »jeglicher Bebauung« sollte auch der Finanzgarten freigehalten werden. Massive Unterstützung versprach der OB-Kandidat allen Initiativen, die um den Erhalt des Allacher Forstes kämpfen.[498] Für den Fall seiner Wahl erklärte er selbstbewußt: »Nach Erich Kiesl kommt nicht die Sintflut, sondern eine vernünftige Stadtentwicklungspolitik.«[499]

»Grüne Fleckerl« sollten nach den Vorstellungen Kronawitters und der SPD ab 1984 überall in München angelegt werden, wo dies möglich sei. Unter Anspielung auf das CSU-Programm »Unsere Heimat« formulierte Kronawitter: »Wer die Natur, die auch Heimat ausmacht, Stück für Stück zerstört, degradiert das Wort Heimat nur zu einer billigen Wahlkampfparole.«[500]

Das bei jeder Gelegenheit wiederholte Motto, daß 1984 der »grüne Schorsch« gegen den »Beton-Erich« antritt, kam bei der Bevölkerung gut an.[501]

Offensichtlich um der bedrängten CSU etwas Luft von den nahezu pausenlosen politischen Attacken Kronawitters zu verschaffen, stellte der CSU-Landtagsabgeordnete Dr. Gustav Matschl im Mai 1983 die durchaus brisante Anfrage, ob der Alt-Oberbürgermeister seit 1978 zu Unrecht eine Pension in Höhe von insgesamt 500 000 Mark bezogen habe. Den unmittelbaren Anlaß für die Anfrage lieferte ein Brief des ehemaligen Stadtoberhauptes an die »Münchnerinnen und Münchner«, in dem er auf die Umstände anspielte, die für ihn im Jahre 1978 eine nochmalige OB-Kandidatur unmöglich gemacht hatten.[502]

Die dem Landtag vorgelegte Antwort des Innenministeriums enthielt eine eindeutige Stellungnahme: Sollte Kronawitter aus eigenen Stücken auf eine neue Kandidatur verzichtet haben, könne ein Ruhen der Pensionsbezüge angeordnet werden. Die Stadt München vertrat dagegen die Auffassung, niemand könne gezwungen werden, gegen die eigene Partei zu kandidieren und vertiefte deshalb das Thema nicht weiter. Kronawitter selbst gab sich in der rechtlich durchaus interessanten Kontroverse um sein Ruhegeld gelassen. Er erklärte lapidar: »Es ist bedauerlich, daß sich die CSU nicht mit meinen Sachargumenten zur Stadtpolitik auseinandersetzt. Je unsachlicher die Wahlkampfmethode der CSU wird, desto größer wird mein Erfolg.«[503]

Scharfe Kritik übte auch der CSU-Generalsekretär Otto Wiesheu am SPD-Oberbürgermeisterkandidaten mit »Freizeitvorsprung«. Er erklärte: »Kronawitter tritt als Biedermann an, der er so nicht ist.« Nach Wiesheus Auffassung hatte sich die Lage bei den Münchner Sozialdemokraten seit 1978 nicht geändert. Geändert habe sich nur etwas bei Kronawitter: »Sein Opportunismus. Und der ist gewachsen.«[504]

Die massive Kritik Kronawitters[505] an der städtischen Wohnungspolitik wurde im Juni 1983 selbst von Stadtbaurat Uli Zech (SPD) als »unredlich« und »unkorrekt« zurückgewiesen.[506]

Ende August 1983 bildete sich die Wählerinitiative »Arbeitnehmer für Schorsch Kronawitter«, die mit dem Motto antrat: »Er ist einer von uns!« Sprecher dieser Initiative war der ehemalige SPD-Landtagsabgeordnete und Gewerkschafter Erwin Essl.[507]

Kronawitter selbst sprühte geradezu vor unentwegt neuen Wahlkampfeinfällen. So forderte er unmittelbar nach dem Oktoberfest seinen Rivalen Erich Kiesl zum »großen Rededuell« auf. Und das sollte erst der Anfang sein. Der im Ruhestand befindliche OB-Kandidat schlug »mindestens vier große Podiumsdiskussionen« vor, bei denen die

Themen Bauen und Wohnen, Arbeit und Ausbildung, Umweltschutz sowie Sozial- und Jugendprobleme erörtert werden sollten. Ironisch fügte er hinzu: »Herr Kiesl kann diese Themen selbstverständlich erweitern.«[508]

Kiesl tat ihm diesen Gefallen jedoch nicht, sondern erklärte: »Wenn Herr Kronawitter ein Kandidatengespräch haben will, dann muß er warten, bis die CSU ihren OB-Kandidaten offiziell aufgestellt hat.« Aber auch dann sei der Oberbürgermeister gewählt um zu arbeiten und nicht, um im Jahr vor der Wahl als »Dauerdiskutant« aufzutreten.[509]

Den Wunsch nach dem direkten verbalen Schlagabtausch hatte Kronawitter vor der Presse damit begründet, daß auf diese Weise dem Wähler die besten Vergleichsmöglichkeiten geboten würden. Im übrigen hätten solche Podiumsdiskussionen in München eine gute Tradition.[510]

Kronawitter lag mit seiner Forderung nach Wortduellen offenbar auf der gleichen Linie wie der Münchner SPD-Vorsitzende Naumann, der nicht nur die öffentliche Begegnung der beiden OB-Kandidaten forderte, sondern in einem Brief an den Münchner CSU-Chef Kiesl auch öffentliche Streitgespräche zwischen den Bundestagsabgeordneten der beiden großen Parteien unter neutraler Leitung anregte. Angesichts so brisanter Probleme wie der Bekämpfung der Arbeitslosigkeit, der Sicherung des Sozialstaates und der Beendigung des Wettrüstens sollten sich die großen Parteien nicht wortlos gegenüberstehen oder mit dem Austausch von »Worthülsen« in Presseerklärungen begnügen.[511]

Erneut hart ins Gericht ging Kronawitter Anfang Oktober 1983 mit der Wohnungspolitik von Oberbürgermeister Kiesl und der CSU-Stadtratsfraktion. Er warf der Stadtverwaltung vor, die Baulöwen verwöhnt und die Spekulanten verhätschelt zu haben. Seine Forderung lautete: »Stadtrat und Oberbürgermeister müssen sich zum Anwalt der Mieter machen.«[512]

In einer Pressemitteilung seiner Fraktion bedauerte es der Vorsitzende der CSU-Stadtratsfraktion, Delonge, »wenn durch unrichtige Behauptungen der Bürger hinters Licht geführt und das politische Klima in unserer Stadt vergiftet wird«. Er empfahl deshalb Kronawitter in Zukunft »größere Zurückhaltung«[513].

Konkret kritisierte Delonge, daß es Kronawitter geschafft habe, von 1973 bis 1978 den Wohnungsbau in München »kaputtzumachen«. Bei Verstößen gegen die Zweckentfremdungsverordnung würden wesentlich mehr Bußgeldbescheide ausgesprochen als früher. »Leere Sprüche« klopfe Kronawitter auch beim Thema der »sogenannten Luxussanierungen«, die er während seiner Amtszeit in keinem einzigen Fall habe verhindern können.[514]

Die städtische Wohnungspolitik von Georg Kronawitter und Erich Kiesl war also zu einem zentralen Thema des Kommunalwahlkampfs geworden. In dieser Situation schrieb Helmut Pfundstein, nunmehr persönlicher Referent von OB Kiesl, am 6. Oktober 1983 einen offenen Brief an den Alt-Oberbürgermeister:

»Lieber Schorsch,

daß Dir eine plakative Sprache oft wichtiger ist, als die Nähe zur Realität, war ein Problem, mit dem wir uns in unserer früheren politischen Zusammenarbeit oft herumschlagen mußten. Was Du Dir in letzter Zeit aber an Wahlkampfformulierungen leistest, fordert heraus und zwingt zur Stellungnahme. Deshalb schreibe ich Dir als ehemaliger politischer Mitarbeiter diesen offenen Brief…

Ich kenne die Arbeit der Stadtverwaltung und des jeweiligen Oberbürgermeisters aus eigener Erfahrung seit über 20 Jahren. Ich kenne speziell Deine Arbeit und die Arbeit von Oberbürgermeister Kiesl für die Münchner Mieter aus unmittelbarer Zusammenarbeit und kann mir deshalb ein vergleichendes Urteil erlauben. Aber ich beschränke mich in diesem Brief auf öffentlich bekannte und jedem Zeitungsleser zugängliche Informationen.

Es ist richtig, daß zwischen Deiner Wohnungspolitik und der Wohnungspolitik von Oberbürgermeister Kiesl deutliche Unterschiede bestehen. Es ist auch richtig, daß die Erfolge Deiner Amtszeit nicht die gleichen sind, wie die Erfolge in der Amtszeit von Oberbürgermeister Kiesl. Ich persönlich bin der Auffassung, daß Oberbürgermeister Kiesl wesentlich größere Erfolge aufzuweisen hat. Ich bin auch der Auffassung, daß er diese größeren Erfolge deshalb errungen hat, weil er ein besseres Konzept besitzt und sich mit größtem Engagement dieses Problems angenommen hat. Aber ich wäre weit davon entfernt, Dir ähnlich unlautere Motive unterstellen zu wollen, wie Du dies Oberbürgermeister Kiesl gegenüber tust.

Ich bin überzeugt, daß Du geglaubt hast, das Beste für die Münchner Mieter zu tun. Das gleiche gilt für Oberbürgermeister Kiesl. Der Wahlkampf sollte deshalb nicht so verwildern, daß nur noch mit den Mitteln der Verunglimpfung gearbeitet wird. Du solltest bedenken, daß wer mit Dreck wirft, sich die Hände schmutzig macht …

In Deiner Zeit wurde die Auffassung vertreten, das Schwergewicht in der Wohnungspolitik der Stadt müsse vom Wohnungsneubau auf die Bestanderhaltung verlegt werden; der freifinanzierte Wohnungsbau könne im Hinblick auf einen kräftigen Überhang an teueren Wohnungen vernachlässigt werden. Diese damalige Überlegung hat sich als falsch herausgestellt. Aber was noch gravierender ist, es wurde nach dieser Prämisse nicht einmal gehandelt.

Die Sanierung blieb in theoretischen Werken stecken, in der Praxis wurde zu wenig vorangebracht. Die Mittel für den öffentlich geförderten Wohnungsbau gingen drastisch zurück, ohne gleichzeitig wenigstens in die Sanierung gesteckt zu werden … Der freifinanzierte Wohnungsbau kam praktisch völlig zum Erliegen … Schwerpunkt der Wohnungspolitik von Oberbürgermeister Kiesl war die Überlegung, daß die akute Wohnungsnot in München nur dann beseitigt werden kann, wenn der öffentliche Wohnungsbau wieder erheblich verstärkt wird, wenn man auch in dem Bereich der Bestanderhaltung von der Theorie zur Praxis kommt und wenn der freie Wohnungsmarkt wieder belebt wird. Und so ist auch gehandelt worden. Dies zeigen unwiderlegbar die Zahlen des öffentlich geförderten und des privaten Wohnungsbaues ebenso wie die Sanierungserfolge und die Ergebnisse der

Anwendung der Zweckentfremdungsverordnung ... Es ist meiner Erinnerung nach kein Fall bekanntgeworden, in dem Du über Deine gesetzliche Kompetenz hinaus für die Interessen der Mieter durch konkrete Verhandlungen eingetreten bist. Bei OB Kiesl ist dies wiederholt geschehen und mit durchaus beachtlichen Erfolgen ...

Das Familienförderungsprogramm, das Stundungsmodell, das Sparhausprogramm, das Subjektförderungsmodell – alles Initiativen, die im wesentlichen gezielte Hilfen für den kleinen Mann sind – hat OB Kiesl nicht nur initiiert, sondern mit einem Engagement verwirklicht, das Bewunderung verdient.

Vielleicht solltest Du Dich aber auch einmal zurückerinnern, welche wohnungspolitische Position Du in Deiner Amtsperiode innerhalb Deiner Partei vertreten hast, wenn Du Dich jetzt eines solchen Wortradikalismus bedienst. Am besten liest Du dazu nach, was Du in dem sogenannten Kronawitterpapier zum Wohnungspolitischen Parteitag der SPD von 1975 geschrieben hast. So hast Du u. a. die Forderung, die Umwandlung von sozialen Mietwohnungen in Eigentumswohnungen solle verhindert werden, mit der Begründung kritisiert, dadurch ›dürften vor allem jene negativ motiviert werden, die für die Zukunft den Erwerb von Grund- und Hauseigentum anstreben‹.

Weniger durch die Ergebnisse Deiner Arbeit als Oberbürgermeister als vielmehr durch Deinen aufsehenerregenden Kampf gegen die linkssozialistischen Kräfte in der Münchner SPD hast Du in der Bevölkerung Anerkennung gefunden. Indem Du Dich mit diesen nun wiederum – um einer letzten politischen Chance willen – arrangiert hast, hast Du viel von Deiner Glaubwürdigkeit verloren.

Dein Wort, Du wolltest Deinen Charakter nicht an der Parteigarderobe abgeben, würde heute niemand mehr verstehen. Übernimm bitte wenigstens nicht auch noch jene Methoden im Wahlkampf, die Du als Mittel innerparteilicher Auseinandersetzungen früher in Deinen Schriften so sehr verurteilt hast.

Mit freundlichen Grüßen
Helmut Pfundstein«[515]

Kronawitter äußerte sich zu diesem veröffentlichten Schreiben zunächst nicht. Dafür erwiderte die SPD-Stadtratsfraktion durch ihre Pressesprecherin Barbara Scheuble-Schaefer: »Ein großes Armutszeugnis hat sich der CSU-Vorsitzende und Oberbürgermeister Erich Kiesl ausgestellt. Er benutzt zur Verteidigung seiner fragwürdigen Wohnungspolitik einen in seinem Büro abhängigen Beschäftigten, dem er erst kürzlich eine sehr umstrittene vorzeitige Beförderung zukommen hat lassen. Daß nämlich persönlicher Mitarbeiter Helmut Pfundstein es für richtig hält, einen offenen Brief an den ›Lieben Schorsch‹ zu schreiben, in dem er teilweise unverschämte Behauptungen und Unterstellungen äußert, zeugt für die Geschmacklosigkeit und moralische Fragwürdigkeit des Briefeschreibers. Herr Pfundstein muß sich fragen lassen, ob er sich für die bekannten 30 Silberlinge von Kiesl und der CSU wiederholt kaufen lassen muß.[516]

In der Zwischenheit informierte sich der »rote Schorsch« bei sogenannten »Wahlspaziergängen« mit SPD-Stadtratskandidaten und anderen Genossen aus dem jeweiligen Viertel über aktuelle Bürgerprobleme.

Nach einem solchen Wahlspaziergang stellte Kronawitter erneut fest, daß für ihn die Mieten in München das »Zentralproblem« seien.[517]

Im Wahlkampf verriet der sonst in privaten Dingen sehr zurückhaltende Kronawitter der Münchner Bevölkerung nicht nur seine Leibspeise (»Schweinsbraten mit Kartoffelknödel, Sauerkraut und viel Soße«) und sein Lieblingsgetränk (»ein gutes Pils, aber auch Sekt mit Orangensaft«), sondern auch sein Lebensmotto, den bekannten Spruch Don Boscos: »Arbeiten und fröhlich sein und die Spatzen pfeifen lassen.« Während er »Klugheit und Toleranz« bewundere, verabscheue er »Verdrucktheit und Angeberei«.[518]

Georg Kronawitter
ganz privat

»Für menschliches Klima im Rathaus«

Zahlreiche Äußerungen von Kronawitter belegen, daß er nun nicht nur früher kaum denkbare Zugeständnisse an politische Kräfte innerhalb der eigenen Partei machte, sondern sich auch hinsichtlich der Mehrheit im künftigen Stadtrat alle Möglichkeiten offenlassen wollte. So erklärte er Ende Oktober 1983 für den Fall seiner Wahl zum Münchner Oberbürgermeister 1984 keine Einwände gegen eine »umfassende Zusammenarbeit« zu haben. Eine Kooperation zwischen den verschiedenen Parteien könne zu einer Verbesserung des Klimas beitragen, das derzeit vor allem durch das Verschulden des amtierenden Oberbürgermeisters »eisig und frostig« sei. Selbst »drei Bürgermeister von drei verschiedenen Fraktionen« wollte Kronawitter nicht von vorneherein ausschließen.[519]

Von den in der Amtszeit Kiesls 1981 gewählten berufsmäßigen Stadträten (Referenten) erwartete Kronawitter für den Fall eines »Machtwechsels« im Rathaus Loyalität. Gleichzeitig kündigte er öffentlich an, daß er die unter Kiesl geschaffenen »Kontroll- und Propagandastellen« im Direktorium allerdings nicht mehr benötigen werde.

Im Hinblick auf das Ergebnis der Landtagswahl von 1982, bei dem CSU und F.D.P. in München rechnerisch zusammen nur 40 Sitze erhalten hätten, bezweifelte Kronawitter, daß die CSU auch in Zukunft wieder stärkste Fraktion im Rathaus würde. Dem Oberbürgermeister-Kandidaten der F.D.P., Manfred Brunner, warf er vor, sich »ohne Not rechts von der CSU angesiedelt« zu haben. Ob der Versuch Brunners, sich an die CSU heranzupirschen, bei den Kommunalwahlen 1984 aufgehe, müsse sich erst noch zeigen.

Im Rahmen der Erläuterung der Wahlkampfschwerpunkte seiner Partei sprach sich Kronawitter für eine freiwillige, enge Zusammenarbeit zwischen Stadt und Umland aus. Man könne München nicht mehr gesondert behandeln, meinte Kronawitter; notwendig sei es vielmehr die Entwicklung von München und der Region gemeinsam zu betrachten.[520]

Völlig ungeachtet der Tatsache, daß gerade die SPD-Fraktion Jahr für Jahr bei den Haushaltsabrechnungen eine noch stärkere Verschuldung der Landeshauptstadt gefordert hatte, warf Kronawitter der Stadtspitze in seinem Kommunalwahlkampf jetzt einen »Husarenritt in eine explodierende Verschuldung« vor. Wenn der wirtschaftliche Aufschwung noch lange auf sich warten lasse, stehe die Stadt bald finanzpolitisch mit dem Rücken zur Wand.[521]

Kronawitter erinnerte daran, daß er seinem Amtsnachfolger 1978 eine »grundsolide Finanzsituation« hinterlassen habe.[522] In den folgenden Jahren sei dann aber »so verschwenderisch wie nie zuvor« mit den Steuergeldern umgegangen worden. Bis Ende 1984 werde sich die Gesamtverschuldung der Stadt von rund 2,4 Milliarden Mark im Jahr 1978 auf etwa 4,45 Milliarden Mark fast verdoppeln. Die Zahlen seien durch die großen Leasing-Projekte, für die hohe Zins-und Tilgungszahlungen geleistet werden müßten, noch geschönt.[523]

Auf die Tatsache angesprochen, daß diese Verschuldung seinen Genossen von der SPD-Stadtratsfraktion jahrelang noch zu gering war, meinte Kronawitter nur: »Ein Oberbürgermeister muß die Finanzsituation schärfer beurteilen können als eine Stadtratsopposition.«[524]

Für den Fall seiner Wahl kündigte Kronawitter einen »Kassensturz« und »eisernes Sparen« an, das im engsten Bereich des Oberbürgermeisters, dem Rathaus-Direktorium, beginnen müsse. Heftige Kritik übte er auch an der hohen städtischen Vorfinanzierung beim U-Bahn-Bau. Während er und sein Vorgänger Hans-Jochen Vogel auf diesem Gebiet ohne einen Pfennig Schulden ausgekommen seien, stünde die Stadt nunmehr mit Darlehen von 257 Millionen Mark in der Kreide. Die Forcierung des U-Bahn-Baues hatte nach Meinung Kronawitters keinen Sinn, wenn gleichzeitig die Mittel für einen vernünftigen Oberflächenverkehr nicht mehr ausreichten.[525]

Das Kronawitter-Konzept wies auch in der Steuerpolitik einen wesentlichen Unterschied zum Kiesl-Programm auf. Der Herausforderer machte nämlich keinen Hehl daraus, daß er eine sechsjährige Stabilität bei der Gewerbesteuer nicht mehr garantieren könne: »Das hieße, den Durchschnittsbürger von vorneherein über Gebühr zugunsten der Starken in der Wirtschaft zu belasten.«[526]

Der finanzpolitische Sprecher der CSU-Stadtratsfraktion, Dr. Hans-Peter Uhl, kritisierte die Äußerungen Kronawitters: »Es ist unerträglich, daß ein finanzpolitischer Bruchpilot verquere Ratschläge zur Haushaltspolitik der Stadt gibt.«[527] Im übrigen widerspreche der Alt-Oberbürgermeister mit seiner Argumentation den in den letzten sechs Jahren geäußerten Meinungen seiner eigenen Partei. Der

CSU-Fraktionsvorsitzende im Rathaus, Delonge, fragte deshalb: »Zeichnet sich auf dem Gebiet der Finanzpolitik schon der nächste Konflikt zwischen der SPD und ihrem Kandidaten ab?«[528]

Uhl, erinnerte gleichzeitig daran, daß Kronawitter 1977 den »Überblick über seinen Haushalt verloren hat« und erstmals in der Stadtgeschichte eine Haushaltskommission habe eingesetzt werden müssen: »Jetzt hat der OB-Kandidat wohl auch noch den Überblick über die finanzpolitische Argumentation seiner Genossen verloren.«[529]

Bei einem Treffen im Presseclub München bekräftigte Kronawitter aufs neue, daß er das SPD-Wahlplakat »400 000 Mieter sind uns wichtiger als eine Handvoll Spekulanten« nicht für zu scharf formuliert halte. »Das Plakat drücke« seiner Meinung nach »die Stimmung aus, die bei den Mietern herrscht.« Die Mieten in München seien in eine schwierige Situation geraten: »Preiswerte Wohnungen mußten sündteueren weichen, die Mieten haben sich weiter erhöht und den Bürgern bleibt immer weniger zum Leben.«

Als weiteren Schwerpunkt einer kommunalen Amtsperiode sah der Alt-Oberbürgermeister auch eine gute Seniorenpolitik: »Jeder fünfte Münchner ist älter als 65 Jahre. Für diese Menschen müssen wir wieder Einrichtungen schaffen, die es ihnen ermöglichen, menschenwürdig zu leben.«[530]

Bei dieser Art des Wahlkampfes konnte es nicht ausbleiben, daß sich Kronawitter auch des populären Themas der Straßenbahnen ausführlich annahm: Notwendig seien die Erhaltung und der kostengünstige Neuausbau der

Trambahn als »System«. Der Alt-Oberbürgermeister sah die Tram nicht als Konkurrenz zur U- und S-Bahn, sondern als »sinnvolle Verknüpfung«. Hier deckten sich seine Vorstellungen mit denen seiner Partei, die in der Vergangenheit gefordert hatte: »Soviel Busse wie nötig, aber soviel Tram wie möglich«[531].

Der »rote Schorsch« forderte den Neuausbau von tangentialen Linien, die die einzelnen Stadtviertel besser verbinden. Dabei sollte überlegt werden, ob nicht »voreilig stillgelegte« Strecken wie etwa die Linien 16 und 17 wieder sinnvoll einbezogen werden könnten. Kronawitter kritisierte in diesem Zusammenhang OB Kiesl, er würde »kostspielige Sachzwänge« schaffen. Als Beispiel nannte er den Abbau der Gleisanlagen in Bogenhausen sowie den Umbau der Wittelsbacher Brücke, deren eventuelle Wiederbenutzung als Tramtrasse damit unmöglich gemacht werde. Manfred Brunner erinnerte sich bei dieser Gelegenheit an die frühere Haltung Kronawitters in dieser Frage und sagte kopfschüttelnd: »Unter Herrn Kronawitters Amtszeit wurden die wesentlichen Entscheidungen gegen die Münchner Trambahn gefällt.«[532]

Ende Dezember 1983 prophezeite Kronawitter für den nächsten Oberbürgermeister »schwere Zeiten« und einen »ausgesprochenen Sorgenstuhl im Rathaus«. Dies begründete er vor allem mit der Annahme, daß voraussichtlich bei den bevorstehenden Kommunalwahlen im März 1984 keine Partei mehr die absolute Mehrheit erhalten und künftig allein regieren könne. Ferner ging er davon aus, daß die Grünen mit der F.D.P. gleichziehen und deshalb künftig wechselnde Mehrheiten bei Sachfragen im Rathaus zur Praxis würden.[533]

Kronawitter bezeichnete deshalb als wichtigste Tugend des künftigen Oberbürgermeisters, wieder für ein menschliches Klima im Rathaus und eine kooperative Zusammenarbeit über die Fraktionen hinaus zu sorgen. Kronawitter vergaß nicht zu erwähnen, daß er sich bereits auf diese schwierige Konstellation vorbereite.

Bei seinen sachlichen Leitlinien stellte Kronawitter stets »die Mieter und die Arbeitnehmer« in den Mittelpunkt seiner Überlegungen.[534]

Für den »roten« Wahlkampf in München, der für die ganze Bundesrepublik Bedeutung hatte, wurde sogar Willy Brandt aus Bonn eingeflogen.[535]

Kronawitter selbst setzte sich bei den Wahlkampfveranstaltungen wieder zielsicher »in jene kommunalpolitische

Ecke, wo er sich den meisten Erfolg erhofft – bei den Mietern.« Die Schlagworte, mit denen er da gegen den politischen Kontrahenten zu Felde zog, waren zwar »nicht mehr unbedingt von der aktuellsten Sorte, aber immer noch deftig genug, Stimmung im Saal aufkommen zu lassen.« Der Alt-Oberbürgermeister behauptete, daß die CSU-Fraktion unter Erich Kiesl während ihrer Amtsperiode »Spekulanten geschont, Baulöwen gehätschelt und Mieter vernachlässigt habe«[536].

Meinungsumfragen über das Wählerverhalten hatten darauf hingedeutet, daß ein Patt im Rathaus zwischen SPD und Grünen einerseits und CSU, F.D.P. und Sozialer Rathausblock andererseits durchaus im Bereich des Möglichen war: »München droht ein weitgehend arbeitsunfähiger Stadtrat und das auf die Dauer von sechs Jahren!«[537]

Vor allem das Verhalten des »netten Schorsch« als »Wadlbeißer« wurde in den Zeitungen ironisch kritisiert: »Alt-OB Georg Kronawitter im Wahlkampf 1984. Da wird man glatt an die Arie aus dem ›Barbier von Sevilla‹ erinnert: ›Kronawitter hier, Kronawitter dort, Kronawitter rechts, Kronawitter links …‹, so fleißig ist der Mann.«[538]

Auch in der SPD sah man die unermüdlichen Aktivitäten ihres Kandidaten laut Medienberichten nicht nur mit Genugtuung: »Zwar gibt sich die Münchner Partei seit dem Appell ihres Chefs Hans-Günther Naumann nach außen hin solidarisch wie noch nie, dennoch aber sickert Kritik durch.«[539]

Vor der Stichwahl: »Kein rot-grünes Bündnis«

»Die Münchner wollen einen anderen Oberbürgermeister und den werden sie kriegen«, kommentierte der SPD-Fraktionsvorsitzende Dietmar Keese das Ergebnis der Oberbürgermeisterwahl vom 18. März 1984, bei der keiner der Kandidaten die absolute Mehrheit erhalten hatte. Angesichts des unerwartet guten Ergebnisses für Kronawitter[540] und im Hinblick auf die nun erforderlich werdende Stichwahl am 1. April 1984 meinte der SPD-Stadtrat Hermann Memmel sogar übermütig: »Am Schluß stinkt es uns noch, daß er's nicht im ersten Wahlgang geschafft hat.«[541]

Der »rote Schorsch« selbst dankte in einem ersten Radio-Interview den Wählern für das Vertrauen: »Uns ist es eben doch gelungen, die sachpolitischen Gegensätze zwischen unserer und Kiesls Politik deutlich zu machen. Unsere stadtpolitischen Perspektiven haben mehr überzeugt, als das, was Kiesl und die CSU in den vergangenen Jahren geboten haben.« Um hinzuzufügen: »Offensichtlich hatte die SPD den richtigen Kandidaten.«[542]

Kronawitter räumte im Hinblick auf das Wahlergebnis ein, »daß dies eine Sensation« war, die er nicht so deutlich erwartet hatte. Er vergaß aber nicht, zu versichern, daß »Sekt in keinem Fall fließen« wird: »Sie wissen doch, daß ich kein großer Feierer bin«[543].

»Die Macht des großen Geldes ist von der Macht der vielen kleinen Stimmzettel gebrochen worden«, freute sich Kronawitter und kündigte an, sich wieder an den Informationsständen und in der Fußgängerzone zu zeigen. Über personelle Änderungen im Rathaus wollte sich der voraussichtliche künftige Oberbürgermeister am Wahlabend aber noch nicht äußern. »Das ist für uns jetzt kein Thema. Fest steht nur: Es wird kein rot-grünes Bündnis geben. Aber es besteht die Bereitschaft zur Zusammenarbeit mit allen Parteien.«[544]

Seine bislang vermißte Bereitschaft zu »Kompromissen« betonte Kronawitter vor der Stichwahl auffallend häufig.[545]

Erich Kiesl und Georg Kronawitter bei der Amtsübergabe 1984.
In der Mitte Winfried Zehetmeier

Comeback des Alt-OB: »Grollend geschockte CSU und sechs Grüne«

»Die Münchner haben sich entschieden. Und wie! Georg Kronawitter ist der strahlende Sieger, er wird in den nächsten sechs Jahren als Oberbürgermeister die Geschicke der Stadt an erster Stelle mitbestimmen. Die Mehrheit der wählenden Bürger Münchens wollte sein Comeback, schenkte ihm wahrscheinlich auch im Blick auf seine frühere, nicht weltbewegende, aber solide Amtszeit das Vertrauen.«, hieß es, nachdem Kronawitter am 1. April 1984 die Stichwahl gewonnen hatte.[546]

Das erwartete »schwarze Wunder« war ausgeblieben. Der rote Überraschungssieger vom 18. März legte in der Stichwahl noch einmal um 85 000 Stimmen zu, während der »Titelverteidiger« und amtierende OB Kiesl gegenüber dem ersten Wahlgang 8000 Stimmen einbüßte. Mit einer Beteiligung von 71,2 % war das Interesse an der Stichwahl deutlich größer als zwei Wochen vorher (65,1 %).[547]

Kronawitters deutlicher Wahlsieg wurde darauf zurückgeführt, daß ein Großteil der Wähler von 1978 offenbar nicht einverstanden war »mit dem Exhibitionismus«, den Kiesl mit seinem Amt getrieben hatte, sie witterten nicht zu Unrecht »Spezlwirtschaft« und spürten wohl auch den »latenten Hochmut der CSU-Oberen«.

Nach »Riesenjubel« am Oberanger und »Moosröschen« für die Wähler fand Georg Kronawitter im Münchner Rathaus schwierige Mehrheitsverhältnisse[548] vor: »Eine SPD, die (zunächst) guten Willens ist, eine grollend geschockte CSU, die aber irgendwann an die Zukunft denken muß, kaum noch F.D.P. und sechs Grüne, von denen man kein Kasperltheater erwartet, weil sie Stadtviertel-Profis sind.«[549]

Auf Kronawitter warteten also zwei etwa gleich große politische Blöcke und ein »Fast-Patt«. Gerade hier sah Kronawitter aber seine Chance, nämlich einen gewissen Abstand zur eigenen Partei halten zu können. Im Hinblick auf seine Standhaftigkeit und seinen Eigensinn wurde aber schon damals deutlich darauf hingewiesen, daß der politische Konflikt mit seiner eigenen Partei über den richtigen Weg (»mit wechselnder Mehrheit oder rot/grün, wie das manche SPD-Leute wünschen«) vorprogrammiert war.[550]

Zunächst aber versprach der neue Münchner Oberbürgermeister in einer von »Schorschi«-Rufen und »donnerndem Applaus« ständig unterbrochenen ersten Ansprache auf der Wahlparty der Münchner SPD: »Wir werden keinem Machtrausch und keinem Sektrausch erliegen, sondern wir betrachten das Ergebnis als Auftrag, für die Stadt zu arbeiten. Ich werde nicht als Fürst ins Rathaus einziehen, sondern ich möchte der erste Diener für die Münchner sein.«[551]

Keinen Zweifel ließ Kronawitter noch am Wahlabend an seinem Vorhaben in der sogenannten »Baulandaffäre Schörghuber«: »Auch wenn die Regierung von Oberbayern einen meiner Ansicht nach parteipolitisch gefärbten Persilschein ausgestellt hat, will ich alles tun, um dieses 20-Millionen-Geschenk für die Stadt München zurückzuholen.«[552]

Bürgermeister Dr. Winfried Zehetmeier (CSU) bezeichnete die Stichwahl als »eine klare Entscheidung, die man akzeptieren«[553] müsse und sein Parteifreund Walter Zöller wies darauf hin, daß es Kronawitter gelungen sei, »sein Image vom netten Schorsch, das er sich nicht mit seiner Tätigkeit als Oberbürgermeister, sondern im Kampf gegen die SPD-Linken erworben hat, zu erhalten«. CSU-Stadtrat Hans-Peter Uhl zeigte sich depremiert, da er »mit einem viel knapperen Ergebnis gerechnet hatte«. Wenig Kenntnisse der politischen Verhältnisse in München ließ die Äußerung des CSU-Bundestagsabgeordneten Hans »Johnny« Klein erkennen: »An solch ein Ergebnis habe ich überhaupt nicht gedacht.«[554]

Die Gründe für seinen überwältigenden Wahlsieg sah Kronawitter selbst in mehreren Punkten: »Die Wähler haben erkannt, daß ich gewinnen kann. Und die CSU hat mit ihrer Vision des rot-grünen Schreckensgespensts und den Anzeigenkampagnen eher Schützenhilfe geleistet.« Über sein Verhältnis zu Kiesl, mit dem er sich vor der Wahl duzte, sagte Kronawitter nach der Stichwahl: »Meins ist gleich geblieben. Aber seins zu mir ist wohl im Wahlkampf abgekühlt.«[555]

Die beiden vorher kräftig rivalisierenden Flügel der Münchner SPD präsentierten sich nach der für Kronawitter erfolgreichen Stichwahl »freudestrahlend Schulter an Schulter« nach dem Motto »Einigkeit und Sonnenschein«. Von allen Seiten wurde immer wieder bekräftigt, daß die alten Streitereien der Partei endgültig »ad acta« gelegt seien.[556]

Der Münchner SPD-Chef Naumann verkündete: »Es wird keine geistige Windstille geben, aber das Flügeldenken hat an Bedeutung verloren.«[557]

Gelassen gab sich der linke Vordenker und mögliche Bürgermeister Hahnzog, der zunächst sogar für den SPD-Fraktionsvorsitz im Gespräch war: »Wir werden mit allen zusammenarbeiten und uns von den Grünen keine Vetorechte auferlegen lassen. Die SPD ist für ihr Programm die geschlossenste SPD, die es je gab.«[558]

Noch in der ersten Amtswoche wollte Kronawitter klären, wie gut die Zusammenarbeit mit den anderen Parteien im Rathaus laufen werde: »Erst nach diesen Gesprächen wird die Personalpolitik eine Rolle spielen.« Über die Vergabe der beiden Bürgermeisterposten wollte sich Kronawitter zunächst noch nicht auslassen. Doch schloß die stark vertretene Damenriege der neuen SPD-Stadtratsfraktion nicht aus, daß erstmals eine Frau in München Bürgermeisterin werden könnte. Die SPD-Stadträtin Edith von Welser erklärte in diesem Zusammenhang: »Ich würde mich über so ein Amt natürlich freuen. Und schließlich hat der Wähler ein deutliches Zeichen gesetzt.«[559]

Keine Zusammenarbeit gab es zunächst zwischen der SPD und den Grünen/ALM. Ein Spitzengespräch brachte keine

Einigung und Georg Welsch von den Grünen erklärte enttäuscht: »Die SPD hat von vornherein nur mit der CSU ernsthaft verhandelt.« Die Grünen wollten nicht hinnehmen, daß Zehetmeier wieder Bürgermeister wird und die CSU in einigen Ausschüssen sogar die Mehrheit erhalten sollte. Die SPD bezeichnete ihrerseits ein Flughafen-Moratorium der Grünen/ALM als »unannehmbar«[560].

Der zweite große Sieger dieses »dramatischen Münchner Wahlkampfes« war der Münchner SPD-Vorsitzende Hans-Günther Naumann, dem das politische Meisterstück gelungen war, »mit Engelszungen die Quadratur des so linken SPD-Kreises« geschafft zu haben, indem er instinktiv den Mann durchsetzte, von dem er, durch Umfragen bestärkt, angenommen hatte, daß er gewinnen und für die Münchner SPD die Wende zurück an die Macht in der Stadt bringen könnte. Jeder wußte, daß die SPD die OB-Wahl 1984 ohne Kronawitter verloren hätte.[561]

Kronawitter übernahm eine »vorzüglich geordnete Stadtverwaltung mit dem geringsten Schuldenstand aller Großstädte der Bundesrepublik, mit einem vorbildlichen Investitionsvolumen und einer lobenswert niedrigen Arbeitslosenquote. Erich Kiesl hatte nicht etwa diese Stadt heruntergewirtschaftet, im Gegenteil, sie verdankte ihm – dem so deutlich weniger beliebten Oberbürgermeister – stadtwirtschaftlich wichtige, ja entscheidende Impulse.«[562]

Der »rote Schorsch« hatte mit großem Abstand zu seiner Partei einen klaren Wahlsieg errungen. Seine Legitimation, den Ton im Rathaus anzugeben, lag geradezu auf der Hand: »Er braucht sich nicht als Aushängeschild deklassieren zu lassen und muß nicht dankbar Männchen machen, weil man ihm nochmals die Kandidatenchance gab.«[563]

Das alles wußte Kronawitter und er war bereits ein »gebranntes Kind« in seinem Amt: »Er ist kein Mann, der Erreichtes aufs Spiel setzt nur um des Aufsehens willen, etwas geändert oder parteipolitisch bewirkt zu haben. Er weiß auch so genau, wie einst sein Vorgänger Dr. Vogel, welche Partei die Landesregierung stellt und wer in Bonn regiert, und daß Behutsamkeiten und Rücksichten in diesen Zusammenhängen zum politischen Einmaleins gehören. Die Monate der Agitationspressekonferenzen sind vorbei. Jetzt geht's wieder um harte Fakten.«, meinte der Münchner Stadtanzeiger.[564]

Nach dem Sieg in der Stichwahl wurde Kronawitter in den Medien mit Prädikaten wie »erwiesen schlau«, »unbedingt zu Kompromissen bereit«, »sein Vertrauensvorschuß ist riesig«, »er ist bis in die CSU-Kreise hinein beliebt« und »er wird von Zehntausenden geradezu geliebt« bedacht. Deshalb wurde allgemein angenommen, das müsse ihn beflügeln, wie versprochen ein »Oberbürgermeister für alle Münchner« zu sein.[565]

Bereitschaft zu vernünftigen Kompromissen

Der mit so hohem Wählervertrauen ausgestattete »rote Schorsch«versprach deshalb, in den nächsten sechs Jahre sich »ganz besonders auf die Gemeindeordnung zu besinnen«. Der Wähler habe sich eindeutig gegen die absolute Mehrheit einer Partei ausgesprochen und auch gegen die Möglichkeit einer Blockbildung CSU/F.D.P.: »Dies müsse akzeptiert und berücksichtigt werden.« Für eine vernünftige Stadtpolitik sei ein Zusammenspiel aller Fraktionen und aller Stadträte notwendig.

»Zuversichtlich« sah Kronawitter auch der Zusammenarbeit mit den Referenten entgegen, »von denen fünf im Besitz des CSU-Parteibuchs sind« und die noch für vier Jahre gewählt waren. »Er ging von einer »loyalen Zusammenarbeit« aus und gab jedem einen »Vertrauensvorschuß«. Sollte ein berufsmäßiger Stadtrat sein Vertrauen enttäuschen, »gibt es Wege, gegen ihn vorzugehen«. Im übrigen würden die Entscheidungen im Stadtrat gefällt, die Referenten hätten diese dann in die Tat umzusetzen.[566]

Überhaupt kündigte Kronawitter an, er werde in seiner Personalpolitik »ganz behutsam vorgehen«, Veränderungen wolle er nur in »seinem persönlichen Bereich« vornehmen. Für das Weiterkommen der Bediensteten sollten Leistung und Fähigkeiten den Ausschlag geben. Er, Kronawitter, halte nichts »von einer Parteibuchpolitik«[567].

Kronawitter betonte, daß die Gemeindeordnung bei seiner künftigen Arbeit für ihn bedeute, daß er auch als Oberbürgermeister »nicht hinter verschlossenen Türen versucht, Mehrheiten zu finden« und dann »mit schon festbeschlossenen Vorlagen in den Stadtrat geht«. Er kündigte weiter an, bei ihm werde die Vorinformation über die anstehenden Fragen großgeschrieben. Er bringe jedenfalls die »Bereitschaft zu vernünftigen Kompromissen« mit. Sollte aber »jemand die Zusammenarbeit verweigern«, werde er deutlich machen, »wer diese Verweigerungshaltung verursacht hat«[568].

Nach der Gemeindeordnung seien wechselnde Mehrheiten möglich und auch notwendig. Kronawitter: »Was mit Mehrheit beschlossen wird, ist nicht das Schlechteste für die Stadt.«[569]

Wie dies im einzelnen künftig aussehen könnte, erläuterte Kronawitter an zwei konkreten Beispielen: Um die »Zubetonierung des Truderinger Waldes zu stoppen«, würden SPD und Grüne geschlossen hinter ihm stehen, auch die örtlichen Vertreter der CSU und der F.D.P. könnten sich hier seinem Ansinnen nicht verschließen. Dagegen werde er bei der Neuausweisung von Gewerbegebieten eine Mehrheit mit der CSU, der F.D.P. und Teilen der SPD zusammenbekommen.[570]

In seiner Grundsatzrede, die von den Medien als »beachtlich« bezeichnet wurde, nahm Kronawitter als neuer Oberbürgermeister engagiert und glaubhaft Partei für die Schwachen.[571]

Kaum im Amt, stellte Kronawitter klar, daß er zusammen mit der SPD in einem »Sofortprogramm« harte Korrekturen an der bisherigen Stadtpolitik anbringen wolle, vor allem in der Wohnungs- und Energiepolitik, der Stadtplanung und im sozialen Bereich. Die SPD-Stadtratsfraktion legte dazu, abgestimmt mit OB Kronawitter, bereits am ersten Amtstag 30 Anträge vor.

Es handelte sich hierbei »fast durchweg um Forderungen, welche die Genossen bereits in den letzten sechs Jahren gestellt hatten, die aber von der CSU-Mehrheit abgeschmettert wurden«[572]. Die meisten dieser Pläne mußten deshalb von Kronawitter und der SPD ohne Hilfe der CSU, dem Bündnispartner bei der Bürgermeisterwahl, realisiert werden. Der Vorsitzende der Stadtratsfraktion der SPD, Dietmar Keese, kündigte an, daß man sich andere Mehrheiten suchen müsse, und das bedeutete im Klartext bei den Grünen oder der F.D.P.

Die wichtigsten Änderungen, die Kronawitter und die SPD-Stadtratsfraktion nun verlangten, waren: Die Tramlinien 16 und 17 sollten wieder fahren. Der Ausstieg der Stadt aus dem Atomprojekt Ohu würde versucht und ein neues Energiekonzept für München vorgelegt. Bauunternehmer Josef Schörghuber sollte seinen Gewinn aus der umstrittenen Baulandtransaktion in Zamdorf zurückzahlen.[573]

Mit Erhaltungssatzung, Vorkaufsrecht und Zweckentfremdungsverordnung sollten Wohnungsspekulationen und Umwandlungen verhindert werden. Ein Programm für die sogenannten »Wohnstraßen« (Isabellastraße, Edelweißstraße) sollte erstellt werden. Allacher Forst, Truderinger Wald und Behrpark müßten freigehalten werden.

Ferner sollte die Polizei die »Schwarzen Sheriffs« in den U-Bahnhöfen ablösen, die »Zwangsarbeit« für Sozialhilfeempfänger abgeschafft und die Stadtteilkultur neu belebt werden. München sollte zur »atomwaffenfreien Zone« erklärt werden. Außerdem sollten eine Gleichstellungsstelle für Frauen (mit einer Frau an der Spitze) und die Stelle eines unabhängigen Datenschutzbeauftragten geschaffen werden.[574]

Die Grünen und auch die F.D.P. sagten mit eigenen Anträgen einem Teil der SPD-Forderungen sofort ihre Unterstützung zu.

Noch während des Wahlkampfes war ein Rechtsstreit zwischen Kiesl und Kronawitter um das sogenannte »Baulandgeschenk« vor einer Zivilkammer des Landgerichts München I durch einen salomonischen Vergleich beendet worden. Danach durfte Kronawitter zwar weiter behaupten, sein politischer Gegner und die CSU-Mehrheitsfraktion im Münchner Stadtrat hätten Josef Schörghubers »Bayerischer Hausbau« 1981 ein »Baulandgeschenk von rund 20 Millionen Mark zukommen lassen«. Kronawitter mußte jedoch einschränkend zu Protokoll geben, daß er mit seiner Äußerung keine rechtliche, sondern nur eine politische Wertung vorgenommen habe.

Den »Skandal« hatte Kronawitter im Verkauf von rund 60 000 Quadratmeter städtischen Bauerwartungslandes in Daglfing/Berg am Laim zu 230 Mark pro Quadratmeter gesehen. Nur zwei Jahre später sei das Bauland dann für 930 Mark weiterverkauft worden, erklärte Kronawitter-Anwalt Christian Ude: »Das übertrifft alles, was wir uns vorgestellt haben. Wir haben es erst durch diesen Rechtsstreit erfahren.«[575]

Kronawitter wertete den Ausgang des Gerichtsverfahrens als »erfreulich für die Gemeindepolitik«. Und weiter: »Echte Skandale lassen sich eben nicht unter den Teppich kehren.« Er kündigte als Konsequenz an, jetzt müsse sich die Regierung von Oberbayern erneut einschalten, damit »für die Stadt die 20 Millionen zurückgeholt werden können«[576].

Dagegen bedurfte das fragliche Grundstücksgeschäft mit der Bayerischen Hausbau nach Ansicht der CSU keiner Genehmigung der Aufsichtsbehörden, da es im Rahmen des Wohnraumbeschaffungsgesetzes erfolgt war. Kiesl-Anwalt Georg Romatka argumentierte: »Zu Kronawitters Amtszeit lag der Wohnungsbau beispiellos darnieder.« So seien 1973 noch 1466 Wohnungen in München errichtet worden, im folgenden Jahr nur noch 691 und 1979, als zwar die CSU schon die Stadt regierte, aber noch das von der SPD Übernommene abgewickelt habe, sei die Zahl gar auf 405 gesunken.[577] »Es war höchste Zeit, daß etwas geschah.«[578]

Unter der Überschrift »Kronawitter auf dem Rückzug« hatte OB Kiesl noch in seiner Amtszeit in einer Pressemitteilung den Ausgang der Auseinandersetzung für sich als Sieg gewertet: »Damit wurden die unqualifizierten Vorwürfe gegen integere städtische Bedienstete in vollem Umfang ausgeräumt.« Gleichzeitig hatte Kiesl seinen Gegner aufgefordert, »ähnlich unseriöse Kampagnen künftig zu unterlassen«. Es sei Kronawitter unbenommen, sich durch sogenannte »politische Wertungen« auf seine Art als Wahlkämpfer zu qualifizieren[579].

Anwalt der Schwächeren: »Ich lese jeden Brief«

Bei der offiziellen Amtsübergabe am 3. Mai 1984 erhielt der neugewählte Münchner Oberbürgermeister die Amtskette nicht – wie bislang üblich – feierlich von seinem Amtsvorgänger umgehängt. Erich Kiesl drückte vielmehr nach seiner Ansprache die Schachtel mit der Amtskette Georg Kronawitter einfach in die Hand. Ein »offizieller Händedruck« wurde erst später auf ausdrückliches Bitten der Photographen nachgeholt.[580]

In seiner Antrittsrede legte Kronawitter seine Vorstellungen einer »sozial motivierten und umweltbewußten« Erneuerung der Stadtpolitik dar. Unter dem Motto »Für eine solidarische Stadtgemeinschaft« mahnte er, nicht blind zu sein gegenüber gesellschaftspolitischen Entwicklungen und Gefährdungen wie Arbeitslosigkeit, »neue Armut« und dem Auseinanderrücken der Lebenswelten von älteren und jüngeren Menschen.[581]

Der »rote Schorsch« verwies darauf, daß er schon 1972 vor einer Stadtpolitik gewarnt hatte, in der der Entwicklung von Ökonomie und Technik zu einseitig Raum gegeben werde. Überall seien die Grenzen näher gerückt und deswegen könne und dürfe der neue Stadtrat und der neue Oberbürgermeister keine »Denkmäler neuer Rekorde« setzen.[582]

Kronawitter kündigte gleichzeitig an, daß die Münchner Stadtpolitik vor allem entschlossen und erkennbar Anwalt jener werden müsse, die es »schwerer haben« als andere. Außerdem müsse nicht mehr »ein nur nachtrauernd reparierender Umweltschutz, sondern verantwortungsbewußter Umgang mit den Ressourcen und Rücksicht auf die Natur« die kommende Amtsperiode bestimmen. Weiter erklärte er, daß er der »durchaus möglichen Entwicklung zu einer Zwei-Drittel-Gesellschaft«, in der hohe Arbeitslosigkeit und eine neue Armut für Teile der Bevölkerung sowie die Ausgrenzung von Ausländern und Randgruppen hingenommen werde, gegensteuern wolle.[583]

Zum Schutz der Mieter, so Kronawitter, müßte man »alle dafür geeigneten Instrumente bis an die Grenze der Legalität« nutzen.[584]

Vor dem Hintergrund des Kampfes um die Posten der beiden weiteren Bürgermeister, stieß Kronawitters Bemerkung zur »Solidarität mit den Frauen« auf großes Interesse. Dazu gehöre »mehr als nur eine Gleichstellungsstelle«, die die SPD einrichten wolle. Es gehöre auch die Bereitschaft dazu, in allen Alltagsentscheidungen zu berücksichtigen, daß Gleichberechtigung gleiche Chancen zur Grundlage haben muß. Mit auf die Stadträtin Edith von Welser (SPD) gerichtetem Blick sagte er, es gehöre auch eine Bürgermeisterin dazu – »das haben wir noch nicht geschafft«[585]. Grundsätzlich müsse die Stadt München dem Schwächeren beistehen, wenn sie von Stärkeren »übervorteilt« oder »überrumpelt« werden. Gefragt seien in den nächsten Jahren soziales Gewissen und mitmenschliche Verantwortung und nicht die »Verklärung der Ellenbogengesellschaft«.

Demgegenüber machte die Ansprache des CSU-Fraktionsvorsitzenden Erich Kiesl bereits deutlich, daß es Kronawitter in den nächsten sechs Jahren mit seinen politischen Vorstellungen nicht allzu leicht haben würde: »Das Angebot für eine Allianz der Vernunft ist kein Angebot zur Pannenhilfe. Es ist kein Angebot nur für Notfälle, keine Straßenwacht, um eine verfahrene Politik wieder flott zu machen.« Es gehe nicht an, meinte Kiesl, daß Wohltaten mit der einen Mehrheit, die Notwendigkeiten aber mit einer anderen Mehrheit angestrebt werden.[586]

Kronawitter hielt eine besondere Sensibilität der Stadtspitze für Bürgeranliegen für dringend geboten: »Ich lese jeden Brief, der an mich persönlich gerichtet ist, selbst und vermerke, wie die Verwaltung zu verfahren hat. Damit bekomme und behalte ich einen Überblick über die Sorgen und Nöte, die den Bürger besonders bedrücken. Ich möchte ein Seismograph für alle Bürgeranliegen bleiben, auch wenn ich aufgrund der Fülle der Anliegen vielfach beim besten Willen nicht helfen kann.«[587]

»Wer seinen persönlichen Profit auf das Leid anderer Mitbürger gründen will, wird bei mir kein augenzwinkerndes Verständnis für seine Geschäftstüchtigkeit finden, sondern erleben, daß ich für die Betroffenen Partei ergreife. Ein Oberbürgermeister, der für alle dasein will, darf nicht zulassen, daß das große Geld, gute Beziehungen oder starke Ellbogen andere an die Wand drücken.«[588]

Der »rote Schorsch« erkannte aber auch, daß die neue Zusammensetzung des Stadtrates für ihn als Oberbürgermeister eine größere Anstrengung erfordere und zog deshalb den folgenden Vergleich: »Ich werde wohl öfter daran denken müssen, den Stadtrat so zu führen wie eine verständnisvolle Ehefrau ihren Mann führt: Sie überfordert ihn nicht, geht auf seine Wünsche ein, versucht, sein Vertrauen zu behalten und gibt ihm dort, wo sie ihre eigenen Vorstellungen durchsetzen kann, auch noch das Gefühl, er habe es so gewollt.«[589]

Auch bei seinem ersten offiziellen Pressetermin sprach sich das neue Stadtoberhaupt für ein faires Verhalten im Stadtrat und gegen jede Gängelung der Referenten aus. Unmißverständlich machte Kronawitter weiter deutlich, daß er vom Presse- und Informationsamt künftig eine »sachliche Darstellung der Stadtpolitik ohne wertendes und parteipolitisches Beiwerk« erwartete. Im Gegensatz zu seinem unmittelbaren Amtsvorgänger legte er keinerlei Wert darauf, durch »schmückende Worte« besonders herausgestellt zu werden. Kronawitter betonte, daß, wenn er politisch etwas zu sagen habe, dies dann persönlich tue.[590]

Gleich zu Beginn seiner zweiten Amtszeit hatte Kronawitter eindringlich die Motive seiner Vorhaben erläutert, die er unter das Generalthema »Für eine sozial motivierte Stadtpolitik« setzte: »Die neue Stadtpolitik muß die Rekorde in den Steigerungen der Belastung für die Menschen wieder in den Griff bekommen, zu verringern suchen, erträglicher machen.«[591]

Die neue Mannschaft mit einem Mann fürs Grobe

Im Rathaus-Direktorium kam es zunächst nur dort zu personellen Änderungen, wo eine besonders vertrauensvolle Zusammenarbeit notwendig war. So übernahm die Leitung des Direktoriums wieder Gernot Riedl (SPD), der Kronawitter schon während seiner ersten Amtszeit ebenso loyal wie hilfreich zur Seite gestanden und von Erich Kiesl in die Rechtsabteilung des städtischen Werkreferats umgesetzt worden war.

Als persönlichen Referenten wählte Kronawitter den SPD-Fraktionsassistenten Gerd Peter.[592] Aufgrund seines engen Kontaktes zur Fraktion und seines herablassenden Auftretens wurde er als »unangenehmer Filter« zum OB empfunden und es dauerte nicht lange, da ging ihm der Ruf eines »Mannes fürs Grobe« voraus.

Für Kiesls Direktoriumschef Manfred Wutzlhofer, der vormals in der Pressestelle des bayerischen Innenministeriums tätig gewesen war, wurde eine angemessene Stelle bei der Münchner Messegesellschaft (MMG) gefunden. Neuer Leiter des Büros des Oberbürgermeisters wurde völlig unerwartet zunächst Rudolf Mailer (SPD), der in vergleichbarer Funktion bei den ehemaligen Bürgermeistern Eckhart Müller-Heydenreich (SPD) und Winfried Zehetmeier (CSU) viel Erfahrung hatte sammeln können.[593] Bereits nach kurzer Zeit wurde er jedoch von Dr. Wilfried Blume-Beyerle abgelöst.

Dieser, zunächst als Übergang gedachte, Wechsel erwies sich für Kronawitter als großer Glücksfall, da er nun neben dem absolut loyalen, und ihm auch persönlich verbundenen Gernot Riedl (SPD) über einen intellektuellen parteilosen Mitarbeiter verfügte, der die Chance seiner Beamtenlaufbahn erkannte. Obwohl von völlig unterschiedlichem Naturell und Charakter, hielt diese Besetzung die gesamte Wahlperiode. Natürlich kam es zu den üblichen »Machtkämpfen« zwischen dem Büroleiter und dem Stadtdirektor des Direktoriums. Blume-Beyerle vermied es jedoch geschickt, Riedl und damit möglicherweise auch Kronawitter gegen sich aufzubringen. Nach Riedls Ausscheiden fiel Blume-Beyerle die wichtige Stadtdirektorenstelle praktisch in den Schoß. Kronawitter, der gerne Gesichter und Ratgeber um sich wußte, an die er sich gewöhnt hatte, sah ihn als die einzig mögliche Besetzung. entwickelte sich so immer mehr zur »grauen Eminenz«.

Außerdem kam noch Willi Hoegner, ein Enkel des früheren bayerischen Ministerpräsidenten Dr. Wilhelm Hoegner (SPD) in das unmittelbare Team von Kronawitter.[594]

Die Zeit der eindeutigen Mehrheiten war vorbei. Die Machtverhältnisse im Rathaus zwangen den OB in seiner Amtszeit von Anfang an zu taktieren und gelegentlich auch zum Lavieren. Was zur Folge hatte, »daß Kronawitters Regierungsstil nicht die Züge starker Entschlossenheit« trug. »Für Kiesl war's leichter«, meinte die Abendzeitung und fuhr fort: »Da dem jetzigen Rathaus-Chef geschliffene Brillanz und dynamischer Schwung nicht unbedingt zu Gebote stehen, hat es Kronawitter schwer, die tägliche Kärnerarbeit als glanzvolles Erfolgsstück zu verkaufen. Seine Fähigkeiten zuzuhören, sein Wunsch, alles auszudiskutieren, wird leicht als ›Führungsschwäche‹ verstanden.«[595]

Keine Ruhe beim »20-Millionen-Baulandgeschenk« für Schörghuber

Die ersten konkreten Weichenstellungen kündigte Kronawitter bei seinem Lieblingsthema Trambahn und bei den Bemühungen um die Rettung des Allacher Forstes an. Straßenbahnzüge der Linie 16 sollten bereits mit Beginn des Sommerfahrplans wieder zum Waldfriedhof fahren.[596] Keine Ruhe sollte es auch in dem Streit um das sogenannte »20-Millionen-Baulandgeschenk« für Josef Schörghuber geben. Falls man sich nicht einigen konnte, wollte er alle rechtlichen Möglichkeiten ausschöpfen.[597]

Im Mai 1984 kündigte der OB ferner an, daß im Rathaus eine eigene Projektgruppe gebildet werde, die künftig drohenden Luxussanierungen nachgehe: »Der Spekulation wird kräftig auf die Finger geklopft, wo immer Recht und Gesetz es zulassen.«[598]

»100 Tage Oberbürgermeister-Politik mit einer neuen Mehrheit«, formulierte Kronawitter Anfang August die Lage bei seinem Rückblick auf die ersten Monate seiner zweiten Amtszeit. Nachdem Kiesl dem Stadtoberhaupt vorgehalten hatte, daß »Hahnzog regiert« und »Kronawitter nur repräsentiert« habe, erwiderte der Angegriffene, daß es »im Gegensatz zu Herrn Kiesl in den ersten drei Monaten meiner Amtszeit keinen Skandal, nicht einmal eine Affäre gegeben hat«. Er verwies außerdem auf Einsparungen in seiner unmittelbaren Umgebung: Durch Stellensenkungen und Einsparungen würden im OB-Bereich jährlich 200 000 Mark, bei der Öffentlichkeitsarbeit für den Oberbürgermeister weitere 250 000 Mark weniger ausgegeben.[599] Jetzt würde auch niemand mehr bevorzugt. So sei die Verlegung eines Großmarktes an die Heidemannstraße bereits von der SPD verhindert worden: »Warum soll einigen Finanzstarken vom Stadtrat mehr gegeben werden als anderen?«[600]

Für die CSU sprach Zöller Kronawitter den guten Willen nicht ab: »Der gute Wille allein genügt nicht. Der OB darf sich nicht darauf beschränken, Sitzungen zu leiten. Er muß seine Führungsfunktion als Chef der Verwaltung endlich wahrnehmen. Die Verwaltung ist tief verunsichert. Sie weiß nicht, ob Stadtratsbeschlüsse weitergelten.«[601]

Horst Haffner bezeichnete die 100 Tage Kronawitters aus der Sicht der F.D.P. als »ein einziges Spektakel. Einerseits paktiert die SPD mit den Grünen, braucht sie Mehrheiten, so macht sie gemeinsame Sache mit der CSU. Kronawitter spielt den Geduldigen, von Parteiinteressen Unabhängigen und schiebt dabei wichtige Entscheidungen auf die lange Bank. Die Verwaltung ist dadurch verunsichert. Hahnzog bestimmt im Hintergrund die eigentliche politische Linie – weit links von Kronawitter.«[602]

Von den Grünen bestätigte Joachim Lorenz, daß »Kronawitter einen äußerst geschickten Part spielt. Er hat seine Partei fest in der Hand und setzt seine Politik durch, die großen Teilen der SPD und auch uns gegen den Strich läuft. Das ist für uns auch der Hinderungsgrund, mit der SPD kontinuierlich zusammenzuarbeiten. Der OB versucht uns permanent zu schulmeistern. Andererseits werden wir dann wieder als Mehrheitsbeschaffer gebraucht.«[603]

»Außerordentlich positiv beeindruckt von dem neuen Stil im Rathaus« zeigte sich dagegen der SPD-Fraktionschef Keese. Der Umgangston sei jetzt freundlich, der OB mit Rathausneulingen nachsichtig und Neuerungen und Vorschlägen gegenüber zugänglich. Kronawitter veranlasse in der SPD die entscheidenden Dinge: »Er ist ein recht eigensinniger Mensch und nicht immer ein bequemer OB. Auch nicht gegenüber der SPD.«[604]

Das Ausbrechen neuer Flügelkämpfe in der Münchner SPD bezeichnete Kronawitter »als Wunschvorstellung der CSU«, dagegen bereite ihm die riesige Flut von Stadtratsanträgen und Anfragen zunehmend Sorge. Allein in den ersten drei Monaten der neuen Amtszeit seien 279 Begehren der ehrenamtlichen Stadträte eingegangen, die es der Verwaltung unmöglich machen, den Wünschen innerhalb der normalen Frist gerecht zu werden. Die Kommunalbehörde sei damit »überfordert«[605].

Deutlich ließ das Stadtoberhaupt durchblicken, daß er bereits Überlegungen anstelle, sich von einigen der fünf CSU-Referenten zu trennen: »Es ist die Aufgabe der Referenten, nicht Politik zu machen, sondern Beschlüsse des Stadtrats umzusetzen. Und diese Beschlüsse seien eben von der neuen Mehrheit.« Kronawitter betonte aber, daß er Wert auf eine »kooperative Zusammenarbeit« lege, die er auch mit seinen Bürgermeisterkollegen Winfried Zehetmeier (CSU) und Klaus Hahnzog (SPD) pflege. »Die Parteipolitik bleibt dabei draußen vor der Tür.«[606]

Zu der Verärgerung hoher Militärs, die Hahnzog in seiner Vertretung durch ein umstrittenes Ludwig-Thoma-Zitat vor NATO-Offizieren herbeigeführt hatte, meinte Kronawitter nachsichtig: »Nicht jeder hat das Talent, gleich den richtigen Ton zu finden.« Und weiter, nachdem Hahnzog schon einmal durch für die Stadtverwaltung als unpassend empfundene Worte Mißstimmung erzeugt hatte: »Ich glaube, daß Hahnzog aus diesen Vorfällen gelernt hat.«[607]

Wegen der neuen Baupolitik der SPD kam es im Juli zu einem ersten offenen Konflikt zwischen dem OB und seiner Fraktion. Kronawitter stimmte bei dem Bebauungsplan für eine Haderner Wohnanlage mit CSU und F.D.P. und brachte dadurch seinen Genossen im Planungsausschuß eine Abstimmungsniederlage bei.[608] Völlig überraschend vollzog er dann aber eine »Wende« und schwenkte in der folgenden Vollversammlung wieder auf die Linie seiner Partei ein.[609]

Überrascht und verwundert zeigte sich Kronawitter am 3. September 1984 nach seiner Rückkehr aus dem Urlaub über einen Zeitungsartikel, er habe sich mit dem Bau- und Braulöwen Josef Schörghuber versöhnt: »Dieser Bericht entbehrt jeder Grundlage und entspricht in keiner Weise den Tatsachen«, erklärte er. In Wahrheit sei bis heute keine Einigung zwischen ihm und Schörghuber in Sachen »Baulandgeschenk« erzielt worden. An seiner bekannten Einstellung in dieser Sache habe sich nichts geändert.[610]

Ehekrach nach Elefantenhochzeit: Der städtische Haushalt 1985

Während der städtischen Haushaltsdebatte im November 1984 entwickelte sich im Münchner Rathaus aufgrund der knappen Mehrheitsverhältnisse ein regelrechtes Tauziehen um den OB. Jeder der Hauptkontrahenten im Streit um den Haushaltsplan 1985 wollte »ihn als Galionsfigur am Bug der so schwer manövrierbaren Haushaltsgaleere sehen«[611].

SPD und Grüne wollten 175 Millionen Mark der städtischen Beteiligung am Kernkraftwerk Ohu aus dem Jahresinvestitionsprogramm streichen. Da machte die CSU nicht mehr mit.[612]

Der grüne Stadtrat Welsch erinnerte Kronawitter in der Haushaltsberatung an »Äußerungen aus Ihrem Munde vor nicht allzu langer Zeit, die ich damals mit Respekt vernommen habe, die sich aber heute als bloßes Wahlkampfgetöse entlarven. Im Gegensatz zu Ihrer Partei und den SPD-Fraktionen, deren lockeres Verhältnis zu Neuverschuldungen auf Bundes- oder Münchner Ebene ihre Unterbelichtung in finanzpolitischen Haushaltsfragen dokumentiert, haben Sie im Oktober des vergangenen Jahres heftige Kritik an der Verschuldungpolitik der letzten Amtsperiode geübt und ihren Vorgänger als den größten Schuldenmacher der Stadtgeschichte bezeichnet. Heute setzen Sie – ich darf Sie noch einmal zitieren – den ›Husarenritt in eine explodierende Verschuldung‹[613] fort. Der geschärfte Blick des Wahlkämpfers Kronawitter dafür, daß die Stadt bald finanzpolitisch mit dem Rücken an der

Wand stünde, ist dem Oberbürgermeister Kronawitter im Nebel der Bindungen einer Großen Koalition zum Schaden für diese Stadt abhanden gekommen.«[614]

Kronawitter mußte hartnäckiger bei der CSU als bei der SPD um die Zustimmung zu einem Stadthaushalt ringen, dessen Grundkonzeption noch in der Kiesl-Amtszeit entstanden war. Als sich Kronawitter und die SPD wieder erwarten schließlich doch noch zu einem Kompromiß zusammenrauften, stahlen sie »der CSU die Schau«[615].

Der Münchner Stadtanzeiger meinte zum Haushalt: »Mehr Schulden oder weniger Schulden, Arbeitsplatzsicherung und Erhaltung der Wirtschaftskraft oder Freihaltung unbebauter Flächen – oder wie oder was? Und das alles mit Kronawitter? Man darf raten.«

Noch kein Paktieren mit den Grünen

Deutlicher als jemals zuvor in der Öffentlichkeit ging Kronawitter am 11. Dezember 1984 im Münchner Presseclub mit den Grünen ins Gericht. Er billigte ihnen zwar noch »ein paar Jahre Narrenfreiheit« zu, aber auf die Dauer könnten sie sich »nicht aus der politischen Verantwortung stehlen, wie ein Schwarzfahrer aus einer überfüllten U-Bahn«. Angesichts schwerwiegender politischer Probleme seien heute von den Parteien konkrete Entscheidungen gefordert.[616]

Nach der Hamburger Bundesversammlung der Grünen müsse man jetzt auch in München beobachten, wie es mit den Grünen weitergehe: »Die können noch ein paar Jahre einfach machen, was sie wollen. Sie werden gewählt, weil viele damit gegen die Versäumnisse der etablierten Parteien protestieren. Aber diese Narrenfreiheit hat auch ihre Grenzen. Auf Dauer kann niemand von den Fehlern anderer leben, ohne selbst politische Mitverantwortung zu übernehmen. Irgendwann wird es die Wähler schon interessieren, was diejenigen eigentlich bewirkt haben, denen sie ihre Stimme gegeben haben.«

Keinerlei Verständnis zeigte Kronawitter für das Argument, die Grünen würden zumindest die richtigen Fragen stellen, wenn sie auch nicht immer gleich mit den richtigen Lösungen aufwarten könnten: »Die SPD hat sich schon mit Umweltschutzfragen auseinandergesetzt, als die heutigen Grünen noch Hemd und Hose an einem Stück getragen haben. Es kommt nicht nur auf die Fragen an. Die Parteien sind in erster Linie verpflichtet, vernünftige Antworten zu geben und nicht im Ausstieg und der Romantik das Heil zu suchen.«[617]

Der »rote Schorsch« attestierte den Grünen, oft »freundliche Aussagen« zu machen, aber schließlich würden sie damit noch gar nichts bewirken. Er brachte es auf die griffige Formel »Entweder Mitverantwortung oder Abstieg«. Aber eine »Fundamentalopposition sei nicht nur nicht bereit, sondern gar nicht fähig, politische Verantwortung zu übernehmen.«[618]

Solange die Auseinandersetzung zwischen »Fundamentalos« und »Realos« bei den Grünen andauere, könnten sie, so Kronawitter, weder auf Bundes- noch Landesebene zu einem Partner der SPD werden. Er fragte: »Wo wären wir hingekommen, wenn wir uns in München auf eine enge Zusammenarbeit mit den Grünen eingelassen hätten?« Der Stadtrat sei ein »offenes System« und alle in diesem Gremium vertretenen Parteien müßten nach gemeinsamen Lösungen suchen. Obwohl es zwischen der SPD und den Grünen nach Ansicht Kronawitters Übereinstimmung in Einzelfragen gäbe, stellte er zusammenfassend fest: »Ein Paktieren ist dies noch lange nicht!«[619]

Einer Umfrage zufolge war Ende 1984 jeder zweite Münchner mit seiner Stadtspitze zufrieden. Die Regierung von Oberbayern bestätigte als Aufsichtsbehörde dem Haushalt für 1985 »Konsolidierung bei gleichzeitiger Stabilität und hohem Investitionsniveau«[620]. Kronawitter selbst räumte ein, daß sich zwar in den ersten acht Monaten seiner Amtszeit nichts ereignet habe, das in das »Guinness-Buch der Rekorde« eingehen werde, doch habe er unter Wahrung der Kontinuität insbesondere in den

Bereichen Grün-, Wohnungs- und Sozialpolitik »Kurskorrekturen« deutlich machen können.[621]

Befürchtet wurde aber, daß durch allzuviele bequeme Kompromisse der kommunalpolitische Schwung verloren geht und »die lange Bank zum bleibenden Ablageplatz für heikle Probleme« wird.

Es wurde aber auch bereits der Vorwurf erhoben, daß durch politische Reizthemen wie »atomwaffenfreie Zone« oder »Gleichstellungsstelle für Frauen« von den eigentlichen Problemen der Münchner Bevölkerung wie zum Beispiel bezahlbaren Mieten abgelenkt werden soll.[622]

So galt Kronawitter für Münchens Industrie, Handel und Handwerk inzwischen kalkulierbarer als der CSU-Fraktionsvorsitzende Kiesl, der bereits geäußert hatte, er sehe seine Zukunft nicht mehr im Münchner Rathaus.[623]

Machtkampf mit Hahnzog: »Krampus für die Rechten«

Hahnzog, der als ehemaliger Staatsanwalt und Richter sowie wissenschaftlicher Mitarbeiter des Bundesverfassungsgerichts der Verwaltungskunst und den kommunalpolitischen Fähigkeiten Kronawitters sehr kritisch gegenüberstand, versuchte schon im ersten Jahr als sein Vertreter im Rathaus die Fäden zu ziehen. Obwohl ihm ganz bestimmte Sachgebiete zugewiesen worden waren, und sich der Oberbürgermeister die letzte Entscheidung vorbehalten hatte, hagelte es deshalb schon bald Beschwerden der berufsmäßigen Stadträte und der verunsicherten Verwaltung. Der Tenor war einmütig: Hahnzog regiere als Anführer des linken SPD-Flügels wie ein »Krampus« für das Grobe und die Rechten in die Amtsgeschäfte der Referenten hinein.[624]

So beschwerte sich Sozialreferent Hans Stützle (CSU): »Er verlangt von mir, daß ich eine Vorlage über Sozialwohnungen in den Stadtrat bringe, die ich für falsch hielt.« Der parteilose Werkreferent Schmidhuber warf Hahnzog vor: »Ohne unser Wissen hat er drei Gutachten über die Stadtwerksbeteiligung am Kraftwerk Ohu II bestellt.« Der Chef der gemeinnützigen städtischen Wohnungsbaugesellschaft GWG, Otto Haberstock, wurde von Hahnzog aufgefordert, eine Räumungsklage gegen einen Mieter fallen zu lassen und Kreisverwaltungsreferent Dr. Peter Gauweiler verwahrte sich dagegen, daß »Dr. Hahnzog sich in das Ausweisungsverfahren gegen einen türkischen Urkundenfälscher eingemischt hat«[625].

Als dieser »Machtkampf im Rathaus« auch nach außen drang und die Presse darüber berichtete, konnte sich Kronawitter das Verhalten Hahnzogs nicht weiter bieten lassen. In einem Schreiben an den 3. Bürgermeister stellte er nach rechtlicher Prüfung fest, daß nach Artikel 39 der Bayerischen Gemeindeordnung nur der Oberbürgermeister eine Weisungsbefugnis gegenüber den Referenten habe. Die aufgebrachten städtischen Referenten aber beruhigte er: »Die beiden Bürgermeister haben Ihnen gegenüber keine Weisungsbefugnis. Herr Zehetmeier braucht sie nicht und Herr Hahnzog kriegt sie nicht.«[626]

Auf dem Nockherberg mit Hahnzog (li.) und Zehetmeier.

Ehemaliger SPD-Parteisekretär als Revisionsprüfer

Mit welchen Mitteln und Methoden Kronawitter das sogenannte »20-Millionen-Baulandgeschenk« der Landeshauptstadt an den von ihm an den Pranger gestellten Baumulti Schörghuber verfolgte, zeigt die Bestellung von Gerhard Pollner zum Sonderprüfer des städtischen Revisionsamtes.

Pollner war vor 1972 Sekretär (d. h. Geschäftsführer) des Münchner SPD-Unterbezirks am Oberanger und u. a. für den OB-Wahlkampf von Kronawitter als Nachfolger von Dr. Vogel zuständig. Pollner ging dann als persönlicher Mitarbeiter mit Vogel in das Bundesministerium für Städtebau, Bauwesen und Raumordnung nach Bonn.[627]

Nach seiner Rückkehr in die Landeshauptstadt erhielt Pollner eine Anstellung bei der Münchner Stadtverwaltung. Er war von 1984 bis 1988 in der Prüfgruppe DS – Sonderprüfungen des Revisionsamtes beschäftigt. In dieser Funktion erteilte der »rote Schorsch« seinem ehemaligen Wahlkampfhelfer und Parteifreund den politisch delikaten »Bauland-Prüfungsauftrag«.

Pollner versuchte, vor allem den städtischen Beamten im Kommunalreferat Fehler und unrechtes Handeln nachzuweisen. Seine einseitige Art, den schwierigen Vorgang in dem Revisionsbericht vom 28. Juni 1985 zu untersuchen und darzustellen, wurde vor allem von Stadtdirektor Dr. Konrad Roos vom Kommunalreferat in der Sitzung des Rechnungsprüfungsausschusses vom 5./6. November 1985 ganz entschieden zurückgewiesen.[628]

Ursprünglich als Nachfolger des Leiters des Revisionsamtes im Gespräch, wurde Pollner nach dem Bericht 1988 in die Verwaltung des städtischen Krankenhauses Schwabing versetzt. Dort wurde er Verwaltungsleiter. Während alle anderen Verwaltungsleiter städtischer Krankenhäuser am 1. Juli 1993 aufgrund einer Reform und Neuausschreibung dieser besoldungsmäßig erheblich verbesserten Positionen verabschiedet wurden, gelang es Pollner, erneut Verwaltungsdirektor in Schwabing zu werden.[629]

Der Leiter des Revisionsamtes Franz Kratzer konnte bei dem »20-Millionen-Bauland-Geschenk« nur durch den nachstehenden Vergleich eine Verurteilung abwenden:

Geschäftsnummer:
9 0 21594/85

PROTOKOLL

aufgenommen in öffentlicher Sitzung der [X] 9 Zivilkammer
[ ] ____ Kammer für Handelssachen

des Landgerichts München I

Gegenwärtig: Vorsitzender Richter am LG Hilger als Vorsitzender –
Richter am LG Wagner und Richter am LG Hecker als Beisitzer,
Justizangestellte Schuster als UrkB. der Geschäftsstelle.

München, den 4. Juni 1986

In Sachen

Schörghuber Josef, Denninger Str. 169, 8000 München 81
vertreten durch Rechtsanwälte Walter Glock und Kollegen, Marienplatz 26, 8000 München 2 — Klagepartei

gegen

1) Kratzer Franz, Leitender Verwaltungsdirektor, Leiter des Revisionsamtes der Landeshauptstadt München, zu laden bei dieser, Bayerstraße 28, 8000 München 1
vertreten durch Rechtsanwälte Dr. Otto Gritschneder und Partner, Possartstraße 14, 8000 München 80 — Bekl. zu 1)

2) Landeshauptstadt München, ges. vertr. d. d. Oberbürgermeister Georg Kronawitter, Marienplatz 8, Rathaus, 8000 München 2
vertreten durch Rechtsanwälte Dr. Jürgen Flasnoecker und Partner, Residenzstraße 7, 8000 München 2 — Bekl. zu 2)

wegen
Unterlassung u. a.
erschien nach Aufruf der Sache

Für die Klagepartei: Rechtsanwalt Th. Grundmann

Für den Beklagten zu 1): Der Beklagte zu 1) persönlich mit Rechtsanwalt Dr. Otto Gritschneder
Az. 26-85-512 26-10
– Schrankfach 100 –

Für die Beklagte zu 2): Rechtsanwalt Dr. Hans-Werner Hürholz

- 2 -

Mit den Parteivertretern wird die Sach- und Rechtslage besprochen.

Nach Hinweisen und auf Vorschlag des Gerichtes schließen die Parteien folgenden bedingten

V e r g l e i c h

I. Zamila-Park: Die Beteiligten stellen klar.

Durch Presseveröffentlichungen über die Sitzungen des Städt. Rechnungsprüfungsausschusses im Herbst 1985 war der Eindruck entstanden, als habe Herr Josef Schörghuber mit dem ehemaligen OB Erich Kiesl während dessen Amtszeit im Vorfeld des Grundstücksgeschäftes Zamila-Park persönliche Gespräche geführt.

Um diesem möglicherweise fortwirkenden Eindruck zu begegnen, haben die Vertreter der Landeshauptstadt München (Revisionsamt) und des Herrn Schörghuber ein klärendes Gespräch geführt. Die Beteiligten gehen nunmehr davon aus, daß solche Unterredungen zwischen Herrn Schörghuber und Herrn Kiesl nicht stattgefunden haben. Auch der Brief des Herrn Schörghuber vom 15. November 1979 belegt solche unmittelbaren Gespräche nicht.

II. Der Kläger ist berechtigt, von Ziffer I der Presse gegenüber Gebrauch zu machen.

- 3 -

III. Der Kläger trägt die Kosten des Beklagten zu 1).
Im übrigen tragen die Parteien ihre außergerichtlichen Kosten.
Die Gerichtskosten werden vom Kläger und der Beklagten zu 2) hälftig getragen.

IV. Den Parteien bleibt es vorbehalten, diesen Vergleich bis spätestens 18. Juni 1986 zu widerrufen.

- vorgelesen und genehmigt -

Die Parteivertreter erklären sich mit schriftlicher Entscheidung einverstanden.

. . . . .

Der Vorsitzende: Die Urkundsbeamtin:

Hilger
Vors. Richter am LG

Schuster
Justizangestellte

Der Vergleich wurde nicht widerrufen

Zivilkammer

Weiterer Millionenstreit mit Schörghuber

Noch während der OB unverdrossen um die angeblich der Stadt zustehenden 20 Millionen Mark aus dem umstrittenen Zamdorfer Grundstücksgeschäft mit Schörghuber kämpfte (»erstes Baulandgeschenk«), brach zwischen den beiden Kontrahenten ein neuer Millionen-Streit aus, in dem es um ein rund 70 000 Quadratmeter großes Grundstück auf dem alten Schießplatzgelände an der Heidemannstraße in Freimann ging, auf dem eine neue »Gartenstadt« gebaut werden sollte, deren Vorgeschichte fünfzehn Jahre zurücklag.[630]

Schon 1970 hatte der Bund als Eigentümer des Schießplatzgeländes vier Bauträgern, darunter auch Schörghubers Bayerischer Hausbau, eine Option (Anwartschaft) auf die spätere Bebauung des Areals gewährt. Damit der vorgesehene Niedrigpreis von 235 Mark pro Quadratmeter (für den sozialen Wohnungsbau sogar nur 165 Mark) rechtlich abgesichert werden konnte, war die Landeshauptstadt München 1981 als Zwischenkäufer eingetreten. Ein unmittelbarer Verkauf an Private hätte den Bund aus haushaltsrechtlichen Gründen gezwungen, mehr zu verlangen.[631]

In der Folgezeit fügten sich drei Firmen der Vorgabe, Sozialwohnungen zu bauen, und erhielten dafür ihren Grundstücksanteil für 306 Mark pro Quadratmeter. Die Stadt verlangte auch von der Bayerischen Hausbau den Bau von Sozialwohnungen. Als diese aber unter Hinweis auf die alte Vereinbarung mit dem Bund aus dem Jahr

1970 ablehnte, forderte die Stadt einen erheblichen Preisaufschlag, der sich am Verkehrswert (damals 600 bis 800 Mark) orientierte.[632]

Während Kronawitter hier das gleiche Strickmuster wie bei dem Zamdorf-Geschäft sah, lehnte die Bayerische Hausbau den von der Stadt geforderten Grundstückspreis als »völlig illusorisch« ab. Die Objekte würden dadurch unverkäuflich. Die Bayerische Hausbau akzeptierte also den von der Stadt geforderten erheblichen Preisaufschlag für den freifinanzierten Wohnungsbau nicht und berief sich darauf, daß die Stadt als »bloßer Zwischenkäufer« in die ursprüngliche Vereinbarung aus dem Jahre 1970 eingetreten war.[633]

Der »rote Schorsch« erklärte demgegenüber im Stadtrat und in der Öffentlichkeit, daß es »kein zweites Baulandgeschenk« mehr geben werde. Die Stadt dürfe in einem solchen Fall »nicht unter Wert« verkaufen. Eine Verpflichtung, zu einem niedrigen Preis zu verkaufen, sei nicht gegeben.

Ein für die Stadt recht günstiger Grundstückstausch schien Kronawitter zumindest auf diesem Schlachtfeld einen »spektakulären Waffenstillstand« zu ermöglichen. Schörghuber sollte ein Grundstück im Arabellapark erhalten und der Stadt dafür eine Fläche in Aubing zum Ausbau des neuen Berufsbildungszentrums für das Elektrohandwerk geben. Doch beschloß der Stadtrat auf Drängen der Schulexperten einstimmig, die Verhandlungen über den Verkauf abzubrechen und die Planungen für die Elektroschule am ursprünglichen Standort weiterzubetreiben.[634]

Kauf und Verkauf der Neuen Heimat-Wohnungen

Auch bei seiner Jahresbilanz 1985, die er unter das Motto »Keine Scheu vor heißen Eisen« gestellt hatte, zeigte sich der OB kämpferisch: Die letzten zwölf Monate seien für ihn ein »Jahr der Hochspannung« gewesen, »in dem viele einschneidende Beschlüsse gefaßt worden seien: Allerdings sei 1985 im Rathaus mehr gekämpft und gestritten worden als früher in der ganzen Amtsperiode«[635].

Als »Herzstück« in der langen Liste der grundlegenden Entscheidungen bezeichnete Kronawitter den Kauf der 2100 Wohnungen der Neuen Heimat. Mit diesem Beschluß habe die Rathausmehrheit deutlich gemacht, welchen Stellenwert die Belange der Mieter in der neuen Stadtpolitik hätten. Als größte Enttäuschung des Jahres wertete Kronawitter in diesem Zusammenhang die Haltung der CSU, die »zuerst den Antrag auf Kauf der Wohnungen gestellt und dann die von der Spekulation betroffenen Mieter im Stich gelassen habe.«[636]

Die CSU verwies ihrerseits darauf, daß bei den Verhandlungen mit der Neuen Heimat dem Gewerkschaftskonzern durch die Stadt großzügig ein »Millionengeschenk« gegönnt worden sei: »Aus Münchner Steuergeldern sollen der angeschlagene Konzern für den Verkauf 8,9 Millionen Mark Provision und seine Tochterfirma, die BG Immobilien-Gesellschaft 15 Millionen Mark Entschädigung erhalten.«[637]

Als im Juli 1992 bekannt wurde, daß der Unternehmer Alfons Doblinger in Neuperlach circa 600 von der Neuen

Heimat erworbene Mietwohnungen in Eigentumswohnungen umwandeln wollte, nahmen Kronawitter und Ude in einer gemeinsamen Pressekonferenz zu dem Vorgehen Stellung und warfen dem Freistaat Bayern vor, 33 000 Mieterfamilien zugunsten eines »Multispekulanten« geopfert zu haben. Nach Ansicht Kronawitters hatte Doblinger »jetzt schon einen Reibach zwischen geschätzten 2,5 und 3 Milliarden Mark verbuchen dürfen.[638]

Die bayerische Staatsregierung warf Kronawitter ihrerseits vor, daß er mit polemischen Vorwürfen versuche, »von dem unsozialen und skandalösen Verhalten der Gewerkschaften abzulenken«, das erst das Vorgehen Doblingers ermöglicht habe. Der Oberbürgermeister unterschlage bewußt, daß die Verkaufsverhandlungen zwischen der Staatsregierung und der Gewerkschaftsholding an den »atemberaubend hohen Kaufpreisforderungen« gescheitert seien. Die BGAG habe 947 Millionen Mark verlangt und sei nicht bereit gewesen, »auch nur um eine Mark nachzugeben«. Hätte sie die Neue Heimat tatsächlich, wie von Kronawitter »zu Unrecht behauptet«, den Interessenten (der Bayerischen Landesbank, der Bayerischen Beamtenversicherung und den Bayerischen Gemeinnützigen Wohnungsunternehmen) für 600 Millionen Mark angeboten, dann »wäre der Kauf mit Sicherheit zustandegekommen.«[639]

Nach Ansicht der Staatsregierung wäre es die Aufgabe Kronawitters und der SPD gewesen, auf den DGB einzuwirken, die wirtschaftlich gesunde Neue Heimat nicht zu verkaufen. Die Gewerkschaft habe absehen können, daß auch Doblinger den hohen Kaufpreis nur über einen ratenweisen Verkauf und die Umwandlung von Wohnungen würde finanzieren können. Jetzt sei genau diese Lage eingetreten, vor der die Staatsregierung damals »eindringlich« gewarnt habe. Das Versprechen der Gewerkschaften, die Mieter seien »umfassend sozial abgesichert«, habe sich als »inhaltsleere Beschwichtigung« erwiesen. Zu Recht habe sich die Staatsregierung damals geweigert, »die Mittel für den dringend notwendigen Neubau von Sozialwohnungen zur Sanierung der Gewerkschaften mißbrauchen zu lassen«. Kronawitter aber treibe ein »unlauteres Spiel«, wenn er diese Zusammenhänge verschweige und politischen Gewinn aus der Angst der Mieter ziehen wolle.[640]

Zum Medien-Reizthema des Jahres 1985, der Kündigung der U-Bahn-Bewachungsverträge mit dem Zivilen Sicherheitsdienst, stellte Kronawitter fest: »Ich sehe nicht ein, daß wir eine zivile Schutztruppe weiterbeschäftigen müssen, die durch Aussehen, Gebaren und Verhalten dem Wort ›Schwarze Sheriffs‹ alle Ehre macht, aber nicht unserem staats- und verfassungspolitischen Verständnis gerecht wird.« Kronawitter versicherte, daß bei der Aufstellung der städtischen U-Bahn-Wache dem Sicherheitsbedürfnis gerade der älteren Bürger voll Rechnung getragen werde.[641]

Breiten Raum widmete Kronawitter in seinem Jahresrückblick auch der Rechtfertigung der im Stadtrat heftig umstrittenen neuen Stadtentwicklungs- und Baupolitik. Er vertrat nachdrücklich den Standpunkt, daß man am Beton auch ersticken könne und daß Urbanität nicht identisch sei mit einer möglichst großen Baudichte. Wenn die Münchner City keinen Kollaps erleiden solle, dürfe die

Devise beim Bauen nicht lauten: »Immer höher, breiter, tiefer und massiver«[642].

Überrascht zeigte sich der OB von der »Hartnäckigkeit einiger Bauträger-Lobbyisten«, die beim Rieger-Objekt am Isartorplatz wieder versucht hätten, »Sonderkonditionen durchzuboxen«: »Wie könnte es ein Oberbürgermeister rechtfertigen, einem Einfamilienhausbesitzer zu verbieten, daß der Balkon um zwölf Zentimeter länger, als vorgeschrieben, gebaut oder die zulässige Höhe seines Hauses um acht Zentimeter überschritten werde, wenn er gleichzeitig erlaubt, daß ein Bauträger 5000 Quadratmeter mehr Geschoßfläche zuerkannt bekommt, als ihm rechtlich zusteht.«[643]

Kritisch äußerte sich die Süddeutsche Zeitung zum Jahresende 1985: »Wie sieht das künftig in mageren Jahren aus, wenn man jetzt die Rücklage plündert und gleichzeitig große Gewerbesteuerzahler wie Siemens, BMW, MAN, IBM, Löwenbräu, mit ihren Bauwünschen auf die Wartebank vergrault, während das Umland lockt?«[644]

Zur Zusammenarbeit und den Auseinandersetzungen zwischen den beiden großen Rathausfraktionen stellte die

Süddeutsche Zeitung fest, daß sie sich »in besorgniserregendem Maß vom Boden der Sachlichkeit, von Fall zu Fall auch vom Boden des menschlichen Anstandes« entfernen: »Da wurden von der linken Seite des Hauses (und vom OB geduldet) im Zusammenhang mit der sogenannten Bauland-Affäre Ex-OB Erich Kiesl und CSU-Stadtrat Walter Zöller über Monate einer gezielten Diffamierungskampagne ausgesetzt, die wie das Hornberger Schießen endete.«[645]

Das Jahr 1986 fing für Kronawitter recht turbulent an, es gab heftigen Streit mit der Bayerischen Staatsregierung um den Hofgarten,[646] er erlitt eine kräftige Schlappe bei der Verkehrsberuhigung in Neuhausen und der Stadtrat war aufgrund hausgemachter Überlastung »überfordert und frustiert«[647].

Das Stadtoberhaupt sprach sich gegen das Radeln in der Fußgängerzone aus[648] und versprach mit dem neuen Konzept »Wir wollen keine Folterinstrumente mehr« eine Verkehrsberuhigung mit sanften Mitteln.[649]

Im Juli 1988 feierte Kronawitter sein zehnjähriges »OB-Jubiläum«. Er gab dabei erneut die Devise aus, daß »München keine Weltmetropole« werden solle. Mit der Fortschreibung des Stadtentwicklungsplans 1975 sei von der Vorstellung, München könnte sich zu einer Zwei-Millionen-Stadt entwickeln, endgültig Abschied genommen worden. »Die Stadt im Gleichgewicht wurde von mir proklamiert und ein polyzentrisches Konzept vorgelegt mit dem Ziel, den Druck auf die City zugunsten einer Reihe von attraktiven Stadtteilzentren zu mindern.«[650]

Spagat mit Folgeschaden: Uhl siegt gegen Ude

Mehr als zweieinhalb Jahre hatten es Kronawitter und seine Parteifreunde relativ geschickt verstanden, »zwischen Schwarz und Grün zu schaukeln, mit wechselnden Mehrheiten zu agieren« und »einmal mit Hilfe der Grünen ein Großbauprojekt zu verabschieden, dann wieder mit der CSU einen Haushalt«[651].

Da führte ein ungeschicktes Taktieren Kronawitters mit der CSU und den Grünen dazu, daß bei den Sozialdemokraten wieder tiefes Mißtrauen untereinander herrschte. Die unmittelbare Ursache war die Wahl des Kreisverwaltungsreferenten am 8. April 1987, bei der nicht der SPD-Favorit Christian Ude, sondern der CSU-Stadtrat Dr. Hans-Peter Uhl bereits im ersten Wahlgang gewählt wurde.[652]

In einer heftig kritisierten Vereinbarung hatten sich die sechs Grünen vorher verpflichtet, Ude zu wählen, im Gegenzug hätte dann die SPD den Grünen ein mit wesentlich mehr Kompetenzen und städtischen Mitarbeitern ausgestattetes Umweltschutzreferat zugestanden. Der Oberbürgermeister hatte dann aber mit der CSU ein »Gesamtpaket« in der Referentenfrage ausgehandelt. Er bezeichnete die Grünen als »nicht verläßlich genug«, und außerdem mache die Aufstockung des Umweltschutzreferates »mehr böses Blut als ursprünglich befürchtet«[653].

Nach einer bis in den Abend dauernden Mammutsitzung entschied sich die SPD-Fraktion jedoch mit »breiter Mehrheit«, die Vereinbarung mit den Grünen einzuhalten. Ude hatte für den Fall eines Umschwenkens seiner Partei von den Grünen zur CSU bereits mit dem Rücktritt von seiner Kandidatur gedroht. Angesichts dieser Situation erklärte Kronawitter schließlich, er werde die Entscheidung der Fraktion mittragen.[654]

Nach dem Scheitern des »rot-grünen Koppelungsgeschäftes« behauptete der Fraktionssprecher der Grünen, Thomas Ködelpeter, verärgert: »Es ist nun deutlich geworden, daß in den wichtigsten Fragen, trotz rechnerischer Mehrheit, rot-grüne Politik in München kaum mehr möglich ist.« Ferner erklärte Ködelpeter: »Im Rathaus ist es ein offenes Geheimnis, daß der OB nicht für den eigenen SPD-Kandidaten Christian Ude gestimmt hat, sondern für Hans-Peter Uhl von der CSU.«[655]

Der »rote Schorsch«, der nicht nur bei den Grünen in Verdacht geraten war, selbst zu den »Abweichlern« zu gehören, dementierte heftig: »Das ist beleidigend.«[656]

Jetzt begann im Rathaus das Rätselraten und die Suche nach den vier »Verrätern«. Die SPD-Vorstandsriege unter dem Vorsitzenden Dietmar Keese stellte sogar die Vertrauensfrage. Damit sollte die massiv gestörte Arbeit der Fraktion auf eine neue Grundlage gestellt werden.[657]

Die Grünen gaben unumwunden zu, daß sie im Hinblick auf Kronawitters Verhalten vor der Wahl ihre Stimmabgabe für Ude trotz geheimer Wahl durch sechs geradestehende Kreuze »nachweisbar« gemacht hatten. Die Münchner Grünen würden sich künftig auf ihre eigene Stärke besinnen und Vereinbarungen nur noch mit vertrauenswürdigen Personen treffen. Im übrigen bestanden sie auf der Einlösung des SPD-Versprechens auf Kompetenzausweitung des Umweltschutzreferates unter »grüner Leitung«[658].

Der 8. April 1987 war aber auch für den Oberbürgermeister ein »schwarzer Tag«, da durch die mißlungene Abstimmung erneut heftige Zweifel und Kritik gerade an seiner Person laut wurden und sein persönlich wichtigster Kandidat im ganzen Referentenkomplex nun nicht zum Zuge kam. »Mit dieser Niederlage erhielt Kronawitter die erste wirklich empfindliche Quittung dafür, daß er sich gegenüber denen, die ihn aufgestellt hatten, mehr verpflichtet fühlte, als gegenüber seinen Wählern.«[659]

»Wider bessere Einsicht« hatte er sich von der überwältigenden Mehrheit seiner Münchner Parteiorganisation und der Fraktion erstmals auf ein »rot-grüne Koppelungsgeschäft« festlegen lassen, daß nun in öffentlicher Sitzung spektakulär platzte. Offensichtlich wurde in der Münchner Rathaus-SPD zum damaligen Zeitpunkt eine »rot-grüne Koalition« nicht von allen gebilligt.[660]

Kronawitter wurde in diesem Zusammenhang auch kritisch vorgeworfen, daß er die Proteste aus der Reihe jener tausend städtischen Mitarbeiter, die sich nicht Hals über Kopf zur Manövriermasse im Rahmen eines parteipolitischen Pakts degradieren lassen wollten, mißachtet hatte.[661]

Ritter ohne Furcht und Tadel

Zum 60. Geburtstag Kronawitters am 21. April 1988 hob der zwischenzeitlich zum SPD-Parteichef avancierte alte Weggenosse Kronawitters, Hans-Jochen Vogel »die Zuverlässigkeit, die bodenständige Art und die daraus erwachsene Popularität des Jubilars hervor.« Er schrieb ihm weiter: »Ich habe es bis heute nicht bereut, daß ich Dich Anfang der 70er Jahre in einer nicht unproblematischen Situation als meinen Nachfolger vorgeschlagen habe. Du hast mein Vertrauen stets gerechtfertigt und es in einer Art und Weise erwidert, für die ich Dir gerade an diesem Tag sehr herzlich danken möchte.«[662]

»Jetzt gefällt er sich wieder in seiner Lieblingspose als Ritter ohne Furcht und Tadel«, schrieb der Münchner Merkur im Juli 1988[663]. Kronawitters »Windmühle« war die Summe von 15 bis 20 Millionen Mark, die er mit neuem Antrieb für die Stadt München von dem Bauunternehmer Josef Schörghuber zurückholen wollte, nachdem die Regierung von Oberbayern im zweiten Anlauf endlich bestätigt hatte, daß der städtische Grund in Zamdorf 1981 nun doch unter Wert verkauft worden war.[664]

Die Bayerische Hausbau berief sich darauf, daß sie die Landeshauptstadt bei dem Vertragsabschluß weder widerrechtlich genötigt noch etwa getäuscht hatte und sie keine Macht der Welt zwingen könne, den korrekten Vertragsabschluß zu revidieren. Dem OB war schon damals von zahlreichen erfahrenen Juristen prophezeit worden, daß ein etwaiger Baulandprozeß um Zamdorf für die Stadt nur ein Flop werden würde. Auch die allgemeine Meinung bei den parteipolitisch neutralen Juristen der

Stadtverwaltung war, daß die Stadt auf dem Prozeßweg keine Mark von der Bayerische Hausbau erhalten werde. Dieser Standpunkt erwies sich im weiteren Verlauf der Angelegenheit auch als richtig.

Schließlich hatten zwei Münchner Oberbürgermeister, darunter auch Kronawitter selbst, den von den Beamten des städtischen Kommunalreferates vorbereiteten Handel mit der Bayerische Hausbau abgesegnet. 130 städtische Juristen hatten diesen nie in Frage gestellt.

In dem Rechtsstreit mit Schörghuber gehörte offensichtlich der Faktor Zeit zum festen Kalkül von Kronawitter, und daß die Sache, von Instanz zu Instanz geschleppt, noch einmal als Wahlkampfmunition 1990 aufbereitet werden sollte, war in der Münchner Stadtverwaltung allen mit der Sache Befaßten klar. »Wenn der Rechtsstreit um Zamdorf irgendwann später einmal als Rohrkrepierer endet, ist der Zweck erfüllt. Dann wird der hohe Ritter mit Fanfarenbegleitung kundtun: Die Windmühle sei wider Erwarten doch ein unbezwingbarer Riese gewesen.«[665]

Sonderbehandlung für Zöller

Kronawitters Versprechen, jeden an ihn gerichteten Brief zu lesen, machte ihn zum bestinformierten Mann in der Verwaltung. Tatsächlich spielte Kronawitter auf diesem Klavier nicht nur zu Gunsten der Stadt. Ihn und seine engere Mannschaft interessierten schon bald vor allem auch solche Nachrichten, die dem eigenen Machterhalt und der Niederhaltung der politischen Gegner dienten.[666]

Als »Amtsmißbrauch« wertete im August 1988 der bayerische Innenminister August Lang die bekannt gewordene Sonderbehandlung des CSU-Fraktionschefs und Notars Walter Zöller durch den Münchner OB.

Kronawitter hatte bereits 1985 verwaltungsintern angeordnet, daß ihm alle Geschäftsvorgänge zur Genehmigung oder Kenntnisnahme vorzulegen seien, an denen die Stadt beteiligt war und die in Zöllers Notariat beurkundet wurden. Eine solche Maßnahme hatte es bislang in der Münchner Stadtverwaltung noch nie gegeben. Sie war um so sonderbarer, als andere Münchner Notariate dieser städtischen Sonderbehandlung nicht unterzogen wurden.[667]

Die ganze Angelegenheit war durch eine Beschwerde des CSU-Landtagsabgeordneten Dr. Paul Wilhelm im Innenministerium ins Rollen gebracht worden. »Der Verdacht des Amtsmißbrauchs, um dem politischen Gegner zu schaden, zumindest um Material gegen ihn aus seiner beruflichen Sphäre zu sammeln, liegt doch nahe«, sagte Wilhelm.[668]

Georg Kronawitter und Walter Zöller

Innenminister Lang antwortete auf diese Beschwerde in seiner Eigenschaft als oberste Rechtsaufsicht der Landeshauptstadt im August 1988: »Es deuten nach dem bisherigen Ergebnis der Überprüfung die gesamten Umstände des Vorgangs darauf hin, daß der Oberbürgermeister mit der fraglichen Anordnung an das Kommunalreferat von seiner Stellung als Leiter der Stadtverwaltung in mißbräuchlicher und damit rechtswidriger Weise Gebrauch gemacht hat.«[669]

Der »rote Schorsch« verteidigte seine beanstandete Anordnung damit, daß die Maßnahme nicht der Kontrolle eines einzelnen Stadtratsmitglieds, sondern der Kontrolle der städtischen Verwaltung dienen sollte. Diese vordergründige und leicht durchschaubare Argumentation wurde ihm jedoch weder von der Rechtsaufsicht noch von den Verwaltungsinsidern ernsthaft abgenommen. Zu deutlich war seine tiefe persönliche und politische Abneigung gegen den ihm intellektuell weit überlegenen Fraktionsführer der CSU-Stadtratsfraktion. Das rechtzeitige Sammeln von Material wurde offenbar vom Büro Kronawitters auch in anderen Fällen systematisch betrieben.[670]

So stieß sich auch Lang bei seiner Beurteilung des Vorganges vor allem daran, daß nur ein einzelner Notar (Dr. Reinl/Zöller) überwacht wurde. Wenn es dem Oberbürgermeister tatsächlich um die Sauberkeit der Geschäftsbeziehungen zwischen der Stadt und einzelnen Mitgliedern des Stadtrates ginge, so der Minister, wäre es folgerichtig, sich dann auch wirklich alle diese Privatgeschäfte vorlegen zu lassen. So aber müsse der Eindruck entstehen, »daß es dem Oberbürgermeister im wesentlichen auf eine gezielte Maßnahme gegenüber Herrn Zöller ankomme«[671].

Schwerer Asthmaanfall zwingt zum Nachdenken

Mit schweren asthmatischen Erstickungsanfällen mußte Georg Kronawitter im Februar 1989 auf die Intensivstation des Neuperlacher Krankenhauses gebracht werden.[672]

Kronawitter, der bis zu diesem Zeitpunkt nicht als asthmaanfällig galt, hatte sich offensichtlich bei der Arbeit übernommen und eine Grippe zu lange ignoriert. Die Situation war äußerst kritisch und im Rathaus hieß es: »Die Ärzte hatten alle Mühe, ihn zu retten.«[673]

Obwohl Kronawitter bereits nach zwei Tagen die Intensivstation verlassen durfte, war der Vorfall mehr als ein »Warnschuß« und in der Öffentlichkeit wurde laut diskutiert, ob Kronawitter den starken Belastungen seines Amtes überhaupt noch gewachsen sei. [674]

»Plötzlich merkten dann alle, daß man mit 60 nicht mehr ganz so robust und dynamisch ist. Georg Kronawitter, dem wir rasche und vollständige Genesung wünschen, hat mehr als einen Warnschuß vor den Bug bekommen. Der ärztlichen Verlautbarung ist zu entnehmen, daß es um Leben und Tod ging. Spurlos pflegen solche Dinge an keinem Menschen vorüberzugehen. Wie wird – ein Jahr vor den Wahlen – OB Kronawitter damit fertig?«, fragte die tz.[675]

Zu dem in der gesamten Boulevardpresse verbreiteten Gerücht, die Krankheit des Oberbürgermeisters sei womöglich problematischer als offiziell verlautbart und zu der in diesem Zusammenhang aufgeworfenen Frage, ob das Stadtoberhaupt ans Aufhören denke, erklärte die Sprecherin der SPD-Stadtratsfraktion, Scheuble-Schaefer, am 7. März 1989: »Solche Spekulationen halte ich für unverantwortlich.« Äußerungen Kronawitters wie »Gesundheit ist das Allerwichtigste«, die zu diesen Rücktrittsgerüchten geführt hatten, seien auf dem Krankenlager »menschlich und logisch«[676].

Gleichzeitig nahm aber die CSU den OB beim Wort, der sich nach eigenen Angaben im Krankenhaus Gedanken über eine Verbesserung des Klimas im Rathaus gemacht hatte. Die CSU sei wie bisher bereit, ernsthaft dazu beizutragen, daß mehr Fairneß und Menschlichkeit praktiziert werde. Unterschiedliche politische Auffassungen müßten ohne persönliche Angriffe ausgetragen werden, da sich sonst die Politikverdrossenheit der Bürger verstärke, von der nur die politischen Extremisten profitieren. Zöller schloß seinen »Willkommensgruß« an Kronawitter: »Jeder im Münchner Stadtrat ist dazu aufgerufen, seinen Beitrag zu mehr politischer Kultur zu leisten.«[677]

Der »rote Schorsch« hatte nach eigenen Angaben die unfreiwillige Genesungspause nicht nur zur Erholung, sondern auch zum erneuten politischen Nachdenken benutzt. So verkündete er, auch im Wahljahr keine taktischen oder gar parteitaktischen Rücksichten nehmen zu wollen. Dies schrieb er vor allem der SPD ins Stammbuch. Der seiner Meinung nach schon etwas brüchigen »Gestaltungsmehrheit« von CSU, F.D.P. und USD sagte er den Kampf an: »Ich gehe davon aus, daß die CSU mehr Stadträte verliert, als Schönhuber und die Republikaner gewinnen.«[678]

Mit der CSU wollte Kronawitter an einem Strang ziehen, wenn es darum geht, bei den Republikanern massiv dagegenzuhalten«. Über diesen Punkt und die anstehenden Wahlkampfthemen kündigte Kronawitter an, mit den Genossen in der Münchner Partei-Zentrale Fraktur zu reden.[679]

»Auch in diesem Punkt ließ der OB keinen Zweifel daran aufkommen, daß er stark darauf drängen werde, daß seine Wegweisungen akzeptiert werden. Für ihn dürfe es auch keine Festlegung auf eine künftige Zusammenarbeit mit den Grünen im Stadtrat geben. Er will, daß die Sozialdemokraten wieder die stärkste Fraktion stellen.«[680]

Offensichtlich war also in Kronawitter während seiner schweren Erkrankung der Entschluß gereift, »sein Haus« schon jetzt für das Jahr 2000 zu bestellen. Hierzu zählte auch seine nach der Rückkehr ins Rathaus aufgestellte Forderung nach dem Verzicht Hahnzogs auf ein weiteres Bürgermeisteramt in der nächsten kommunalen Wahlperiode (1990 bis 1996).

Nach den Jahren des innerparteilichen Friedens steuerte die Münchner SPD auf eine neue »Zerreißprobe« zu.[681]

Neues Spitzenteam: Ude statt Hahnzog

Kronawitter ließ es also in der SPD wieder einmal bewußt auf einen Machtkampf ankommen. Im SPD-Unterbezirksvorstand machte er im April 1989 die Frage, ob er zum dritten Mal als Münchner Oberbürgermeisterkandidat antreten werde, davon abhängig, ob ihm die Partei eine in seinen Augen schlagkräftige Spitzenmannschaft mit auf den Weg gebe. In diesem Zusammenhang bestand er unerschütterbar darauf, daß die Frage seiner Nachfolge im Jahre 1996 schon bei dieser Wahl geklärt wird.[682]

Kronawitters Forderung, der von ihm auserkorene Kronprinz, der als sogenannter »Mieteranwalt« in der Münchner Öffentlichkeit bekannte Rechtsanwalt Christian Ude, müsse anstelle von Bürgermeister Klaus Hahnzog auf dem Wahlvorschlag der SPD auf den »Bürgermeisterplatz« gesetzt werden, löste in weiten Kreisen der Münchner SPD völlige Ratlosigkeit aus. Dazu ein SPD-Stadtrat: »Der Schorsch pokert unglaublich hoch« und ein anderer: »Der dreht doch nicht durch?«[683]

Ein hochrangiger Genosse meinte warnend, wenn sich die Parteigremien das Diktat Kronawitters nicht gefallen lassen, »kann es sein, daß die SPD übermorgen ohne einen OB-Kandidaten dasteht«[684]. Man erinnerte sich, daß Kronawitter schon einmal vor Kommunalwahlen (1978) knallharte innerparteiliche Bedingungen gestellt und dabei den Bogen überspannt hatte.

Mit Hahnzog war Kronawitter seit 1984 immer wieder aneinandergeraten und diese Rechnung sollte nun endlich beglichen werden: »Der linke Flügelstürmer, ein erklärter Freund der Grünen, paßt Kronawitter schon lange nicht mehr ins Konzept. Der OB will darangehen, sein Haus zu bestellen, einen Nachfolger aufzubauen – und der soll keinesfalls Hahnzog heißen. Als Hebel gegen den Widerborstigen will Kronawitter die Kandidatenliste für den Stadtrat nutzen und ihn von den Bürgermeisterplätzen verdrängen.«[685]

Vielleicht hatte aber auch der gesundheitliche Warnschuß den OB derart geschreckt, daß er nur noch mit einer maßgeschneiderten Mannschaft weitermachen wollte, »aber notfalls auch alles hinwirft, wenn das Alles-oder-nichts-Spiel mißlingt«[686].

Die Partei wußte, daß sie nur mit Kronawitter die Wahl gewinnen konnte. Aus der Position der Stärke heraus »sprühte Kronawitter nun vor Selbstbewußtsein«.

Auf der anderen Seite war Hahnzog nicht gewillt, so ohne weiteres auf seine Position zu verzichten. Er glaubte mit seinem konsequenten Eintreten für eine »solidarische Stadtgemeinschaft« viele gesellschaftliche Gruppierungen innerhalb und außerhalb der SPD anzusprechen. Der linke Vordenker der Münchner Sozialdemokraten genoß durch sein Engagement vor allem bei der Friedensbewegung, bei den Umweltschützern und auf dem Sozialsektor großes Ansehen. Seine Anhänger argumentierten deshalb, daß das »breite Spektrum eines Gespanns Kronawitter/Hahnzog eine optimale Formation für den Wahlkampf wäre«[687].

Zur Unterstützung der Position Hahnzogs im Kampf um das Bürgermeisteramt und die Stellvertretung Kronawitters im Münchner Rathaus wurde von der linken Seite auch vorgetragen: »Ude könne sich auch als Mitglied der Fraktionsspitze für eine spätere OB-Wahl profilieren, zumal Dr. Hahnzog 1996 als dann 60jähriger dafür wohl kaum mehr in Frage käme. Die Beispiele Berlin und Frankfurt a. M. hätten gezeigt, daß ein Bürgermeisterposten nicht Vorbedingung für die Wahl zum Oberbürgermeister oder Regierenden Bürgermeister sei.«[688]

Im engsten Zirkel des SPD-Vorstandes hatte Kronawitter unmißverständlich klargestellt, daß er nicht als einsame Galionsfigur eine von der Partei diktierte Stadtratsliste anführen wolle und die Genossen mit dem Satz überrumpelte: »Ich muß ja nicht OB bleiben, könnte auch wieder in den Landtag gehen.«[689]

Neben Ude auf dem »Bürgermeister-Platz« wollte der OB Dr. Gertraud Burkert[690] und den Richter Reinhart Wieczorek[691] auf den vordersten Plätzen der SPD-Stadtratsliste haben. Kronawitter beabsichtigte also mit einem eigenen Spitzenteam in die anstehende Rathaus-Wahl zu ziehen. Sein Hauptargument dabei war, »daß die SPD schon jetzt die Weichen für die Zukunft stellen und vor allem den nächsten OB-Kandidaten aufbauen müßte«.

Indirekt kritisierte Kronawitter dabei auch seinen bisherigen Vizebürgermeister Hahnzog mit den Worten: »Er brauche mehr Arbeitsentlastung.«[692]

Bei diesem Streit ging es im Kern um die künftige politische Richtung im Rathaus. Während Kronawitter ein rotgrünes Bündnis eher skeptisch sah, stand Hahnzog dafür voll ein.[693]

Kronawitter setzt sich endgültig gegen Hahnzog durch

Manche Genossen bezeichneten verärgert das unnachgiebige Verhalten Kronawitters gegenüber seiner eigenen Partei als »Erpressung«. Doch er setzte sich endgültig mit seinen Forderungen durch.

Nach fünfstündiger Diskussion stimmte der Sonderparteitag der Münchner SPD am 9. Mai 1989 dem Personalkonzept von Oberbürgermeister Georg Kronawitter für die Kommunalwahl im Frühjahr 1990 zu. Es bestand also Einverständnis mit der Forderung, daß die SPD mit Christian Ude als Kandidaten für ein Bürgermeisteramt antritt. Klaus Hahnzog kündigte daraufhin an, daß er nach dieser Entscheidung für die nächste Stadtratswahl in München nicht mehr zur Verfügung stehe.[694]

Echte Alarmstimmung im Münchner Rathaus kam allerdings erst einen Monat später durch ein völlig anderes Thema, die unerwartet hohen Wahlerfolge der Republikaner bei den Europawahlen, auf. Falls die rechtsradikalen Republikaner von Franz Schönhuber ihren Siegeszug bei den Kommunalwahlen im März 1990 wiederholen sollten, würde im Rathaus keine Partei über eine absolute Mehrheit verfügen.[695]

Angesichts der Tatsache, daß dann nur zwei Koalitionen, nämlich entweder eine Große Koalition zwischen CSU und SPD oder aber eine »schwarz-braun-liberale Mehrheit« München regieren könnten, rief Kronawitter seine Mitarbeiter sogar zu einer Krisensitzung zusammen.

Für den Wahlerfolg der Republikaner machten sich SPD und CSU gegenseitig verantwortlich. OB Kronawitter erklärte: »Die von Bundeskanzler Kohl in seiner Steuerreform, in der Gesundheitsreform, in der Wohnungs- und Mietenpolitik Geprellten haben Republikaner gewählt und kaum zwischen den beiden großen Parteien differenziert.«[696]

Demgegenüber warf CSU-Fraktionschef Walter Zöller dem »roten Schorsch« vor, die Wähler in die Arme von Schönhuber zu treiben: »Wenn Kronawitter weiterhin alle anderen beschuldigt und verunglimpft, bekommen wir für die ständigen Streitereien vom Wähler die Quittung.«[697]

Georg Kronawitter mit zwei unterlegenen innerparteilichen Gegenspielern: Manfred Schmidt (li.) und Klaus Hahnzog (Mitte)

»Verunstaltungsmehrheit«

Angefangen hat der Rechtsstreit bereits im Frühjahr 1988, als Kronawitter nach dem Austritt der SPD-Stadträte Doris Henkel und Peter Kripp aus ihrer Fraktion deren Zusammenarbeit mit der CSU als »Verunstaltungsmehrheit« bezeichnet und öffentlich angedeutet hatte, Zöller glaube wohl, »Mehrheiten kaufen zu können«.

Durch diese letzte Äußerung fühlte sich der CSU-Fraktionschef beleidigt und beantragte gegen den Oberbürgermeister eine einstweilige Verfügung. Diese wurde in erster Instanz vom Landgericht München I zwar abgelehnt, jedoch gewann Zöller das Verfügungsverfahren in der zweiten Instanz.[698]

Im anschließenden Hauptsacheverfahren gewann in der ersten Instanz zunächst wieder Kronawitter, worauf Zöller Berufung zum Oberlandesgericht einlegte und mit einer für ihn günstigen Entscheidung rechnete.[699]

Um den Rechtsstreit salomonisch zu beenden, lud das Gericht Kronawitter und Zöller persönlich zu einer Verhandlung drei Tage vor Weihnachten. Ein Vergleich scheiterte zunächst an Kronawitter, der »keinen Pfennig der Gerichtskosten« bezahlen wollte. Da stellte sich auch Zöller unnachgiebig und siegessicher.

Der OB äußerte wiederholt eigensinnig: »Nach der letzten Entscheidung kann ich eigentlich nicht mehr verlieren.« Dennoch mußte er dann in der Berufungsinstanz vor dem Oberlandesgericht München wieder einmal eine Klarstellung abgeben:

»Ich habe mit meiner Äußerung im Münchner Presseclub lediglich meine Meinung kundgetan und das Abstimmungsverhalten der Stadtratsmitglieder Kripp und Henkel aus meiner Sicht bewertet. Ich wollte damit nicht behaupten, daß Herr Stadtrat Zöller aktiv bestochen oder dies auch nur versucht habe.

Um Mißverständnissen vorzubeugen, werde ich deshalb die obige Äußerung nicht mehr wiederholen und erkläre mich bereit für jeden Fall der Zuwiderhandlung eine Vertragsstrafe in Höhe von 5000,-- DM zu bezahlen.«[700]

Die Kosten des Rechtsstreits beider Rechtszüge wurden in der Berufungsinstanz gegeneinander aufgehoben. Obwohl Kronawitter verurteilt worden war, seine Kosten selber zu tragen, versuchte sein Stadtdirektor Gernot Riedl, die Kosten in Höhe von DM 14 574,81 rechtswidrig aus Mitteln der Landeshauptstadt München überweisen zu lassen. Da die Rechtsabteilung des Direktoriums jedoch die für die Auszahlung der Steuergelder erforderliche Mitzeichnung ablehnte, mußte Kronawitter den Betrag schließlich aus der eigenen Tasche bezahlen.[701]

Kronawitter behauptete, daß ihm schon zu Beginn des Verfahrens von dem Leiter des Direktoriums, Riedl, versichert worden sei, daß ihm in dem Rechtsstreit mit Zöller Rechtsschutz zu gewähren ist. »Für mich bestand deshalb keine Handlungsnotwendigkeit.« Er habe sich auf den früheren persönlichen Mitarbeiter und jetzigen Stadtdirektor immer verlassen können. »Seine unerschütterliche Korrektheit ist stadtbekannt und wurde über alle Parteien hinweg, zumindest bis jetzt, so gesehen und geschätzt.« Er setzte aber hinzu: »Sicher kann sich auch ein solcher Mann mal irren.«[702]

Der Oberbürgermeister beklagte sich öffentlich, daß seine Abwesenheit dazu benutzt worden sei, den geschilderten, »ganz normalen und korrekten Verwaltungsvorgang sowie mein korrektes Handeln zum Anlaß zu nehmen, gegen mich eine Schmutzkampagne zu starten«. Da müsse sehr viel Böswilligkeit mit ihm Spiel sein und »ein dringendes Bedürfnis, von den eigenen Millionengeschäften abzulenken.«[703]

Kronawitter war überzeugt, daß, wer den großen Geschäftemachern auf die Finger klopft, mit »brutalen Gegenschlägen« rechnen muß: »Da wird geleugnet, verdreht, vernebelt, verniedlicht, verleumdet.«[704]

Kronawitter und Streibls Hauskauf

Während für Ministerpräsident Max Streibl sein Hauskauf in München eine »reine Privatsache« war, bezeichnete Kronawitter ihn als »Politskandal«. Streibl hatte von der gemeinnützigen Caritas ein Villengrundstück an der Laimer Straße gekauft und dann von der Stadt eine Baurechtsmehrung um 130 Prozent erhalten.[705]

Die Caritas hatte dieses ihr vermachte Grundstück mit einem Baurecht von 339 Quadratmetern Wohnfläche durch einen Gutachter schätzen lassen, der aufgrund des Baurechts 1,2 Millionen Mark errechnete. Darauf schaltete die Caritas einen Makler ein, der bereits nach kurzer Zeit zahlreiche Angebote vorliegen hatte, darunter auch zwei über die geschätzten 1,2 Millionen Mark. Am höchsten bot ein Bauunternehmer, der im Auftrag Streibls handelte. Das unbebaute Grundstück wurde darauf von der Caritas an Streibl verkauft.

»In zähen Verhandlungen«, so die Staatskanzlei, zwischen Streibls Architekten und dem städtischen Planungsreferat, an dessen Spitze Stadtbaurat Uli Zech (SPD) stand, wurden unter Bezugnahme auf einen Präzedenzfall in der Nähe aus den 339 Quadratmetern Wohnfläche 768. Aufgrund des wesentlich höheren Baurechts war die Immobilie nun rund eine halbe Million Mark mehr wert.[706]

Als Kronawitter von diesem Vorgang erfuhr, prangerte er ihn öffentlich an und erklärte, daß die Caritas um rund eine halbe Million Mark für ihr Grundstück zuwenig bekommen habe.[707]

Die Caritas berief sich dagegen auf den Markt: »Niemand habe für das Grundstück mehr geboten als der von Streibl beauftragte Unternehmer.« Und der bestand darauf, daß er »von Kronawitters Stadtverwaltung in Sachen Baurecht nicht besser behandelt wurde, als jeder andere Bürger«[708].

Aufgrund des von Kronawitter erzeugten Drucks der öffentlichen Meinung gab Streibl das Grundstück schließlich wieder an die Caritas zurück.

»Schwarze Gäste« beim Geburtstagsempfang des »roten Schorsch« am 21. April 1993.

Verzögerte Messeverlegung kostet 250 Millionen Mark

Daß die Münchner Messe von der Theresienhöhe auf das Gelände des Flughafens Riem umziehen sollte, war in der zweiten Amtszeit Kronawitters längst beschlossene Sache, und niemand – mit Ausnahme der Grünen – wollte daran noch ernsthaft rütteln.

Als 1985 der Bayerische Verwaltungsgerichtshof endlich den Weg zum Bau des Erdinger Flughafens freigegeben hatte, nahm der Hauptgeschäftsführer der Münchner Messegesellschaft (MMG), Dr. Werner Marzin, dieses Urteil zum Anlaß für eine Denkschrift, deren Ziel die Verlagerung des Messegeländes nach Riem war.[709]

Von den zwei Hauptgesellschaftern sprach sich als erster, im September 1986 der Freistaat »ohne Wenn und Aber« (Franz Josef Strauß) für das Vorhaben aus. Ein gutes Jahr später, im Dezember 1987 billigte dann auch der Münchner Stadtrat grundsätzlich den Umzug auf das Flughafengelände.[710]

Was München aber 1990 brauchte, waren keine Entscheidungen über die Gestaltung einzelner Hallen, sondern Beschlüsse zur Finanzierung der Verkehrsanbindung und zur städtischen Ausrichtung des gesamten Areals, der neben Freiham letzten großen Freifläche.[711]

Die zunächst auf eine Milliarde Mark geschätzten Kosten für die Messeverlagerung lagen im Februar 1990 schon bei rund 1,5 Milliarden Mark. Der Freistaat hatte bereits erklärt, daß er nicht daran denke, über die Relation seiner

Anteile hinaus Zuschüsse für die Verlagerung zu gewähren. Die Stadt, die bislang 65,33 Prozent der Anteile der Messegesellschaft besaß, wollte sich deshalb künftig auf 49,5 Prozent beschränken und die überzähligen Anteile an den interessierten Freistaat verkaufen, der sich an der gewaltigen Investition kräftig beteiligen mußte.[712]

Helmut Gittel hatte deshalb bereits am 17. Januar 1989 einen entsprechenden Antrag zur neuen Aufteilung des Stammkapitals der Münchner Messe- und Ausstellungsgesellschaft gestellt. Dieser lag aber, wie der Münchner Stadtanzeiger erfahren hatte, »aus durchsichtigen Gründen« auf der langen Bank. Dem Vernehmen nach grassierte im Rathaus (insbesondere in der SPD) u. a. die Sorge, »man müsse dann auf den einen oder anderen Aufsichtsratsposten verzichten«[713].

Der Präsident des Zentralverbandes des Deutschen Handwerks, Dipl. Ing. Heribert Späth, prangerte deshalb 1992 das zögerliche Verhalten der Stadt bei der Eröffnungsfeier der 15. Heim- und Handwerkmesse in München öffentlich an. Die Verlagerung des Messegeländes wäre wesentlich billiger zu haben gewesen, wenn sich die Landeshauptstadt und der Freistaat Bayern bereits vor zwei Jahren geeinigt hätten: »Es wäre dann möglich gewesen, sofort nach Ende des Flugbetriebs in Riem mit den notwendigen Arbeiten zu beginnen. Die Baukosten wären dadurch nach Berechnung von Experten um rund 250 Millionen DM niedriger gewesen.«[714]

Überlegener Sieg und Bündnis mit den Grünen

Geradezu deklassieren konnte Kronawitter seinen CSU-Herausforderer Hans »Johnny« Klein[715] bei der Oberbürgermeisterwahl am 18. März 1990. Der alte und neue OB fuhr ein Traumergebnis von 61,7 Prozent ein. Der damalige Bonner Regierungssprecher Hans Klein mußte dagegen mit 26,2 Prozent eine schwere persönliche Niederlage hinnehmen.[716]

In einer ersten Stellungnahme nannte Kronawitter das OB-Ergebnis ein »Desaster« für die CSU. Klein habe daran keine Schuld. Verlierer der Wahl sei eindeutig die Münchner CSU mit ihrem »überheblichen Fraktionsvorsitzenden« Walter Zöller. Seinen überlegenen Sieg führte der OB weitgehend darauf zurück, daß die Wähler seine Stadtpolitik und die von ihm thematisierte Problematik der hohen Mieten verstanden hätten.

Bei den gleichzeitig stattgefundenen Münchner Stadtratswahlen hatte die SPD erheblich zulegen können und sie entschloß sich, künftig mit den Grünen zusammenzuarbeiten. In der schriftlichen Vereinbarung zwischen dem Oberbürgermeister und den Fraktionen von SPD und Grünen über die Zusammenarbeit im Münchner Stadtrat legten die Koalitionäre unter anderem fest, den Kulturhaushalt laufend aufzustocken, neue Wohnungen zu bauen, ein neues städtisches Referat für »Arbeit und Wirtschaft«[717] einzurichten, um den Veränderungen durch den Europäischen Binnenmarkt, der Öffnung zum Osten sowie einer besseren Kooperation mit dem Umland Rechnung tragen zu können. Ferner strebte man eine Messeverlagerung, eine Zurückdrängung des Autoverkehrs und einen Ausbau des öffentlichen Nahverkehrs einschließlich der Straßenbahn sowie einen Ausbau des Radwege-Netzes an. In der Energiepolitik setzten die Parteien auf den Ausstieg aus der Kernenergie und den Verkauf des städtischen Anteils am Atomkraftwerk Isar II. Wieder hatte Kronawitter eine Wende vollzogen.

Im Mai 1990 wurde Walter Zöller von Gerhard Bletschacher als CSU-Fraktionsvorsitzender abgelöst. Damit trat der letzte Exponent der sog. »Gestaltungsmehrheit«, die Kronawitter mehrfach in große politische Schwierigkeiten gebracht hatte, ab.[718]

Münchner Oktoberfest 1992: Der »rote Schorsch« beim Anzapfen

Kronawitters Verhinderungspolitik

Anfang der 90er Jahre hatten Kritiker der Landeshauptstadt zunächst vorgeworfen, zuviel Geld falsch auszugeben bzw. über ihre Verhältnisse gelebt zu haben.[719] Kronawitter stritt dies ab und beteuerte vielmehr, daß seine Stadt nicht einmal ihre Mindestaufgaben erfüllen könne. Verantwortlich dafür machte er die Staatsregierung, die sich angeblich weigerte, München stärker zu unterstützen. Der Staat versuche, die Stadt finanziell auszuhungern und damit indirekt auch das rot-grüne Rathausbündnis in Mißkredit zu bringen, polterte Kronawitter. Getroffen würden durch diesen »Kurs der Totalkonfrontation« aber in erster Linie die Münchner. Als Drahtzieher hinter dieser Strategie vermutete der OB den Vorsitzenden der Münchner CSU, Peter Gauweiler. Kronawitter warf deshalb der Regierung vor, die Münchner Steuerzahler zu »Melkkühen« zu machen und so zu behandeln »als wären sie keine Bürgerinnen und Bürger des Freistaats Bayern, sondern eines feindlichen Auslandes«[720]. Zusammen mit den Stadtoberhäuptern von Nürnberg, Würzburg und Regensburg hatte er sogar vereinbart, den Staat zu verklagen, wenn dieser sich nicht zu einer Änderung des Finanzausgleichsgesetzes bereit erkläre.

In »aberwitzigen Straßenbaumaßnahmen«[721] wurde von den Kritikern ein Grund für die Verschwendung gesehen. »Überall in München werden Straßen verengt und bisher asphaltierte Kreuzungen mit Pflastersteinen bestückt. Recht hat der Oberbürgermeister, wenn er auf den Bau eines von der CSU favorisierten Straßentunnels und verschiedener Tiefgaragen mit der Begründung verzichtet, für eine nur geringfügige Linderung der Verkehrsmisere seien solche Anlagen zu teuer. Dafür ist er die Freigebigkeit in Person, wenn an allen Ecken und Enden die Fahrbahnen umgemodelt werden sollen. Das Kennwort lautet ›Verkehrsberuhigung‹. Eigentlich müßten diesen Zweck auch ungleich billigere Verkehrszeichen mit der Zahl 30 erfüllen. Sie erfüllen ihn aber nicht, weil der Respekt des Bürgers vor der Obrigkeit geschwunden ist, ein psychologischer Tatbestand, an dem die in München regierenden Sozialdemokraten und Grünen nicht ganz unschuldig sind.«[722] Die Spendierhosen habe der OB und die ihn unterstützenden Stadträte jedoch dann an, wenn es gelte, »irgendwelche Spezis und Gesinnungsgenossen zu versorgen«. Die bräuchten bloß eine sogenannte Selbsthilfegruppe zu gründen. Kronawitters »finanzpolitisches Leib-und-Magen-Thema« sind für den Kommentator der FAZ die »Liebesdienste der Münchner für die Nichtmünchner«. Der Oberbürgermeister erwecke stets den Eindruck, daß seine Bürger zum Wohle der umliegenden Landgemeinden »geschröpft« würden.[723]

Im Herbst 1991 mußte der OB eine Haushaltssperre verhängen, da bis Ende des Jahres 100 bis 150 Millionen Mark im Stadtsäckel fehlten. Die Resonanz darauf war natürlich nicht gerade freundlich. »Gerade in einer Zeit, da mit der deutschen Einigung auf München gewaltige Herausforderungen zukommen, wird die Stadt von einem Manne regiert – wenn man das überhaupt so nennen kann –, der das Versagen auf der ganzen Linie zum Prinzip erhoben zu haben scheint. Nur die Kumpanei funktioniert und zwar so, daß, wenn man den Maßstab der Landtags-SPD anlegen wollte, in Sachen Kronawitter auf die nächsten Jahre ein täglich zusammentretender Untersuchungsausschuß vonnöten wäre«, polterte der Bayernkurier.[724] Kronawitter aber war in gewisser Weise sogar stolz auf seine Verhinderungspolitik, denn angesprochen auf das Wachstum von Berlin, Hamburg und Frankfurt erklärte er, daß es kein Wettrennen zwischen München und den angesprochenen Städten geben werde. Es sei doch ganz gut, wenn die Landeshauptstadt ein bißchen in den Schatten gerate. München brauche keine europäische Metropole zu werden, es solle »eine liebenswerte Stadt für alle Münchner bleiben«[725]. Er nannte das Sicherung der Lebensqualität.

Kronawitters Credo lautete, daß jede neugebaute Wohnung, jeder neue Arbeitsplatz auch neue Menschen und neue Autos bedeuten. Daher müßte man die Wachstumspolitik sehr dosieren und ruhig auch zulassen, daß die eine oder andere Firma, deren Expansionspläne nicht genehmigt werden können, München verlasse. Diese Politik trug Kronawitter deshalb auch von der CSU die Kritik ein, er mache München durch seine Verhinderungspolitik zu tiefer Provinz. Der OB wiederum warf der CSU-geführten Staatsregierung vor, sie torpediere die Stadt, wo sie nur könne, zum Beispiel durch den Entzug von Geldern oder durch die Überbelastung mit Asylbewerbern, damit Rot-Grün scheitern solle.

Die schwindende Attraktivität Münchens als Wirtschaftsstandort und die Abwanderung von Unternehmen ins Umland, die Wohnungsknappheit und die hohen Mieten machten auch dem Gewerbeverband Sorgen. Daher forderte Ludwig Gebhard, Bezirksvorsitzender des Gewerbeverbandes, München »wieder zur wirtschaftspolitischen

Lokomotive« zu machen. Er warf der Stadtspitze eine »langjährige gewerbefeindliche Politik zu Lasten der Klein- und Mittelbetriebe« vor. Gebhard forderte die Abschaffung der Gewerbesteuer und künstlicher Verkehrsbehinderungen sowie einen S-Bahn-Takt von zehn Minuten. Besonders kritisierte der Verbandssprecher das nicht eingehaltene Wahlversprechen Kronawitters. Er hatte die Ausweisung von 200 Hektar Gewerbefläche zugesagt, doch bis Ende 1992 waren es erst »traurige 7,5 Hektar«[726].

Mitte 1991 hatte der OB gefordert, die Planungsgewinne abzuschöpfen, da die Stadt auf den Erschließungskosten sitzen bleibe. Durch die Baurechtsausweisungen der Stadt seien den »zufälligen« Grundstücksbesitzern in den letzten zwölf Jahren rund zehn Milliarden Mark an Planungsgewinnen in die privaten Taschen geflossen: »Ohne eigene Arbeit, ohne eigene Leistung, ohne eigenes Zutun, aber auf ganz legale Weise.« Demgegenüber bleibe aber die Stadt ihrerseits weitgehend auf den Kosten für die Schaffung der erforderlichen Infrastruktur sitzen. »Nur mit einer Abschöpfung des Planungsgewinns lassen sich die verheerenden Entwicklungen auf den Grundstücksmärkten in den Ballungsräumen in den Griff bekommen.« Aber der Bundesgesetzgeber, so Kronawitter, sei dazu nicht bereit, trotz eindringlicher Appelle vieler Kommunalpolitiker. »Wenn die Gemeinden leistungslose Gewinne für Zwecke des sozialen Wohnungsbaus verwenden könnten, eröffneten sich Perspektiven, die uns der Lösung unserer Probleme auf dem Wohnungsmarkt einen gewaltigen Schritt näher bringen.« Jedoch würden sich CDU/CSU und F.D.P. nicht trauen, am geltenden Bodenrecht etwas zu ändern.[727]

»Hahnzog-Kanzlei« erhält 80 Millionen-Prozeß: Sozietät oder bloße Bürogemeinschaft?

Im April 1990 hatte der noch im Amt des dritten Bürgermeisters befindliche Klaus Hahnzog auf offiziellem Briefpapier seinen »Mitarbeiterinnen, Mitarbeitern, Freundinnen und Freunden« mitgeteilt, daß er ab 1. Mai 1990 beruflich als Rechtsanwalt in der Martiusstraße 5 tätig sein werde.[728]

DR. KLAUS HAHNZOG
BÜRGERMEISTER
DER LANDESHAUPTSTADT MÜNCHEN

8000 MÜNCHEN 2.
RATHAUS, MARIENPLATZ
TELEFON 233-6429
priv:Clemensstr.70
Mü.40, Tel: 304005
ab 1. Mai 1990
Rechtsanwalt
Martiusstr.5/II
8000 München 40
Tel. 34 90 70

Diese Kanzleianschrift war identisch mit der Büroadresse der Münchner Rechtsanwälte Schuh, Dr. Tremml & Kollegen. Diese Kanzlei war bekannt für die rechtliche Betreuung von SPD-Mandatsträgern. So vertrat sie zum Beispiel Bürgermeister Christian Ude sowie die SPD-Stadträtinnen Dr. Gertraud Burkert und Constanze Lindner-Schädlich und andere im Verwaltungsverfahren gegen den Freistaat Bayern wegen Ungültigkeit der Stadtratswahl der Landeshauptstadt München im Mai 1990.

In der Folgezeit wurde auch Dr. Klaus Hahnzog offiziell als Rechtsanwalt in den Briefkopf der Kanzlei Wolfgang Schuh, Dr. Bernd Tremml & Kollegen aufgenommen. Er war auch noch in dieser Kanzlei als die Firma Bauland GmbH im September 1991 beim Landgericht München I eine Klage gegen die Landeshauptstadt München, vertreten durch Oberbürgermeister Georg Kronawitter, auf Zahlung von 75 631 785 DM (zuzüglich 8 % Zinsen hieraus seit dem 23. April 1991) einreichte. Insgesamt errechnete sich daraus im Verlauf des Verfahrens ein von der Bauland GmbH eingeklagter Betrag von rund 82 Millionen Mark. Der spektakuläre Rechtsstreit wurde im Stadtrat und in den Medien kurz als »Weyl-Prozeß« bezeichnet.[129]

Entgegen dem in solchen Großprozessen üblichen Dreiervorschlag der Verwaltung und entgegen der Beratung durch den Umweltschutzreferenten Dr. Rüdiger Schweikl, beauftragte Oberbürgermeister Kronawitter die Kanzlei Schuh, Dr. Tremml & Kollegen mit der Prozeßvertretung der Stadt. Darauf stellte die CSU-Stadtratsfraktion am 12. November 1991 die Anfrage, ob es der Oberbürgermeister für vertretbar halte, »die anwaltschaftliche Betreuung in einem derart wichtigen und kostspieligen Prozeß, aus dem im ungünstigsten Fall auch die einzelnen Stadträte persönlich auf Schadensersatz in Anspruch genommen werden können, einem Anwalt zu überlassen, der nach Ansicht der Verwaltung nicht über besondere Kenntnisse und Erfahrungen auf dem einschlägigen Rechtsgebiet verfügt und keineswegs über jeden Zweifel an parteipolitischer Neutralität erhaben ist? Glaubt der Oberbürgermeister nicht, daß erneut der Eindruck parteipolitischer Spezlwirtschaft entsteht?«

Bürgermeister Ude, der nach eigenen Angaben erst nach der Vergabe der Prozeßvertretung an die »Hahnzog-Kanzlei« von dieser Mandatierung überhaupt erfahren haben will, beantwortete die CSU-Anfrage noch am gleichen Tag: »... Dr. Tremml hat die Landeshauptstadt wiederholt hervorragend beraten und vertreten und genießt aufgrund dessen das persönliche Vertrauen des Oberbürgermeisters. Ich erinnere nur an die erfolgreiche Prozeßvertretung der Landeshauptstadt, mit der die überflüssige Schaffung eines kostspieligen Rechtsreferates unterbunden werden konnte, sowie an die ebenfalls erfolgreiche Vertretung von Stadtratsmitgliedern, die gerichtlich die Gültigkeit der Kommunalwahl 1990 feststellen ließen, womit eine viele Millionen teuere Wahlwiederholung verhindert werden konnte.«

Außerdem führte Christian Ude in dieser Beantwortung noch aus: »Es ist nicht richtig, daß Dr. Klaus Hahnzog in dieser Sozietät tätig ist oder als Sozius geführt wird. Nachdem die Behauptung, Dr. Hahnzog sei Mitglied der Sozietät, bereits vor einigen Tagen von der Leitung der Rechtsabteilung des Direktoriums gestreut worden ist, wurde die Sozietät um Äußerung dazu gebeten. Die Kanzlei teilte unter dem 11. November 1991 der Stadt mit, daß ›zwischen Herrn Dr. Hahnzog und unserer Kanzlei keine Sozietät, sondern nur eine Bürogemeinschaft‹ besteht und deshalb Dr. Hahnzog mit unserem Mandanten weder rechtlich noch wirtschaftlich befaßt ist.«

Rechtsanwälte

WOLFGANG SCHUH
DR. BERND TREMML, M.C.J.
DR. DR. GEORG SCHOLZ
DR. MICHAEL BIHLER
DR. LUDWIG SÖLDNER
WOLF SCHENK
DR. KLAUS HAHNZOG

Den massiven Zweifeln der CSU-Stadtratsfraktion an der parteipolitischen Neutralität der mit dem Großauftrag versehenen Kanzlei Dr. Tremml & Kollegen begegnete Ude mit der Äußerung: »Den in dieser Frage enthaltenen Wertungen fehlt jede sachliche Grundlage. Im Gegenteil hat der Oberbürgermeister Herrn Umweltschutzreferenten Dr. Schweikl mit Schreiben vom 11.11.1991 deutlich gemacht, daß gerade dessen persönliches Interesse am Ausgang des Verfahrens für die Auswahl einer durch bisherige Geschäftsbeziehungen unbelasteten Kanzlei spricht, der auch nicht der Anschein einer befangenen Mandatierung durch die betroffenen städtischen Dienststellen anhaftet.«[730]

Die Rechtsanwaltskammer für den Oberlandesgerichtsbezirk München wies auf Anfrage auf § 28 Abs. 2 der Grundsätze des anwaltschaftlichen Standesrechtes hin, wonach nur in Sozietät oder anderer Weise zur gemeinschaftlichen Berufsausübung verbundene Rechtsanwälte gemeinschaftliche Drucksachen (wie z. B. Briefbogen) verwenden dürfen.[731]

Aufgrund einer erneuten Anfrage von CSU-Stadtrat Gerhard Bletschacher in der Angelegenheit vom 15. November 1991 äußerte sich Hahnzog bereits einen Tag später schriftlich: »... Deshalb habe ich mit meinen Kollegen eine bloße Bürogemeinschaft vereinbart, wie dies auch bei einer anderen Kollegin der Fall ist. Dementsprechend wurde neues Briefpapier angeschafft. Wie mir meine Kollegen berichten, wurde versehentlich auch noch das alte Briefpapier verwendet.« Von der Übertragung der Vertretung der Landeshauptstadt München gegen die Bauland GmbH in dem 80-Millionen-Prozeß an seine Kollegen in den gleichen Büroräumen will Hahnzog »erst aus der Zeitung« erfahren haben.

Lastenausgleich gegen »Verslumung«

Knapp zwei Jahre später, 1993, sah Kronawitter sozialen Sprengstoff in Deutschlands Großstädten entstehen. Gewalt und Wohnungsnot würden die Bewohner bedrohen. Die Metropolen würden seiner Ansicht nach »zum Sammelbecken« für Hilfsbedürftige werden. Gleichzeitig drohe eine »Verslumung«. Um den Kollaps der Städte zu verhindern, forderte der Münchner Oberbürgermeister einen »grundlegenden Richtungswechsel« auch seiner eigenen Partei. Sein Rezept: Ein Lastenausgleich wie nach dem Zweiten Weltkrieg, Einwanderungsgesetze und mehr Sozialwohnungen.

Allerdings, so Kronawitter, müßten Freigrenzen und Abstufungen der heutigen Situation angepaßt werden. Der Ausgleich sollte auf fünfzehn bis zwanzig Jahre begrenzt und im Prozentsatz progressiv gestaffelt sein. Beginnen könnte der Lastenausgleich nach Kronawitters Worten bei einem Vermögen von zwei Millionen Mark. Die hohe Freigrenze sollte sicherstellen, daß Besitzer von Ein- und Zweifamilienhäusern oder Eigentumswohnungen ausgenommen werden. Zum abgabepflichtigen Vermögen sollten Immobilienbesitz zählen, außerdem Betriebsvermögen, Aktien, Gold oder Kunstsammlungen.[732]

Dieser Lastenausgleich, so Kronawitter, würde nicht einmal ein Prozent der Bevölkerung treffen, aber zu Milliardeneinnahmen führen. »Natürlich weiß ich, daß dies zu einem Aufschrei führen wird. Es wird heißen, dies sei politisch nicht machbar. Aber die vergangenen 40 Jahre zeigen, daß die ungerechte Vermögenskonzentration auch nicht wie Manna vom Himmel gefallen, sondern durch die politische Gesetzgebung möglich geworden ist. Eine Korrektur zugunsten breiter Bevölkerungsschichten ist selbstverständlich ebenso möglich, sie muß nur politisch gewollt werden.«[733]

Die CSU-Stadtratsfraktion vertrat die Auffassung, daß der OB selbst schuld an der von ihm beklagten »Verslumung« Münchens sei. In den entscheidenden Fragen der Wohnungspolitik und der inneren Sicherheit würden der OB »und seine grün-rote Mehrheit« die Verantwortung tragen. So habe Kronawitter alle Familienförderprogramme beim Wohnungsbau und das kommunale Wohngeld für finanzschwache Mieter streichen lassen, die »Schwarzen Sheriffs« abgeschafft und lasse ferner eine liberale Drogenpolitik zu. Der Oberbürgermeister sei auch daran schuld, daß zu wenig Wohnungen für Studenten und Obdachlose gebaut würden. Insgesamt seien die städtischen Mittel für den Sozialwohnungsbau von 125 Millionen Mark (1984) auf 36 Millionen Mark (1993) zurückgeführt worden. Deshalb gab der damalige Fraktionsvorsitzende der Rathaus-CSU, Gerhard Bletschacher, dem OB den Tip: »Ab in den Landtag, dort kann er auf harten Oppositionsbänken kein weiteres Unheil anrichten.«[734]

Als auffallend bezeichnete zum Beispiel auch die IHK für München und Oberbayern »das Zurückfallen der Kernstadt München« bei der jüngeren mittelfristigen Beschäftigungsentwicklung, »so daß der Region Münchens immer stärker die ›Rolle des Wachstumsmotors‹« zufällt.[735]

Die Suburbanisierung, für die Bevölkerungs- und Arbeitsplätzerückgang in der Stadt und entsprechende Gewinne im Umland typisch sind, sei »in der Region München stärker ausgeprägt als in den Vergleichsräumen«.[736]

Von der Kultur zum Winterdienst

Empört reagierte die Öffentlichkeit auf die radikalen Sparvorschläge Kronawitters zum Kulturetat der Landeshauptstadt. So sollte das international renommierte »Theater der Jugend«-Ensemble heimatlos gemacht werden (Abriß der alten Schauburg am Schwabinger Elisabethplatz und Verkauf des Grundstücks) und durch Turnhallen tingeln. Man warf deshalb dem Oberbürgermeister vor, eine »ignorante« und »bornierte« Kulturpolitik zu betreiben.[737] In einem Interview stellte Kronawitter jedoch die Frage, »wo sonst soll der Stadtrat sparen?« als im Kulturbereich. Verantwortlich für die Sparmaßnahmen sei doch nicht der Oberbürgermeister allein, sondern der gesamte Stadtrat. Dennoch, so Kronawitter, sei München, trotz möglicher »kleiner Abstriche«, an der Spitze, »gilt als Kulturstadt«. Man müsse dieses Niveau so weit wie möglich halten. »Wenn aber in allen Bereichen aufgrund der Finanzsituation Einsparungen notwendig sind, dann befürchte ich, daß sie auch vor der Kultur nicht haltmachen werden.«[738]

Eine besondere Posse lieferte Kronawitter den Münchnern 1991 mit dem Winterdienst. Zunächst veranlaßte er den städtischen Baureferenten Horst Haffner (F.D.P.) dazu, ein bewährtes und preiswertes System der Schneeräumung – gegen den ausdrücklichen Rat Haffners – abzuschaffen und ein ineffizientes sowie teureres System einzuführen. Nachdem sich das neue System nicht bewährt hatte, griff der OB den Referenten öffentlich scharf an und leitete völlig überstürzt die Voruntersuchung für ein Dienststrafverfahren ein. Mit dieser Aufgabe betraute er das ihm unmittelbar unterstellte Direktorium. Offensichtlich wollte der »rote Schorsch« durch diesen spektakulären Schritt von sich selbst ablenken und Stadtrat und Medien einen Prügelknaben liefern. Außerdem bot ihm die Angelegenheit willkommenen Anlaß sich bei dem liberalen Politiker für frühere kritische Äußerungen seiner Amtsführung zu revanchieren. Dem Baureferat gelang es jedoch in Verhandlungen mit den Vertragspartnern für die Stadt wesentliche Verbesserungen zu erreichen. Diesen Erfolg des Baureferenten beim Winterdienst heftete Kronawitter aber nun an seine eigenen Fahnen. Großzügig ob seines vermeintlichen Verhandlungsgeschicks stellte der OB das Disziplinarverfahren gegen Haffner wieder ein. Die Überprüfung hatte ohnedies ergeben, daß sich dieser korrekt verhalten hatte. Als Heidrun Kaspar (F.D.P.) ihm verlorene Prozeßkosten vorhielt, antwortete Kronawitter, daß er gerade erst den »Winterdienst« um 11 Millionen Mark drücken konnte und dadurch für ihn eine Gutschrift von 10 986 000 DM« bleibe.[739]

Kronawitter suchte während seiner dritten Amtsperiode offensichtlich den Konflikt, nicht mehr den Konsens. Kommunalpolitik betrieb er mit Presseerklärungen und mit öffentlichen Briefen, statt die Sachlösung ohne Prestige-Schaukampf zunächst im diskreten Gespräch zu suchen. »Abgeschafft sind zum Beispiel auch die früher alljährlich intern geführten ›Paketverhandlungen‹, in denen Freistaat und Stadt ihre gegenseitigen freiwilligen Leistungen miteinander festlegten. An deren Stelle ist der spektakuläre Erpressungsversuch getreten, das Drohen mit dem Kadi, die Verwicklung in Gerichtsverfahren«, bedauerte die Süddeutsche Zeitung.[740]

»Parteitaktische Spielchen«

Die Referentenwahlen vom Frühjahr 1993 gingen, anders als fünf Jahre zuvor, so über die Bühne, wie es sich Kronawitter und das rot-grüne Rathausbündnis vorgestellt hatten. Neu Gewählt wurden Dr. Wilfried Blume-Beyerle (Personalreferent, SPD), Dr. Gertraud Burkert (Schulreferentin, SPD), Klaus Jungfer (Stadtkämmerer, SPD) und Joachim Lorenz (Umweltschutzreferent, Grüne). Wiedergewählt wurden Baureferent Horst Haffner (F.D.P.), Kommunalreferent Georg Welsch (Grüne), Kreisverwaltungsreferent Dr. Hans-Peter Uhl (CSU), Kulturreferent Siegfried Hummel (SPD) und Werkreferent Walter Layritz (SPD). Obwohl die Grünen nun zwei Referenten stellten, war der Wahl ein monatelanges Taktieren vorausgegangen, das das rot-grüne Bündnis auf die bisher schwerste Belastungsprobe gestellt hatte. Sogar der Bruch war durch den von Kronawitter verursachten Streit um die Wiederwahl Uhls unmittelbar bevorgestanden.[741]

Kronawitter zog aber dennoch eine positive Bilanz. »Es wäre doch schrecklich gewesen«, so der OB in einem Interview, »wenn die SPD den Kreisverwaltungsreferenten Hans-Peter Uhl abgewählt hätte und dann die Strategie von Herrn Gauweiler voll aufgegangen wäre. Er wollte, daß kein einziger CSU-Referent mehr im Rathaus Verantwortung trägt. Gleichzeitig wollte er den Absolutheitsanspruch von Rot-Grün in der Personalpolitik anprangern. Die Taktik Gauweilers war gar nicht so schlecht angelegt. Diese Strategie konnte ich aber in letzter Minute durchkreuzen.«[742]

Dennoch war der Erfolg nicht vollkommen, da sich die CSU an der fehlenden Qualifikation der neuen Schulreferentin festbiß und die Wahl Burkerts anfocht. »Geradezu lächerlich« sei, wenn nun gesagt werde, daß die formalrechtlichen Voraussetzungen nicht ausreichten, wetterte deshalb Kronawitter, der sich für die Kandidatin kräftig ins Zeug legte. Der Oberbürgermeister sah in dem Vorstoß der CSU »parteitaktische Spielchen, denen ich mit aller Entschlossenheit begegnen möchte«.

Auf jeden Fall, so der OB, werde die »engagierte Schulpolitikerin« bei ihrem Amtsantritt eine mehr als dreijährige Tätigkeit als Korreferentin des Schulreferats aufweisen können und so die formalen Kriterien des »zweiten Weges«, auf den die Regierung von Oberbayern als Aufsichtsbehörde im Sommer 1992 hingewiesen hatte, erfüllen.

Es stehe außer Zweifel, daß Burkert sich in Schulfragen »äußerst sachkundig« gemacht habe, »ganz besonders engagiert« sei und sich als Stadträtin »unter Schulpolitikern großen Respekt verschafft« habe. Bei dieser Wahl ging es laut Kronawitter auch um die Gleichstellung der Frau. Ist denn Kindererziehung, also Familienarbeit und ehrenamtliches Engagement in zahlreichen Organisationen, »nicht auch gesellschaftliche Arbeit, vergleichbar mit Erwerbsarbeit?« Die CSU, die Familienpolitik und den Schutz der Familie »als wichtig« vorgebe, müsse jetzt beweisen, »ob ihr diese Werte wirklich wichtig sind«. Burkerts Wahl werde deshalb für die Regierung von Oberbayern und die weisungsbefugte Staatsregierung zur Nagelprobe für die Gleichberechtigung von Mann und Frau.[743]

Dennoch forderte die Regierung von Oberbayern die Stadt auf, Burkerts Wahl zur Stadtschulrätin aufzuheben, da die formalen Qualifikationsanforderungen nicht erfüllt worden seien.[744] Die Mehrheit des Stadtrats widersprach dieser Auffassung und beauftragte den Oberbürgermeister, juristische Schritte gegen diesen Bescheid der Aufsichtsbehörde einzuleiten.

Die CSU warf Kronawitter und der rot-grünen Stadtratsmehrheit vor, sich mutwillig über klare gesetzliche Vorschriften hinweggesetzt zu haben. Deshalb müßten sie nun auch die Verantwortung für dieses Wahldebakel tragen. Kronawitter schrieb daraufhin dem damaligen Innenminister Edmund Stoiber einen geharnischten Brief zum Fall Burkert.

Der »rote Schorsch« konnte sich nicht vorstellen, daß die Entscheidung der Regierung von Oberbayern ohne Zustimmung des Innenministeriums getroffen worden sei. »Politisch sind Sie als zuständiger Ressortminister in jedem Fall verantwortlich.« Die Bevölkerung durchschaue genau das politische Doppelspiel, das hier getrieben werde. Burkerts Ablehnung könne nur noch als »weltfremd« bezeichnet werden. Dazu komme, schrieb Kronawitter weiter, daß die Regierung die einschlägige Ausnahmeregelung im Wahlbeamtengesetz früher weit weniger restriktiv ausgelegt habe. Stoiber müsse nun auch auf eine »ausdrückliche Klarstellung« in den entsprechenden Gesetzen hinwirken, »damit Fehlentscheidungen dieser Art zukünftig von vornherein ausgeschlossen sind«[745]. Stoiber wies Kronawitters Vorwurf, daß Burkerts Wahl aus parteipolitische Gründen beanstandet worden sei, zurück. Vielmehr habe sich die Regierung von Oberbayern bei ihrer Entscheidung ausschließlich von Recht und Gesetz leiten lassen.[746]

»Jedes Loch besetzt«

Kurz vor der Landtagswahl am 14. Oktober 1990 hatte sich Kronawitter noch ziemlich marktschreierisch an die Münchner Wähler gewandt. In einem Flugblatt geißelte er die ungebremste Mietenexplosion in München, für die er Bonner Koalition und die Bayerische Staatsregierung verantwortlich machte. Er kritisierte auch die geplante Trabantenstadt auf der sogenannten Panzerwiese im Münchner Norden. Kronawitter plädierte statt der möglichen 6000 Wohnungen, für einen 2000 Hektar großen Nordpark und lediglich 2000 Wohnungen.[747] Strikt abgelehnt wurde von Kronawitter außerdem der Bau des Petueltunnels, der den Stau kein bißchen verringern, sondern ihn nur bis zur nächsten Ampel verlängern und noch mehr Autos anziehen werde. Harsch kritisierte Kronawitter ferner die Unterbringungspraxis von Asylbewerbern durch die Staatsregierung, die vor jeder Wahl eine große Zahl von Asylbewerbern in der Landeshauptstadt ablade.

Im Frühjahr 1992 thematisierte Kronawitter dann die Asylproblematik erst richtig.[748] Er beklagte zum wiederholten Male, daß die Staatsregierung der Stadt ständig mehr Asylbewerber zuweise. Jeden Monat würden 1000 neue dazu kommen. »So geht es nicht weiter. Das ist nicht zu schaffen.« München sei auch ein sozialer Brennpunkt mit 10 000 Obdachlosen und 7000 Bürgerkriegsflüchtlingen aus dem ehemaligen Jugoslawien. Der Wohnungsmarkt leide unter den höchsten Mieten und der stärksten Nachfrage. »Bei uns ist jedes Loch besetzt. Dennoch dürfen wir freie Kasernen nicht mit Ausländern belegen, was unsere Lage noch verschärft.« Er regte sogar ausdrücklich an, private Räume zu beschlagnahmen, wenn alle Möglichkeiten erschöpft seien. »Da sag' ich als Verwaltungschef: Zuständig für die Unterbringung ist der Freistaat. Dann soll die Regierung auch die Beschlagnahme anordnen. Die Stadt macht es nicht.«

Für notwendig hielt Kronawitter eine europäische Lösung, an der nicht nur die EU-Länder beteiligt werden müßten, sondern auch osteuropäische Länder wie Polen und Ungarn. Sollte es nicht gelingen, wirklich politisch Verfolgte und Armutsflüchtlinge zu trennen, dann dürfe auch die Ergänzung des Grundgesetzes kein Tabu sein. »Ich bin für die Festlegung einer Quote für Zuwanderer in die Bundesrepublik, zuerst für politisch Verfolgte, dann für deutschstämmige Aussiedler und auch für einen Teil der Armutsflüchtlinge.« Es störte ihn auch nicht, mit seiner Meinung bei seinen Parteifreunden anzuecken. »Diejenigen in der SPD, die immer noch hehre Programmsätze wie eine Monstranz vor sich hertragen, aber von der Realität wenig Ahnung haben, werden über kurz oder lang eines Besseren belehrt werden ... Aus Angst vor Beifall von der falschen Seite kann ich doch nicht die Tatsachen verdrängen. Ich lasse mir mein Rückgrat nicht von einer Parteizentrale verbiegen. Damit würde ich der SPD langfristig schaden.«[749]

Das Thema Asylbewerber zeigte einmal mehr, daß es Kronawitter völlig egal war, was seine Partei über ihn dachte. Wichtiger für ihn war, daß seine Popularität beim Wähler nicht nachhaltig beschädigt wurde. Mit beinahe schon traumwandlerischer Sicherheit griff er Themen auf, die ihm den Applaus der Bürger sicherten. So interpretierte auch der Münchner DGB-Chef Klaus Dittrich das Vorpreschen des OB damit, daß dieser wohl wieder Punkte in der Bevölkerung gutmachen wollte. Kronawitter habe wohl gespürt, daß seine rigide Verkehrspolitik und sein zögerliches Wohnungsbauprogramm – Stichwort Panzerwiese – auf immer weniger Gegenliebe stieß.

»Viele Entscheidungen der letzten Zeit werden von der Bevölkerung nicht so recht verstanden«, charakterisierte die SPD-Stadträtin Barbara Scheuble-Schaefer vorsichtig die Lage. Und Sabine Lauxen von den Rathaus-Grünen erklärte: »Als PolitikerInnen haben wir mehr Verantwortung, als dem Volk aufs Maul zu schauen und auf Wählerstimmen zu hoffen. Unsere Aufgabe ist es, für Toleranz und Fremdenfreundlichkeit zu werben, nicht wie der OB, den Fremdenhaß zu schüren.«

Kurz vor Ostern 1992 legte Kronawitter im Zusammenhang mit der Asylproblematik noch einmal nach.[750] Die SPD habe den »massenhaften Mißbrauch des Asylrechts nicht wahrnehmen« wollen und sei dafür bei den Landtagswahlen von den Wählern in Baden-Württemberg und Schleswig-Holstein bestraft worden. Die SPD müsse deshalb »möglichst schnell ihre selbstverordnete kollektive Denkblockade beim Asylmißbrauch« aufgeben.

Massiv griff er aber auch die SPD-Parteispitze an. Dabei kritisierte er die »flotten Enkel« von der »Toskana-Fraktion«, mit denen sich viele aus der Arbeitnehmerschicht nicht mehr identifizieren könnten. »Auch wenn es ungerecht sein mag: Viele Stammwähler bezweifeln, ob unsere ›flotten Enkel‹ mit Vorlieben für französische Küche und kostbare Seidenhemden ihre Anliegen tatkräftig vertreten. Was soll der irritierte SPD-Wähler davon halten, daß von einer ›Toskana-Fraktion‹ die Rede ist? Und daß vielleicht mancher auch noch stolz darauf sein mag, wenn er zu den Leuten mit dem gehobenen Lebensstil gerechnet wird?«[751]

Mit dieser vorösterlichen Attacke brüskierte Münchens prominentester Sozialdemokrat zum wiederholten Male seine Partei. Hinter vorgehaltener Hand »schäumten« viele Genossen »vor Wut«[752]. Sogar sein erklärter Kronprinz, Bürgermeister Christian Ude, war von Kronawitters erneutem Vorpreschen nicht informiert gewesen. Obwohl Ude Kronawitters Kritik an der Bonner SPD-Spitze »zu 90 Prozent« für sachlich richtig hielt, störte ihn die Tonart. »Ich vermisse die Solidarität mit denen, die in unserer Partei die politische Verantwortung tragen. Wenn wir mehrheitsfähig sein wollen, können wir die Realität nicht karikaturhaft verkürzt darstellen.«[753]

Doch genau das hatte nach Ansicht vieler Müncher Genossen der Oberbürgermeister gemacht, indem er seiner Partei »zur Belebung der Szene die Textildebatte über die Seidenhemdenträger aufgezwungen und so ganz nebenbei ins Knie geschossen hat«[754]. Wer sich bundesweit so publikumswirksam mit seiner eigenen Partei anlegt, so die Vermutung, habe noch Großes vor. Hier sprach kein Polit-Rentner, sondern ein Polit-Kämpfer, keiner der sich »auf leisen Sohlen an die Macht schleicht«. Vielmehr meldete sich hier einer zu Wort, »der mit größtem Interesse auf die andere Seite der Isar schaut. Dort verwaltet nicht nur Kronawitters Männerfeind Josef Schörghuber sein Imperium, dort liegt auch das Maximilianeum, wo eine schlaffe SPD-Mannschaft zögerlich Oppositionspolitik betreibt.«[755]

Innerhalb eines Jahres erhielt Kronawitter im September 1992 zum dritten Mal Gelegenheit, sich zum Asylproblem zu äußern.[756] In einem Streitgespräch mit dem niedersächsischen Flüchtlingsminister Jürgen Trittin (Grüne) trat der Münchner erneut für eine Grundgesetzänderung ein. Ein Arbeitnehmer, so Kronawitter, könne sich wegen der irrsinnigen Mietenexplosion kaum noch Wohnungen leisten – »und dann müssen wir 8000 Asylbewerber kostenlos unterbringen und ihnen auch noch Sozialhilfe bezahlen«. Das mache auch in München böses Blut, nicht nur in Rostock. Deutschland könne es nicht schaffen, »das Auffangbecken für alle Armen in der Dritten Welt zu sein. Das sind nämlich eine Milliarde Menschen und mehr.«

Trittin wandte daraufhin ein, daß Deutschland längst zu einem Einwanderungsland geworden sei. Es gehe nicht darum, »ob wir Zuwanderung wollen, sondern wie wir sie gestalten«. Kronawitter entgegnete, daß dann die Leute nur »Asyl, Asyl« sagen bräuchten und schon seien sie im Verfahren. Das könne den Bürgern nicht zugemutet werden. »Wir würden einen Volksaufstand kriegen.« Trittin warf dem OB vor, eine gezielte Verängstigung der Leute zu betreiben. Kronawitter beharrte jedoch, daß Deutschland nicht der Lastesel für die Armen der Welt sein könne. Außerdem würden die meisten Asylbewerber nur kommen, weil sie hier wirtschaftliche Vorteile erwarten. Trittin konterte mit dem Vorwurf, Kronawitter wolle das Grundrecht auf Asyl abschaffen. Das gehe doch an die »Substanz genuin sozialdemokratischer Politik«.

Auf die Frage, was nach Ansicht der SPD noch verändert werden sollte, antwortete Kronawitter, »wer ohne Paß an die Grenze kommt, soll wieder zurückgeschickt werden«. Die Regel sei doch, daß Menschen, die hier ohne Paß ankommen, auf Betrug aus seien. »Die wollen mehrfach kassieren und ihre Identität verschleiern.« Dagegen müßten Personen aus Verfolgerstaaten auch ohne Ausweis ins Asylverfahren kommen. Nach Kronawitters Ansicht könne nicht bestritten werden, daß Deutschland das großzügigste Asylgesetz Europas habe. »Wir haben diese Massen auch deswegen im Land, weil etwa Italien einmalig 140 Mark gibt und wir monatlich 500 Mark plus Unterkunft. Stellen sie sich doch einmal vor, sie kämen aus der Dritten Welt. Dann würden sie sich auch eine Fahrkarte in Italien kaufen und nach Deutschland fahren. 70 Prozent aller Asylbewerber in der gesamten EG sind bei uns.« Aus diesem Grund müßte Artikel 16 Grundgesetz geändert werden, damit Asylbewerber ohne Paß abgewiesen werden können und damit es zu einem einheitlichen europäischen Standard kommt. Die Deutschen würden es auf Dauer nicht hinnehmen, so der OB, wenn Millionen Ausländer »ungeordnet« ins Land fluten. Zwar sah auch Kronawitter in einer Grundgesetzänderung keine Garantie für die Bewältigung des Zuzugs, aber die Voraussetzung dafür.

Die Wut der Bürger gehe aber weit über die Asylproblematik hinaus, erklärte Münchens Stadtoberhaupt. Wenn der Bundeskanzler nicht bereit sei, die Mieter endlich besser gegen Spekulanten zu schützen, dann werde auch hier noch eine soziale Bombe hochgehen. »Und dann die zunehmende Arbeitslosigkeit: Wenn die Bundesregierung sich nicht um das Drittel der Bevölkerung, das sie bisher vernachlässigt hat, zu kümmern beginnt, dann werden sich Rechtsradikale noch häufiger bemerkbar machen und noch mehr Zustimmung aus der Bevölkerung bekommen. Diejenigen, die nach unten rutschen, sind anfällig für rechtsradikale Parolen.«

Daraufhin warf man Kronawitter vor, er spalte als »Herold des gesunden Volksempfindens nicht nur immer weiter seine eigene Partei«, vielmehr vergreife sich der OB auch im Ton und würge damit jede konstruktive Auseinandersetzung über dieses Thema ab. »Hauptsache, es gibt Applaus. Egal, von welcher Seite.«[757]

Nachdem sich Kronawitter nochmals für eine Beschleunigung der Verfahren, die Festlegung von Nichtverfolgerstaaten, eine schnelle Abschiebung nach vereinfachter Entscheidung ausgesprochen und damit eine Grundgesetzänderung gefordert hatte, ermahnte er im Mai 1993 in einem Brief empört die Bonner Genossen, den ausgehandelten Asylkompromiß nicht zu torpedieren. Im Hinblick auf die Bundestagswahl 1994 prophezeite er seiner Partei bei einem Scheitern des Kompromisses, »lasset alle Hoffnung fahren«. Es sei nämlich den SPD-Wählern nicht mehr vermittelbar, »daß bei ihnen an allen Ecken und Enden massiv gespart wird, aber für Wirtschaftsflüchtlinge Millionenbeträge zur Verfügung stehen müssen«.

»Operation geglückt, Patient tot« Das neue Opfer: Albert Gratzl

Besonders gerne legte sich Kronawitter mit den Reichen und Mächtigen im Freistaat an. Als Landtagsabgeordneter hatte er mit dem reichsten Mann Deutschlands, Baron August von Finck, um See- und Baugrundstücke gestritten. Später, als Oberbürgermeister, klagte er das angebliche städtische »20 Millionen-Baulandgeschenk« an Bau- und Brau-Multi Josef Schörghuber ein. 1993 hatte er den Krankenhausbetreiber Albert Gratzl öffentlichkeitswirksam am Wickel.

Aufgrund der Truppenreduzierung hatte das Verteidigungsministerium beschlossen, das Bundeswehrkrankenhaus an der Cincinnatistraße bis auf einige wenige Ambulanzen zu schließen und für rund 84 Millionen Mark zu verkaufen. Am 2. März 1992 bot das Bundesvermögensamt die Immobilie der Stadt an. Vorbehaltlich einer Förderung durch das Sozialministerium meldete München Interesse an. Doch der Krankenhausplanungsausschuß stufte im Juli 1992 die städtische Bewerbung mangels Konzept zurück und favorisierte einen privaten Käufer. Am 5. Oktober sagte die Stadt ab.

Als Interessent trat daraufhin der Münchner Privatklinikbetreiber Albert Gratzl (Riefler KG) auf. Er hatte für seine diversen Kliniken bereits etwa 40 Millionen Mark Fördermittel aus dem Krankenhausbedarfsplan zugesprochen bekommen. Gratzl wollte zwei Umstände nutzen:

1. Der Bund läßt für den Fall, daß von ihm verkaufte Immobilien sozial genützt werden, grundsätzlich 50 Prozent nach.
2. Er hätte die 40 Millionen Mark Fördermittel dann auf das Bundeswehrkrankenhaus umlegen können, wenn er entsprechend Betten in seinen anderen Häusern abbauen kann.

Gratzl hätte also die fast 40 000 Quadratmeter inklusive Klinikbau für einen Apfel und ein Ei erhalten.

Nun kam Kronawitter ins Spiel. Im Oktober 1993 wetterte der Alt-OB, in dessen Amtszeit der Ankauf durch die Stadt abgelehnt worden war, gegen das »Amigo- und Bazi-Geschäft« und das »Millionengeschenk« öffentlich los. Sein Hauptvorwurf lautete, warum bekomme ein Privatmann Vergünstigungen, die der Stadt nicht angeboten worden seien. Kronawitters Taktik ging auf. Die Verhandlungen mit Gratzl wurden in letzter Minute durch Ministerpräsident Stoiber gestoppt, obwohl weder Gratzl, der nach Kronawitters Kampagne politisch nicht mehr durchsetzbar war, noch dem Sozialministerium unrechtmäßiges Verhalten vorzuwerfen gewesen wäre.

Nach einem Bittschreiben von Oberbürgermeister Christian Ude an Bundesfinanzminister Theo Waigel wurde die Immobilie der Stadt wieder angeboten und zwar zu den Bedingungen des Bund/Gratzl-Deals, also auch mit einem 50prozentigen Nachlaß durch den Bund. Fördermittel aber, die Gratzls Kommanditgesellschaft bekommen hätte, konnte die Stadt nicht beantragen, außer man hätte städtischerseits Betten stillgelegt.

Am 28. November griff der »rote Schorsch« erneut zur Feder und schrieb Sozialminister Gebhard Glück einen geharnischten und vor Beschimpfungen strotzenden Brief, in dem er dem Minister empfahl, der Freistaat möge doch selbst das Haus erwerben und an Gratzl verpachten. Glück: »Im Bemühen, seinen Kopf aus der Schlinge zu ziehen, erhöht Kronawitter seine Rezeptur mit einer noch größeren Dosis an Gift und Infamie.«[758]

In der Zwischenzeit suchte die Stadt verzweifelt nach einer Lösungs- und Nutzungsmöglichkeit für das »Danaer-Geschenk«[759]. Einzig das Gesundheitsreferat schaffte es, Interesse zu formulieren. Man wolle dort ein Mischmodell aus Psychiatrie, Geriatrie und Rehabilitation installieren. Geschätzte Umbaukosten: 40 Millionen Mark. Allerdings lehnte die Arbeitsgemeinschaft der Krankenkassenverbände kostendeckende Pflegesätze ab. Aus diesem Grund schlug der Kommunalreferent erneut vor, Abstand vom Kauf zu nehmen.

»Kronawitter hat letztlich auch der Stadt einen Bärendienst erwiesen«, schrieb die Süddeutschen Zeitung.[760] »Sie mußte verhandeln, wo nichts zu verhandeln war, nur um das Gesicht nicht zu verlieren. Die Haushaltslage war ja vorher schon bekannt. Der Kampf um das Bundeswehrkrankenhaus war schon verloren, als unter Kronawitters Ägide das Projekt verschlampt wurde. Bleibt die traurige Binsenweisheit als Erkenntnis: Operation geglückt, Patient tot.«[761]

Grundstücks-Posse: Heidemannstraße

Anlaß für eine weitere juristische »Grundstücks-Posse« des »roten Schorsch« gab das noch immer in ihrem Eigentum befindliche frühere Bundesgrundstück an der Heidemannstraße. Bereits in den 60er Jahren hatte es erste Verhandlungen zwischen der Stadt und dem Bundesfinanzministerium über einen möglichen Ankauf der Flächen an der Heidemannstraße gegeben. Als es dann 1981 zum Verkauf kam, hatte sich München zuvor auf Forderung des Bundes bereit erklärt, unter Verzicht auf jeglichen Planungsgewinn die Flächen zum sogenannten Einstandspreis an Bauträger weiterzugeben, um preisgünstige Grundstücke vor allem für den sozialen Wohnungsbau anbieten zu können.

Mit dem Kauf der Fläche hatte die Stadt unter anderem auch die Optionsvereinbarung zwischen dem Bund und der Bayerischen Hausbau »geerbt«. Drei der vier Bauträger schafften es, die Wohnungen innerhalb der fünfjährigen Frist zu bauen. Im Gegensatz dazu beharrte die Bayerische Hausbau des Josef Schörghuber »auf Übertragung der Grundstücksflächen ohne jegliche Bindungen des Wohnraumbeschaffungsprogrammes«, wie es in der Beschlußvorlage für die Sitzung des Kommunalausschusses Ende November 1991 hieß. Durch Vermittlung der Stadt hätte die Bayerische Hausbau »ohne eigenes Zutun damit erhebliche Grundstücksgewinne eingestrichen«[762].

Nach zähen Verhandlungen schien es dann 1987 doch zu einem Kompromiß zu kommen: Sofortiger Wohnungsbau und kein Planungsgewinn beim Bauträger. Im Rahmen eines für die Stadt allein schon günstigen Grundstückstauschgeschäfts zwischen der Schörghuber Firma und München wollte die Bayerische Hausbau auf die Option auf das Grundstück an der Heidemannstraße verzichten. Damit wäre der Weg für sofortigen sozialen Wohnungsbau auf dieser Fläche frei gewesen. Im Oktober 1988 wurde der Tauschvorschlag, der endlich eine Lösung erbracht hätte, im Stadtrat aber mit den Stimmen von CSU, F.D.P. und USD abgelehnt, als Kronawitter gegen die sogenannte »Gestaltungsmehrheit« regieren mußte.

Im November 1989 erklärte der OB, »daß die Bayerische Hausbau seit Jahren durch die Geltendmachung eines angeblichen ›Optionsanspruches‹ in Millionenhöhe den Verkauf des Grundstücks und die sofortige Bebauung verhindert und obendrein hinsichtlich des Verkaufspreises ein zweites Baulandgeschenk im Wert von rund 40 Millionen Mark fordert«. Der ermäßigte Kaufpreis müsse aber dem Endverbraucher zugute kommen. »Er darf also nicht von der Hausbau eingesackt werden, wie dies hartnäckig versucht wurde.«[763]

Schörghubers Rechtsanwalt Thomas Grundmann nannte das »eine üble Nachrede«. In Wirklichkeit habe Schörghuber Kronawitter schriftlich den Vorschlag gemacht, »einen Einstandspreis, der sich unter Anwendung der früheren Vereinbarung heute ergibt, an künftige Käufer weiterzugeben, unter der Voraussetzung, daß es der Hausbau gestattet werde, die bisher für die Baureifmachung seit der Besitzeinweisung von ihr aufgewendeten Kosten und künftigen Finanzierungskosten ihrem Einstandspreis zuzuschlagen«. Wenig später verpflichtete sich Kronawitter, bei Androhung von 10 000 Mark Vertragsstrafe, die besagte Behauptung künftig nicht mehr aufzustellen oder zu verbreiten.[764]

Beglaubigte Abschrift

Unterlassungsverpflichtungserklärung

Die Landeshauptstadt München, gesetzlich vertreten durch den Oberbürgermeister, Herrn Georg Kronawitter, Rathaus, 8000 München 2,

verpflichtetet sich gegenüber

der KG Bayerische Hausbau GmbH & Co., Denningerstraße 169, 8000 München 81,

vertreten durch die Rechtsanwälte Glock, Liphart, Probst, Marienplatz 26, 8000 München 2

es bei Meidung einer für jeden Fall der Zuwiderhandlung - unter Ausschluß des Fortsetzungszusammenhanges - verwirkten Vertragsstrafe in Höhe von 10.000,-- DM zu unterlassen, die Behauptung aufzustellen und/oder zu verbreiten:

Die Bayerische Hausbau habe im Zusammenhang mit den Verhandlungen über die Übereignung von Grundstücksflächen an der Heidemannstraße hinsichtlich des Verkaufspreises ein zweites Baulandgeschenk im Wert von rund 40 Mio. DM gefordert,

die Bayerische Hausbau habe hartnäckig versucht, den ermäßigten Kaufpreis für Grundstücksflächen an der Heidemannstraße, welcher nach Auffassung der Bundesrepublik Deutschland dem Endverbraucher zugute kommen müsse, einzusacken.

München, den 21. 11. 1989

Für die Landeshauptstadt München
Georg Kronawitter
Oberbürgermeister

beglaubigt

Rechtsanwalt

Doch in der von der Stadt herausgegebenen Rathaus-Umschau vom 24. Juli 1991 hieß es wieder, die Hausbau habe auf ihren Bedingungen bestanden und hätte dadurch »ohne eigenes Zutun ganz erhebliche Grundstücksgewinne eingestrichen«. Schörghuber ging daraufhin vor Gericht, weshalb die Stadt wegen Verstoßes gegen die Unterlassungserklärung zu einer Geldstrafe von 10 000 Mark verurteilt wurde.[765]

Am 15. Mai 1991 lief die vom Bund gestellte Frist, in der die Stadt der vertraglichen Bauverpflichtung nachzukommen hatte – fünf Jahre, die nochmals um fünf Jahre verlängert worden waren – ab. Deshalb forderte der Bund die im Vertrag festgeschriebene Rückübertragung des Areals. Anfang 1993 warf die CSU dem Kommunalreferat vor, daß dem Stadtsäckel 18 Millionen Mark an Zinsverlusten entstanden seien, da die Stadt das Gelände zum ursprünglichen Kaufpreis von 17 Millionen Mark zurückgeben müsse.

Kronawitter konterte, die Union habe 1988 das Tauschgeschäft verhindert. »Das ist zum an die Wände hochgehen«, so der OB. Der damalige CSU-Fraktions-Chef Walter Zöller rechtfertigte den Beschluß der seinerzeitigen »Gestaltungsmehrheit«. Kronawitter habe es auf eine Monokultur von Sozialwohnungen an der Heidemannstraße angelegt. Dies habe die CSU mit Erfolg verhindert. Ein Angebot Schörghubers wiederum, günstige Eigentumswohnungen für Stadtbedienstete zu bauen, habe Kronawitter ausgeschlagen.[766] Im Januar 1993 belegte der Stadtrat das frühere Bundesgrundstück Heidemannstraße Nordwest dann sogar mit einer Veränderungssperre. Damit konnte das Baurecht für rund 600 Wohnungen nicht

Urteil zugestellt
der Klagepartei am ____________
der bekl. Partei am ____________

Klg. Vertr.
________ Ausftg.
________ Abschr.
________ Ausftg./Abschr.
erteilt am ____________

Bekl.Vertr.
________ Ausftg.
________ Abschr.
________ Ausftg./Abschr.
erteilt am ____________

☐ Klg.Vertr. ☐ Bekl.Vertr. vollstr.Ausf.
erteilt am ____________

Geschäftsnummer: eh
9 O 19442/91

Verkündet am
19.02.1992

Urkundsbeamter der Geschäftsstelle

30 Jahre aufzubewahren

Ausfertigung

Landgericht München I

IM NAMEN DES VOLKES!

URTEIL

In dem Rechtsstreit

Firma KG Bayerische Hausbau GmbH & Co., ges. vertr. d. d. pers. haftende Gesellschafterin Firma Bayerische Hausbau GmbH. diese ges. vertr. d. d. einzelvertretungsberechtigten Geschäftsführer Hans-Hermann Hesse. Denninger Str. 169, 8000 München 81

- Klägerin -

Proz.Bev.: Rechtsanwälte Glock - Liphart - Probst.
Marienplatz 26. 8000 München 2 (Gr/S)

gegen

Landeshauptstadt München, ges. vertr. d. Oberbürgermeister Georg Kronawitter. Rathaus. Marienplatz 8. 8000 München 2

- Beklagte -

Proz.Bev.: Rechtsanwälte Schuh und Kollegen.
Martiusstr. 5/II. 8000 München 40 (2228/91)

wegen Vertragsstrafe

EZP 108 a Urteil - Urschrift - (7.87) LG MI

- 2 -

erläßt das Landgericht München I, 9. Zivilkammer, durch Vorsitzenden Richter Heiss, Richter am Landgericht Hecker und Dr. Steiner aufgrund mündlicher Verhandlung vom 22.01.1992

folgendes

E N D U R T E I L :

I. Die Beklagte wird verurteilt, an die Klägerin DM 10.000.-- nebst 4% Zinsen hieraus seit 09.09.1991 zu bezahlen.

II. Die Beklagte trägt die Kosten des Rechtsstreits.

III. Das Urteil ist gegen Sicherheitsleistung von DM 15.000.-- vorläufig vollstreckbar.

IV. Der Klägerin wird nachgelassen, die Sicherheitsleistung durch unwiderrufliche, unbefristete und unbedingte Bürgschaft der Bayerischen Vereinsbank München zu stellen.

. . . . .

Heiss
Vors. Richter
am Landgericht

Hecker
Richter
am Landgericht

Dr. Steiner
Richter
am Landgericht

BAYER. LANDGERICHT MÜNCHEN I

Der Gleichlaut der Ausfertigung mit der Urschrift wird bestätigt.
München, den 26. Feb. 1992
Der Urkundsbeamte der Geschäftsstelle des Landgerichts München I

wahrgenommen werden. Die Sperre erfolgte, da nicht geklärt war, wo auf dem Areal ein neuer Kindergarten hinkommen sollte.

Eines kann und konnte man Kronawitter jedoch nie vorwerfen, daß er jemandes »amigo« war und ist. Diese konsequent durchgehaltene Absage an Spezl-Wirtschaft und Kumpanei, an jede Verflechtung wirtschaftlicher und politischer Interessen hatte sicherlich einen großen Anteil an dem Vertrauen, das er sich erworben hatte. Dieser Umstand ging sogar so weit, daß Kronawitter Vorwürfe dementierte, die ihm noch von niemanden gemacht worden waren.

Immer wieder, schreibt der OB in eigener Sache, habe er Geschenke, Honorare und Testautos ausgeschlagen. Sogar ein 42 000 Mark teures Auto, der erste Preis bei einer Tombola, das er gewonnen hatte, spendete er sofort dem Roten Kreuz. Für einen von der Münchner Mercedes-Niederlassung zu einem Spotpreis überlassenen Campingbus zahlte er nach Reiseende den doppelten Kilometerpreis. »Mit allen Bedingungen war ich selbstverständlich einverstanden, ausgenommen der Preis. Meine Erkundigungen haben ergeben, daß nicht 25 Pfennig pro Kilometer, sondern mindestens das Doppelte als angemessen zu betrachten sind. Bitte haben Sie Verständnis, wenn ich Ihnen für die gefahrenen 2630 km DM 1315 überweise.«[767]

Politologe wird Direktoriums-Chef: Spezialist für SPD-Flügelkämpfe

Nach der Wahl von Wilfried Blume-Beyerle zum Personalreferenten der Landeshauptstadt wurde im April 1993 die Stelle des Stadtdirektors des Direktoriums erneut verwaltungsintern ausgeschrieben. Auf diesem Chefsessel im Münchner Rathaus sitzt der wichtigste Mann in der Verwaltungshierarchie nach dem Oberbürgermeister. Das Direktorium ist für den jeweiligen Oberbürgermeister vergleichbar mit der Staatskanzlei für den Ministerpräsidenten oder mit dem Kanzleramt für den Bundeskanzler. Es werden deshalb dort nur enge Vertraute und politische Freunde geduldet.[768]

Der »rote Schorsch« suchte nun für diesen Chefsessel nicht, wie bislang üblich, einen rechtskundigen Verwaltungsbeamten aus, sondern den bei Professor Sontheimer promovierten Politologen Dr. Ernst Wolowicz.[769] Er sollte zum neuen Gehirn des städtischen Direktoriums werden.

Wolowicz gilt in der Münchner SPD als Spezialist für Richtungsstreitigkeiten. Er hatte sich bereits in seiner Magisterarbeit 1978[770] eingehend mit der »Flügelbildung« in der Münchner SPD in den Jahren 1968 bis 1978 befaßt. In seiner Doktorarbeit[771] stellte er 1982 die Rolle des linken Flügels der SPD in der Weimarer Republik dar. Aufgrund seiner Untersuchungen unterhielt er zu allen Flügeln der SPD gute Kontakte und ist ein exzellenter Kenner der innerparteilichen Auseinandersetzung.

Da Kronawitter aber übersah, daß sein »Wunschkandidat« nicht den beamtenrechtlichen Voraussetzungen der städtischen Stellenausschreibung entsprach, erließ der Bayerische Verwaltungsgerichtshof am 29. Juli 1993 eine einstweilige Anordnung. Danach konnte Wolowicz bis zur Entscheidung in der Hauptsache das Amt nicht antreten und durfte das Direktorium nur kommissarisch führen.

Diese »kommissarische Tätigkeit« des Politologen im Angestelltenverhältnis dauerte über vier Jahre. Da Ude vor seinem Amtsantritt versprochen hatte, den »Manager Wolowicz« auf seinem Posten zu belassen, andererseits aber eine weitere für die Stadtspitze negative Entscheidung im Hauptsacheverfahren befürchtete, wurde eine rasche Beendigung des Rechtsstreites vermieden. Das Problem erledigte sich für das Rathaus erst im August 1997.[772]

Georg Kronawitter mit Ernst Wolowicz und zwei Mitarbeiterinnen

Sein letzter Coup: Vom Rathaussessel auf einen Landtagssitz

Obwohl es die Spatzen bereits von den Dächern pfiffen, schlug Kronawitters Rücktritt als OB dennoch wie eine Bombe ein. Pünktlich zum 835. Stadtgründungstag Münchens kündigte er – entgegen aller früheren Beteuerungen – am 14. Juni 1993 seine Demission und für 1994 seinen Wechsel in den Landtag an. Georg Kronawitter nannte vier Gründe für seinen Rücktritt. Mit 65 Jahren spüre er »die Last des kräftezehrenden Bürgermeisteramtes erheblich stärker« als früher. Ein Engagement, »das bis an die Grenzen meiner physischen Leistungsfähigkeit ging«, sei für ihn selbstverständlich gewesen. Einen »verminderten Kräfteeinsatz« hätte er jedoch vor den Wählern nicht verantworten können: »Ich halte mich auch nicht für unersetzlich und glaube, daß die Münchnerinnen und Münchner diese Entscheidung respektieren können.«[773]

Dieses »begehrte Amt mit seinen großen Einflußmöglichkeiten« aufzugeben, bedeute für ihn »einen großen persönlichen Verlust«. Im Interesse Münchens und »unserer demokratischen Lebensform« erscheine es jedoch vernünftiger, diesen Machtverlust »willentlich und bewußt rechtzeitig zu akzeptieren«, anstatt ihn durch »Verschleiß oder gar Demontage passiv erleben zu müssen«.[774]

Der Rücktritt vom Amt des Oberbürgermeisters sei auch mit Blick auf seine Landtagskandidatur dringend geboten gewesen. Er habe diese Bewerbung und die Sacharbeit an der Stadtspitze auseinanderhalten müssen. Andernfalls wäre bis zu den Landtagswahlen ein Dauerwahlkampf in der Landeshauptstadt unvermeidlich gewesen, an dessen Ende »nur noch Beschädigte stehen würden«.

Nicht der Rücktritt an sich, vielmehr der Termin kam unerwartet. Bereits im Frühjahr 1993 hatte Kronawitter mit der SPD-Landtagsspitze über einen Wechsel ins Maximilianeum gesprochen. Widerstände von seiten der Landtagsfraktion gab es nicht. Trotz aller politischen Kanten und seiner Neigung zu beinhartem Einsteigen verkörpert er einen Politiker-Typus, der wegen seiner Erfahrung, seiner Erfolge und seines Gespürs für die Nöte der kleinen Leute und wegen seiner untadeligen Biographie ohne Affären und Amigo-Tendenzen gerade in Zeiten um sich greifender Politikverdrossenheit überaus gefragt sei, hieß es bei den Sozialdemokraten. Allerdings habe man ihn gebeten, sich nicht mehr, wie in früheren Zeiten, abfällig über die Landtagsarbeit der SPD zu äußern[775].

Zusammen mit der SPD-Landesvorsitzenden Renate Schmidt und dem damaligen Fraktionsvorsitzenden Albert Schmid traute man Kronawitter im Wahlkampf gegen die damals geschwächte und krisengeschüttelte CSU große Durchschlagskraft zu.

In weiten Kreisen hatte man zunächst gemutmaßt, daß Kronawitter erst nach der Landtagswahl das Staffelholz an seinen Kronprinzen Christian Ude weitergeben werde. So klingt denn auch Kronawitters Begründung für den Sinneswandel – »die Last des kräftezehrenden Amtes« – dünn. »Man mag eher an den letzten Schachzug des alten Fuchses glauben, der seinem Vertreter drei Monate lang alle Möglichkeiten und Insignen des höchsten Amtes der Stadt München überläßt und dessen mutmaßlichen Herausforderer Peter Gauweiler in eine mißliche Lage manövriert. Sollte der Münchner CSU-Vorsitzende ins Kabinett Stoiber eintreten, dann leidet die Glaubwürdigkeit seiner OB-Kandidatur. Übt er Verzicht, dann stünde er nach einer nicht auszuschließenden Niederlage gegen Ude mit leeren Händen und ohne politisches Amt da. Ärgerlicher könnte die Alternative für Gauweiler jetzt nicht sein.«[776]

Der 30. Juni 1993 war dann Georg Kronawitters letzter Arbeitstag als Stadtoberhaupt. Auf den Tag genau fünfzehn Jahre war der »rote Schorsch« damit in Amt und Würden, unterbrochen von der Periode des CSU-Manns Erich Kiesl (1978 bis 1984). Sein letzter Tag war bestimmt von einer Mammutsitzung des Stadtrats. Außergewöhnlich an der Ratssitzung, bei der gleich 106 Entscheidungen auf der Tagesordnung standen, war vor allem Punkt neun: »Entlassung von Herrn Georg Kronawitter aus dem Amt des Oberbürgermeisters.« Beantragt von ihm selbst.

Demgegenüber forderte die CSU Kronawitter bereits kurz nach seiner Verzichtserklärung auf, bis zur Neuwahl am 12. September 1993 im Amt zu bleiben. Der Rücktritt zum 30. Juni und Ude drei Monate lang die Amtsgeschäfte zu überlassen, sei mit einem fairen Wahlkampf nicht zu vereinen. Mit diesem Schritt »befördert sich der OB-Kandidat der SPD quasi im Wege parteiinterner Vorabsprachen zum 1. Juli selbst« und nehme die Entscheidung der Münchner Bürger vorweg, hieß es in einer CSU-Erklärung. Daher müsse Kronawitter bis zur Neuwahl OB bleiben. Und dies, obwohl die CSU nur kurz vor Kronawitters Amtsverzichts Presseerklärungen mit Sätzen überschrieb wie: »Je früher Georg Kronawitter zurücktritt, um so besser für München.«[777]

Nachdem diese Aufforderung ungehört verhallte, schaltete die Rathaus-CSU die Regierung von Oberbayern ein. Sie sollte den Entlassungstermin kommunalaufsichtlich überprüfen. »Es gibt – außer der unerlaubten Bevorzugung des Herrn Ude – keinen Grund, daß der OB nicht seine Amtsgeschäfte bis zur Übergabe an den Nachfolger führt«, erklärte der damalige Fraktionsvorsitzende der CSU im Münchner Rathaus, Gerhard Bletschacher. »Die obrigkeitliche Stellung des OB-Stellvertreters soll dem SPD-Kandidaten ein möglichst publizitätsträchtiges Wirken während des Wahlkampfs als Stadtoberhaupt ermöglichen.«

Amtsübergabe an Ude 1993

Nach der Rechtslage, so die Regierung von Oberbayern, habe ein OB Anspruch darauf, zu dem von ihm beantragten Termin entlassen zu werden. Allerdings könne das Stadtratsplenum, das über die Entlassung entscheiden müsse, den Termin bis zu drei Monate ausschließlich mit der Begründung hinausschieben, »daß Amtsgeschäfte noch nicht erledigt sind«. Jedoch habe der Stadtrat die Möglichkeit, den Oberbürgermeister »in seinem weiten Ermessen« auch ziehen zu lassen.

Um die Stadt verdient gemacht: Ehrenbürgerwürde für Alt-OB

Nach einer Übereinkunft des Ältestenrats beschloß der Stadtrat im Juli 1993 in einem Sonderplenum einstimmig, Alt-Oberbürgermeister Georg Kronawitter die Ehrenbürgerwürde zu verleihen. In seiner Verabschiedung würdigte Bürgermeister Christian Ude den scheidenden OB unter anderem mit folgendem Zitat aus der Beschlußvorlage des Stadtrats: »Herr Georg Kronawitter hat in seiner 15jährigen Amtszeit als Oberbürgermeister der Entwicklung der bayerischen Landeshauptstadt entscheidende Impulse zur Verbesserung der Lebensqualität, zur Bewahrung des sozialen und ökologischen Gleichgewichts sowie zur Sicherung der Wirtschaftskraft und zur Erhaltung von Arbeitsplätzen gegeben. Darüber hinaus ist Herr Georg Kronawitter als Oberbürgermeister stets vehement für eine solidarische Stadtgemeinschaft und für mehr soziale Gerechtigkeit eingetreten, nicht zu vergessen auch sein besonderes Engagement für die sozial Schwachen in unserer Gesellschaft. Herr Georg Kronawitter hat als Oberbürgermeister damit einen wichtigen Beitrag dazu geleistet, daß München seinen eigenen, unverwechselbaren Charakter bewahrt hat und nicht zu einer Allerweltsstadt geworden ist.«

Aus seiner dreijährigen Erfahrung als Kronawitters Stellvertreter faßte Ude sein Bild des Geehrten folgendermaßen zusammen: Kronawitter habe in seiner Amtszeit als OB den Charakter der Stadt und ihre Unverwechselbarkeit erfolgreich verteidigt und in einer Zeit nachlassender Wirksamkeit der politisch Handelnden in ganz und gar ungewöhnlicher Einprägsamkeit die Linien der Stadtpolitik bestimmt. »Dabei ist dem Anwalt der kleinen Leute auf Grund seiner sprichwörtlichen Unbestechlichkeit eine selten erreichte Glaubwürdigkeit zugewachsen. Mit ihr konnte er höchst erfolgreich für seine Zielsetzungen streiten, nämlich den Grundsatz: Die Menschlichkeit kommt vor der Rendite, München – Die Stadt im Gleichgewicht, und für eine solidarische Stadtgesellschaft.«[778]

Ferner hob Ude noch Kronawitters Leistungen für die Mieter, für den Umweltschutz, für den Wohnungsbau und für den Wirtschaftsstandort München hervor. »Immer werden sich die Münchnerinnen und Münchner dankbar an ihren Kampf für Freiflächen, Grünanlagen und den Ost-, West- und Nordpark erinnern. Der Stadtrat muß sich an ihrer vorbildlichen Sparsamkeit und ihrem untrüglichen Sinn für die Nöte und Wünsche der Bürgerinnen und Bürger messen lassen. Sie liebten den Prunk und den Pomp nicht – das heißt nicht, daß sie ihr Licht unter den Scheffel stellten. Sie konnten mit ihrer Bescheidenheit leuchten!«[779]

Unter dem anhaltenden Applaus aller Fraktionen machte sich Ude das Urteil zu eigen: »Die fünfzehn Jahre Oberbürgermeister Georg Kronawitter waren gute Jahre für München. Er hat sich um unsere Stadt verdient gemacht.«

Sabine Csampai vom Bündnis 90/Die Grünen erinnerte an die beschwerlichen Anfänge der Grünen im Stadtrat. »Dem folgte vor drei Jahren eine Phase, in der die Grünen aufpassen mußten, daß sie Georg Kronawitter nicht rechts und nicht links, sondern schlicht grün überholte – von der Hochhausdebatte bis zur Wiese hinter dem Rathaus.« Sie sprach aber auch die Differenzen an, vom Asylrecht über Selbsthilfe, und Arbeitsförderungsprojekte bis zur Haltung gegenüber dem Kreisverwaltungsreferenten. »Am stärksten hat mich immer ihre Lust an der Arbeit beeindruckt. Es gab für sie keinen Tag im Rathaus, an dem sie nicht mit Verve Politik gemacht haben. Diese Lust an der Politik bestand manchmal auch darin, gerade ihre eigene Fraktion zu quälen und vor diesem Hintergrund muß man feststellen, daß die SPD-Fraktion im Landtag, in die sie demnächst zurückkehren, einundzwanzig Jahre geradezu in einem Kuschelbiotop gelebt hat.« Als eigentliches Erbe hinterlasse Kronawitter, der dritte Bündnispartner neben SPD und Grünen, die Gewißheit für weitere neun erfolgreiche Jahre rot-grüner Politik.[780]

Dank und Respekt vor einer großen Lebensleistung prägten auch die Reden der Fraktionsvorsitzenden der im Stadtrat vertretenen Parteien und Gruppierungen. Dietmar Keese, SPD-Fraktionsvorsitzender: »Seine strenge Neutralität hat er damit bewiesen, daß er wie alle großen Männer seinen Freunden noch mehr zumutete als den anderen.« CSU-Fraktionschef Gerhard Bletschacher: »Keine Skandale in einer so langen Amtszeit, das gehört nicht zu den Alltäglichkeiten im politischen Leben. Und sie sind immer aufrecht und unerschrocken ihren Weg gegangen.« F.D.P.-Chefin Heidrun Kaspar: »Er war immer genügsam, wenn es um ihn selbst ging, aber unersättlich im Kampf um mehr Gerechtigkeit.« Bernhard Fricke (David gegen Goliath): »Im Vergleich mit ihnen sehen viele Jüngere alt aus.«[781]

In seiner Antwort stellte Kronawitter dann fest: »Der Abschied vom Amt des Oberbürgermeisters fällt mir nicht leicht. Ich kann und will es nicht verhehlen. Die 15jährige

Tätigkeit als Oberbürgermeister hat mir Spaß gemacht, denn kein Politikbereich bietet solche konkreten Gestaltungsmöglichkeiten wie die Kommunalpolitik. Hier sind Erfolge, aber auch Mißerfolge deutlich sichtbar.« Als Leitlinien seiner Arbeit bezeichnete er den Einsatz für eine solidarische Stadtgesellschaft; die Erhaltung der Lebensqualität; die Verbesserung der sozialen Grundversorgung; das Engagement für die Schwächeren in der Gesellschaft und die Bewahrung des unverwechselbaren Charakters der Landeshauptstadt, »die wir alle lieben. Ich werde mich auch weiterhin für diese Ziele einsetzen.«[782]

Bletschacher verabschiedet Kronawitter als OB 1993.

Als Zugpferd bei der Landtagswahl

Nach 22 Jahren kehrte Kronawitter wieder in den Bayerischen Landtag[783] zurück, dem er ja bereits von 1966 bis 1972 angehört hatte. Nicht nur er, sondern in erheblichem Maße auch die SPD profitierte dabei von seiner enormen Popularität. Um es kurz vorwegzunehmen: Allein Renate Schmidt, Landesvorsitzende der SPD, und Kronawitter schafften zusammen, was den Republikanern, der F.D.P. sowie der ÖDP nicht und den Bündnisgrünen nur knapp gelungen war, die Fünf-Prozent-Hürde mit 5,34 Prozent relativ deutlich zu überspringen.

Georg Kronawitter war sogar einer von fünf sozialdemokratischen Kandidaten/innen, die in ihrem Stimmkreis das Direktmandat erobern konnten[784]. Gleichzeitig war der Münchner Alt-OB Senior der SPD-Landtagsfraktion – Jahrgang 1928.

In bisher bei den Sozialdemokraten kaum gekanntem Maß hatten die Spitzenkandidaten in Mittelfranken und Oberbayern, die SPD-Landesvorsitzende Renate Schmidt und Georg Kronawitter, in ihren Wahlkreisen Zweitstimmen an sich gezogen. Mit 79,6 Prozent aller Zweitstimmen (263 288) in ihrem Regierungsbezirk Mittelfranken war Renate Schmidt nach Prozentpunkten dabei eindeutige Spitze, während Kronawitter in Oberbayern auf immerhin 57,8 Prozent (301 834) Zweitstimmen kam[785].

Mit diesem Ergebnis waren die SPD-Vorsitzende und der Alt-OB Zweitstimmen-Könige ihrer Partei. Dadurch schaffte es die Bayern-SPD auch, daß sie erstmals bei Erst- und Zweitstimmen in etwa gleich stark wurde. Bisher lagen nämlich die sozialdemokratischen Direktbewerber stets durchschnittlich zwei bis drei Prozente vor der Partei.

Nicht nur bei den Zweitstimmen belegte Kronawitter den zweiten Platz, sondern auch bei den Erststimmen (26 305 Stimmen = 45,5 Prozent), hier rangiert er nur äußerst knapp hinter der Landeschefin, die es auf 46 Prozent brachte (31 561)[786]. Dem Alt-OB gelang es in seinem Stimmkreis insgesamt 5929 Stimmen hinzuzugewinnen. Damit belegte er bayernweit den dritten Platz aller SPD-Kandidaten[787]. Bei den Prozentpunkten der Erststimmen-Zuwächse hatte er dagegen die Nase vorn. Mit 10,1 Prozentpunkten fiel das Plus sogar zweistellig aus. Auch im direkten Vergleich mit seinem CSU-Mitbewerber Ernst Michl erreichte Kronawitter ein Plus von 10,9 Prozent.

»Rote Renate« Schmidt (re.) mit »rotem Schorsch« und Hildegard Kronawitter.

Insgesamt erreichten die beiden Zugpferde der bayerischen Sozialdemokraten 622 988 Stimmen[788]. Damit fuhren allein Schmidt (2,53 Prozent) und Kronawitter (2,81 Prozent) zusammen mehr als ein Sechstel der Stimmanteile der SPD ein und trugen wesentlich dazu bei, daß die Sozialdemokraten nach dem historischen Tief von 1990 mit 26 Prozent der Stimmen wieder an die 30-

Prozent-Marke heran kamen. Für die SPD war also Kronawitters Kandidatur nicht nur Gold, sondern vor allem auch Parlamentssitze wert.

Allerdings nahm das ehemalige Münchner Stadtoberhaupt in der Fraktion, auf eigenen Wunsch, keine seinem »Wahlgewicht« entsprechende Position ein. So gehört er weder dem Fraktionsvorstand an, noch ist er Vorsitzender eines SPD-Arbeitskreises. Der Alt-OB ist lediglich Mitglied im Wirtschafts-Arbeitskreis und im Arbeitskreis für Medienpolitik. Zudem ist er Rundfunkrat beim Bayerischen Rundfunk. Im Landtag der 13. Wahlperiode gehört Kronawitter nur dem Ausschuß für Wirtschaft, Verkehr und Grenzland an, ohne dort aber bislang besonders aufgefallen zu sein oder sich hervorgetan zu haben.

Seine mit der Landtagskandidatur sicherlich verbundenen Vorstellungen, als »elder statesman« der SPD im Maximilianeum eine gewisse Schlüsselstellung in der Fraktion einnehmen zu können, erfüllten sich, trotz anderslautender Aussagen Kronawitters, nicht bzw. konnte er selbst nicht erfüllen. Denn bisher kam aus seinem Munde nur sehr wenig zu übergeordneten Themen der bayerischen Landespolitik (z. B. Diätendebatte, Kruzifix-Urteil).

Für einiges Aufsehen sorgte der »rote Schorsch« mit seiner Zustimmung zur Änderung des Polizeiaufgabengesetzes. Kernpunkte der Gesetzesänderung waren die ereignis- und verdachtsunabhängigen Personenkontrollen. Polizeibeamte dürfen im Abstand von 30 Kilometern zur Landesgrenze auf Autobahnen, Europastraßen und sonstigen Durchgangsstraßen sowie in Einrichtungen des internationalen Verkehrs (Flughäfen, Bahnhöfen oder Häfen) bei einzelnen Bürger auch dann eine Ausweiskontrolle durchführen, wenn sich der Betreffende nicht verdächtig verhalten hat. Gegebenenfalls darf die Polizei auch eine Durchsuchung von »Personen und Sachen« vornehmen. Kronawitter sprach sich als einziger SPD-Abgeordneter für die neuen Polizeiaufgaben aus.

Zwar hatte auch er »Bedenken«, was die verdachtsunabhängigen Kontrollen angeht. Dennoch hielt er diese für »nicht so gravierend, daß ich nicht insgesamt zustimmen könnte«, erklärte er vor dem Landtagsplenum Ende 1994. »Dem Grundbedürfnis der Bürger nach Sicherheit muß Rechnung getragen werden«, fand er, und zwar durch eine mit den hierfür nötigen Kompetenzen ausgestattete Polizei – »von wem den sonst?«. Keinesfalls werde es so kommen, wie Kritiker der Gesetzesnovelle glauben machen wollten. Bayerns Polizisten würden ihre neuen Befugnisse nicht mißbrauchen und nunmehr »jedes alte Mutterl« auf die Polizeiwache zerren.

Keinerlei Probleme hatte Kronawitter auch damit, daß er sich mit seiner wohlwollenden Haltung offen von seiner Fraktion abgrenzte. »Die SPD«, rief er ins Plenum, »ist eben die Partei der Freiheit des Geistes.« Zusammen mit der CSU stimmte der Münchner Alt-OB für die Gesetzesänderung. Vier weitere sozialdemokratische Abgeordnete enthielten sich zumindest noch der Stimme.[789]

Gegen den Fraktionsstrom schwamm Kronawitter auch bei der Verabschiedung des neuen Spielbankengesetzes. Das Gesetz vom Sommer 1995 schafft die Rechtsgrundlage für eine ordnungspolitisch bestimmte, maßvolle Ergänzung des bayerischen Spielbankengesetzes und stellt sicher, daß die Spielbanken im öffentlichen Interesse geführt werden. Das neue Spielbankengesetz, das seit

1. August 1995 in Kraft ist, stellt »eine angemessene regionale Verteilung der Standorte sicher«, heißt es in der Begründung. Laut Gesetz darf jetzt in einem Regierungsbezirk für jeweils eine Million Einwohner eine Spielbank zugelassen werden. Voraussetzung für die Bewerbung einer Kommune ist jedoch, daß sie ein Staats- oder Heilbad, ein Kur- oder Erholungsort ist.

Die SPD begrüßte grundsätzlich die neue gesetzliche Grundlage für Casinos, vor allem aber die Abschaffung von derlei anachronistischen Regelungen wie die Bindung an bestimmte Übernachtungszahlen oder an die Nähe der Kommune zur Landesgrenze. Allerdings akzeptierten die Sozialdemokraten die »Gefahren der Großstadt« als hinreichende Begründung, sie nach wie vor von der Zulassung auszunehmen, nicht.

Skrupel wegen der »sozial schädlichen Begleiterscheinungen« hatte jedoch der Münchner Alt-OB. Lediglich aus Solidarität zu seiner Fraktion, die für eine Spielbank in München focht, enthielt sich Kronawitter dann der Stimme mit dem Kommentar: »Am liebsten hätte ich abgelehnt.«[790]

Einen großen Auftritt im Landtag hatte Kronawitter kurz vor den Kommunalwahlen am 10. März 1996. Bei einer von der SPD eingebrachten Interpellation zur Lage der Kommunen fühlte sich Kronawitter in seinem Element und warf der CSU in Bund und Land vor, Städte und Gemeinden finanziell zu ruinieren, indem sie diesen immer neue Aufgaben aufbürden würde. Die Städte »stehen vor der bisher schwersten Belastungsprobe«, klagte der frühere Münchner Oberbürgermeister. Ein »verlottertes System« der Finanzverwaltung mit rückläufigen Gewerbesteuereinnahmen und steigenden Sozialhilfeausgaben habe dazu geführt, daß die Kommunen vor dem finanziellen Kollaps stünden. »Die Städte«, so der SPD-Abgeordnete, »können das aus eigener Kraft nicht mehr bewältigen.« Es könne nicht angehen, daß sich »der Bund auf Kosten von Städten und Gemeinden schadlos hält«. Das geschieht laut Kronawitter aber beispielsweise bei der Pflegeversicherung: Der Bund habe hier dem Freistaat die Ausführung überlassen, der sie wiederum an die Kommunen übertragen habe, die nun zahlen müßten.[791]

Besonders schlecht waren nach Darstellung des Münchner Alt-Oberbürgermeisters die großen Städte dran. So brächte das Jahressteuergesetz 1996 allein für München Mindereinnahmen von 125 Millionen Mark mit sich, die jedoch lediglich zu 80 Prozent wieder ausgeglichen würden. »Wir befinden uns im Tal der Tränen«, befand Kronawitter. Die Städte müßten nämlich teilweise schon kommunale Einrichtungen wie Theater oder Schwimmbäder schließen, da kein Geld mehr für den Unterhalt da sei. Die Staatsregierung sollte sich daher endlich aufschwingen und den Kommunen »wenigstens« die eine Milliarde Mark zukommen lassen, die von SPD-Seite schon seit Monaten immer wieder eingefordert worden war. Ansonsten würden Städte und Gemeinden nämlich bald »den Gerichtsvollzieher in die Staatskanzlei schikken«, erregte sich der Ex-Oberbürgermeister.

Außerdem ärgerte er sich über die ungerechte Besteuerung von Arbeitgebern und Arbeitnehmern. Seit der Wende seien die Unternehmenssteuereinnahmen kontinuierlich gesunken, schimpfte Kronawitter. Im Gegensatz dazu seien aber die Arbeitnehmer vom Fiskus immer stärker in die Zange genommen worden. Ferner beanstandete Kronawitter, daß im Freistaat zentrale Orte »wesentlich schlechter gestellt« seien als die kreisangehörigen Gemeinden. Dieses »starke Stadt-Land-Gefälle« sei von der CSU offenbar auch so gewollt, schließlich hätte sie bis heute nichts dagegen unternommen.[792]

Der »rote Schorsch« beim Verteilen von Moosröschen in der Fußgängerzone in München

Ansichten zur schwierigen wirtschaftlichen Situation

Dem »Bündnis für Arbeit« traute Kronawitter 1996 nur dann Erfolg zu, wenn Gewerkschaften und Parteien zu Zugeständnissen bereit seien. Von den Unternehmen erwartete er sich kaum ein Entgegenkommen. Die schwierige, sich zuspitzende Wirtschaftssituation durfte seiner Ansicht nach aber nicht von der Bundesregierung schön geredet, sondern sollte offen gelegt, für alle transparent gemacht und erklärt werden.

Nach Kronawitters Ansicht konkurrierten durch die weltweite Öffnung der Märkte und durch die Revolution der Kommunikationstechnik die zum Teil extrem niedrigen Arbeitskosten der Billiglohnländer in immer mehr Produktionsbereichen mit den sehr hohen deutschen Arbeitskosten. Das hieß für ihn: Bei einer Politik der schrankenlosen Öffnung der Märkte gebe es einen ständigen Druck auf Unternehmer, die Produktion dort vorzunehmen, wo die Kosten am niedrigsten seien. Das würde seiner Meinung nach nicht nur über Jahre, sondern über Jahrzehnte so weitergehen.[793]

Dennoch hielt Kronawitter nicht die deutsche Wirtschaft für den großen Versager. Dort hätte es schon bemerkenswerte Initiativen, Innovationen, Flexibilität und Risikofreude, aber auch massive Rationalisierungsbestrebungen gegeben. »Aber wenn man die Wirtschaft der Wirtschaft überläßt, muß man wissen, daß Konzerne keine Einrichtungen der allgemeinen Wohlfahrt sind.« Für die soziale Grundsicherung sind nicht die Manager der

Großkonzerne zuständig. Sie kämpfen in der Weltkonkurrenz ums Überleben.

In diesem »mörderischen Wirtschaftskampf« hatte nach Meinung des Alt-OB die Politik bisher »völlig versagt«. Bundeskanzler Helmut Kohl und seine Regierung waren für Kronawitter, »zu den oft exzellenten deutschen Managern kein Äquivalent«. Es würden die Rahmenbedingungen fehlen, die die Politik der Wirtschaft vorgebe. Aus diesem Grund forderte Kronawitter:

»1. *Die Bevölkerung muß schonungslos und realistisch über die vorhersehbare weitere wirtschaftliche Entwicklung aufgeklärt werden. Sie darf nicht nach Kohl-Art weiter belogen werden.*

2. *Die Bürger müssen darauf vorbereitet werden, daß ein Abbau von Arbeitslosen in den nächsten Jahren nicht – schon gar nicht im großen Ausmaß – zu erwarten ist. Die Arbeitslosenziffern können bei leicht wirtschaftlicher Rezession sogar noch spürbar ansteigen.*

3. *Die Bürger müssen darauf vorbereitet werden, daß unser Sozialsystem umgestaltet werden muß, wobei Abstriche nicht immer vermieden werden können. Es muß alles daran gesetzt werden, daß der Grundbestand an sozialen Errungenschaften und Renten gesichert bleibt.*

4. *Die Politik ist verpflichtet, bei solchen Situationen für eine Symmetrie der Belastungen über alle gesellschaftlichen Schichten hinweg zu sorgen. Das heißt, daß die großen Vermögensbesitzer, die von Finanzminister Waigel gehätschelt werden wie Schoßhündchen, jetzt endlich ihren Beitrag zur Lösung der schwierigen Wirtschafts- und Arbeitsmarktprobleme leisten müssen. In welcher Form dies*

erfolgt – zum Beispiel als Solidarbeitrag … oder in Form einer radikalen Steuervereinfachung, die für die Spitzenverdiener und großen Vermögensbesitzer Schluß macht mit der Vielzahl von Abschreibungsmöglichkeiten –, ist nicht entscheidend. Wer glaubt, man könne immer nur bei den Arbeitnehmern draufsatteln, irrt!

5. *Die Politik muß Rahmenbedingungen nicht nur auf nationaler Ebene, sondern vor allem auf EU-Ebene schaffen, mit dem Ziel, die weltweite Öffnung der Märkte so zu steuern, daß radikale soziale Härten zumindest abgefedert werden.*

6. *Die SPD steht im Wort, ›einen Politikentwurf vorzulegen, der begeistert‹, um die Gegenposition zur Regierung Kohl deutlich zu machen.*

7. *Mit Prof. Dr. Kurt Sontheimer bin ich der Meinung, daß eine große Koalition zum gegenwärtigen Zeitpunkt nichts bringt außer Streit, sondern daß es im nationalen Interesse liegt, eine Regierung auszuhebeln, die nur noch Stagnation bringt und politisch schon lange handlungsunfähig ist. Würde sich die SPD in eine große Koalition als Juniorpartner hinein schleichen, würde sie bis zur Unkenntlichkeit deformiert werden.*«[794]

»Die soziale Ungerechtigkeit«

Neben der wachsenden wirtschaftlichen Unsicherheit kritisierte Kronawitter auch die »zum Himmel schreiende soziale Ungerechtigkeit«[795]. Durchschnittsverdiener sowie Bezieher niedriger Einkommen würden »ausgenommen wie Weihnachtsgänse«[796].

Gegenüber Finanzminister Theo Waigel erhob der Alt-OB den Vorwurf, jährlich weit über 100 Milliarden Mark zu verschenken, da sich die Bundesregierung nicht dazu durchringen könne, Unternehmen öfter zu kontrollieren. Im Gegensatz dazu würden allerdings die Arbeitslosen »penibel, arbeitsaufwendig und kostenintensiv«[797] überwacht und ein Kreuzzug gegen Sozialbetrüger geführt. Kronawitter sprach sich zwar auch dafür aus, kleine Betrügereien nicht durchgehen zu lassen, gleichzeitig dürfe aber nicht gelten: »Die Kleinen hängt man, und die Großen läßt man laufen! Nein soziale Gerechtigkeit verlangt gleiches Vorgehen bei Kleinen und Großen. Ich meine: Wenn der Finanzminister sich scheut bzw. gar nicht willens ist, die Voraussetzungen für Steuergerechtigkeit zu schaffen, und zuläßt, daß möglicherweise an die hundert Milliarden DM jährlich von den Großen nicht eingetrieben werden, müßte er sofort entlassen werden.«[798]

Ferner beklagte Kronawitter, daß die enormen leistungslosen Wertsteigerungen bei Aktien sowie Grund und Boden nicht besteuert werden. Wer Grund und Boden nur zwei Jahre im Besitz habe, brauche bei einem Verkauf keinen Pfennig Einkommenssteuer zahlen. Aktien müßten lediglich sechs Monate im Besitz sein. Bezahlt werden müsse tatsächlich nur die jährliche Vermögenssteuer in

Höhe eines halben Prozentpunkts. Die großen Vermögensbesitzer liegen damit nach Kronawitters Meinung »mehr oder weniger in einer steuerfreien Hängematte«[799]. Aus diesem Grund forderte Kronawitter einen neuen Lastenausgleich. Danach sollten nur das »unproduktive Vermögen«, also Grund und Boden, Aktien und Geld herangezogen, eine Freigrenze von 2,5 Millionen Mark gesetzt werden. Ein- und Zweifamilienhäuser würden dadurch völlig freigestellt bleiben. Die von ihm verlangten Abgaben sollten aus den Wertsteigerungen des unproduktiven Vermögens bezahlt werden. Er schlug deshalb vor: Zehn Jahre lang jährlich ein Prozent Abgaben für Vermögen zwischen 2,5 und zehn Millionen Mark, zwei Prozent Abgaben für Vermögen von zehn bis 100 Millionen Mark und drei Prozent Abgaben für ein Vermögen ab 100 Millionen Mark.[800] Er sei sich dabei auch sicher, daß kein einziger Wohlhabender durch diesen vorgeschlagenen Lastenausgleich den »Gürtel auch nur um einen Millimeter enger« würde schnallen müssen.[801]

Am Rednerpult im Landtag

»Ich bin überzeugt«, schreibt Kronawitter[802], wenn »Politik und Presse nicht dazu bereit sind, mit Vehemenz die ungerechte Vermögensverteilung anzugehen und zu beseitigen, kommt ganz von selbst die Amerikanisierung unserer Gesellschaft. Dann werden wir – wie in Amerika – die erste Welt (die ›Paläste‹) und die dritte Welt (die ›Armengettos‹) in ein und derselben Stadt nebeneinander haben. Das kann niemand wollen, schon gar nicht, wer wohlhabend ist. Ich meine, Helmut Kohl sind hier größte Versäumnisse vorzuwerfen. Wer immer nur bei den kleinen Leuten, bei den Niedrig- und Durchschnittsverdienern draufsattelt, bis sie unter der Last der Steuern und Abgaben zusammenbrechen, braucht sich nicht zu wundern, wenn eines Tages, vielleicht dann über Nacht und völlig unerwartet, die Situation auch in unserem Land explosiv wird. Wenn es so weitergeht wie bisher, ist ein Ende einer solidarischen Gesellschaft nicht nur eingeläutet, sondern schon sehr weit vorangeschritten. Und wenn vielleicht irgendwann doch einmal die Zeitungen zur Revolution gegen diese unfaßbaren Ungerechtigkeiten aufrufen, werde ich gerne an der Spitze des Zuges mitmarschieren.«

Besonders hart ging der »rote Schorsch« mit seiner Partei auf dem außerordentlichen SPD-Landesparteitag Ende September 1996 in Nürnberg ins Gericht. »Sich heimgeigen lassen oder zur Heilsarmee wechseln« könnten die Sozialdemokraten, wenn sie nicht endlich mit »Paukenschlägen und Trompetenstößen« gegen die »menschenfeindliche Kohlregierung« vorgingen, warnte der Ex-OB und zitierte die Bibel: »Wenn die Trompeten nur einen unklaren Laut hervorbringen, wer soll sich da zum Kampfe rüsten.« Der SPD warf er vor, »die Bürger leider schon viel zu lange warten zu lassen«. Er forderte einen Politikentwurf, der signalisiere, »die SPD kämpft für die große Mehrheit der Bürger, während CSU, CDU und F.D.P. nur frohe Botschaften für die Reichen haben«[803].

Als Steuerrebell gegen den Sozialabbau

Um auf die »himmelschreiende« Steuerungerechtigkeit aufmerksam zu machen, traten er und Franz Maget[804] im Mai 1996 sogar in einen Steuerstreik. Maget hielt seine Einkommenssteuervorauszahlung zurück und der Münchner Alt-OB weigerte sich, eventuell fällige Steuernachzahlungen zu leisten.

Das Faß zum Überlaufen gebracht hatte für beide das Zwick-Urteil[805]. Dieses Urteil hätte wieder einmal deutlich vor Augen geführt, daß der »kleine Mann, der seine Steuern bezahlt, der Dumme ist«, erklärte Kronawitter. Und Maget fügte hinzu: »Wenn man Spezl hat, die einem bei der Steuer helfen, bekommt man Strafmilderung.«

Der ehemalige Münchner Oberbürgermeister warf Finanzminister Erwin Huber vor, daß es in Bayern zu wenig Steuerbeamte gebe. So sei 1995 auch nur jeder vierte Großbetrieb und nur jeder sechzehnte Mittelbetrieb unter die Lupe genommen worden. »Noch vor kurzem hat Minister Huber den Bürgern vorgeschwindelt, daß die Steuerfahndung und Steuerüberprüfung um 20 Prozent aufgestockt worden ist.« Dabei habe der Finanzminister jedoch verschwiegen, daß durch Umschichtung nur ein Loch zu und dafür ein anderes aufgemacht worden sei.

Ganz anders verhalte es sich jedoch, wenn es um die Aufdeckung des Sozialmißbrauchs gehe. So setzte das Arbeitsamt München zusätzlich 60 Leute ein, um Schwarzarbeitern und Sozialhilfeempfängern auf die Schliche zu kommen. Kronawitter warf Huber vor, daß dieser seinen

Amtseid nicht erfülle und dem Land Schaden zufüge. »Finanzminister Huber entpuppt sich als ein Lakai der Reichen und Mächtigen und braucht sich nicht zu wundern, wenn die kleinen Leute stinksauer sind und wütend dazu.«[806]

Die Auseinandersetzung um die Steuergerechtigkeit in Bayern fand schließlich eine Fortsetzung im Landtagsplenum. Hier lieferten sich Kronawitter und Finanzminister Huber einen handfesten Streit. Vor dem Hohen Haus attakierte der Alt-OB erneut die angebliche Bevorzugung von Großverdienern: Die »untere Hälfte der Verdiener« würden vom Fiskus »ganz massiv benachteiligt« schimpfte Kronawitter. Seine Kritik illustrierte er mit zwei Zahlen zum Lohnsteueraufkommen. Habe 1970 der Anteil der Lohnsteuer am gesamten Steueraufkommen lediglich 22 Prozent betragen, so seien es 1994 bereits 34 Prozent gewesen. Für Kronawitter der Beweis dafür, daß die »kleinen Leute« über Gebühr blechen müssen.

Finanzminister Huber klärte das erboste ehemalige Münchner Stadtoberhaupt darüber auf, daß die Lohnsteuer keineswegs die Steuer der »kleinen Leute« sei. Lohnsteuer müsse jeder zahlen, der fest angestellt ist, unabhängig von der Höhe des Einkommens. Kronawitter habe »keine blasse Ahnung«, wie es sich mit der Lohnsteuerpflicht wirklich verhalte.

Darüber hinaus erklärte Huber, daß er die »kalten, persönlichen, berechnenden Beleidigungen« von Kronawitter langsam satt habe. »Es gibt in ganz Deutschland keinen schlimmeren Agitator als Schorsch Kronawitter, auch nicht bei der PDS«. Daß der Alt-OB und Maget zum Steuerboykott aufgerufen hatten, mißbilligte Huber. Das sei ein »Aufruf zu einer kriminellen Tat«. Renate Schmidt eilte daraufhin zum Rednerpult, um zu versichern, »daß beide Kollegen ihre Steuern letztendlich bezahlen werden«[807].

Mitte Juni 1996 legte Kronawitter nochmals nach. Durch öffentlichen Druck, den sich der Alt-Oberbürgermeister vor allem auch von den Medien erhoffte, sollte erreicht werden, daß noch in diesem Jahr 600 neue Betriebsprüferstellen bei den Finanzämtern haushaltsmäßig geschaffen würden. Sollte Finanzminister Huber bis 15. Oktober 1996 nicht erkennen lassen, daß er in diesem Sinne handelte, drohte die Landtags-SPD mit einer Ministeranklage vor dem Bayerischen Verfassungsgerichtshof. Huber – den Kronawitter als »politischen Scharlatan« abqualifizierte – würde seinen Amtseid »hartnäckig und vorsätzlich« verletzen. »Wir werden Huber Beine machen und die Daumenschrauben weiter anziehen«, sagte Kronawitter. Die SPD wertete die Drohung selbst eher als Schritt, mit dem vor allem Aufsehen erregt werden sollte.

Huber nahm die Drohung ironisch gelassen hin: »Ich zittere wie Espenlaub.« Er wies Kronawitters Anschuldigungen als unsinnig und bewußte Verdrehung von Tatsachen sowie als unredlichen PR-Gag zurück. Tatsache sei, daß die Staatsregierung nach dem vom Landtag beschlossenen Haushaltsgesetz verpflichtet sei, jährlich Stellen abzubauen. Hiervon sei die Steuerverwaltung zur Hälfte ausgenommen. Dies wisse auch Kronawitter sehr genau. Im übrigen habe Bayern seine Betriebsprüfungen in den letzten Jahren kontinuierlich verstärkt. Bayern stehe bei der Prüfungshäufigkeit auch besser da als die anderen Länder.

Falsch sei auch der Vorwurf des Münchner Alt-OBs, daß im Freistaat das Steuerrecht bei den Unternehmern nicht korrekt vollzogen werde. »Kronawitter bleibt bei seinem Rundumschlag wieder einmal jeden Beleg schuldig«, erklärte Huber.[808] Für Staatsregierung und CSU war die »SPD-Offensive« ein weiterer Beweis dafür, daß es der Opposition an sachlichen Alternativen zur Regierungspolitik fehle. Mit dem Ausnutzen von Neidkomplexen lasse sich das aus CSU-Sicht jedoch nicht kompensieren.

Ein paar Wochen später gerieten Kronawitter und Huber beim Streit um Steuergerechtigkeit im Landtag nochmals aneinander. Der Alt-OB erneuerte seinen Vorwurf, daß die »kleinen Leute« zur Kasse gebeten, während die »großen Fische« mit nichtverdienter fiskalischer Großzügigkeit bedacht würden. Aus diesem Grund forderten die Sozialdemokraten den Landtag auf, eine »Enquete-Kommission« einzusetzen, die sich um eine »gerechte, dem Gesetz entsprechende Steuererhebung« kümmern sollte. Die CSU lehnte aber einen diesbezüglichen Dringlichkeitsantrag der SPD ab.

Daß der »große Vereinfacher Kronawitter« beständig »den Eindruck erweckt, als ob nur die kleinen Leute Steuern zahlen müssen«, ging Finanzminister Huber langsam gehörig auf die Nerven. »Gott bewahre mich davor, daß ich jemals ein so simples Weltbild habe«, grollte Huber und riet dem ehemaligen Oberbürgermeister, sich endlich »zu einer etwas differenzierteren Betrachtungsweise durchzuringen.« Der »kleine Schorschi« habe sich da wohl schon früh sein eigenes Weltbild zurechtgezimmert, spottete Huber, der sich durch die ständigen Attacken auch »persönlich getroffen« fühlte. Es gäbe einfach überhaupt keinen Ansatzpunkt dafür, »daß ich Steuersünder schonen würde«.[809]

Kronawitter griff mit dieser Kampagne gegen Finanzminister Huber wieder einmal auf ein simples, aber bewährtes Rezept zurück: Beiß dich fest an einem einzigen Feind. Vorexerziert hatte dies »Schorsch« Kronawitter bereits bei seinem »Kampf« gegen den Großgrundbesitzer Baron von Finck sowie in seiner Auseinandersetzung mit dem Bauunternehmer Josef Schörghuber. Dieses Gefecht hatte ihn 1984 letztlich sogar wieder auf den OB-Sessel zurückgebracht.

1993 vor seiner Landtagskandidatur, als er vehement eine »Vermögensabgabe von den Reichen« forderte, hatte er unter anderem damit argumentiert, daß die Fürstin Gloria von Thurn und Taxis aufgrund der bloßen Wertsteigerung ihres Besitzes jeden Morgen, wenn sie aufwacht, um eine halbe Million reicher sei.[810] Der »rote Schorsch« meinte, wenn schon die braven Schafe Wolle lassen müßten, dann sollen doch auch die fetten Hammel kräftig geschoren werden.[811]

Als zentrales Problem in Deutschland bezeichnete Kronawitter immer wieder die »zum Himmel stinkende Ungerechtigkeit bei der Lastenverteilung« und »die soziale Gerechtigkeitslücke«. Er sagte auch, daß er kein Verständnis dafür habe, daß »über Dritte-Welt-Probleme oft heftiger und zeitaufwendiger diskutiert wird als über die Armut vor unserer Haustür und im eigenen Viertel«.[812]

Die »Käseschachtelaffäre«

Im September 1996 entbrannte nochmals mit aller Schärfe der Streit darüber, ob die Finanzbehörden in der sogenannten Käseschachtelaffäre des früheren CSU-Fraktionsvorsitzenden im Münchner Rathaus, Gerhard Bletschacher, zu lasch gehandelt und damit den Betroffenen lange Zeit geschont hatten. Anlaß für die Kontroverse gab der Bericht des Obersten Rechnungshofes (ORH), der die Vorgänge um die Veruntreuung von 4,8 Millionen Mark an Spendengeldern des gemeinnützigen Vereins »Stille Hilfe für Südtirol« unter die Lupe genommen hatte.[813]

Kronawitter zeigte sich »geradezu entsetzt über die gravierenden Vorwürfe, die der ORH erhebt«[814]. Im selben Maße empörte sich der Münchner Alt-OB darüber – »ein unglaublicher Vorgang« –, daß der ORH-Bericht zunächst lediglich CSU-Abgeordneten zugeleitet worden sei.

Als unglaublich bezeichnete es Kronawitter aber auch, daß trotz der erheblichen Beanstandungen des Rechnungshofes Erwin Huber in einer Pressemitteilung[815] das Gegenteil behauptet hatte. »Zur Tätigkeit der für die Vereinsbesteuerung zuständigen Amtsprüfstelle des Finanzamts München für Körperschaften habe die Prüfung des ORH weder einen Hinweis auf eine persönliche Verschleppungsabsicht der zuständigen Beamten noch eine politische Beeinflussung auf die Entscheidung des Finanzamts ergeben.« Auch hätte die Prüfung des ORH ergeben, daß die zuständige Amtsprüfstelle des Finanzamts München für Körperschaften erst Anfang 1995 hatte erkennen können, welchen Schaden der Vereinsvorsitzende seinem

Verein zugefügt habe. Ab dem Zeitpunkt der vollständigen Information über die tatsächlichen Hintergründe des Geldtransfers, so Huber weiter, hätten die Beamten konsequent und rasch gehandelt, vor allem habe die Finanzverwaltung die strafrechtlichen Ermittlungen ins Rollen gebracht. »Die anderen Vorstandsmitglieder der Stillen Hilfe für Südtirol e.V. hätten dazu nicht beigetragen, weil sie ihren eigenen Angaben zufolge völlig ahnungslos waren. Bekanntlich sei im Verein jahrzehntelang eine wirksame Kontrolle der Geschäftsführung unterlassen worden.«[816]

»Als Schuldiger für den Riesenskandal Bletschacher wird nun ein Finanzbeamter gefunden, der – so der Bayerische Oberste Rechnungshof – wegen seines zögerlichen Verhaltens gerügt werden soll. Sonst sei ja nichts passiert. So billig werden der bayerische Finanzminister und die CSU nicht weg kommen.«[817] Dieser Skandal stinke laut Kronawitter so zum Himmel, daß sich die SPD mit dem jetzt als »Bauernopfer« angebotenen Beamten des Finanzamts nicht zufrieden geben werde. Nur durch einen Untersuchungsausschuß werde man wohl den Letztverantwortlichen ausfindig machen können. Zusammen mit seinem Landtagskollegen Dr. Thomas Jung schlug er deshalb seiner Fraktion vor, diesen Weg zu gehen. »Es darf nicht zugelassen werden, daß durch politische Rücksichtnahme auf prominente CSU-Mitglieder Millionenbeträge veruntreut werden können. Diejenigen, die das politisch abgedeckt haben, gehören genauso ins Gefängnis wie Herr Bletschacher.«[818]

Huber kritisierte Kronawitters Versuch aus einer Verwaltungsangelegenheit einen finanzpolitischen Skandal zu drechseln und forderte deshalb den Alt-OB auf, endlich wieder zu einer sachlichen Auseinandersetzung zurückzukehren. »Kronawitters Thema ›politische Einflußnahme im Fall Bletschacher‹ ist völlig zusammengebrochen«, so der Finanzminister. »In einem letzten, kläglichen Versuch, der Angelegenheit doch noch einen politischen Anstrich zu geben, wischt er alle entscheidenden Argumente des ORH weg[819]. Die Versäumnisse im Bereich der Finanzverwaltung sind bedauerlich und müssen ausgeräumt werden.«[820]

Der Landtag stimmte Ende 1996 dann doch einmütig der »Einsetzung eines Untersuchungsausschusses gemäß Art. 25 BV zur Aufklärung des Verhaltens der Bayerischen Finanzbehörden« zu.[821]

Nicht nur im Untersuchungsausschuß gab Kronawitter Bletschacher nicht allein die Schuld an der Veruntreuung, sondern er äußerte diese Meinung auch in einem Zeitungsartikel.[822] »Vor dem gewichtigen Boß der Münchner CSU-Stadtratsfraktion haben in den Abteilungen der Finanzämter Parteifreunde und andere geradezu devote Nachsicht geübt.« Denn bereits im Oktober 1990 sei alles offengelegt gewesen. Dennoch habe man Bletschacher noch vier Jahre lang gewähren lassen – »unglaublich«. In dieser Zeit »gab es Nachsicht, unendliche Geduld, wurde wieder mal geschrieben, lange auf Antwort gewartet, auch telefoniert, sogar geredet, nur nicht gehandelt«!

Im Vorfeld der Zeugeneinvernahme Bletschachers vor dem Untersuchungsausschuß zollte der »rote Schorsch« seinem ehemaligen politischen Gegenspieler sogar Respekt.[823] Bletschacher habe sich nicht herzkrank[824] gemeldet, um seinem Prozeß und seiner gerechten Strafe zu entgehen, sondern »seine große Schuld ohne zu winseln angenommen« und leiste nun »im Gefängnis Sühne«[825].

In einem gemeinsamen Minderheitenbericht zur »Käseschachtelaffäre« warfen SPD und Grüne Mitte Januar 1998 den Finanzbehörden vor, die millionenschwere Veruntreuung von Spendengeldern durch Bletschacher jahrelang stillschweigend geduldet zu haben. Aus diesem Grund forderte die Opposition Disziplinarmaßnahmen gegen drei leitende Beamte beim Finanzamt München für Körperschaften. »Da kann es keine Nachsicht geben«, betonte der Alt-OB. Auch habe die Ausschußarbeit klar die bisherigen Aussagen von Finanzminister Huber widerlegt, der die Finanzämter stets in Schutz genommen habe. Die CSU hatte in ihrem Mehrheitsbericht eingeräumt, daß die Behörden zügiger hätten vorgehen können, forderte jedoch keine persönlichen Konsequenzen für das Fehlverhalten.[826]

Kronawitter bricht eine Lanze für Albert Schmid

Für Wirbel bei seinen Genossen sorgte der »rote Schorsch« Mitte Juli 1996 mit einem drastischen Brief an SPD-Chefin Renate Schmidt. Auf zwei Seiten forderte er ein Comeback für Albert Schmid, den ehemaligen Generalsekretär der bayerischen SPD. Kronwitter sprach sich dafür aus, daß Schmid die Nachfolge Max von Heckels im Haushaltsausschuß des Landtags antreten und damit wieder einen einflußreichen Posten bekommen sollte.

Im August 1995 war das »Schmid(t)einander« an massiven Meinungsverschiedenheiten zwischen der Landeschefin und ihrem Generalsekretär zerbrochen. Nachdem sich Max von Heckel für den Wechsel vom Landtag zur Thüringer Aufbaubank entschlossen hatte, schien in der SPD-Fraktion schon alles entschieden. Heckels Vize, Herbert Franz, sollte stellvertretender Ausschußvorsitzender werden.

Das versuchte der Münchner Alt-OB und Querdenker aber mit seinem Brandbrief zu verhindern. Schmid könne in dieser Funktion der Fraktion nutzen und fast täglich den politischen Gegner angreifen, schrieb Kronawitter. Auch könne Renate Schmidt damit endlich den Eindruck zerstreuen, ihr Ex-General werde nicht mehr in die Arbeit miteinbezogen. »Diese Position kann im übrigen auch nicht dazu benutzt werden, um gegen Dich zu opponieren«, versuchte Kronawitter die Befürchtungen der »lieben Renate« zu zerstreuen.

Erfolg hatte Kronawitter mit seiner Intervention im Arbeitskreis der Fraktion jedoch nicht, obwohl Schmid ein für ihn achtbares Ergebnis erzielte. 30 Genossen stimmten für Franz, 25 für Albert Schmid.[827] Gleichzeitig mit seinem Brief an die Fraktionsvorsitzende hatte Kronawitter eine »Strategiedebatte« auf der September-Klausur seiner Partei gefordert. Dies wurde von Beobachtern als Kritik an der bisherigen Fraktionsführung unter Renate Schmidt gewertet.

Kronawitter und der Bayerische Rundfunk

Heftig kritisierte Rundfunkrat Kronawitter im April 1997 die »schwarze Schlagseite« des »Rundschau-Magazins« des Bayerischen Fernsehens.[828] Immer öfter würden zentrale kontroverse Themen der deutschen Politik im »Rundschau-Magazin« nicht mehr kontrovers, sondern einseitig aus Sicht der Regierenden dargestellt und ausgelegt. Nach den offiziellen Zahlen der Chefredaktion des Bayerischen Fernsehens waren über einen Zeitraum von einem halben Jahr insgesamt 49 Studiogäste aus der deutschen bzw. bayerischen Politik im »Rundschau-Magazin« zu tagesaktuellen Themen zu Wort gekommen. Diese 49 Studiogäste verteilten sich wie folgt: 30 vertraten die Regierung, elf die sie tragenden Parteien (Regierungsfraktionen) und lediglich 8 kamen von der Opposition.

»8 von 49! Von einer Widerspiegelung der politischen Kräfteverhältnisse in Bund und Land kann hier keine Rede sein. Denn während sich die Regierungen in Bonn und München jeweils auf rund die Hälfte der tatsächlichen Wähler stützen können, kommen die Schwarzen im Bayerischen Fernsehen fünfmal stärker zu Wort als die Opposition: 41 gegen 8! Das Bayerische Fernsehen ist laut Gesetz ein öffentlich-rechtlicher Sender, kein Regierungssender.«[829] Kronawitter empfahl deshalb dem BR, den journalistischen Grundsatz des langjährigen Intendanten Reinhold Vöth zu beherzigen: »Kontroverses muß im Fernsehen auch kontrovers dargestellt werden.«[830]

Auf einem ganz anderen Feld versuchte sich Kronawitter zu Beginn der zweiten Hälfte der 13. Wahlperiode zu profilieren und zwar als Bildungspolitiker, womit er aber bei den bildungspolitischen Experten seiner Fraktion aneckte und einen Kompetenzstreit provozierte. Der Alt-OB kritisierte die bayerische Hauptschule als überholte Schulart, forderte eine höhere Abiturientenquote und empfahl die bayernweite Einführung von Gesamtschulen sowie von sogenannten Orientierungsstufen, um in der fünften und sechsten Jahrgangsstufe die Schulkarriere sorgfältig zu planen.[831]

Vor allem Karin Radermacher, bildungspolitische Sprecherin der SPD und Ausschußvorsitzende für Bildung, Jugend und Sport im Bayerischen Landtag, zeigte sich von Kronawitters Vorstoß überrascht und irritiert. »Aber es gibt in der Fraktion Kollegen, die Narrenfreiheit haben.«[832] Kronawitters Plädoyer für Gesamtschulen verwunderte Radermacher, da die SPD »die Forderung seit Jahren« nicht mehr erhoben hätte. Aktuelle Themen seien vielmehr eine bessere Durchlässigkeit unter den Schularten, die Integration als oberstes Erziehungsziel und eine durchgängige Orientierung der Bildungspolitik am Elternwillen. Auch sei eine höhere Abiturquote nicht Maßstab für die Qualität von Bildung.

Robin Kronawitter: »Der Rächer im Perlach Forest«

Und nochmals das Thema Steuerpolitik. »Jetzt sind die großen Vermögensbesitzer dran!« Unter diesem Motto hatte der Alt-OB im November 1996 eine Aktion mit Informationsbriefen zum Thema »Steuergerechtigkeit« gestartet.[833] Als ungewöhnlich hoch stufte Kronawitter den Rücklauf von 190 Fragebögen (15 Prozent) bei insgesamt rund 1200 ein. Daraus zog Kronawitter den Schluß: »Das Thema Steuerungerechtigkeit brennt den Menschen auf den Nägeln. Arbeitnehmer, Handwerker und Mittelstand wissen, daß sie die Lastesel der Nation sind. Sie wissen, daß die großen Vermögensbesitzer und Spitzenverdiener von Kohl und Waigel unglaublich geschont werden und keinen angemessenen Beitrag zur Wirtschaftssituation und zur Wiedervereinigung leisten müssen. Die für alle erkennbare einseitige Belastung macht die Leute wütend.«[834] Lediglich vier Leute hatten sich nach Kronawitters Angaben gegen einen »Solidarbeitrag der großen Vermögensbesitzer« ausgesprochen.

Als »lächerlichen Propaganda-Trick« bezeichnete dagegen Finanzminister Erwin Huber das von Kronawitter vorgelegte Ergebnis der Fragebogenaktion. Der Fragebogen zeige, daß es dem Münchner Ex-OB nur um »Augenwischerei und Populismus« gehe. Mit Suggestivfragen wie »Ist das Steuersystem ungerecht oder einigermaßen gerecht?« und »Zahlen die Superreichen zu wenig Steuern oder müssen sie noch mehr Steuern zahlen?« hätte man laut Huber die Antworten praktisch vorgegeben. So wäre das gewünschte Umfrageergebnis natürlich leicht zu erreichen gewesen. »Aber wer Kronawitter kennt, wird von diesem halbseidenen und unseriösen Vorgehen nicht überrascht sein. Der SPD fällt offensichtlich nichts Konstruktives zur Steuerpolitik ein. Dieses riesige Defizit versucht sie durch eine ebenso fragwürdige, wie lächerliche Propaganda-Aktion zu kaschieren.«

Die Sympathiewerte bei der Bevölkerung aber sprachen wieder einmal für den Mann aus dem »Perlacher Forest«, der als berüchtigter Rächer der Kleinverdiener und Enterbten erneut medienwirksam zugeschlagen hatte, glossierte die Frankenpost im Januar 1997 die umstrittene neue Aktion des »roten Schorsch«.[835]

»Mit Herzblut« schrieb Kronawitter 1996 in der Sachbuchreihe »querdenken!« des Goldmann-Verlages zum Thema »Was ich denke« und gab dort manches preis, was er sich bislang nicht entlocken ließ. Neben prominenten Autorinnen und Autoren, wie Herbert Achternbusch, Eugen Drewermann, Jutta Ditfurth, Regine Hildebrandt und Friedrich Schorlemmer, die »persönlich, präzise und gegen den Strom« denken und die »ebenso beherzt wie scharfsinnig die gewohnten Wege verlassen und Neuland betreten«, bekannte der »rote Schorsch«: »Ich kann aus meiner Haut nicht heraus: Was mich umtreibt, was ich als schreiendes Unrecht empfinde, muß ich ›ausspeien‹ und benennen, mit dem Ziel, es zu ändern. Es ist schon so: Politik braucht Leidenschaft, und sie schafft Leiden – die Erfahrung meines eigenen Politikerlebens.«[836]

Kronawitter hört auf

Ende Februar 1997 gab Kronawitter bekannt, daß er bei der Landtagswahl 1998 nicht mehr fürs Maximilianeum kandidiere. Das habe er seinem Kreisverband München-Mitte mitgeteilt. Dabei komme seine Entscheidung gar nicht überraschend, erklärte der Alt-OB in einem Interview[837]. »Als ich 1994 für den Stimmkreis München-Mitte angetreten bin, da habe ich bereits um Verständnis dafür gebeten, daß ich nur für eine Legislaturperiode zur Verfügung stehe. Letztes Jahr hat mir Renate Schmidt gesagt: ›Du machst das nochmal‹ Ich habe ihr geantwortet, daß ich nicht mehr antreten werde.«

Daß bei seiner Entscheidung auch ein gewisses Maß an Frustration mitspielte, bestätigte er indirekt: »Ich habe immer den Anspruch gehabt, der SPD tatkräftig zu helfen und vieles habe ich auch geschafft. Aber auf der anderen Seite gibt es diese mühselige Kleinarbeit in den Ausschüssen und bei Tagungen. Wenn man älter wird, fehlt die Geduld dazu. In der Opposition ist das doppelt bedrükkend, weil es meist bei Forderungen bleiben muß, während ich als Oberbürgermeister praktisch 15 Jahre lang täglich Entscheidungen treffen konnte.« Verärgert zeigte sich Kronawitter darüber, daß er es mit seiner Steuer-Kampagne gegen die großen Grund- und Vermögensbesitzer bei der SPD-Spitze »schwer hatte«. Zum Ende seiner Laufbahn wollte er aber keine Kritik üben.[838]

Trotz des angekündigten Rückzugs aus dem Maximilianeum kandidierte Kronawitter auf dem Memminger Landesparteitag der Sozialdemokraten am 19./20. April 1997 für den Landesvorstand – »Damit wir mit Kohl keine Wischiwaschi-Kompromisse schließen und sich in Bayern was bewegt«[839] – und schaffte auf Anhieb mit 63,3 Prozent der abgegebenen Stimmen das fünftbeste Wahlergebnis für dieses Parteigremium und das obwohl er sich erst relativ spät für eine Kandidatur entschlossen hatte.[840]

Zu Wort hatte sich der Alt-OB auch Ende Juli 1997 gemeldet, nachdem die Vorsitzende der Münchner-SPD, Ingrid Anker, ihren Rücktritt erklärt hatte. Anker hatte mit ihrem Rückzug vom Parteivorsitz die Konsequenz aus ihrer überraschenden Wahlschlappe bei der Kandidatenkür für den Bundestag im Wahlkreis München-Nord gezogen. Bei der Vorstandssitzung am 21. Juli 1997 überraschte daraufhin Kronawitter die Genossen mit seiner Forderung nach einem »radikalen Neuanfang«. Der gesamte Vorstand der Münchner SPD sollte zurücktreten. Als Begründung führte er an: Nötig sei eine durchgreifende Verjüngung der Parteiführung, »sonst könnte man die Münchner SPD bald mit einem Sterbeverein verwechseln«[841].

Dieser »radikale Neuanfang« sollte mit dem damals 60jährigen Landtagsabgeordneten Hans Kolo als Übergangsvorsitzenden stattfinden. Er sollte dabei eine Reihe von jungen Genossen um sich scharen und die Macht langsam an diese abgeben. »Wir haben jetzt eine Riesenmöglichkeit. Die Mitte wird für uns frei, weil sich Gauweiler als rechter Hardliner profiliert. Außerdem spricht die Gauweiler-CSU nicht die Jugend an«, erklärte der »rote Schorsch«[842]. Kolo eigne sich als Chef, da dieser selber nichts mehr werden wolle und den Aufstieg der jungen Generation deshalb nicht blockieren würde.[843]

Auf einem Sonderpartei Mitte September sollte der Generationswechsel eingeläutet werden, denn »jetzt müssen wir die Chance nutzen, verkrustete und verstaubte Strukturen aufzubrechen und einen neuen Anfang zu wagen«, beschwor Kronawitter den SPD-Vorstand.[844] Dieser beschloß aber, erst am 15. Dezember einen Parteitag einzuberufen, der dann den 15köpfigen Vorstand wählen sollte. Kommissarisch führte bis dahin Franz Maget die Münchner SPD, der dann auch zum Vorsitzenden gewählt wurde. Kronawitter übte heftige Kritik an diesem Termin. Der 15. Dezember sei zu spät, »wenn über Monate hinweg die Partei nur kommissarisch geführt wird, zeigt das, wie kopflos sie in Wirklichkeit ist«[845].

Zu dem von Kronawitter geforderten General-Austausch des SPD-Vorstandes erklärte Maget unterkühlt: »Dieser Meinung ist im Vorstand niemand beigetreten.« Die immer wieder angemahnte Verjüngung der Führungsriege sei nicht nachvollziehbar. »Einen so jungen Vorstand wie derzeit hat es in München noch nie gegeben.«[846]

»Museum der Phantasie«: Jahrhundertchance vertan?

Im Zusammenhang mit dem Bürgerentscheid am 20. April 1997 in Feldafing über Lothar-Günther Buchheims »Museum der Phantasie«, das von einer überwältigenden Mehrheit der Feldafinger abgelehnt worden war, erinnerte sich Kronawitter[847], warum Buchheims Museum nicht bereits Anfang der 90er Jahre auf die Münchner Praterinsel gekommen war. Obwohl die CSU in einer Pressemitteilung kurz vor den Landtagswahlen vom 14. Oktober 1990 geschrieben hatte, »Praterinsel. Kronawitter verschläft wieder einmal Riesenchance für Münchner. CSU ergreift Verhandlungsinitiative.«, war er nach eigenen Angaben bereits vorher mit seiner Frau bei Buchheim in Feldafing gewesen. »In der Tat war ich von der Idee Buchheims hellauf begeistert. Auf der einen Seite der Ludwigsbrücke das Museum der Technik, auf der anderen Seite der Ludwigsbrücke, auf der Praterinsel, ein Museum der Phantasie, faszinierte mich außerordentlich.«[848]

Nach der Landtagswahl habe ihm dann der Stadtrat in einer vertraulichen Sitzung den nötigen Verhandlungsspielraum eingeräumt. Am 11. November 1990 hätten sich die beiden Mäzene Roland Ernst und Dieter Bock, Kultusminister Hans Zehetmair und er bei Buchheim zu einem Gespräch getroffen. Bock habe ihm dann am nächsten Tag folgendes geschrieben: »Sie haben bei dem gestrigen Treffen im Hause Buchheim den mit Abstand positivsten Beitrag zum Gelingen des Museumsprojekts geleistet, und ich möchte Ihnen dafür sehr herzlich danken. Als besonders großzügig habe ich es empfunden, daß Sie auch für die Stadt München zusätzlich einen einmaligen finanziellen Beitrag in Aussicht gestellt haben und es dadurch gelungen ist, der Verhandlung insgesamt eine neue Wendung zu geben.«

Kronawitter schrieb weiter, daß bereits bei diesem Gespräch das Vorhaben beinahe geplätzt wäre, da Zehetmair nur einen geringen finanziellen Spielraum hatte. Deshalb hätte er, Kronawitter, einen finanziellen städtischen Beitrag in Höhe von 20 Millionen Mark zugesichert. Ferner hätte man sich darauf verständigt, die Betriebskosten für das Museum im Verhältnis 2 : 1 (Staat : Stadt) zu teilen. Allerdings sei es dann aber vor Weihnachten 1990 zu »gezielten Störmanövern« aus der Staatskanzlei gekommen. Es hieß, die Gespräche seien vor dem Scheitern, schuld sei der temperamentvolle und sehr streitbare Sammler. Ferner hätte auch der Galerie-Verein München von einem Museum der Phantasie abgeraten. Neben Ministerpräsident Max Streibl sprach sich auch Finanzminister Georg von Waldenfels gegen das Museum nach dem Motto aus: »Alles käme wieder nach München.«

Der rote Schorsch räumte aber ein, daß sich neben ihm auch Kultusminister Zehetmair »enorm engagiert« hatte für das Projekt, aus dem Buchheim-Museum aber nichts wurde, da der Freistaat die nötigen Finanzmittel nicht bereitstellen wollte. Der Alt-OB bedauerte das Scheitern der Gespräche, denn »in der Tat wurde hier eine Jahrhundertchance vertan«[849]. Im Zusammenhang mit der Praterinsel wies Kronawitter auch darauf hin, daß er alle Hände voll zu tun hatte, um eine massive Bebauung »dieser wunderschönen Insel zu verhindern«. Der Münchner OB kämpfte dafür, daß das Praterinsel-Gelände langfristig für öffentliche Einrichtungen und für die gesamte Bürgerschaft als Grün- und Kulturpark gesichert wurde.

»Welche Probleme das in der ›Zöller-Herrschaft‹ der Verunstaltungsmehrheit für mich brachte, können sich nur Eingeweihte vorstellen. Deshalb war es für mich ein Trost, daß am 22.1.1992 der Flächennutzungsplan auf der Insel mit dem Ziel ›Allgemeine Grünfläche mit dem Planzeichen K = Kultur‹ beschlossen werden konnte.«[850]

Auf diesen Artikel Kronawitters reagierte Renate Riemerschmid, die Witwe von Heinrich Riemerschmid, dem ehemaligen Besitzer der Praterinsel, und wies öffentlich dessen Aussagen über ihren 1991 verstorbenen Mann »energisch zurück, da sie nicht der Wahrheit entsprechen«.[851]

Heinrich Riemerschmid habe niemals vorgehabt, auf der Praterinsel einen zwölfstöckigen Bau zu errichten, »sondern nur in der Größe des Bestandsschutzes«. Eine Überbauung der Grundstücksgrenzen habe ebenfalls »niemals zur Diskussion gestanden«. Dies könne sie auch »ganz leicht beweisen«, da sie »im Besitz aller Pläne, Unterlagen und Namen« sei. Renate Riemerschmid stellte außerdem verärgert fest, »daß die unwahren Aussagen (Kronawitters) auf einen schlechten Charakterzug hinweisen, da sich ihr verstorbener Mann gegen die Vorwürfe nicht mehr wehren könne.«[852]

Ein unbeirrbarer Kämpfer: Ein Resümee und Kommentar

Geradezu bewundernswert sind Kronawitters unglaubliches Gespür für Populismus und sein politischer Riecher dafür, was die breite Masse will. Der »rote Schorsch« vermittelt den kleinen Leuten das Gefühl, daß er sie ernst nimmt und sich für sie einsetzt, was er tatsächlich auch tut, anders als so mancher andere Politiker. Aufgrund seiner persönlichen Herkunft und Erfahrungen kann er sich gut in deren Lage versetzen. Seine Reden sind deshalb einfach. Er verzichtet stets bewußt auf jeden intellektuellen Ehrgeiz und scheut sich auch nicht vor ständigen Wiederholungen. Im Gegensatz zu vielen seiner Politikerkollegen ist Kronawitter ein unbeirrbarer Kämpfer für das, was er für richtig hält. Hierin kann und konnte er missionarisch, ja geradezu fanatisch sein.

Im Laufe der Jahre entwickelte er immer mehr Bauernschläue. Zudem versteht er es, virtuos auf dem »Medienklavier« zu spielen und sich unglaublich gut zu verkaufen. Das gefällt den Leuten auf der Straße, die sich mit ihrem OB bzw. Landtagsabgeordneten identifizieren können – »er ist einer von uns«. Es ist legitim, daß er dieses Image geschickt pflegt. In diesem Zusammenhang kann man ihm auch nicht eine gewisse Genialität in seiner Selbstdarstellung absprechen.

Was hat Georg Kronawitter aber in seiner Amtszeit als Oberbürgermeister und als Landtagsabgeordneter tatsächlich bewirkt und in Gang gesetzt? Zu sagen, der »rote Schorsch« habe in seinen 15 Jahren als Münchner OB

Großes bewegt, wäre sicherlich übertrieben. In erster Linie profitierte er von den von seinen Vorgängern initiierten Projekten. Das Kulturzentrum Gasteig wurde unter Erich Kiesl gebaut und finanziert, in Kronawitters Amtszeiten fielen nur die Grundsteinlegung und die Einweihung. Ebenso waren die Olympischen Spiele von 1972 das Werk von Hans-Jochen Vogel. Überspitzt könnte man sagen, der »rote Schorsch« hat mehrfach geerntet, was andere gesät hatten, unter anderem auch im Wohnungs- und Straßenbau. Kronawitter war zwar stets ein korrekter Amtsverweser, zum Teil auch harter Arbeiter, aber weniger ein politischer Gestalter, dazu fehlten ihm die Visionen.

Auf Landesebene ist es nicht viel anders. Zwar war er bei der Landtagswahl 1994 neben Renate Schmidt eines der beiden äußerst erfolgreichen Zugpferde seiner Partei, im Parlament aber konnte er seine mit der Landtagskandidatur sicherlich verbundenen Vorstellungen eines »elder statesman« nicht verwirklichen.

Sein größter politischer Fehler war jedoch seine »Käseglockenmentalität«[853], seine Manie, München als Dorf zu sehen. Die Großstadt München war für den aus einer kleinen Ortschaft stammenden Kronawitter immer unheimlich und als Stadt zu groß. Leider vertrat er deshalb auch mit Vehemenz die für die Entwicklung Münchens falsche und schädliche These, daß der Topf überquelle. Durch seine »Wagenburg-Haltung« wurde der Landeshauptstadt nach Ansicht von Planungsexperten langfristig großer Schaden zugefügt. In besonderem Maße litten vor allem der Wohnungsbau und die Ausweisung von Gewerbeflächen. Trotz allem war und ist der »rote Schorsch«

sehr populär. Sein »spitzbübischer« Charme machte ihn bei der Bevölkerung beliebt und glaubwürdig.

Der »rote Schorsch« zeigte sich stets lernwillig, war aber zum Teil nicht lernfähig. Zuverlässigkeit und Bescheidenheit sind ebenfalls Charaktereigenschaften des ehemaligen Oberbürgermeisters, gleichzeitig gibt er sich aber verschlossen und ist wenig gesellig. Politischen Gegner bot er nie persönliche oder private Angriffsflächen. In diesem Zusammenhang muß deshalb auch betont werden, daß gegen Kronawitter selbst nie Korruptionsvorwürfe erhoben wurden.

Ein negatives Charakteristikum ist allerdings, daß er Niederlagen und Fehlentscheidungen nicht eingestehen kann, vielmehr suchte er stets andere dafür verantwortlich zu machen. Andererseits muß man aber auch herausstellen, daß Kronawitters Erfolge zu einem großen Teil auf dem Schüren von Neidkampagnen, vor allem gegen die Haus- und Grundbesitzer sowie die sogenannten oberen Zehntausend, beruhen. Hierzu gehört auch, daß er seine persönlichen Feindschaften geradezu pflegte (u. a. Baron August von Finck, Bau- und Braumulti Josef Schörghuber, Notar Walter Zöller, Finanzminister Erwin Huber). Bewußt setzte sich »Schorsch« Kronawitter« für Sicherheit und Ordnung ein, überließ die dafür zuständigen Ämter in der Stadtverwaltung jedoch ganz bewußt CSU-Politikern (Dr. Peter Gauweiler, Dr. Hans-Peter Uhl), quasi als politische Blitzableiter und Sündenböcke.

Obwohl Uhl heute Kronawitter aberkennt, seiner Aufgabe und dem Amt des Münchner Oberbürgermeisters insgesamt gewachsen gewesen zu sein[854], spricht es doch für das politische Talent des »roten Schorsch«, daß er von der Bevölkerung zweimal wiedergewählt wurde. »Sein großes Glück war allerdings«, so das vernichtende Urteil eines seiner hartnäckigsten Gegenspieler, »daß ihn niemand richtig kannte«.[855]

Insgesamt ergibt sich bei Georg Kronawitter das Bild eines Politikers und Menschen, der sich gerne exponiert – auch in aussichtsloser Situation – und sich in seiner Missionars- oder Märtyrerrolle gefällt. Seine politische Emotionalität ist zweckgerichtet. So schimpfte er zum Beispiel sehr gerne lautstark und medienwirksam »auf Spekulanten und Goldfinken« und nicht selten auch auf echte und vermeintliche »Schmutzfinken«.

Im Hinblick auf politische Ziele dominiert bei ihm ganz eindeutig ein stark am Erfolg orientiertes Verhalten, was jedoch nicht negativ auszulegen ist, da für einen Politiker typisch. Selbstkritik wird jedoch aufgrund seines ausgeprägten Selbstbewußtseins klein geschrieben und sein Denken wirkt – zumindest teilweise – schablonenhaft polarisierend. Seine Gegner sehen in ihm deshalb den »Prototyp des Populisten«.

Dem »roten Schorsch« ist es also nicht nur gelungen, aufgrund seines persönlichen Einsatzes und seiner von den politischen Gegnern unterschätzten Energie die alte Regel »They never come back« zu durchbrechen, sondern er hat es auch geschafft, die Wählerschaft ihre Wut und Erbitterung gegen die Münchner SPD vergessen zu lassen. Aufgrund eines geschickten »Schulterschlusses« des linken Flügels seiner Partei mit dem rechten, wurde es ihm sogar ermöglicht, seinen Nachfolger zu bestimmen und die städtische Referentenbank nach seinen Vorstellungen zu besetzen. Dabei konnte er sich auf seinen »hohen

Bekanntheitsgrad« und sein »angesammeltes erkennbares Vertrauenskapital« (Kronawitter über Kronawitter) stützen. Der massive Linksrutsch der SPD im Münchner Rathaus und die Beteiligung der Grünen an der Macht wurde allerdings von ihm nicht auf Dauer verhindert, sondern nur hinausgeschoben.

Georg Kronawitter und Präsident Rolf von Hohenau bei der Übergabe des »Fasses ohne Boden« 1990 des Bundes der Steuerzahler in Bayern

Anhang

Politische Stationen in Kronawitters Leben

1962: Kronawitter tritt in Pasing in die SPD ein.

1963: Kronawitter macht sich als Agrarpolitiker einen Namen. Der »Spiegel« nennt ihn später augenzwinkernd »einen Bauernfänger«.

1964: Kronawitter kandidiert auf einem aussichtslosen Listenplatz für den Deutschen Bundestag.

1966: Kronawitter zieht für die SPD im Stimmkreis Landsberg in den Bayerischen Landtag ein.

1970: Kronawitter wird Vorsitzender der südbayerischen SPD. Er zieht erneut in den Landtag ein und wird vom Münchner Oberbürgermeister Dr. Hans-Jochen Vogel als sein Nachfolger vorgeschlagen.

1972: 56 Prozent der Münchner wählen Kronawitter zum neuen OB. Die SPD erhält die absolute Mehrheit im Rathaus. Motto seiner Antrittsrede: »Die Menschlichkeit kommt vor der Rendite.«

1976: Nach Flügelkämpfen in der Münchner SPD bekommt Kronawitter bei den SPD-Vorstandswahlen nur mehr ein Drittel aller Stimmen und gilt in der Partei als »nicht mehr vermittelbar«. Daraufhin verzichtet er auf eine erneute OB-Kandidatur.

1978: Kronawitter übergibt die Amtsgeschäfte an seinen mit 51,4 Prozent gegen Max von Heckel (SPD) gewählten Nachfolger Erich

	Kiesl (CSU). Seine letzte Amtshandlung ist die Grundsteinlegung für das Kulturzentrum Gasteig.
1978 – 1984:	Kronawitter geht offiziell in Pension, arbeitet aber privat systematisch an seinem Comeback. Es gelingt ihm, wieder in den Münchner SPD-Vorstand gewählt zu werden.
1983:	Kronawitter wird von der Münchner SPD als OB-Kandidat nominiert.
1984:	Bei der OB-Wahl besiegt er Kiesl mit 58,3 Prozent in einer Stichwahl. Kronawitters politisches Motto: »Für eine solidarische Stadtgemeinschaft«. München wird zunächst von einer großen Koalition regiert, später kommen sich SPD und Grüne näher.
1987:	Bei der Wahl des Kreisverwaltungsreferenten fällt Kronawitters »Kronprinz« Christian Ude spektakulär durch. Dies markiert den Auftakt zur sogenannten »Gestaltungsmehrheit«, die CSU-Fraktionschef Walter Zöller mit zwei SPD-Überläufern gegen den OB zimmert.
1988:	Diese »Gestaltungsmehrheit« beschert durch Absprachen mit den Grünen dem Oberbürgermeister bei den Referentenwahlen ein weiteres politisches Desaster.
1989:	Kronawitter setzt Ude als Nachfolger seines Stellvertreters Klaus Hahnzog beim SPD-Parteitag durch.
1990:	Bei den OB-Wahlen unterliegt der CSU-Kandidat Hans Klein dem Amtsinhaber klar. Kronawitter erzielt 61,7 Prozent der abgegebenen Stimmen. Sein politisches Motto:

	»Die Sicherung der materiellen und sozialen Grundbedürfnisse wird zur zentralen Aufgabe.« Eine rot-grüne Koalition wird gebildet. Christian Ude wird 2. Bürgermeister und damit Vertreter Kronawitters.
1992:	Kronawitter macht verstärkt bundespolitisch von sich reden, vor allem beim Streit ums Asylrecht. Erste Spekulationen um einen Wechsel in den Bayerischen Landtag tauchen auf.
30. Juni 1993:	Der Münchner Stadtrat entläßt Kronawitter auf eigenen Wunsch nach fünfzehn Amtsjahren als Oberbürgermeister. Amtsnachfolger wird Christian Ude.
25. Sept. 1994:	Kronawitter erobert bei den Landtagswahlen in seinem Stimmkreis 101 München-Altstadt das Direktmandat. Die SPD kommt dank ihm und Renate Schmidt bayernweit wieder auf 30 Prozent der Stimmen.
1997/1998:	Georg Kronawitter strebt eine Wiederwahl in den Bayerischen Landtag nicht mehr an. Dafür versucht seine Frau Hildegard 1998 ein Landtagsmandat für die bayerische SPD zu gewinnen.

Wahlergebnisse München-Stadt seit 1959

Art der Wahl	CSU	SPD	F.D.P.	Die Grünen	REP
Stadtratswahl (1960)	23,9	53,4	3,0	–	–
Stadtratswahl (1966)	26,1	58,4	3,8	–	–
Stadtratswahl (1972)	35,8	52,7	4,7	–	–
Stadtratswahl (1978)	50,1	37,6	6,8	–	–
Stadtratswahl (18.3.1984)	42,4	41,9	5,3	7,9	–
Stadtratswahl (18.3.1990)	30,1	42,0	5,3	9,5	7,3
Stadtratswahl (12.6.1994)	35,5	34,4	4,2	10,1	5,1
Stadtratswahl (10.3.1996)	37,9	37,4	3,3	9,6	2,1
Landtagswahl (1962)	32,6	49,0	8,0	–	–
Landtagswahl (1966)	31,9	48,5	7,7	–	–
Landtagswahl (1970)	38,6	47,6	8,7	–	–
Landtagswahl (1974)	48,4	40,2	8,7	–	–
Landtagswahl (1978)	46,1	39,6	10,7	–	–
Landtagswahl (1982)	43,3	42,1	5,4	6,9	–
Landtagswahl (12.10.1985)	43,3	32,2	6,0	13,3	3,1
Landtagswahl (14.10.1990)	40,9	32,6	8,2	10,6	5,2
Landtagswahl (25.9.1994)	43,3	37,8	4,1	8,2	3,4
Bundestagswahl (1961)	40,9	41,5	11,2	–	–
Bundestagswahl (1965)	39,8	44,7	10,1	–	–
Bundestagswahl (1969)	37,2	48,7	6,6	–	–

Art der Wahl	CSU	SPD	F.D.P.	Die Grünen	REP
Bundestagswahl (1972)	40,6	48,0	10,6	–	–
Bundestagswahl (1976)	47,2	40,5	11,1	–	–
Bundestagswahl (1980)	43,4	40,9	13,4	1,6	–
Bundestagswahl (1983)	44,2	38,8	8,5	7,5	–
Bundestagswahl (25.1.1987)	42,1	30,8	11,6	13,5	–
Bundestagswahl (2.12.1990)	38,2	32,8	12,7	7,6	5,1
Bundestagswahl (16.10.1994)	41,7	32,7	9,1	10,1	2,5
Direktwahl OB (1960)	HANS-JOCHEN VOGEL (SPD)				64,3
	JOSEF MÜLLER (CSU)				22,1
Direktwahl OB (1966)	HANS-JOCHEN VOGEL (SPD)				78,0
	GEORG BRAUCHLE (CSU)				19,1
Direktwahl OB (1972)	GEORG KRONAWITTER (SPD)				55,9
	WINFRIED ZEHETMEIER (CSU)				37,6
Direktwahl OB (1978)	MAX VON HECKEL (SPD)				39,2
	ERICH KIESL (CSU)				51,4
Direktwahl OB (1984)	GEORG KRONAWITTER (SPD)				58,1
	ERICH KIESL (CSU)				41,9
Direktwahl OB (1990)	GEORG KRONAWITTER (SPD)				61,7
	HANS KLEIN (CSU)				26,2
Direktwahl OB (1993)	CHRISTIAN UDE (SPD)				50,8
	PETER GAUWEILER (CSU)				43,3
Quelle: Statistisches Handbuch der Stadt München					

Zitate über Kronawitter

Gerhard Bletschacher
Vorsitzender der CSU-Stadtratsfraktion, April 1993

»Ab in den Landtag, dort kann er auf harten Oppositionsbänken kein weiteres Unheil anrichten.«

Hannes Burger
Die Welt vom 11. Januar 1992

»Einem Don Quijote gleich kämpft Georg Kronawitter gegen alles und jeden.

Sabine Csampai
(Die Grünen), anläßlich der Verabschiedung im Rathaus am 1. Juli 1993

»Ihr Entschluß, für die SPD in den Landtag zu gehen, ist richtig, denn die haben jetzt 21 Jahre Zeit gehabt, sich zu erholen.«

F.D.P. München
MM vom 12. Mai 1971

»Die F.D.P. bedauert, daß die SPD für die Besetzung des OB-Postens einer Millionenstadt ausgerechnet auf den Agrarexperten der Landtagsfraktion zurückgreifen will.«

Dr. Peter Gauweiler
als Kreisverwaltungsreferent (CSU), Juli 1985

»Ich halte Kronawitter für einen guten Oberbürgermeister. Ich denke nicht daran, 1990 gegen ihn zu kandidieren.«

Horst Haffner
Vorsitzender der F.D.P.-Stadtratsfraktion, August 1984

»Aus der Sicht der F.D.P. waren die 100 Tage Kronawitters ein einziges Spektakel.«

Erich Hartstein
Münchner Leben 1974, Heft 8

»Vogel ärgerte und ärgerte seine Gegner in der SPD durch Kronawitter über die Maßen. Könnten den Schorsch Haß und Verachtung umbringen, er wäre viele Tode gestorben.«

Max von Heckel
Stadtkämmerer und Vorsitzender des Münchner SPD-Unterbezirksvorstandes vor dem 24. November 1976

»Gegen Kronawitter trete ich nicht an.«

Dietmar Keese
Vorsitzender der SPD-Stadtratsfraktion, August 1984

»Er ist ein recht eigensinniger Mann und nicht immer ein bequemer OB. Auch nicht gegenüber der SPD.«

Heidrun Kaspar
Vorsitzende der F.D.P.-Stadtratsfraktion, Juli 1993

»Er war immer genügsam, wenn es um ihn selbst ging, aber unersättlich im Kampf um mehr Gerechtigkeit.«

Erich Kiesl
Oberbürgermeister a. D. (CSU), 1984

»Hahnzog regiert, Kronawitter repräsentiert.«

Thomas Ködelpeter
Fraktionssprecher der Grünen/ALM, April 1987

»Totengräber der Münchner SPD«

Hans Koschnik
Bremer Bürgermeister und Oberschlichter des SPD-Bundesvorstandes, 1976

»Ich würde die Nichtaufstellung von Kronawitter für eine schlimme Sache halten, aber wenn es nicht anders geht, werde ich eine solche Entscheidung mittragen.«

Georg Kronawitter über Kronawitter
Der Spiegel vom 1. April 1996 (nach der Stadtratswahl)

»Nicht mal ich versteh', was die SPD eigentlich will. Jetzt bin ich aber ein qualifizierter Sozi.«

Hans Günther Naumann
Vorsitzender des SPD-Unterbezirks München

»Kronawitters Führungsstil war oft eine Art Stahlgewitter für seine Umgebung, leichter auszuhalten dadurch, daß er sich stets auf mehrere entlud.«

Helmut Pfundstein
Stadtdirektor, e. a. Stadtrat (CSU), 1997

»Im politischen Spiegelbild des Georg Kronawitter steht für Charakter Mißgunst, für Ideologie Neid, für Verstand Instinkt und für Methode Verleumdung.«

Hans Riehl
tz vom 3. Mai 1971

»Was man dem südbayerischen SPD-Chef Kronawitter an Intelligenz, Fleiß, Ehrgeiz und Lauterkeit auch immer bescheinigt – ein urbaner Typ ist er nicht. Den Duft der Weltstadt strahlt der Agrarexperte auch nicht aus.«

Hans Salzmann
ehem. Vorsitzender der SPD-Stadtratsfraktion
am 19. Dezember 1995

»Kronawitter war nachtragend wie ein Elephant.«

Franz Schönhuber
AZ vom 2. April 1974

»Manche Genossen halten Kronawitter für eine politische Hamletfigur, von Zweifeln geplagt und wenig entscheidungsfreudig.«

SPD München
Wahlkampfslogan von 1972 (Münchner OB-Wahlkampf)

»Unser bester Mann.«

Ein Genosse und Teilnehmer der Sitzung des SPD-Unterbezirksvorstandes im November 1976 nach Kronawitters Verzicht auf die erneute Kandidatur als OB

»Halsstarrig wie ein indischer Wasserbüffel.«

Dr. Hans Steinkohl
Bürgermeister a. D. (CSU), am 5. Dezember 1995

»Die ›bessere‹ Hälfte ist seine Frau.«

Gerold Tandler
CSU-Generalsekretär, April 1973

»Herr Kronawitter mag sich als politischer Gerichtsvollzieher linker Gruppen innerhalb und außerhalb seiner Partei bewährt haben, als Münchner Oberbürgermeister hat er sich disqualifiziert.«

Christian Ude
(SPD) in Münchner Post vom Juli 1973

»Wer die Vergänglichkeit politischer Würden psychisch nicht verkraften kann, sollte nicht Politik machen.«

Wolfgang Vogelsgesang
CSU-Stadtrat und Geschäftsführer der CSU-Stadtratsfraktion, Die Welt vom 23. Februar 1973

»Wer den Münchner Oberbürgermeister Kronawitter (SPD) einmal im Stadtrat erlebt, weiß, wo Schilda liegt.«

Dr. Winfried Zehetmeier
Bürgermeister a. D. (CSU), am 17. November 1996

»Kronawitter war kein Freund der Wirtschaft, er ist ein Freund der kleinen Leute.«

Walter Zöller
Ehemaliger Vorsitzender der CSU-Stadtratsfraktion, am 5. Dezember 1996

»Kronawitter hat sein Image vom netten Georg nicht mit seiner Tätigkeit als Oberbürgermeister, sondern im Kampf gegen die SPD-Linken erworben.«

Bibliographie

LITERATUR:

Ahrens, Wilfried und **Vogelsgesang,** Wolfgang: Vogel. München 1974.

Bayerischer Landtag: Verhandlungen der 6. Wahlperiode (1966/1970) des Bayerischen Landtags. Stenographische Berichte.

Verhandlungen der 7. Wahlperiode (1970/1974) des Bayerischen Landtags. Stenographische Berichte.

Verhandlungen der 13. Wahlperiode (1994/1998) des Bayerischen Landtags. Stenographische Berichte.

Gritschneder, Otto: Randbemerkungen. 3. Auflage. München 1984.

Ders.: Weitere Randbemerkungen. München 1986.

Ders.: Zwischenbemerkungen. 3. Auflage. München 1994.

Klein, Hans u. a.: Rotbuch zur Entwicklung der Münchner SPD: »Der siebenjährige Krieg«. München 1978.

Koch, Ludwig: SPD 1970. Eine kritische Würdigung der Entwicklung der Münchner SPD seit den Vorstandswahlen vom 21. Februar 1970 mit Nachtrag (hrsg. vom Verein zur Verbesserung der Information und der Zusammenarbeit unter den demokratischen Sozialisten

Münchens. Druck im Selbstverlag). München 1970.

Kronawitter, Georg: München. Süddeutscher Verlag. München 1978.

Ders.: Mit allen Kniffen und Listen. Strategie und Taktik der dogmatischen Linken in der SPD. Molden-Verlag, München 1979.

Ders.: Was ich denke. Aus der Reihe der Querdenker. Hrsg. von Prof. Dr. J. Hermann. Goldmann-Verlag München 1996.

Kronawitter, Hildegard: Wirtschaftskonzeption und Wirtschaftspolitik der Sozialdemokratie in Bayern 1945 bis 1949. Band 1 der Schriftenreihe der Georg-von-Vollmar-Akademie. München 1988.

Munzinger Archiv: Georg Kronawitter, deutscher Politiker (Bayern); Oberbürgermeister von München; SPD. Internationales biographisches Archiv 7/93.

Ude, Christian: Meine verfrühten Memoiren. Piper-Verlag. München/Zürich 1993.

Vogel, Hans-Jochen: Die Amtskette. Meine 12 Münchner Jahre. Ein Erlebnisbericht. Süddeutscher Verlag. München 1972.

Ders.: Nachsichten. Meine Bonner und Berliner Jahre. Piper-Verlag. München/ Zürich 1996.

ZEITUNGEN UND ZEITSCHRIFTEN:

Abendzeitung München, Augsburger Allgemeine Zeitung, Bayerische Staatszeitung, Bayernkurier, Bild München, Donaukurier, Frankenpost, Frankfurter Allgemeine Zeitung, Frankfurter Rundschau, Kölner Rundschau, Münchner Merkur, Münchner Post, Nürnberger Nachrichten, Passauer Neue Presse, Der Spiegel, Der Stern, Stuttgarter Zeitung, Süddeutsche Zeitung, tz München, Vorwärts, Die Welt, Die Zeit

MÜNDLICHE AUSKÜNFTE:

Gespräch mit Helmut Gittel am 6.11.1995, 4.1.1996 und 5.12.1997, Gespräch mit Alfred Grandy am 4.3.1996, Gespräch mit Dr. Otto Gritschneder am 27.11.1996, Gespräch mit Erich Hartstein am 28.11.1995, Gespräch mit Dr. Karlheinz Herreiner am 1.6.1992, Gespräch mit Dr. Gudrun Jakubeit am 8.2.1998, Gespräch mit Horst Salzmann am 19.12. 1995, Gespräch mit Thomas Schmatz am 16.1.1996, Gespräch mit Dr. Hans Steinkohl am 5.12.1995, Gespräch mit Dr. Peter Uhl am 22.1.1997, Gespräch mit Wolfgang Vogelsgesang am 21.12.1995 und 24.1.1996, Gespräch mit Dr. Winfried Zehetmeier am 17.11.1995, Gespräch mit Walter Zöller am 7.11.1995 und 5.12.1996

Bildnachweis

PHOTONACHWEIS:

Bayerischer Landtag/Landtagsamt (S. 33); Karlheinz Egginger (Titelbild und S. 21, 58, 93 256, 288, 292, 321, 331, 335, 337), Rolf Poss (S. 347), Stadtarchiv München (S. 242), Süddeutscher Verlag Bilderdienst (S. 179; Karlheinz Egginger: S. 122, 228, 283, 327, 374; Hug: S. 137; Fritz Neuwirth: S. 342; Mike Schmalz: S. 219); privat: 225.

KARIKATUREN:

Für die freundliche Genehmigung zur Verwendung von Karikaturen danken die Autoren in ganz besonderem Maße Dieter Hanitzsch sowie Ernst-Maria Lang (S. 39, 109).

Abkürzungsverzeichnis

ALM	=	Alternative Liste München
AZ	=	Abendzeitung München
BGH	=	Bundesgerichtshof
Bgm	=	Bürgermeister
CSU	=	Christlich Soziale Union
dpa/lby	=	Deutsche Presseagentur/Landesdienst Bayern
F.D.P.	=	Freie Demokratische Partei
FAZ	=	Frankfurter Allgemeine Zeitung
LG	=	Landgericht
MB	=	Münchner Block
MM	=	Münchner Merkur
NSDAP	=	Nationalsozialistische Deutsche Arbeiterpartei
OB	=	Oberbürgermeister
ORH	=	Oberster Rechnungshof
OLG	=	Oberlandesgericht
SPD	=	Sozialdemokratische Partei Deutschlands
spk	=	Sozialdemokratische Pressekorrespondenz
SRB	=	Sozialdemokratischer Rathausblock
SZ	=	Süddeutsche Zeitung München
tz	=	tz München

Anmerkungen

1 Amtliche Handbücher des Bayerischen Landtags 1966 (6. Wahlperiode 1966–1970), 1970 (7. Wahlperiode 1970–1974) und 1994 (13. Wahlperiode 1994–1998); Munzinger Archiv/Internat. Biograph. Archiv 7/93.

2 Wahlkampfbroschüre »Georg Kronawitter« der Arbeiterinitiative für Georg Kronawitter, München 1984, S. 2.

3 Ebd., S. 2 und 3.

4 Wahlkampfbroschüre, S. 2; Georg Kronawitter, Was ich denke, München 1996, S. 12–18.

5 Kronawitter, Was ich denke, S. 18.

6 Wahlkampfbroschüre, S. 3; Kronawitter, Was ich denke, S. 19.

7 Wahlkampfbroschüre, S. 4.

8 Wahlkampfbroschüre, S. 5; vgl. Handbuch des Münchner Stadtrates 1992.

9 Hildegard Kronawitter war Sekretärin, machte ebenfalls über den zweiten Bildungsweg das Abitur nach und studierte an der Universität München Volkswirtschaft. Sie schloß das Hochschulstudium mit dem Diplom-Volkswirt ab und promovierte 1987 bei Prof. Dr. Knut Borchardt mit einem Thema über die Wirtschaftspolitik der bayerischen Sozialdemokraten in den ersten Nachkriegsjahren (1945–1949). Das Ehepaar Kronawitter hat zwei Kinder, Isabelle und Florian. (MM v. 2.3.1976 und 2.7.1986; SZ v. 10.8.1977, 29.7.1993 und 5.3.1997; AZ v. 2.7. und 24.7.1986).

10 Wahlkampfbroschüre, S. 6.

11 Münchner Post v. Juni 1971.

12 Amtliches Handbuch des Bayerischen Landtages 1994 (13. Wahlperiode 1994–1998); Wahlkampfbroschüre, S. 7.

13 Wahlkampfbroschüre, S. 8.

14 Ebd., S. 8.

15 Ebd., S. 8.

16 MM v. 19.1.1970; SZ v. 10.6.1970; tz v. 10.3.1970, 1.6.1970, 9.6.1970; Helmut Meyer, der zunächst im bayerischen Kultusministerium tätig gewesen war, wurde von Dr. Vogel 1961 zum Leiter der neugeschaffenen Rechtsabteilung des Schulreferats gemacht. 1964 wurde er dort Stadtdirektor und mit der Vertretung des Stadtschulrates betraut. 1970 kam er für die SPD in den bayerischen Landtag.

17 Wahlkampfbroschüre, S. 8.

18 Otto Gritschneder, Randbemerkungen, 3. Auflage, München 1984, S. 393 ff.

19 Bayerische Staatszeitung v. 28.4.1972.

20 MM v. 19.11.1970.

21 Gritschneder, Randbemerkungen, S. 393.

22 LG München I, Az. 4 O 769/70; Gritschneder, Randbemerkungen, S. 394.

23 OLG München, Az. 2 U 1780/71; Gritschneder, Randbemerkungen, S. 394 bis 397; MM v. 15./16.4.1972; SZ v. 15./16.4.1972.

24 MM v. 17.9.1971; SZ v. 17.9.1971.

25 Gritschneder, Randbemerkungen, S. 396.

26 OLG München, Urteil v. 14.4.1972.

27 Ebd.

28 MM v. 17.9.1971 und 8.1.1973.

29 Schriftliche Mitteilungen von Dr. Otto Gritschneder v. 14.11.1994 und 12.1.1995. Nach § 98 ZPO sind die Kosten eines abgeschlossenen Vergleiches gegeneinander aufgehoben, wenn die Parteien nicht etwas anderes vereinbart haben. Nach Mitteilung von RA Dr. Gritschneder ließ man es seinerzeit bei dieser Regelung bewenden, »so daß also jede Partei ihre eigenen Kosten und die Hälfte der Gerichtskosten zu tragen hatte.« Einzelheiten der Ei-

nigung sind dem Senat gegenüber nicht zu Papier gebracht worden.

30 Wahlkampfbroschüre, S. 8; Gespräch mit dem ehemaligen Syndikus des Bankhauses Merck & Finck, Dr. Karlheinz Herreiner am 1.6.1992.

31 Wahlkampfbroschüre, S. 8; Gespräch mit Dr. Otto Gritschneder am 27.11.1996.

32 Gespräch mit dem ehemaligen Syndikus, Dr. Karlheinz Herreiner, am 1.6.1992.

33 »Den Seinen gibt's der Herr im Schlaf. SPD-Abgeordneter Kronawitter prangert die Bodenspekulation an.« (AZ v. 6./7.2. 1971) Die SPD-Parteizeitung Münchner Post wurde unter ihrem damaligen Chefredakteur Christian Ude nicht müde zu betonen, daß Kronawitters Attacken sich nicht nur gegen die »wohlwollende« Behandlung des Milliardärs August von Finck richtet, sondern grundsätzlich gegen den sozialen Skandal, daß ein Mann durch Wertzuwachs seines Großgrundbesitzes in einer Nacht soviel verdient wie 30 000 Arbeiter an einem Acht-Stunden-Tag.

34 Wahlkampfbroschüre, S. 9.

35 Die Münchner Post veröffentlichte in der Juni-Ausgabe 1971 u. a. folgende Auszüge von Schreiben an den SPD-Landtagsabgeordneten Kronawitter:

- »Für ihren heutigen Bericht im Rundfunk über die Finck- und andere Affären möchte ich Ihnen Dank sagen und Sie bitten, Ihren eingeschlagenen Weg weiterzugehen.« (J. P., München)
- »Ihre unerschrockenen Attacken gegen die verschworene Finck-Phalanx bringen Ihnen viele Freunde ein …« (J. I., München)
- »Es ist zu hoffen, daß der Fall einer Anzahl von Bürgern unseres Landes die Augen darüber öffnet, welche Rolle die CSU am laufenden Band spielt. Man möchte dieser CSU – die Bay-

ern als Erbhof zu betrachten scheint – Hunderte von Kronawitters wünschen.« (P. F., München).

36 SZ v. 6.6.1972, 20.2.1984 und 12.3.1986.

37 Dieses Verhalten kommt Georg Kronawitter auch heute noch zugute. So wurde die Bitte, die Prozeßakten im Fall August von Finck gegen Georg Kronawitter einsehen zu dürfen, 1993 von der Finckschen Verwaltung mit der Begründung verwehrt, daß sich August von Finck genug über den Vorgang geärgert habe und man die alten Akten ruhen lassen wolle.

38 AZ v. 17.5.1971; Münchner Stadtanzeiger v. 2.4.1971.

39 AZ v. 30.3.1971, 2.4.1971, 17.5.1971; MM v. 31.3.1971; Münchner Stadtanzeiger v. 2.4.1971; tz v. 2.4.1971.

40 tz v. 11.6.1970.

41 MM v. 7.4.1971 und 17.5.1971.

42 SZ v. 3./4.4.1971; MM v. 3./4.4.1971; Bild München v. 7.4.1971.

43 Der gelernte Jurist Manfred Schmidt war zuletzt Staatsanwalt beim Landgericht München I. Er wurde 1969 im Wahlkreis München-Mitte als SPD-Kandidat zum Bundestagsabgeordneten gewählt. In Bonn machte sich Schmidt einen Namen als Verfechter Münchner Interessen, insbesondere als Befürworter des »Grauen Kreises«. Schmidt hatte sich bereits 1970 gegen den von OB Vogel zunächst favorisierten Helmut Gittel um die OB-Kandidatur 1972 beworben. Er trat jedoch zurück, als Vogel seine erneute – zwischenzeitlich widerrufene Kandidatur – für die Münchner Oberbürgermeisterwahlen 1972 ankündigte. Manfred Schmidt saß dann bis 1990 für die SPD im Deutschen Bundestag. Nach der Wende nahm er als Rechtsanwalt ein Mandat der Kommunistischen Partei Österreichs an. Er vertrat diese Partei in einem Prozeß gegen die Treuhand, in dem es um 370 Millionen Mark Vermögen der ostdeutschen KPÖ-Firma Novum ging. Dafür bekam er 5,8 Millionen Mark, die er zum Teil am Fiskus vorbeischleuste. Schmidt saß deshalb 1994 drei Monate in Untersuchungshaft und wurde vom Landgericht München I zu

18 Monaten Haft verurteilt. Die Revision Schmidts gegen dieses Urteil wurde vom Bundesgerichtshof zurückgewiesen. Siehe dazu SZ v. 8.11.1996.

44 tz v. 7.4.1971: »Die ›linken‹ Kräfte in der Münchner SPD, darunter solche, die unser gegenwärtiges Gesellschaftssystem sprengen und die Verfügungsgewalt über die Produktionsmittel erlangen wollen, setzten im Vorstand, wenn auch mit knapper Mehrheit, durch, daß Mitte Mai dem hiesigen sozialdemokratischen Parteivolk an erster Stelle ein anderer als von Vogel auserkorener OB-Kandidat präsentiert wird. Ihr Favorit für dieses wohl wichtigste kommunale Amt der Bundesrepublik heißt Manfred Schmidt. Dem 35jährigen Bundestagsabgeordneten eilt nicht nur in München der Ruf voraus, seinen jeweiligen politischen Standpunkt wie das Fähnchen im Winde zu drehen ...« (MM 7.4.1971). Siehe auch SZ v. 7.4.1971; Der Spiegel 1971, Nr. 16, S. 88.

45 Der engste Kreis der politischen Freunde und persönlichen Vertrauten von Dr. Hans-Jochen Vogel und Georg Kronawitter in der innerparteilichen Auseinandersetzung mit den »dogmatischen Linken« in der Münchner SPD in den 70er Jahren bestand aus: Hans Preißinger (SPD-Fraktionsvorsitzender), Ludwig Koch (DGB-Kreisvorsitzender), Adolf Johann (Stadtrat), Rolf-Helmut Pfeiffer (Stadtrat), Jürgen Maruhn (Politische Akademie Tutzing, siehe Anm. 254), Hedwig Westphal (MdL), Georg Prinz (Stadtrat, DGB-Sekretär), Werner Veigel (Kommunalreferent), Ria Burkei (Stadträtin), Waldemar von Knoeringen (SPD-Landesvorsitzender und stv. SPD-Bundesvorsitzender), Prof. Dr. Wilhelm Hoegner (Ministerpräsident a. D.), Helmut Pfundstein (Pressesprecher des Münchner SPD-Unterbezirks), Rainer Unglehrt (stv. Vorsitzender des SPD-Unterbezirks München).

46 Die Initiatoren und Organisatoren des harten Kerns der »dogmatischen Linken« in der innerparteilichen Auseinandersetzung der Münchner SPD in den 70er Jahren gegen Dr. Hans-Jochen Vogel, Georg Kronawitter und ihre politischen Freunde, die »als

Statthalter der Kapitalherrschaft physisch vernichtet werden sollten« (Wolfhard Mauer, Redakteur der JUSO-INFO), waren: Siegmar Geiselberger (Stadtrat, Juso-Vorsitzender), Dr. Helmut Meyer (Vorsitzender des SPD-Unterbezirks München, später MdL), Dr. Rudolf Schöfberger (Vorsitzender des SPD-Unterbezirks München, später MdB), Konrad Kittl (Mitglied des Juso-Vorstandes, Rechtsanwalt), Dieter Berlitz (Vorsitzender der Münchner Jusos), Dr. Jürgen Böddrich (MdL), Christian Ude (Pressesprecher des SPD-Unterbezirks München, später Oberbürgermeister), Ingrid Fischer-Rohn (Mitglied des SPD-Unterbezirksvorstandes München), Dr. Klaus Hahnzog (siehe Anm. 619), Max von Heckel (siehe Anm. 79), Hans Kolo (MdL), Manfred Schmidt (Juso-Vorstand, siehe Anm. 43), Michael Wendl (Juso-Vorstandsmitglied), Carmen König (Juso-Vorstandsmitglied), Dietmar Keese (Stadtrat, später Fraktionsvorsitzender), Klaus Jungfer (Stadtrat, später Stadtkämmerer), Albert Lochner (Stadtrat), Hans Günther Naumann (MdL), Christian Richter (Juso-Vorstand), Peter Kripp (Stadtrat).

47 MM v. 7.4.1971.

48 tz v. 7.4.1971. Siehe auch SZ v. 28.4.1971.

49 MM v. 17.5.1971.– Carmen König erhielt damals von der tz das Prädikat, eine »verworrene linksfanatische Studentin« zu sein. Der MM meinte, die Wähler müssen abwarten, inwieweit Kronawitter in Zukunft der Marxisten-Gruppe beim linken Münchner SPD-Flügel die Hand reichen wird.

50 MM v. 17.5.1971.

51 Spiegel 1971, Nr. 16, S. 88.

52 AZ v. 17.5.1971. Der Kommentator Franz Schönhuber war damals beim Bayerischen Rundfunk beschäftigt und außerdem Kolumnist bei der Münchner AZ. Er galt als großer Förderer der Jungsozialisten. Seine Frau Ingrid war aktives SPD-Mitglied.

53 Münchner Post Juni 1971.

54 SZ v. 17.5.1971; MM v. 17.5.1971; tz v. 17.5.1971; Münchner Leben, Mai 1971. Kronawitter erhielt 56,5 Prozent der Stimmen.

55 Münchner Stadtanzeiger v. 18.5.1971.

56 tz v. 17.5.1971. Siehe auch SZ v. 17.5.1971 u. MM v. 17.5.1971; Münchner Stadtanzeiger v. 18.5.1971.

57 tz v. 17.5.1971.

58 Ebd.

59 AZ v. 17.5.1971.

60 Auf den CSU-Bewerber Dr. Winfried Zehetmeier waren 37,6 % entfallen (= 201511 gültige Stimmen). Die CSU hatte sich bemüht, aus dem innerparteilichen SPD-Machtkampf und Nachfolgevakuum politisches Kapital zu schlagen. Man hatte erwartet, daß CSU-Chef Franz Josef Strauß und sein Münchner Parteikollege Erich Kiesl alles daransetzen würden, eine für die Wähler attraktive Alternative zu Kronawitter zu nominieren. Mit Dr. Steinkohl, der in München einen hohen Bekanntheits- und Beliebtheitsgrad besaß, wäre 1972 durchaus solch eine Überraschung möglich gewesen. Siehe MM v. 7.4. 1971; SZ v. 21.5.1971; Bild München vom 17. und 18.5.1971; Die Zeit v. 16.6.1972; FAZ v. 23.6.1972. Gespräch mit Dr. Hans Steinkohl am 5.12.1995.

61 Amtsblatt der Landeshauptstadt München v. 10.8.1972, S. 155. Kronawitter erhielt 299314 gültige Wählerstimmen. MM v. 12.6. 1972.

62 SZ v. 12.6.1972. Schon seit 1911, als die SPD erstmals die meisten Stimmen bei einer Kommunalwahl erzielt hatte, sprach man vom »roten München«. Nach dem ersten Weltkrieg saß 1919 Eduard Schmid als erster Sozialdemokrat auf dem »OB-Stuhl«, und als die Münchner nach dem Zweiten Weltkrieg (1945) erstmals direkt ihren Oberbürgermeister wählen durften, entschieden sie sich für Thomas Wimmer (SPD). Der Stimmenanteil der Partei stieg dann ständig.

63 SZ v. 12.6.1972.

64 AZ v. 21.1.1972; Christ und Welt v. 16.6.1972.
Dr. Rudolf Schöfberger (geb. 1935) war seit 1966 Mitglied des Bayerischen Landtags. Außerdem war er Mitglied des Landesvorstandes der SPD und Landesvorsitzender der bayerischen Jungsozialisten.

65 MM v. 12.6.1972 und v. 4.7.1972; SZ v. 4.7.1972. Die 80 Sitze im Münchner Stadtrat verteilten sich 1972 wie folgt: SPD 44, CSU 29, F.D.P. 4; Münchner Block 2 (der Münchner Block schloß sich der CSU-Fraktion an), Soziale Demokraten '72 1 (der CSU beigetreten).

In Kronawitters erster Amtszeit war die Referentenbank wie folgt besetzt: Prof. Dr. Anton Fingerle (Stadtschulrat); Dr. Klaus Hahnzog (Kreisverwaltungsreferent); Dr. Erwin Hamm (Krankenhausreferent); Max von Heckel (Stadtkämmerer); Dr. Herbert Hohenemser (Kulturreferent); Walther Wüstendörfer (Personalreferent); ab 1.2.1973 wurde Walter Layritz Personalreferent; Prof. Dr. Detlef Marx (Stadtentwicklungsreferent); Werner Veigel (Kommunalreferent); Dr. Oskar Vetter (Werkreferent); Uli Zech (Stadtbaurat); Dr. Klaus Zimniok (U-Bahn-Referent).

66 SZ v. 4.7.1972; MM v. 4.7.1972.

67 »Meine Zeit als Oberbürgermeister dieser Stadt ist abgelaufen. Von jetzt an liegt diese schöne, aber auch schwere und mitunter unbarmherzige Verantwortung auf Deinen Schultern. Ich wünsche Dir von Herzen Festigkeit, innere Gelassenheit und den Erfolg, ohne den die größte Anstrengung auf die Dauer nicht sinnvoll ist. Wenn Du magst, kannst Du gelegentlich in dem Exemplar meines Berichts über meine zwölf Jahre blättern, den ich hier auf dem Schreibtisch hinterlasse.«

68 MM v. 4.7.1972.

69 Ebd; persönlicher Referent und Büroleiter von Kronawitter wurde zunächst Helmut Pfundstein und dann der Jurist Gernot Riedl, der zuvor persönlicher Mitarbeiter von Stadtentwicklungsreferent Dr. H. Abreß war. Er leitete auch das Team von »Eierköpfen«, die für den OB Denkarbeit leisten und Lösungen für kniffelige Probleme austüfteln sollten. Siehe tz v. 24./25.2. 1973.

70 tz v. 5.7.1972.

71 SZ v. 6.7.1972; MM v. 6.7.1972.

72 Ebd.

73 Passauer Neue Presse v. 8./9.7.1972. Helmut Gittel war vom 1.8.1964 bis zum 30.6.1972 Stadtkämmerer in München, ab 5.7.1972 wurde er zum 2. Bürgermeister gewählt und am 25.7. 1972 bis zum 30.9.1973 weiter mit der Leitung der Stadtkämmerei beauftragt. Gespräch mit Helmut Gittel am 6.11.1995.

74 AZ v. 1.12.1972.

75 Die Zeit v. 1.12.1972. Gespräch mit Wolfgang Vogelsgesang am 24.1.1996.

76 Ebd.; Gespräch mit Horst Salzmann am 19.12.1995 und Wolfgang Vogelsgesang am 24.1.1996.

77 Bayerischer Rundfunk v. 11.7.1972. J. O. Zöller fuhr in seinem Kommentar fort: »Das Münchner Modell, den Sozialdemokraten durch Jusos aufgezwungen, führt nun auch langsam in der Kommunalpolitik zu einer unheilvollen Polarisierung im Lande – der Stadtrat droht zur Niederstimmungsmechanik zu werden. Damit aber wird die Demokratieverdrossenheit der Bürger geweckt und der Keim zur permanenten Friedlosigkeit in den Gemeinden gelegt. Die SPD wird sich die Frage gefallen lassen müssen, ob sie noch Anspruch auf Glaubwürdigkeit erheben kann, wenn sie Willy Brandt als den großen Friedenskanzler propagiert, während seine Jung-Genossen in den Gemeinden Unfrieden stiften.«

78 Als Personalreferent wurde Walter Layritz (SPD) gewählt. Er war als Volljurist bei der Stadtverwaltung München beschäftigt und vormals u. a. persönlicher Referent von OB H.-J. Vogel gewesen.

79 AZ v. 11.1.1973. Max von Heckel war Regierungsdirektor im bayerischen Wirtschaftsministerium gewesen. Seine Hausmacht in der Münchner SPD hatte ihn bereits nach der Kommunalwahl 1972 als Bürgermeister vorgesehen. Er unterlag dann jedoch gegen Müller-Heydenreich. Sowohl Layritz wie von Heckel erhiel-

ten in der SPD-Klausur-Sitzung das jeweils knappest mögliche Ergebnis von 23:21 Stimmen.

80 MM v. 18.1.1973.

81 AZ v. 1.3.1973. Der von der SPD-Fraktionsmehrheit empfohlene Gegenkandidat war Dr. Karolus Heil.

82 tz v. 2.3.1973; Bild München v. 2.3.1973.

83 SZ v. 2.3.1973; MM v. 2.3.1973.

84 Die Welt v. 14.5.1973.

85 SZ v. 13.3.1973.

86 SZ v. 3.7.1973; FAZ v. 7.7.1973.

87 AZ v. 6.7.1973.

88 tz v. 7.7.1973; MM v. 7.8.1973; Münchner Stadtanzeiger v. 26.10. 1973.

89 Ebd.

90 Ebd.

91 SZ v. 24.4.1972 und 23.5.1972.

92 SZ v. 21.5.1973.

93 Siehe auch tz v. 4.7.1973.

94 MM v. 4.7.1973.

95 tz v. 4.7.1973; AZ v. 6.7.1973.

96 MM v. 4.7.1973.

97 Ebd.

98 Ebd.

99 SZ v. 28.6.1973; MM v. 28.6.1973.

100 Ebd.

101 Ebd.

102 Vgl. S. 69.

103 Münchner Post, Juli-Ausgabe 1973.

104 Ebd.

105 Ebd.

106 Die Zeit v. 13.7.1973.

107 FAZ v. 7.7.1973.

108 Die Zeit v. 13.7.1973.

109 AZ v. 12.9.1973; siehe auch MM v. 3.7.1973.

110 AZ, v. 12.9.1973.

111 AZ v. 28.9.1973.

112 Die Zeit v. 13.7.1973; FAZ v. 7.7.1973.

113 SZ v. 21.11.1973; tz v. 20.11.1973.

114 Münchner Stadtanzeiger v. 30.11.1973. Der städtische Oberwirtschaftsrat Dr. Bleibinhaus hatte als stellvertretender Vorsitzender der Münchner SPD die Aufgabe in der SPD-Stadtratsfraktion den kommunalpolitischen Willen der Partei zu vertreten. Er arbeitete im Stadtentwicklungsreferat. Später wurde er Stadtdirektor und ist jetzt Vertreter der Referentin im Schulreferat der Landeshauptstadt München.

115 tz v. 12.12.1973.

116 Ebd.

117 SZ v. 21.12.1973.

118 MM v. 17.1.1974.

119 Ebd.

120 Ebd.

121 Ebd.

122 Ebd.

123 Der Spiegel, 1973, Nr. 26, S. 138.

124 MM v. 29.1.1974.

125 MM v. 30.1.1974.

126 Ebd.

127 AZ, tz, MM v. 6. und 7.2.1974; MM v. 23.2.1974; MM und Bild München v. 8.3.1974; siehe auch tz v. 29.3.1974; AZ v. 25.5.1974.

128 Ebd.

129 Ebd.

130 Ebd.

131 Münchner Post Nr. 15, April 1974, S. 6; Bild München v. 11.3.1974.

132 Frieser ist jetzt im Sachgebiet »Erziehungsbeistandschaft« des Stadtjugendamtes als Sozialarbeiter beschäftigt. Er mußte seinerzeit angestellt werden, nachdem ein Prozeß im Berufungsverfahren für die Landeshauptstadt aus formalen Gründen verloren ging.

133 AZ v. 6.2.1974; tz v. 6.2.1974; Bild München v. 6.2.1974.

134 Ebd.

135 Die Welt v. 2.2.1974.

136 Ebd.

137 Ebd.

138 AZ v. 12.3.1974.

139 Ebd.

140 AZ v. 14.6.1974; vgl. Münchner Stadtanzeiger v. 21.6.1974.

141 SZ v. 15./16./17.6.1974; MM v. 27.6.1974: »Regierung von Oberbayern weist Kronawitter-Äußerungen zurück«.

142 SZ v. 30.7.1974.

143 Münchner Mosaik, 1974, Heft 8; Gespräch mit Erich Hartstein am 28.11.1995.

144 Ebd.

145 Ebd.

146 Ebd.

147 Ebd.

148 Ebd.

149 Ebd.

150 MM v. 10.8.1974; tz v. 10.8.1974; Münchner Stadtanzeiger v. 14.8.1974.

151 MM v. 10.8.1974; tz v. 10.8.1974.

152 SZ v. 15.2.1974, 12.9.1974, 13.9.1974, 19.9.1974; Münchner Stadtanzeiger v. 13.9.1974; Der Spiegel 1974, Nr. 39, S. 42/44.

153 Münchner Stadtanzeiger v. 13.9.1974.

154 SZ v. 14.9.1974.

155 SZ v. 20.9.1974; Der Spiegel, 1974, Nr. 39.

156 SZ v. 21.9.1974.

157 SZ v. 10.10., 16.10., 18.10. und 19.10.1974; MM v. 18.10.1974.

158 SZ v. 10.10., 16.10., 18.10. und 19.10.1974.

159 Ebd.

160 SZ v. 12.10.1974, 13.10.1974 u. 18.10. 1974; MM v. 13.10.1974, 18.10.1974; Münchner Stadtanzeiger v. 25.10.1974.

161 SZ v. 21./22.9.1974. Über die »Vergabepraktik mit Parteitaktik« hieß es: »Mit Steuergeldern wurde grob fahrlässig umgegangen. Eine den primitivsten Grundsätzen jeglicher Kameralistik hohnsprechende Großzügigkeit und Schlamperei bei den Vergaben generell bleibt zu verzeichnen. Unter den Auftragsempfängern ist ein – im Verhältnis zu parteipolitischen Realitäten, die der Wähler schuf – unverhältnismäßig hoher Anteil Linksextremer. Der Verdacht, daß hier öffentliche Gelder dafür mißbraucht wurden, innerparteiliche Personalprobleme der SPD zu bewältigen, liegt auf der Hand. Dem Revisionsamt wurden Unterlagen vorenthalten. Hubert Abreß, der nach eigener Angabe vom Revisionsbericht erst am 12. September erfuhr, konnte zu seiner Rechtfertigung vor dem Münchner Stadtrat mit Material arbeiten, das – wie Revisionsamtschef Nitsche beklagen muß-

te – seine Aufsichtsbehörde in den vergangenen fünf Monaten nicht bekommen hat. Ihm sei vielmehr von den Beamten des Entwicklungsreferats per Unterschrift versichert worden, sie hätten alle Unterlagen herausgegeben.« (SZ v. 21./ 22.9.1974).

162 Münchner Stadtanzeiger v. 17.1.1975.

163 Ebd.

164 tz v. 17.1.1975.

165 SZ und MM v. 18.10.1974.

166 tz v. 17.1.1975.

167 Ebd.

168 Ebd.

169 MM v. 27.1.1975.

170 MM v. 27.1.1975.

171 Ebd.

172 tz v. 5./6.4.1975; MM v. 5./6.4.1975.

173 Ebd.

174 Ebd.

175 Ebd.; MM v. 12./13.4.1975.

176 MM v. 9.4.1975; AZ v. 7./8.5.1975; tz v. 7./8.5.1975.

177 Wie bekannt wurde, hatte der Münchner SPD-Unterbezirksvorstand Kronawitter sogar ausdrücklich brieflich gewarnt, das Zeitungsprojekt zu verwirklichen. Dabei wurde als Hauptargument von seinen Genossen angegeben, daß seine geplante Maßnahme allen bisherigen medienpolitischen Beschlüssen der SPD widerspreche. (MM v. 12./13.4.1975). Vgl. MM v. 5./6.4.1975.

178 Die Zeit v. 16.5.1975.

179 SZ v. 16.4.1975; AZ v. 10./11.5.1975.

180 AZ v. 10./11.5.1975 u. 19.11.1975. Alle noch so heftigen und lautstarken Angriffe auf Kronawitters Öffentlichkeitsarbeit mit städ-

tischen Geldern wurden schließlich von der SPD-Stadtratsmehrheit mit 38 : 35 Stimmen abgewehrt. Während die CSU betonte, daß zunächst auf der angemieteten Seite nur »kalter Kaffee« gebracht worden sei und Kronawitter sie dann zur Auseinandersetzung mit politisch Andersdenkenden mißbraucht habe, bezeichnete die F.D.P.-Stadträtin Cornelia Schmalz-Jacobsen die Kronawitter-Seite als »journalistischen Kümmerling«.

181 Die Zeit v. 16.5.1975.

182 Ebd.– Auf Anfrage von Geiselberger teilte Kronawitter in der »Zamdorf-Affäre« mit, daß die Anhörung der Beteiligten durch das Direktorium am 22. Mai 1975 abgeschlossen worden sei. Er bestätigte auch, daß »dazu von einigen Zeugen widersprüchliche Angaben vorliegen«. Die Akten seien jetzt beim Amtsgericht München, das gebeten worden sei, »zur Erhärtung der Glaubwürdigkeit einiger Zeugenaussagen eine eidliche Einvernahme durchzuführen«. Aus diesem Grund sei auch noch kein Ergebnis der bisherigen Untersuchungen bekanntgegeben worden (SZ v. 24.7.1975).

183 Ebd.

184 Ebd.

185 Ebd.

186 MM v. 20.6.1975; tz v. 20.6.1975.

187 Ebd.

188 Ebd.

189 Ebd.

190 Ebd.

191 Ebd.

192 Ebd.

193 MM v. 19.12.1975.

194 Münchner Post, Oktober 1975, S. 3.

195 Ebd.

196 Ebd.

197 Durch den Zwist und Hader der Rathausfraktion während des ganzen Jahres habe der »Ruf des Münchner Stadtparlaments arg gelitten und das Vertrauen auf die Unabwendbarkeit unpopulärer Entscheidung erschüttert«. Außerdem werde die Gefahr, daß auch in Zukunft mancher Streit der Parteien auf dem Rücken der Bürger ausgetragen wird, ausgerechnet im Jahr der bevorstehenden heißen Bundestagswahlkämpfe 1976 nicht geringer. (AZ v. 19.12.1975) Siehe auch MM v. 19.12.1975.

198 SZ v. 8.3.1976; MM v. 8.3.1976; Augsburger Allgemeine v. 8.3.1976; Frankfurter Allgemeine v. 8.3.1976; Frankfurter Rundschau v. 8.3.1976; Donau-Kurier v. 8.3.1976; Stuttgarter Zeitung v. 8.3.1976; Die Welt v. 8.3.1976; Bild München v. 8.3.1976.

199 Ebd.; siehe auch SZ v. 4.3.1976.

200 Stuttgarter Zeitung v. 8.3.1976.

201 MM v. 8.3.1976; AZ v. 9.3.1976; Die Welt v. 8.3.1976.

202 Bild München v. 24.3.1976.

203 AZ v. 23.3.1976 u. 24.3.1976; siehe auch SZ v. 23.3.1976 u. MM v. 23.3.1976.

204 Ebd.

205 Ebd.; MM v. 24.3.1976.

206 Ebd.

207 AZ v. 23.3.1976; SZ v. 23.3.1976.

208 MM v. 23.3.1976 und 24.3.1976; siehe auch AZ v. 20./21.3.1976 und tz v. 20./21.3.1976.

209 tz v. 20./21.3.1976; MM v. 24.3.1976.

210 SZ v. 6.5.1976. Nach einem großen Krach um die von Kronawitter geplante Abwahl der beiden linken Referenten Hahnzog und von Heckel entschieden im Mai 1976 die SPD und die F.D.P. allein nach ihren Vorstellungen über die zwölf Spitzen-

positionen der Stadtverwaltung: Personalreferat: Walter Layritz (SPD); Referat für Kreisverwaltung und öffentliche Ordnung: Dr. Klaus Hahnzog (SPD); Schul- und Kultusreferat und Staatl. Schulamt: Gerson Peck (SPD); Kulturreferat: Dr. Jürgen Kolbe (parteilos); Sozialreferat: Hans Sieber (SPD); Betriebs- und Krankenhausreferat: Dr. Herbert Genzel (parteilos); Baureferat: Uli Zech (SPD); Kommunalreferat: Werner Veigel (SPD); Werkreferat: Dr. Willhelm Zankl (SPD); Stadtkämmerei: Max von Heckel (SPD); U-Bahn-Referat: Dr. Werner Hochmuth (parteilos); Stadtentwicklungsreferat: Prof. Dr. Detlef Marx (SPD). Damit trug kein Referent mehr das Parteibuch der CSU. Zu den Ergebnissen siehe Münchner Stadtanzeiger v. 18.5.1976. Zum Thema der Referentenwahlen 1976 auch: MM v. 25.3.1976, 23.4.1976, 26.4.1976; SZ v. 13.2.1976, 25.3.1976, 23.4.1976, 26.4. 1976, 27.4.1976, 4.5.1976, 5.5.1976, 30.5.1976.

211 Bild München v. 23.3.1976; MM v. 27.3.1976.

212 SZ v. 7.9.1976; MM v. 7.9.1976 und v. 11./12.9.1976.

213 SZ v. 15.9.1976; MM v. 14.9.1976.

214 MM v. 15.9.1976.

215 MM, ebd.

216 MM v. 15.9.1976; SZ v. 16.9.1976.

217 Die beiden Journalisten des MM bezeichneten Kronawitters Darstellung als »Tatsachenverdrehung«, die sie zwinge, gegenüber Zehetmeier den wirklichen Sachverhalt darzulegen, was sie bisher aus Fairneß gegenüber Kronawitter unterlassen hätten: »Die beiden Berichterstatter wußten schon seit längerem von Gerüchten, wonach Heger ›beurlaubt‹ worden sein soll. Es wurde deshalb wiederholt bei OB Kronawitter angerufen, um die Bestätigung oder ein Dementi zu erhalten. Der OB wiegelte mehrmals ab. Am Abend vor der Exklusiv-Berichterstattung beim ›Münchner Merkur‹ aber rief er von sich aus an und berichtete, gegen Heger seien Ermittlungen wegen Bestechungsvorwürfen eingeleitet worden, von ihm, dem OB, initiiert.

Wenn der OB von ›hinterhältig‹ spricht, kann er nicht die Berichterstatter meinen. Der Verdacht Zehetmeiers, hier sei ein Skandal gezimmert worden, scheint sich dadurch zu bestätigen: Kronawitter war es mit Sicherheit nicht unangenehm, daß der Fall veröffentlicht wurde, ist doch bekannt, daß er und Heger – sagen wir es einmal vornehm – nicht gerade die besten Freunde sind.« (MM v. 15.9.1976).

218 AZ v. 16.9.1976.

219 SZ v. 25.11.1976.

220 Ebd.; tz v. 25.11.1976.

221 Ebd.– Gittel zeichnete sich nach Ansicht des Gesamtvorstandes durch zu wenig »typische SPD-Kennzeichen« aus. Müller-Heydenreich warf man dagegen seine »Nähe zur Münchner Schickeria» vor (Der Spiegel 1976, Nr. 49, S. 129).

222 AZ v. 25.11.1976.

223 Nach Art. 123 Abs. 1 des Gesetzes über kommunale Wahlbeamte kann der Dienstherr anordnen, daß der Anspruch auf die dem Ruhestandsbeamten zustehenden Geldleistungen oder ein bewilligter Unterhaltsbeitrag bis längstens zur Vollendung des zweiundsechzigsten Lebensjahres ruht, wenn sich der Beamte ohne wichtigen Grund nicht zur Wiederwahl für sein Amt stellt.

224 SZ v. 25.11.1976, MM v. 25.11.1976, AZ v. 25.11.1976 und tz v. 25.11.1976.

225 Als ehemaliger Landtagsabgeordneter verwendete Kronawitter irrtümlich längere Zeit das nur für Bundes- und Landtag zutreffende Wort »Legislaturperiode« auch für die kommunale Amtszeit.

226 Münchner Stadtanzeiger v. 26.11.1976 und v. 7.12.1976; AZ v. 3.12.1976.

227 SZ v. 17.12.1976; Münchner Stadtanzeiger v. 26.11.1976.

[228] SZ v. 25.11.1976; siehe auch Münchner Post Dezember 1976; Der Spiegel 1977, Nr. 12.

[229] MM v. 25.11.1976.

[230] Die Zeit v. 3.12.1976; Die Welt v. 13.12.1976.

[231] Der Spiegel Nr. 49, S. 129.

[232] MM v. 25.11.1976; SZ v. 19.1.1977.

[233] SZ v. 27./28.11.1976.

[234] Ebd.; Die Welt v. 17.12.1976.

[235] Kölner Rundschau, zitiert in SZ v. 27./28.11.1976.

Die FAZ meinte: »Im glücklichen Besitz des Rathauses und im blamablen Nichtmehrbesitz fast aller Münchner Bundestagswahlkreise hätten die Sozialdemokraten dort allen Grund gehabt, ihrem populär gewordenen Stadtoberhaupt den Weg zur Wiederwahl nach Kräften zu ebnen. Aber das genaue Gegenteil haben sie getan, indem sie zwei seiner politischen Freunde aus der Stadtratsliste ebenso gezielt herausgeschossen haben, wie sie ihn selbst im vergangenen Frühjahr als Vorstandsmitglied nicht akzeptierten. Im Ergebnis solcher linken Ränkünen kann es keinen Kandidaten Kronawitter mehr geben, sondern statt dessen einen linken von entsprechend geringer Anziehungskraft. Am Ende kann ein ›rotes Rathaus‹, das einer bornierten Parteilinken noch nicht rot genug war, leicht wieder ›schwarz‹ werden. Es sei denn, die CSU macht einen schrecklichen Fehler.« (FAZ, zitiert in SZ v. 27./28.11.1976)

[236] Nürnberger Nachrichten, zitiert in SZ v. 27./28.11.1976.

[237] AZ v. 25.11.1976.

[238] tz v. 25.11.1976.

[239] AZ v. 25.11.1976; tz v. 25.11.1976.

[240] AZ v. 3.12.1976; Münchner Stadtanzeiger v. 7.12.1976.

[241] Ebd.

[242] SZ v. 17.12.1976; MM v. 30.12.1976.

243 SZ v. 17.12.1976; Münchner Stadtanzeiger v. 17.12.1976; Die Welt v. 17.12.1976. Gespräch mit Helmut Gittel am 4.1.1996.

244 SZ v. 11.12.1976; tz v. 11.12.1976; Die Welt v. 13.12.1976.

245 AZ v. 17.12.1976 und tz v. 17.12.1976. Der SRB trat 1978 bei den Kommunalwahlen in München an und erhielt zwei Sitze. Gittel wurde von 1978 bis 1984 nochmals (dritter) Bürgermeister. Siehe auch Der Spiegel 1977, Nr. 18, S. 32.

246 SZ v. 27./28.11.1976.; MM v. 27./28.11.1976.

247 Ebd.

248 Ebd.

249 Der Stern, 1977, Nr. 32.

250 Preißinger: *»Mein Schritt ist veranlaßt durch die Erkenntnis, daß ich die Aufgabe als Fraktionsvorsitzender nur noch erfüllen könnte unter Anpassung an Entwicklungen in der Münchner SPD, die ich schädlich für die Partei halte.«*

Preißinger fuhr fort: *»Ich habe in meiner Funktion als Fraktionsvorsitzender mit all meinen Kräften, gemeinsam mit politisch Gleichgesinnten, immer wieder versucht, den Kurs der Münchner Partei so zu verändern, daß die Sozialdemokraten mehrheitsfähig bleiben, daß das durch kommunalpolitische Erfolge geschaffene Vertrauen beim Bürger und Wähler erhalten bleibt und ausgebaut wird. Vergeblich: Die Münchner SPD stolperte seit 1972 von Wahlniederlage zu Wahlniederlage, die Mehrheitsverhältnisse in der Partei veränderten sich immer mehr in Richtung einer ›konsequent sozialistischen Politik‹. Der Aufstellungs-Parteitag war für mich der letzte Beweis, daß auch im Hinblick auf die Kommunalwahl 1978 kein Kurswechsel eingetreten ist. Alle Mitglieder der derzeitigen Fraktion, die sich 1972 als linke Fraktionsgruppe organisiert und solidarisiert haben, standen innerhalb der ersten 35 Plätze auf der neuen Liste. Dagegen sind, mit verschwindenden Ausnahmen, alle Fraktionsmitglieder der derzeitigen Fraktion, die aktiv und überzeugt für den Volksparteikurs der SPD eingetreten sind und sich solidarisch zu der Politik des Genossen Dr. Vogel und des Oberbürger-*

meisters Georg Kronawitter verhalten haben, nicht mehr nominiert worden.

Damit wurde die oft in aller Öffentlichkeit angekündigte und lange geplante Ausmerzung aller Kräfte, die für die Politik der 60er und Anfang der 70er Jahre verantwortlich waren oder diese mitgestaltet haben, durchgesetzt und verwirklicht. Auch die mehr oder weniger eindringlichen Hinweise von Landes- und Bundesvorstand der Partei auf die Notwendigkeit einer Ausgewogenheit der Liste hatten keine Wirkung. Diese politische Liquidierung von aufrechten Sozialdemokraten kann nicht mit den Vorwürfen der Verfilzung, Spendenskandalen, Ämterhäufung und ähnlichem, wie eventuell in anderen Städten, begründet werden. Sie ist einzig und allein durch die Zugehörigkeit zu einem nicht genehmen politischen Flügel in der SPD motiviert. In München hat es solche Verfallserscheinungen nie gegeben. Im Gegenteil! Die Münchner SPD wäre im Interesse ihrer Glaubwürdigkeit gut beraten, das Märchen von der politischen Ausgewogenheit der Stadtratsliste möglichst bald fallen zu lassen. Man sollte Flagge zeigen und konsequent sozialistische Positionen offensiv vertreten, um sich nicht dem Vorwurf des Opportunismus auszusetzen.«

251 Preißinger erklärte: *»Er könne und wolle keine Mitverantwortung für eine Politik übernehmen, die*

- *die Aufweichung des Trennstriches zu den Kommunisten und zur kommunistischen Ideologie duldet und die Abgrenzung nicht mehr eindeutig und unmißverständlich vornimmt, sogar punktuelles und regionales Zusammenwirken mit Kommunisten für möglich und opportun hält,*
- *radikalen Demokratie-Gegnern den Weg in öffentliche Funktionen freihält,*
- *ein Wirtschaftssystem anstrebt, das den arbeitenden Menschen der Omnipotenz des Staates ausliefert, womit besonders die klassische Kerntruppe der Sozialdemokratie, die Industriearbeiterschaft, getroffen würde,*

- *eine sogenannte Klassen-Solidarität vor die Gemeinschaft der Demokraten stellt,*
- *den Volkspartei-Charakter der SPD aufbrechen will,*
- *die Mängel demokratischer Verfassungsschutzorgane zum Anlaß nimmt, die Berechtigung und Bedeutung dieser Organe überhaupt in Frage zu stellen.*«

252 SZ v. 20.5.1977.

253 Der Stern, 1977, Nr. 32.

254 Jürgen Maruhn gehörte in der Zeit der innerparteilichen Auseinandersetzungen in der Münchner SPD neben Ludwig Koch, Hans Preißinger, Adolf Johann, Rolf-Helmut Pfeiffer und Hedwig Westphal zu den engsten Vertrauten von Hans-Jochen Vogel. Er zählt zu den Repräsentanten des rechten Flügels der Münchner SPD (Sprecher der konservativen »Seeheimer«, eines Freundeskreises Münchner Reform-Sozialdemokraten, die mehrfach an die Münchner Parteiorganisation schwere Vorwürfe richteten. Siehe auch SZ v. 13.6.1992, 30.6.1992, 11.12.1992 und 8.1.1996.).

255 Ebd.: »Kein Wunder, denn der Vorsitzende der Schiedskommission war der Vogel-Freund Franz Marx, ehemaliger Vorsitzender des SPD-Bezirks Südbayern. Verteidigt wurden die beiden vor dem Parteigericht von den Vogel-Freunden Polizeipräsident Dr. Manfred Schreiber (SPD) und Johannes Bauer (SPD), dem Oberbürgermeister von Memmingen. Die Verteidigung des ehemaligen SPD-Fraktionsvorsitzenden Hans Preißinger übernahm Dr. Hans-Jochen Vogel persönlich.«

Für den Fall, daß Preißinger aus der SPD ausgeschlossen werden sollte, kündigten der städtische Kommunalreferent Werner Veigel und Stadtrat Rolf-Helmut Pfeiffer ebenfalls ihren Austritt aus der Partei an. Der »Stern« berichtete dazu, daß die Freunde von Bundesjustizminister Dr. Hans-Jochen Vogel in der Münchner SPD wieder an die Macht kommen wollten und dafür sogar das etwaige Auseinanderbrechen ihrer Partei in

Kauf nähmen: »Alle diese Parteiaustritte sollten die Münchner SPD auf Null bringen. Die Schuld an einem Wahldebakel soll dann den Linken angelastet werden – die Vogel-Crew könnte als Wiederbeleber auftauchen.«

256 Die Welt v. 3.12.1976, SZ v. 17.12.1976.

257 SZ v. 17.12.1976.

258 Ebd.

259 MM v. 19.1.1977.

260 SZ v. 19.1.1977.

261 MM v. 19.1.1977; siehe auch SZ v. 6.7.1977.

262 SZ v. 4.4.1977.

263 Ebd.

264 SZ 20.5.1977; MM v. 25.7.1997; Münchner Stadtanzeiger v. 26.7. 1977.

265 Die Theorie des Stamokap (staatsmonopolistischen Kapitalismus) besagt im wesentlichen, daß die Großkonzerne des Kapitalismus aufgrund ihrer Machtposition den bürgerlich-parlamentarischen Staat dazu mißbrauchen, den Interessen des Monopolkapitals zu dienen. Dadurch werden nicht nur der Parlamentarismus ausgehöhlt, sondern auch die Rechte und Freiheiten des Volkes bedroht. Die Stamokap-Anhänger traten deshalb dafür ein, daß eine »antimonopolistische, demokratische« Bewegung unter Führung der Arbeiterklasse im Kampf gegen die Monopole eine »antimonopolistische Demokratie« errichte. Entscheidend für den Erfolg dieses Kampfes sei die »Macht des sozialistischen Lagers« unter Führung der Sowjetunion.

266 MM v. 23./24.7.1977.

267 Ebd.

268 SZ v. 26.7.1977.

269 Ebd.

270 SZ v. 27.7.1977; MM v. 1.8.1977.

271 SZ, ebd.

272 Ebd.

273 Anlaß des Ende Juli 1977 bekanntgewordenen Schreibens von Kronawitter war der Beitritt des Münchner SPD-Unterbezirks zu dem damals noch schwebenden Parteiordnungsverfahren des SPD-Bezirks Südbayern gegen den rechten SPD-Stadtrat Hans Preißinger, der mittlerweile alle seine Parteifunktionen verloren hatte.

Dieser Verfahrens-Beitritt war erst erfolgt, nachdem Preißingers politische Gesinnungsfreunde Rolf-Helmut Pfeiffer und Jürgen Maruhn in einem ähnlichen Verfahren überraschenderweise nur mit einer milden Rüge davongekommen waren.

Kronawitter vertrat die Ansicht, daß der Verfahrensbeitritt des SPD-Unterbezirks gegen Preißinger in der Öffentlichkeit vor allem ihren OB-Kandidaten Max von Heckel »ins Zwielicht bringe«. Auf jeden Fall trage er dazu bei, die Wahlchancen der SPD in München weiter zu vermindern. Falls von Heckel den Beitritt aber etwa nicht unterstütze, sondern sich dagegen verwahrt habe, werde offensichtlich, daß nicht er, sondern die »politischen Scharfmacher« die Richtung bestimmten. Kronawitter forderte deshalb eine »offensive Kampfansage gegen die radikalsozialistischen Kräfte mit dem Ziel, sie aus ihren Funktionen herauszuwählen.«

274 MM v. 1.8.1977. Hubertus Schröer wurde später Leiter des Stadtjugendamtes und ist heute Stadtdirektor im Sozialreferat der Landeshauptstadt München.– Gespräch mit Dr. Gudrun Jakubeit am 8.2.1998.

275 MM, v. 1.8.1977.

276 Ebd.

277 MM v. 2.8.1977.

278 Ebd.

279 MM v. 3.8.1977.

280 Ebd.

281 SZ v. 8.8.1977.

282 MM v. 8.9.1977.

283 Ebd.

284 Ebd.

285 Ebd.

286 Ebd.

287 MM v. 14.9.1977; auch Rothemund hielt im übrigen die kommunistische »Stamokap-Theorie« für unvereinbar mit dem Godesberger Programm der SPD. Während aber Kronawitter gegen den gesamten Stamokap-Flügel den »administrativen Ausschluß« aus der SPD empfahl, hielt Rothemund »nichts davon, theoretische Ansätze insgesamt als unvereinbar mit der SPD-Mitgliedschaft zu erklären«. Sonst wäre die Partei gezwungen, »nach solchen Vertretern zu suchen und hochpeinliche Befragungen durchzuführen«. Rothemund erklärte, »ein Stamokap-Anhänger muß selbst wissen, daß er in diese Partei nicht hineingehört. Bei Parteiordnungsverfahren ist außerdem immer der Einzelfall zu prüfen.«

288 MM v. 17.12.1977.

289 Ebd.; SZ v. 17.12.1977; MM v. 30.12.1977.

290 SZ v. 17.12.1976; AZ v. 17.12.1977.

291 Ebd.

292 AZ v. 17.12.1977; tz v. 17.12.1977.

293 tz v. 17.12.1977.

294 MM v. 11.1.1978.

295 Ebd.

296 Ebd.

297 Ebd.

298 Ebd.

299 Ebd.

300 SZ v. 21./22.1.1978.

301 Zuletzt in der vom 20. Januar 1978.

302 Ebd.

303 Ebd.

304 Ebd.

305 MM v. 14.2.1978.

306 MM v. 15.2.1978.

307 Ebd.

308 Ebd.

309 MM v. 30.12.1977.

310 Als Schwerpunkt griff Kronawitter auch die Sicherung der Daseinsvorsorge heraus: »Wir haben jetzt endgültig grünes Licht für den Bau der Wasserleitung von Oberau nach München. Wenn alles gut läuft, kann diese Leitung schon 1981 in Betrieb gehen. In diesen letzten Wochen konnten wir auch die Voraussetzungen dafür schaffen, daß nach menschlichem Ermessen die Stromversorgung in dieser Stadt sichergestellt bleibt: Mit der Beschlußfassung über die Beteiligung an dem Bau des Kernkraftswerkes Ohu II. Auch die Krankenversorgung ist durch die Grundsteinlegung beim Krankenhaus Bogenhausen für die nächsten Jahrzehnte praktisch sichergestellt.«

311 Auf die Zusatzfrage, ob er auch städtebaulich hinter der Entscheidung für das Europäische Patentamt stehe, antwortete Kronawitter: »Ich habe schon damals gesagt, daß die städtebauliche Situation für mich unbefriedigend war. Das ist sie heute noch. Ich mußte mich aber leider überzeugen, daß die Entscheidung nur noch darum ging: Entweder der Standort bleibt, oder das Europäische Patentamt geht verloren. Ich bin auch heute noch der Meinung, daß die Schaffung von zusätzli-

chen Arbeitsplätzen noch wichtiger war als die Freihaltung dieses Standortes für andere Möglichkeiten.«

312 MM v. 30.12.1977.

313 SZ v. 31.12.1977; Münchner Stadtanzeiger v. 21.2.1978.

314 Unmittelbar nach der Einarbeitungsphase kamen die Rezessionsjahre 1974/75. Wo nichts ist, kann man zwar etwas verlangen, kriegt aber nichts. Diese Investitions-Nulljahre hatten kommunalpolitisch durchaus auch ihr Gutes. Die Rezessionsjahre erzwangen, was in vielen Aufgabenbereichen der Stadtverwaltung dringend nötig war: einen fast totalen Stop für Wucherungen, Fehlentwicklungen, schädliche Spekulationen und vielerlei zweifelhafte Investitionen. Trotzdem ging der U-Bahn-Bau mit unvermindertem Tempo weiter, für die Bürgerschaft der größte Pluspunkt in der Amtszeit Kronawitters. Die danach in Angriff zu nehmenden Sanierungsmodelle in Haidhausen und im Westend kosteten bislang nur den Planungsaufwand, sie sind allerdings Modelle einer neuen Stadtgestalt. Für die Internationale Gartenbauaustellung 1983 – sicherlich das farbigste und stadtfreundlichste Projekt dieser Amtszeit – galt es, den Zuschlag für München zu erzielen. Der mit der Blumen-Olympiade verbundene Westpark entstand in den nächsten Jahren, die Arbeiten waren im Gange. Kronawitter stellte persönlich und entscheidend die Weichen. Die IGA und der Westpark werden mit seinem Namen verbunden bleiben. Nicht ungern ließ er sich deshalb statt »roter« auch »grüner «Schorsch nennen. (Münchner Stadtanzeiger v. 21.2.1978.) Der politische Schulterschluß mit den Grünen im Rathaus erfolgte allerdings erst in der zweiten und vor allem der dritten Amtszeit (1990 bis 1993). (Münchner Stadtanzeiger v. 21.2.1978.)

315 tz v. 17.12.1977.

316 MM v. 30.12.1977; Münchner Mosaik 1978 Heft 1/2. Die Welt v. 28.4.1978.

317 Ebd.

318 SZ v. 31.12.1978.

319 Amtsblatt der Landeshauptstadt München v. 31.3.1978, S. 79.

320 MM v. 3/.4.5.1978.

321 Ebd.

322 SZ, MM, AZ und tz v. 13.4.1978; tz v. 19.4.1978; AZ v. 20.4.1978; MM v. 21.4.1978.

323 SZ v. 13.10.1978.

324 MM v. 3/.4.5.1978.

325 tz v. 19.4.1978; AZ v. 20.4.1978; MM v. 21.4.1978; SZ v. 29.4./1.5. 1978.

326 Die Rathausumschau teilte dazu mit, daß Kronawitter sich auf dem Marienplatz als »Rosenkavalier« erweisen würde und Moosröschen zu den Klängen der Trambahn-Kapelle und einer Akkordeongruppe verteilen wolle. (AZ v. 30.4./1.5.1978).

327 MM v. 2.5.1978. Siehe auch MM v. 19.5.1978.

328 Die Pension betrug 75 % seines Oberbürgermeistergehaltes. Der Oberbürgermeister der Landeshauptstadt München ist gesetzlich in der Besoldungsstufe B 11. Kronawitter erhielt demnach 1978 ca. 8000 Mark Pension im Monat.

329 AZ v. 28.9.1978; MM v. 30.1.1979.

330 MM v. 28.9.1978.

331 Ebd.

332 Ebd.

333 SZ v. 29.9.1978.

334 AZ v. 28.9.1978; SZ v. 8./9.7.1978.

335 MM v. 7.2.1979.

336 Siehe die Tabelle auf S. 378.

337 Jürgen Maruhn; siehe auch Anm. 254 und 273.

338 Münchner Stadtanzeiger v. 2.2.1978.

339 Ebd.

340 Ebd.

341 Ebd.

342 Ebd.

343 MM v. 7.2.1979.

344 Ebd.

345 Ebd.– Daß Kronawitter 1978 bei der Landtagswahl nicht angetreten war, begründete er mit dem Bestreben, sich von jedem Verdacht, ein Postenjäger zu sein, reinzuhalten: »Wenn man mich schon nicht als OB auf Grund meiner politischen Einstellung haben wollte, dann wollte auch ich nicht sofort in den Landtag kommen, nur um wieder einen Posten zu haben.« (MM v. 7.7.1979)

346 Dachauer Neueste (SZ-Lokalteil) v. 2.3.1979; Dachauer Nachrichten (MM-Lokalteil) v. 2.3.1979; »Gmoadeana«, Informationen des SPD-Ortsvereins Röhrmoos, 7. Jahrgang, Nr. 18, März 1979.

347 Die gleiche Formulierung hatte er früher bereits für SPD-Linke verwandt.

348 Das offizielle Wahlkampfprogramm der SPD 1979 enthielt vor allem die Themen: Renten, Geldwert, Ostverträge, Arbeitslosigkeit und Schulen.

349 Erschienen im Fritz Molden Verlag München 1979.– Die ersten Anfänge dieser aufschlußreichen parteiinternen Aufzeichnungen hat Kronawitter bereits während seiner Amtszeit 1972 bis 1978 angelegt. Ein Jahr hatte er nach eigenen Angaben an der Veröffentlichung gearbeitet. Dabei war ihm seine Ehefrau behilflich: »Sie hilft mir nicht nur im Ortsverein, auch bei der inhaltlichen Vorbereitung des Buches hat sie mitgearbeitet.«

350 SZ v. 19.9.1979 und v. 24.10.1979.

351 Zu dieser dogmatischen Linken der Münchner SPD zählte damals auch Christian Ude.

352 Kronawitter, Mit allen Kniffen und Listen, S. 32 ff.: »Wo die Eindringlinge auf entschlossene Gemäßigte stießen, die hartnäckig Widerstand gegen das Kippen des Ortsvereins leisteten, wurde von beiden Seiten ›voller Einsatz‹ gebracht: In Telephonaktionen wurden die Mitglieder ›aufgeklärt‹, polizeiliche Ummeldungen veranlaßt, Neueintritte forciert, alte Mitglieder mit Autos abgeholt, Kranke in die Versammlung geschleppt, Urlauber zurückgebeten. Die Besucherzahlen der Hauptversammlung verdreifachten, ja verfünffachten sich, das traditionelle Versammlungslokal des Ortsvereins mußte mit einem großen Saal vertauscht, Mikrofone und Lautsprecher montiert werden.

Trotz anfänglicher zahlenmäßiger Unterlegenheit setzte sich die Linke dennoch häufig durch. In solchen Fällen bewährten sich intellektuelle Raffinesse, Ausnützung der Geschäftsordnung, aufgebrachtes Geschrei (wobei um das Mikrophon auch handgreiflich gerungen wurde), gezielte Herbeiführung eines totalen Durcheinanders, bis dann zu vorgerückter Stunde die ›herbeigeschafften‹ traditionellen Sozialdemokraten – trotz guten Willens und der Bereitschaft zu helfen – einer nach dem anderen den Schauplatz der Auseinandersetzung angewidert verließen.

Die Abstimmungen bei solchen Hauptversammlungen zogen sich häufig weit über Mitternacht hinaus; oft wurden dann auch noch die Ergebnisse angezweifelt; Wahlgänge mußten wiederholt werden. Wo es aus zeitlichen Gründen zu keinen Ergebnissen kam, wurde erneut eine Hauptversammlung einberufen, bei der die Gemäßigten fast nie mehr ihre ›Leute‹ dazu bringen konnten, geschlossen wieder zu kommen, so daß dann das Kippen des Ortsvereins nicht mehr verhindert werden konnte.

Nicht selten kam es auch vor, daß am Wahltag plötzlich zehn oder mehr Gäste – meist Studenten – anwesend waren, den Aufnahmeschein für die SPD ausfüllten, abgaben und natürlich gleich mitstimmen wollten, worüber dann oft lange gestritten wurde. Niemand konnte wirklich nachkontrollieren, ob die einzelnen an der angegebenen Adresse auch wirklich wohnten, ob sie nicht am nächsten Tag in einem anderen Ortsverein die gleiche Zeremonie wiederholten.

War die Entscheidung – fast immer zugunsten der Eroberer – gefallen, brach der Widerstand der Gemäßigten meist total zusammen.«

353 Kronawitter, Mit allen Kniffen und Listen, S. 11: »1977, ein Jahr vor der Kommunalwahl, hatte die dogmatische Linke im unausgesprochenen Bündnis mit der neuen Machtelite und anderen innerparteilich alles erreicht, was sie sich vor Jahren erträumte ... Max von Heckel sprach davon, daß die Partei nun konsolidiert sei, daß es in der Münchner SPD nur noch ein paar Außenseiter und Querulanten gäbe.« Der Pressesprecher der Münchner SPD, Christian Ude, fragte gar: »Ist es nur noch einer?« und meinte damit Kronawitter.

354 Kronawitter, Mit allen Kniffen und Listen, S. 11.

355 »Es scheint, als ob die dogmatische Linke nur die ›Liquidierung‹ der verhaßten rechten sozialdemokratischen Führer zu ihrem Ziel gehabt hätte; als ob sie ohne das emotionell aufgeputschte Feindbild der rechten Sozialdemokraten keinen Sinn für ihren politischen Kampf mehr sehen konnte; als ob sie nur Kraft und Begeisterung für die Zerstörer der Sozialdemokratie, nicht aber für den Kampf gegen die Konservativen hätte. Und es scheint, als ob sie der Elan der neuen Machtelite in der Eroberung von innerparteilichen Funktionen erschöpft habe, als ob es ihr hauptsächlich auf den innerparteilichen Stellenwert angekommen sei und weniger auf die Fähigkeit, sich im parlamentarischen System behaupten, Politik gestalten und Wahlen gewinnen zu können.« (Kronawitter, Mit allen Kniffen und Listen, S. 12 ff.).

356 Ebd., S. 13.

357 Kronawitter 1979, ebd.

358 Spiegel 1987 Nr. 16.

359 In den Tageszeitungen wurde über das Buch mit unterschiedlichen Schlagzeilen berichtet. Während die SZ ausführte, daß Kronawitter den Linksruck der Münchner SPD beschreibt und aus den speziell Münchner SPD-Verhältnissen ein Kapitel zitierte, in dem der ehemalige Münchner Oberbürgermeister »Einblicke in die Technik des Kippens von Ortsvereinen« gibt und das Ergebnis des Richtungskampfes innerhalb der Münchner SPD darlegt, lautete die Schlagzeile des Münchner Merkurs: »Psychoterror und Heuchelei die Waffen der linken SPD. Alt-Oberbürgermeister Kronawitter: Wie sich Marxisten in der Partei durchsetzen«. Die Artikelüberschrift der tz am 2. November 1979 war: »Kronawitter beißt wieder. In seinem Buch rechnet Münchens Alt-OB mit seinen Genossen ab.«

360 AZ v. 2.11.1979; SZ v. 2.11.1979; Münchner Stadtanzeiger v. 6.11.1979 und v. 7.12.1979; Die Zeit v. 7.12.1979.

361 AZ v. 2.11.1979. Münchner Stadtanzeiger v. 6.11.1979.

362 SZ v. 30.11.1979; MM v. 30.11.1979.

363 MM v. 11.6.1979.

364 Münchner Stadtanzeiger v. 14.8.1979.

365 Die Zeit v. 5.3.1982.

366 AZ v. 16./17.2.1980; SZ v. 29.2.1980; Münchner Stadtanzeiger v. 29.2.1980.

367 AZ v. 29.2.1980; MM v. 29.2.1980.

368 AZ v. 29.2.1980.

369 AZ v. 1./2.3.1980; Münchner Stadtanzeiger v. 6.3.1980.

370 AZ v. 16./17.2.1980.

371 Ebd.

372 MM v. 29.2.1980.

373 tz v. 3.3.1980; Münchner Stadtanzeiger v. 4.3.1980.

374 tz, ebd.

375 Ebd.; siehe auch Münchner Stadtanzeiger v. 4.12.1979.

376 Münchner Stadtanzeiger v. 6.3.1980.

377 Kronawitter und seinen »Gemäßigten« gelang es auf dem Parteitag des Münchner Unterbezirk allerdings nicht, sich in einigen Grundsatzfragen durchzusetzen.

378 MM v. 29./30.3.1980 und 25.11.1980; SZ v. 22./23.11.1980; tz v. 10.12.1980.

379 MM v. 22./23.11.1980; AZ v. 28.11.1980.

380 AZ v. 3.12.1980.

381 AZ v. 22./23.11.1980; SZ v. 3.12.1980.

382 MM v. 31.1./1.2.1981. Nach dem neuesten Stand betrugen die Gesamtkosten 326,5 (Indexangleichung) bzw. 354 Millionen Mark (Preisentwicklung).

383 AZ v. 31.10.1978 und 7.11.1978; MM v. 31.1./1.2.1981.

384 Ebd.

385 Ebd.

386 tz v. 12.12.1980.

387 Siehe den Beschluß des gemeinsamen Finanz-, Wirtschafts- und Kulturausschusses vom 23.5.1985. Quick Nr. 38 v. 11.9. 1980; MM v. 20.11.1980, 28.11.1980, 11.12.1980; AZ v. 22./23.11. 1980, 3.12.1980, 12.12.1980, 18.12.1980; tz v. 12.12.1980.

388 AZ v. 7./8.2.1981; SZ v. 26.2.1981.

389 Ebd.

390 Kronawitters Konkurrenten waren der Ortsvorsitzende Max Ochsenkühn und der Gewerkschaftler Max Weber.

391 SZ v. 6.2.1981.

392 SZ v. 21./22.2.1981; MM v. 21./22.2.1981.

393 MM v. 21./22.2.1981.

394 Diskussion im Bayerischen Fernsehen, siehe Münchner Stadtanzeiger v. 27.3.1981.

395 Münchner Stadtanzeiger v. 27.3.1981.

396 SZ v. 30.3.1981.

397 Ebd.

398 Ebd.

399 Ebd.

400 Ebd.

401 SZ v. 27./28.5.1981. Bereits am 8.4.1981 hatte SPD-Bundesgeschäftsführer Dr. Peter Glotz alle Unterbezirke darauf hingewiesen, daß die Hauptträger des »Krefelder Appells« u. a. die DKP und ihre Jugendorganisation, die SDAJ, seien. Er hatte gebeten, die Partei von den tatsächlichen Hintergründen des »Krefelder Appells« zu informieren und von einer Beteiligung Abstand zu nehmen. Am 8.5.1981 hatte Willy Brandt persönlich die Funktionäre der südbayerischen SPD gebeten, an diesen Aktionen nicht teilzunehmen. Am 17. Mai hatte Bundeskanzler Helmut Schmidt in Wolfratshausen eindringlich vor diesen einseitig gegen den Westen gerichteten Kampagnen gewarnt. Der DGB-Kreis München sprach sich gegen eine Beteiligung aus. Ferner war von der SPD-Arbeitsgemeinschaft für Arbeitnehmerfragen (AfA) die Beteiligung der SPD-Gliederungen mißbilligt worden.

402 SZ v. 27./28.5.1981.

403 SZ v. 4.8.1981.

404 Münchner Stadtanzeiger v. 13.10.1981.

405 MM v. 6.11.1981.

406 Der Spiegel 1982, Nr. 21, S. 32.

407 Ebd.

408 Ebd.

409 MM v. 23.11.1981.

410 Ebd.

411 Ebd.

412 In einer ersten Begründung ging das Gericht auf den Kern des Streits, die umstrittene Aufnahmepraxis der Neumitglieder beim Ortsverein, ein und führte aus, es sei Kronawitter nicht gelungen, nachzuweisen, daß diese Vorgänge gezielt auf den Ausgang der späteren Wahlen eingefädelt worden seien.

Kronawitter dazu ärgerlich: »Welchen anderen Grund hätte es denn sonst geben können, meine Freunde nicht aufzunehmen?« Aber er bekannte zugleich: Natürlich haben wir verloren. Ich respektiere diese Entscheidung.« (MM v. 23.11. 1981)

413 MM v. 11.12.1981.

414 Nur wenig Hoffnung setzte Kronawitter zu diesem Zeitpunkt in das Bemühen des SPD-Ortsvereins Moosach, einen Streit um die Auslegung der Parteisatzung bis zum Bundesschiedsgericht durchzufechten: »Ob sich diese Entscheidung noch nachträglich auf unser Anliegen auswirken kann, ist fraglich.« (MM v. 12./13. 12.1981).

415 Der Spiegel 1982, Nr. 21, S. 32.

416 MM v. 12./13.12.1981.

417 Ebd.

418 MM v. 23.11.1981.

419 SZ v. 15.12.1981.

420 Münchner Stadtanzeiger v. 15.1.1982.

421 Ebd.

422 AZ v. 27.1.1982.

423 Ebd.; siehe auch Anm. 43.

424 AZ v. 27.1.1982.

425 Ebd.

426 Münchner Stadtanzeiger v. 5.2.1982.

427 AZ v. 12.2.1982; MM v. 15.2.1982.

428 AZ v. 26.2.1982; SZ v. 26.2.1982; MM v. 25.2.1982.

429 AZ v. 27./28.2.1982; Gespräch mit Alfred Grandy am 4.3.1996.

430 Ebd.; siehe auch Anm. 349.

431 AZ v. 26.2.1982.

432 AZ v. 27./28.2.1982. Gespräch mit Horst Salzmann am 19.12. 1995.

433 SZ v. 11.3.1982. Bei der Wahl der Stellvertreter entschied sich die Parteiversammlung erwartungsgemäß für die SPD-Landtagsabgeordnete Ria Burkei, für Stadtrat Hermann Memmel und für Norbert Kreitl.

434 SZ v. 15.3.1982; Die Welt v. 15.3.1982.

435 Ebd.; Gespräch mit Horst Salzmann am 19.12.1995.

436 Ebd.

437 MM v. 17.3.1982. Der SPD-Landesvorsitzende Rothemund und der designierte Unterbezirksvorsitzende Hans-Günther Naumann waren angeblich von »Schorschs bunter Mischung« sehr angetan. »Trotzdem rechnet man mit heftigem Widerstand in der Parteibasis. Auch in Kreisen der Fraktion wurde der Schachzug mit Verwunderung aufgenommen.« (SZ v. 15.3.1982). Gespräch mit Horst Salzmann am 19.12.1995.

438 Christian Ude bekräftigte damals auch gegenüber dem Münchner Merkur, daß er sich ganz auf den »Auf- und Ausbau seiner Anwaltskanzlei in Schwabing« konzentrieren wolle. (MM v. 17.3.1982).

439 MM v. 17.3.1982; Gespräch mit Horst Salzmann am 19.12.1995.

440 Ebd.

441 Ebd.; Gespräch mit Alfred Grandy am 4.3.1996.

442 SZ v. 18.3.1982.

443 MM v. 16.4.1982.

444 Ebd.

445 Ebd.

446 Ebd.; Gespräch mit Horst Salzmann am 19.12.1995.

447 MM v. 29.4.1982, 30.4./1. und 2.5.1982; Gespräch mit Alfred Grandy am 4.3.1996.

448 SZ v. 30.4.1982.

449 AZ v. 30.4./1. und 2.5.1982.

450 MM v. 12.5.1982; AZ v. 12.5.1982.

451 Ebd.– Gespräch mit Horst Salzmann am 19.12.1995.

452 Ebd.

453 Ebd.

454 Gemeint war Max Weber (SZ v. 13.5.1982).

455 SZ v. 13.5.1982.

456 AZ v. 19.5.1982; tz v. 19.5.1982.

457 AZ v. 19.5.1982.

458 AZ v. 29.5.1982 und 1.6.1982; tz v. 1.6.1982; Gespräch mit Alfred Grandy am 4.3.1996.

459 AZ, ebd.

460 SZ v. 2.6.1982.

461 Münchner Stadtanzeiger v. 8.6.1982.

462 Ebd.

463 SZ v. 2.6.1982; Münchner Stadtanzeiger v. 22.6.1982.

464 FAZ v. 2.7.1982.

465 Ebd.

466 Ebd.

467 SZ v. 13.7.1982; MM v. 13.7.1982; AZ v. 13.7.1982.

468 Münchner Stadtanzeiger v. 16.7.1982.

469 MM v. 13.8.1982; SZ v. 13.7.1982.

470 tz v. 29.9.1982. Bei einer Umfrage »Wenn morgen in München Oberbürgermeisterwahl wäre, wen würden Sie wählen?« stimmten von fast 1000 Befragten 31,4 % für Kronawitter, 26 % für Kiesl und 2,8 % für Manfred Brunner. 40 % der Befragten wollten sich allerdings noch nicht festlegen. Bei der Auswertung fiel auf, daß Kronawitter von Wählern aller Parteien Stimmen bekam, insbesondere auch von F.D.P.-Sympathisanten und solchen Bürgern, die sonst gar nicht wählen würden (AZ v. 21.9. 1982).

471 tz v. 29.9.1982. Den innerparteilichen Erfolg von sieben Münchner SPD-Kandidaten führte Kronawitter auf den neuen Integrationskurs des SPD-Vorsitzenden Hans-Günther Naumann zurück. Das Ergebnis zeige ferner, daß München keine CSU-Stadt ist oder sein muß. In der Landeshauptstadt sei vielmehr »ein großes sozialdemokratisches Wählerpotential vorhanden, das unter Umständen reaktiviert werden kann« (SZ v. 12.10.1982).

472 tz v. 29.9.1982.

473 SZ v. 30./31. 10.1982.

474 Ebd.; MM v. 2.11.1982.

475 SZ v. 3.12.1982; Münchner Stadtanzeiger v. 11.1.1983.

476 SZ v. 3.12.1982.

477 Ebd.

478 Ebd.; Gespräch mit Horst Salzmann am 19.12.1995.

479 SZ, ebd.

480 SZ v. 7.12.1982.

481 Ebd.

482 SZ v. 26.3.1983.

483 Ebd.

484 Ebd.

485 Ebd.

486 Ebd; siehe auch Anm. 150.

487 SZ v. 26.3.1983; tz v. 26.3.1983.

488 SZ v. 26.3.1983.

489 Ebd.

490 Ebd.

491 Ebd.; Münchner Stadtanzeiger v. 19.4.1983.

492 Ebd.

493 Ebd.

494 Ebd.

495 SZ v. 11.4.1983. »Er dürfte bei den Bürgern wohl der populärste und bei den Genossen der umstrittenste Mann sein, den die Partei derzeit aufzuweisen hat.« (SZ v. 11.4.1983).

»Die Entscheidung der Münchner SPD für Georg Kronawitter ist zwar deutlich, aber nicht überwältigend ausgefallen. Das Wahlergebnis beim Parteitag läßt alte und neue Vorbehalte gegen einen Mann durchscheinen, der nach Jahren der Verdammnis jetzt immerhin wieder von der Parteimehrheit akzeptiert wird. Geliebt wird er nicht« (MM v. 11.8.1983).

»Erst wenn kein Gedanke mehr daran verschwendet wird, daß urbane in acht Jahrhunderten gewachsene Lebensart einer angemessenen Repräsentanz bedarf und der Blick sich nur noch monomanisch auf die Kümmernisse einer örtlichen Parteiorganisation richtet, gewinnt die Nominierung Kronawitters Sinn. Dann mag es in der Tat bedeutsam sein, daß ein Kommunalpolitiker, der sechs Jahre vorher von den Genossen als ›nicht vermittelbar‹ hingestellt worden war, nun wieder den Wählern als Spitzenkandidat vermittelt werden soll. Dann mag sich die halbe städtische Bevölkerung mit Peter Glotz freuen, weil nun ein deutliches Zeichen dafür gegeben wurde, daß die Flügelkämpfe an Heftigkeit verloren haben. Dann mag auch die entscheidende Überlegung, daß Kronawitter als einstiger Oberbürgermeister immerhin eine namhaftere Gestalt sei als ein Bundestagsabgeordneter namens Manfred Schmidt oder ein gewisser Klaus Hahnzog als kleiner politischer Meisterstreich gelten.

Spräche denn wirklich die Märchentante, wenn der Wunsch geäußert würde, ein Mann von Bildung und persönlicher Kultur solle kandidieren, ein Mann, der Münchner, das heißt großstädtische Lebensart verkörpert und zu seinem Ruhm mehr vorbringen kann als den Umstand, daß sich an seiner Aufstellung der Wille einer Parteigliederung zur Integration erwiesen hat? Und sollte es wirklich unvorstellbar sein, daß eine große Organisation wie die SPD einen wirklich überzeugenden Bewerber politisch fördert?« (FAZ v. 14.4.1983); siehe auch Die Zeit v. 15.4. 1989.

496 SZ v. 8.4.1983

497 SZ v. 23./24.4.1983; MM v. 23./24.4.1983.

498 Ebd.

499 MM v. 28./29.5.1983.

500 MM v. 23./24.4.1983.

501 SZ v. 23./24.4.1983.

502 Kronawitter kam in diesem Schreiben zu dem Schluß, daß ihm damals ein »Verzicht auf eine erneute Kandidatur ehrlicher« erschienen wäre als das »bloße Übertünchen innerparteilicher Konflikte«. Diese Argumentation stand laut Matschl zu Kronawitters bisheriger Haltung im Widerspruch, wonach er in seiner eigenen Partei als den Wählern nicht mehr vermittelbar galt und deshalb nicht mehr aufgestellt wurde (AZ v. 5.5.1983). Siehe auch Anm. 338.

503 AZ v. 5.5.1983.

504 MM v. 8.6.1983.

505 Münchner Stadtanzeiger v. 1.7.1983 und 5.7.1983.

506 tz v. 29.6.1983; MM v. 29.6.1983.

507 SZ v. 31.8.1983.

508 SZ v. 9.9.1983; MM v. 9.9.1983; AZ v. 9.9.1983.

509 AZ v. 9.9.1983.

510 Kronawitter erinnerte daran, daß die OB-Anwärter sowohl 1971 als auch 1977 beim Perlacher Bürgerfest die Klingen gekreuzt hätten. Dieses Mal habe Kiesl zuerst mündlich zugesagt und ein paar Tage später schriftlich abgesagt (SZ v. 9.9.1983).

511 Als vormals »rechter« Sozialdemokrat schrieb im September 1983 Egon Reichl (seit 1968 im Stadtrat, aber 1978 nicht mehr auf der SPD-Liste berücksichtigt) einen offenen Brief an Kronawitter, in dem er seine Enttäuschung über dessen Verhalten darlegte und ihm dann vorhielt, die SPD werde ihm einen »Volksparteikurs« nicht durchgehen lassen: »Glauben Sie denn wirklich, daß die Münchner SPD so etwas noch zuläßt?« Die von Kronawitter geforderte Erhaltung preiswerten Wohnungsbestandes bezeichnete Reichl als »ein Herumkurieren an den Symptomen«. Dagegen würden für die forcierte Baupolitik, wie sie mit OB Kiesl in München Einzug gehalten hatte, bereits die ersten Erfolge sprechen. Reichl wies auch darauf hin, daß die SPD-Rathausfraktion für eine höhere Verschuldung eintrete, während Kronawitter genau das Gegenteil fordere. Mit Blick auf den Kommunalwahlkampf räumte Reichl ein. daß »Polemik, auch wenn sie noch so geschickt und feinsinnig formuliert wird, im Grunde niemandem hilft« (MM v. 27.9. 1983).

Kronawitter äußerte zu dem Brief, daß dieser seinem früheren Kollegen von der CSU »in die Feder diktiert worden sei«. Die angesprochenen Spannungen innerhalb der SPD gehörten einer »längst überwundenen Zeit« an. Weiter kommentierte er die Vorwürfe gelassen: »Wenn es Herrn Reichl persönlich nützt, daß er sich benützen läßt, soll es mir recht sein« (MM v. 27.9. 1983).

512 SZ v. 6.10.1983. Siehe auch Anm. 505 und 506.

513 SZ v. 7.10.1983.

514 Ebd.

515 Münchner Stadtanzeiger v. 14.10.1983.

516 Ebd.

517 SZ v. 14.10.1983.

518 tz v. 20.5.1983.

519 SZ v. 22./23.10.1983.

520 Ebd.

521 Ebd.; Münchner Stadtanzeiger v. 28.10.1983 und 4.11.1983.

522 Münchner Stadtanzeiger v. 28.10.1983 u. 4.11.1983.

523 Ebd.– Zusammenfassend stellte Kronawitter zur Stadtverschuldung in der Zeit zwischen 1978 und 1984 fest: »Was sich finanzpolitisch innerhalb einer einzigen Amtsperiode verändert hat, ist in der Tat kaum faßbar. Aber die von der Stadt selbst gelieferten Daten, Fakten und Zahlen belegen es: Kiesl und die CSU-Mehrheit werden als die größten Schuldenmacher in die Münchner Stadtgeschichte eingehen. OB Kiesl hat das Startzeichen für den Husarenritt in eine explodierende Verschuldung gegeben. Die finanziellen Folgen sind absehbar, die Stadt ist zukünftig finanziell in einer schwierigen Lage. Die dringend notwendige und von der SPD-Stadtratsfraktion schon 1982 geforderte Konsolidierung des Haushalts ist nicht erfolgt und auch nicht absehbar« (Münchner Stadtanzeiger v. 28.10.1983).

524 Der Korreferent der Stadtkämmerei, das ehrenamtliche Stadtratsmitglied Klaus Jungfer (SPD), hatte in seiner Rede zum Haushalt 1983 formuliert: »… die Verschuldung ist gegenwärtig sicher tragbar und sogar steigerungsfähig … Die strikte Begrenzung der Nettoneuverschuldung ist meiner Überzeugung konjunkturpolitisch unvernünftig.«

525 SZ v. 25.10.1983; MM v. 25.10.1983.

526 Ebd.

527 MM v. 26.10.1983.

528 SZ v. 26.10.1983; MM v. 26.10.1983.

529 Ebd.– Nach Uhls Auffassung hätte Kronawitters finanzpolitisches Konzept von Steuererhöhungen plus Einschränkung der Investitionen nur höhere Arbeitslosigkeit, weniger Wohnungsbau und weniger Umweltschutz zur Folge gehabt.

530 SZ v. 26.10.1983; MM v. 26.10.1983.

531 MM v. 20.11.1983. Kronawitter führte die wachsende Unzufriedenheit vieler Münchner Bürger über weite Wege und lange Wartezeiten an. Der U-Bahn-Bau allein reiche nicht aus. »Voraussetzung für die Erhaltung der Tram als harmonisches Bindeglied« war laut Kronawitter die »Erneuerung des Wagenparks« in den neunziger Jahren.

532 MM v. 20.11.1983; siehe auch SZ v. 2.3.1984.

533 SZ v. 30.12.1983.

534 Ebd.– Die Konzentration sei erforderlich, weil durch die hohe Arbeitslosigkeit und die Kürzung der sozialen Leistungen durch die neue Bonner Regierung Hunderttausende von Münchnern in bedenklichem Ausmaß durch das Sinken der Reallöhne und den Anstieg der Gebühren, Tarife und Mieten belastet würden. (SZ v. 30.12.1983).

535 MM v. 7.2.1984.

536 Ebd.– Erich Kiesl, der nur fünf Kilometer von der Stadtmitte entfernt 60 000 Quadratmeter städtischen Grund für 230 Mark pro Quadratmeter an einen Baulöwen verscherbelt habe, der müsse sich sagen lassen: »Geben Sie doch den Hunderttausenden von kleinen Einkommensbeziehern ein kleines Stückchen städtischen Grundes zum billigen Schörghuberpreis.« Kronawitter forderte deshalb, daß der neue Oberbürgermeister wieder »ein Anwalt der Mieter und der Stadt« sein müsse und meinte damit offensichtlich sich selbst. Ein Zuhörer aber staunte über den unermüdlichen OB-Kandidaten der SPD: »Er ist wieder da; unverwüstlich, wie ein Alpengipfel« (MM v. 7.2.1984).

537 Münchner Stadtanzeiger v. 10.2.1984.

538 Ebd.

539 Ebd.

540 SZ v. 19.3.1984; MM v. 19.3.1984; tz v. 19.3.1984.

541 tz v. 19.3.1984.

542 Ebd.

543 Ebd.

544 AZ v. 19.3.1984.

545 tz v. 28.3.1984 und 29.3.1984; Münchner Stadtanzeiger v. 3.4.1984.

546 AZ v. 2.4.1984; SZ v. 2.4.1984; MM v. 2.4.1984; FAZ v. 3.4.1984.

547 AZ v. 2.4.1984.

548 tz v. 2.4.1984; SZ v. 2.4.1984.

549 AZ v. 2.4.1984; Münchner Stadtanzeiger v. 3.4.1984.

550 Ebd.

551 MM v. 2.4.1984.

552 Ebd.

553 tz v. 2.4.1984.

554 Ebd.

555 Ebd.

556 AZ v. 2.4.1984.

557 Ebd.

558 Ebd.

559 Ebd.

560 AZ v. 28./29.4.1984.

561 Münchner Stadtanzeiger v. 3.4.1984.

562 Ebd.

563 Ebd.

564 Ebd.

565 Ebd.

566 Münchner Stadtanzeiger v. 6.4.1984. Die städtische Referentenbank war beim zweiten Amtsantritt von Kronawitter (1984) wie folgt besetzt: Karl Feigel (parteilos, Kommunalreferat), Dr. Hans-Joachim Frieling (parteilos, Personalreferat), Dr. Peter Gauweiler (CSU, Kreisverwaltungsreferat), Prof. Dr. Herbert Genzel (parteilos, Betriebs- und Krankenhausreferat), Dieter Grundmann (CSU, Stadtkämmerei), Dr. Werner Hochmuth (parteilos, U-Bahn-Referat), Dr. Jürgen Kolbe (parteilos, Kulturreferat), Robert Langguth (parteilos, Baureferat), Walter Layritz (SPD, Stadtwerke), Albert Loichinger (CSU, Schul- und Kultusreferat sowie Staatl. Schulamt), Dr. Rüdiger Schweikl (CSU, Umweltschutzreferat), Hans Stützle (CSU, Sozialreferat), Uli Zech (SPD, Referat für Stadtplanung und Bauordnung).

567 Ebd.

568 Ebd.

569 Ebd.

570 Ebd.

571 SZ v. 4.5.1984; AZ v. 4.5.1984; Münchner Stadtanzeiger v. 8.5.1984.

572 Ebd.

573 AZ v. 28./29.4. und 4.5.1984.

574 Ebd.

575 MM v. 11./12.2.1984; SZ v. 11.2.1984.

576 Den ersten Hinweis auf dieses Grundstücksgeschäft zwischen der Bayerischen Hausbau (J. Schörghuber) und der Stadt München hatte Kronawitter von dem Stadtratsmitglied Peter Kripp (SPD) erhalten, der nicht nur Rechtspfleger am Münchner Grundbuchamt, sondern danach auch Korreferent beim städti-

schen Kommunalreferat war und so hervorragende Einblicke und Kenntnisse der einschlägigen Vorgänge hatte. AZ v. 22.3. 1984.

577 MM v. 11./12.2.1984.

578 Ebd.

579 Ebd.

580 AZ v. 4.5.1984: »Da schied Erich Kiesl, wie er selbst sagte, ›ohne Groll‹ von seinem OB-Sessel – die Amtskette mochte er seinem Nachfolger Georg Kronawitter aber nicht umhängen: ›Die Wunden der Niederlage sitzen noch tief.‹ Das abgegriffene Wort von der Wende in der Münchner Stadtpolitik war zwar nicht zu hören, aber spürbar.«

581 SZ v. 4.5.1984 und MM v. 4.5.1984.

582 Ebd.

583 SZ v. 4.5.1984.

584 Ebd.

585 Ebd.

586 Ebd.

587 SZ v. 9.5.1984.

588 SZ v. 8.5.1984

589 Münchner Stadtanzeiger v. 15.5.1984.

590 SZ v. 9.5.1984.

591 Münchner Stadtanzeiger v. 25.5.1984.

592 SZ v. 9.5.1984.

593 Ebd.

594 Ebd.

595 AZ v. 4./5.8.1984.

596 MM v. 9.5.1984.

597 AZ v. 4.5.1984.

598 AZ v. 29.5.1984.

599 AZ v. 4./5.8.1984; MM v. 4./5.8.1984.

600 MM v. 4./5.8.1984.

601 AZ v. 4./5.8.1984.

602 Ebd.

603 Ebd.

604 Ebd.

605 MM v. 4./5.8.1984.

606 Ebd.

607 Ebd.

608 MM v. 27.5.1984. Kronawitter nahm für sich als Chef der Stadtverwaltung in Anspruch, bei einzelnen Entscheidungen einen von der SPD-Rathaus-Fraktion abweichenden Standpunkt einzunehmen. Einen Vergleich mit den Flügelkämpfen zwischen 1972 und 1978 bezeichnete er aber als »abwegig«, denn die Fraktion sei bislang stets »sehr geschlossen aufgetreten« (MM v. 4./5.8.1984).

609 MM v. 26.7.1984.

610 AZ v. 31.8.1984. – Die Abendzeitung hatte berichtet, daß sich bereits beim ersten persönlichen Gespräch der beiden Kontrahenten ein Kompromiß angebahnt hatte. Nach den Angaben des Informanten sollte der so aussehen, daß Schörghuber bei einem anderen Grundstücksgeschäft mit der Stadt auf den Planungsgewinn in Millionenhöhe verzichtet.

Kronawitter erklärte dazu: »Einen Kompromiß wird es weder in dieser noch in einer anderen Form geben.« In dem ersten und bisher einzigen Gespräch sei nach den Feststellungen der gegensätzlichen Standpunkte vereinbart worden, die juristischen Fragen von Rechtsanwälten klären zu lassen. Der Oberbürgermeister wehrte sich heftig, daß in der Öffentlichkeit der Eindruck erweckt werde, der »Kuhhandel« ginge weiter.

611 Münchner Stadtanzeiger v. 2.11.1984.

612 AZ v. 4./5.8.1984.

613 Vgl. S. 221.

614 Münchner Stadtanzeiger v. 2.11.1984.

615 Kronawitter brachte seinen Haushaltsplan 1985 nur mit einem Trick durch. Er nahm das bei SPD und Grünen umstrittene Ohu aus dem Entwurf des Haushaltsplanes und machte ihn dadurch konsensfähig (AZ v. 4./5.8.1984). Siehe auch SZ v. 31.12.1984/1.1. 1985.

616 Siehe auch die »Acht-Monate-Bilanz« in Münchner Stadtanzeiger v. 28.12.1984.

617 Ebd.

618 Ebd.

619 Kronawitters Berührungsängste mit den Grünen und Alternativen hatte Hahnzog nicht. Sein politisch und zum Teil auch privat sehr gutes Verhältnis zu zahlreichen Mitgliedern gerade dieser Gruppierung war kein Geheimnis. Der grüne Fraktionsführer Georg Welsch war selbst mehrere Jahre persönlicher Referent und Berater von Hahnzog im Kreisverwaltungsreferat gewesen.

620 SZ v. 31.12.1984/1.1.1985; MM v. 25./26.12.1984; Münchner Stadtanzeiger v. 28.12.1984.

621 SZ v. 31.12.1984/1.1.1985.

622 Ebd.

623 Ebd.; MM v. 22.1.1985.

624 MM v. 24./25./26.12.1984. Siehe auch Anm. 602 und 607. Die AZ hatte bereits am 4./5.8.1984 in einem Kommentar festgestellt: »Klaus Hahnzog, Münchens dritter Bürgermeister und Kronawitters ungeliebter Parteifreund, entwickelt sich immer mehr zum Vordenker und Antreiber hinter den Kulissen. Eine ge-

fährliche Situation für den OB? Man darf gespannt sein, wie Kronawitter mit diesem brisanten Balance-Akt fertig wird«.

625 MM v. 24./25./26.12.1984.

626 Ebd.

627 Siehe auch Der Spiegel 1977, Nr. 12.

628 Gespräch mit Dr. Uhl, dem Vorsitzenden des Rechnungsprüfungsausschusses am 22.1.1997; Protokoll des Rechnungsprüfungsausschusses vom 5./6.11.1985.

629 Münchner Rathausumschau v. 2.7.1993.
Kaum war Pollner wieder Verwaltungsleiter, schloß er am 13.8.1993 mit der ehemaligen Kanzlei von Christian Ude (Buhl, Müller, Tandler & Kollegen) einen umstrittenen »Beratervertrag« für das von ihm verwaltete Krankenhaus ab. Nach § 1 dieses Vertrages übernahm die Rechtsanwaltskanzlei »im Rahmen ihrer freiberuflichen Tätigkeit die anwaltschaftliche Beratung der Auftraggeberin in allem mit dem Betrieb der Auftraggeberin zusammenhängenden Rechtsangelegenheiten«.

630 SZ v. 13.3.1986; AZ v. 4.10.1988.

631 AZ v. 4.10.1988.

632 Ebd.

633 Ebd.

634 MM v. 27.10.1986.

635 MM v. 24./25./26.12.1985; »Nicht persönliche Machtausübung steht da zur Debatte, sondern die Verläßlichkeit des Instrumentariums, das – versinnbildlicht – durch die Einbindung eines CSU-Bürgermeisters, die vor der Wahl versprochene › Kontinuität mit Kurskorrekturen‹ garantieren soll. Immer häufiger war aber in der letzten Zeit, wenn auch vorerst auf Nebenschauplätzen, der Zickzackkurs anstelle einer Linie zu registrieren, diktiert vom OB, der meist ein grünes Käppchen trug. Kronawitter hat die von ihm selbst aus guten Gründen geschaffene Apparatur nicht mehr so perfekt im Griff wie kurz nach seinem

zweiten Einstand. Das hat Ursachen.« (SZ v. Silvester 1985/Neujahr 1986).

636 MM v. 24./25./26.12.1985.

637 Die Welt v. 22.10.1985.

638 SZ v. 24.7.1992.

639 Ebd.

640 Ebd.; siehe auch SZ v. 12. und 19.8.1982.

641 AZ v. 8./9.2.1986.

642 Ebd.

643 Ebd.

644 SZ v. Silvester 1985/Neujahr 1986. Gespräch mit Helmut Gittel am 4.1.1996.

645 SZ, ebd.

646 AZ v. 8./9.2.1986; SZ v. 4.7.1986.

647 AZ v. 8./9.2.1986; SZ v. 8./9.2.1986.

648 SZ v. 30.1.1986.

649 SZ v. 25./26.10.1986.

650 SZ v. 21.7.1988.

651 MM v. 10.3.1987; SZ v. 11./12.4.1987.

652 Ebd.; Uhl erhielt 40 gültige Stimmen, Ude 39. In der Stichwahl siegte Uhl mit 41:38 Stimmen (2 Stimmen waren ungültig). Da im ersten Wahlgang sechs der 81 abgegebenen Stimmen von den Grünen mit besonderen Kreuzen versehen worden waren, wurden diese Stimmen von der Rechtsabteilung des Direktoriums und später dann auch von der Regierung von Oberbayern wegen Kennzeichnung für ungültig erklärt (AZ v. 2./3.5. 1987; MM v. 2./3. 5.1987; tz v. 2./3.5.1987).

653 tz v. 28./29.3.1987; SZ v. 31.3.1987.

654 AZ v. 31.3.1987; MM v. 31.3.1987; tz v. 31.3.1987.

655 SZ v. 11./12.4.1987.

656 AZ v. 11./12.4.1987.

657 SZ v. 11./12.4.1987; MM v. 10.4.1987.

658 SZ v. 11./12.4.1987.

659 SZ v. 9.4.1987; Der Spiegel, 1987, Nr. 16, S. 51 bis 58.

660 SZ v. 9.4.1987.

661 Ebd.

662 MM v. 20.4.1988.

663 MM v. 18.7.1988: »Unermüdlich spürt er finsteren Mächten und Machenschaften nach und inszeniert vor staunendem Publikum ein Feuerwerk zur höheren Ehre der eigenen Person. Doch da leuchtet auch Blendwerk auf. Die Ritterschaft erinnert in mancher Szene fatal an Don Quichotte.« Siehe auch SZ v. 13.3.1986; tz v. 12.7.1988.

Vom Münchner Merkur gebeten, dem Jubilar anläßlich seines Geburtstages einen roten Teppich auszurollen, zollte Innenstaatssekretär Peter Gauweiler (»schwarzer Peter«) Kronawitters »mutigem Kurs gegen die Linksentwicklung der SPD« Anerkennung und lobte seine »Bereitschaft zur Emotion und Farbe« sowie seine »Verbundenheit zur bayerischen Erde«. (MM v. 20.4.1988).

664 Am 29.9.1981 hatte der Kommunalausschuß und am 14.10.1981 die Vollversammlung des Stadtrates jeweils gegen die Stimmen der SPD-Fraktion in nichtöffentlicher Sitzung beschlossen, die im städtischen Besitz befindlichen Grundstücke im Münchner Osten zu verkaufen. Die 60 734 Quadratmeter wurden an die Bayerische Hausbau für 13 967 820 Mark veräußert. Am 22.9. 1982 billigte der Stadtrat die vorgesehene Bebauung. Damit stieg der mit 230 Mark pro Quadratmeter bewertete Bodenpreis erheblich. Kronawitter nannte den Vorgang »einen Skandal, in einer Größenordnung, wo einem wirklich schwindelig werden kann.« Siehe SZ v. 10.1.1984.

665 MM v. 23.8.1988.

666 Gespräch mit Walter Zöller am 5.12.1996.

667 AZ v. 29.4.1988; SZ v. 30.4.1988.

668 MM v. 23.8.1988.

669 Ebd.

670 Ebd.

671 Ebd.

672 AZ v. 28.2.1989; tz v. 28.2.1989.

673 AZ v. 28.2.1989.

674 Selbst der Salvatoranstich 1989 fand ohne Kronawitter statt. Abgesagt werden mußte auch sein Diskussionsforum »München 2000«.

675 tz v. 28.2.1989.

676 tz v. 8.3.1989; MM v. 8.3.1989.

677 SZ v. 1.4.1989; tz v. 1.4.1989.

678 MM v. 5.4.1989.

679 Ebd.; AZ v. 20.6.1989.

680 MM v. 5.4.1989.

681 AZ v. 25.4.1989; SZ v. 26.4.1989.

682 AZ v. 25.4.1989.

683 SZ v. 26.4.1989; MM v. 27.4.1989.

684 MM v. 27.4.1989.

685 Ebd.

686 Ebd.; AZ v. 25.4.1989.

687 SZ v. 26.4.1989.

688 Ebd.; MM v. 27.4.1989.

689 AZ v. 25.4.1989.

690 SZ v. 26.4.1989.

691 Ebd.

692 Ebd.

693 Ebd.

694 SZ v. 10.5.1989. Münchens SPD-Parteichef Hans-Günther Naumann kündigte einen umgehenden Brandbrief an jedes SPD-Mitglied an. Und auch die CSU setzte ein Sondertreffen mit Parteichef Erich Kiesl an.

695 AZ v. 20.6.1989. Münchens oberster Wahlchef, Kreisverwaltungsreferent Hans-Peter Uhl, hatte die Stimmergebnisse der Europawahl in München sofort auf den Stadtrat umgerechnet. Das Resultat erschreckte CSU und SPD gleichermaßen.

696 AZ v. 20.6.1989.

697 Landgericht München I, Az. 12 o 8989/88.

698 AZ v. 18.10.1988; Landgericht München I, Urteil v. 27.8.1987 (Az.: 12 O 16256/87); OLG München, Urteil v. 14.1.1988, (Az.: 19 U 5760/87).

699 Landgericht München I, Az.: 12 O 8989/88; OLG München, Az.: 19 U 1986/89. Gespräch mit Walter Zöller am 5.12.1996.

700 Protokoll des 19. Zivilsenats des OLG München v. 21.12.1989 (Az.: 19 U 1986/89).

701 AZ v. 29.5.1988; MM v. 21.5.1988; SZ v. 25.5.1988; tz v. 26.5.1988; Münchner Stadtanzeiger v. 27.5.1988.

702 SZ v. 1.6.1988.

703 Ebd.

704 Ebd.

705 tz v. 17.11.1989.

706 Ebd.

707 Ebd.

708 Ebd.

709 SZ v. 16.1.1989.

710 Ebd.– In einem Kommentar »Fünf vor zwölf für den Messeplatz« schrieb Franz Freisleder: »Und noch ein Jahr verging bis zum nächsten Schritt, der Einleitung des Raumordnungsverfahrens, Entscheidungen in Detailfragen – Lage, Art der Verkehrsanbindung – schiebt man mangels Konsens zwischen den Rathaus-Fraktionen immer noch vor sich her.«

711 Münchner Stadtanzeiger v. 8.2.1990.

712 Ebd.– Gespräch mit Helmut Gittel am 5.12.1997.

713 Ebd.– Stadtratsantrag Nr. 2499 v. 17.1.1989.

714 Eröffnungsrede der 15. »Heim- und Handwerk« am 28.11.1992.

715 Hans (»Johnny«) Klein starb am 26. November 1996.

716 Die OB-Kandidatin der Republikaner, Ingrid Schönhuber, erreichte 5 Prozent der Stimmen, Sabine Csampai von den Grünen erhielt 4 Prozent und Heidrun Kaspar (F.D.P.) 2,2 Prozent der Stimmen.

717 Bei seinem dritten Amtsantritt war die Referentenbank wie folgt besetzt: Personalreferat: Dr. Hans-Joachim Frieling (parteilos); Stadtkämmerei: Dieter Grundmann (CSU); Baureferat: Horst Haffner (F.D.P.); U-Bahn-Referat: Dr. Werner Hochmuth (parteilos); Kulturreferat: Siegfried Hummel (SPD); Stadtwerke: Walter Layritz (SPD); Schul- und Kultusreferat: Albert Loichinger (CSU); Umweltschutzreferat: Dr. Rüdiger Schweikl (CSU); Sozialreferat: Hans Stützle (CSU); Kreisverwaltungsreferat: Dr. Hans-Peter Uhl (CSU); Kommunalreferat: Georg Welsch (Grüne); Referat für Stadtplanung und Bauordnung: Uli Zech (SPD); Betriebs- u. Krankenhausreferat: Dr. Thomas Zimmermann (CSU).

718 Aufgrund verläßlicher Mitgestalter konnte Zöller als »heimlicher OB« und »schwarzer Riese« Kronawitter in der Zeit der Gestaltungsmehrheit nahezu täglich vorführen (AZ v. 18.10.1988)

719 SZ v. 8.11.1990 / FAZ v. 30.12.1991.

720 SZ v. 28.9.1991.

721 FAZ v. 30.12.1991.

722 Ebd.; vgl. dazu Bayernkurier v. 23.11.1991.

723 »Tatsächlich fahren Kraftfahrzeuge aus Fürstenfeldbruck auf städtischen Straßen, schicken Dachauer Eltern ihre Kinder auf städtische Schulen, legen sich Ebersberger Bürger in städtische Krankenhäuser und besuchen Starnberger Familien die Münchner Kammerspiele. Diesen seinen Kummer pflegt Kronawitter in einem Ton vorzutragen, als wäre es ihm am liebsten, ganz Bayern miede München wie die Pest. Selbstverständlich ließe sich auch eine Gegenrechnung aufmachen: Ausflügler aus der Stadt zertrampeln oberbayerische Wiesen oder erfüllen Kurorte mit ihrem Lärm; Schwabinger und Nymphenburger nehmen den Augsburgern und Regensburgern in der Bayerischen Staatsoper die Sitzplätze weg« (FAZ v. 30.12.1991).

724 Bayernkurier v. 23.11.1991.

725 SZ v. 4.3.1992; Gespräch mit Thomas Schmatz am 16.1.1996.

726 SZ v. 23.11.1992.

727 SZ v. 3.7.1991.

728 Schreiben v. 26.4.1990.

729 LG München I, Az.: 9019029/91; MM v. 3.9.1991.

730 MM v. 14.11.1991.

731 Richtlinien gemäß § 177 Abs. 2 Satz 2 der Bundesrechtsanwaltsverordnung.– Dr. Klaus Hahnzog wurde auf dem Briefbogen der Kanzlei mit dem gleichen Schriftbild und in der gleichen Anordnung wie die anderen Rechtsanwälte, mit gleicher Anschrift, mit gleicher Telefon- und Faxnummer, sogar mit gleicher Postgironummer und gleichem Bankkonto aufgeführt.

732 Der Spiegel 1993, Nr. 15.

733 Ebd.

734 SZ v. 14.4.1993. Gespräch mit Thomas Schmatz am 16.1.1996. Gespräch mit Dr. Winfried Zehetmeier am 17.11.1995.

735 IHK-Journal 6/95, S. 22; Monatsbericht des Bremer Ausschusses für Wirtschaftsforschung 2/95. Siehe auch Bayern-Kurier v. 23.11.1991 und v. 26.9.1992.

736 Ebd.– So war in den letzten Jahrzehnten der Zuwachs an Arbeitsplätzen im Umland von München stärker als in der Kernstadt, zeitweise fand er nur dort statt. (Siehe Hermann Biehler, Standort München. Sozioökonomische und räumliche Strukturen der Neo-Industrialisierung. IMU-Studien 20, München 1994, S. 187). Während die Zahl der Beschäftigten im Umland um 62,8 Prozent stieg, habe sie in München nur um 16,5 Prozent zugenommen. Bei der Betrachtung der Entwicklung der sozialversicherungspflichtigen Beschäftigen zwischen 1985 und 1993 »hat wiederum das Umland der Region München mit einer Wachstumsrate von 28,3 Prozent bundesweit das höchste Wachstum erreicht«. Die Kernstadt München schnitt nach der Studie im Vergleichszeitraum mit +7,2 Prozent hier relativ ungünstig ab und liegt gegenüber der langfristigen Betrachtung nur mehr im Durchschnitt der Kernstädte. (IHK-Journal 6/95).

737 MM v. 31.10.1991.

738 SZ v. 8.11.1991.

739 Münchner Stadtanzeiger v. 14.5.1992.

740 SZ v. 31.12.1991. Gespräch mit Helmut Gittel am 4.1.1996.

741 Seit 1.4.1991 leitete der ehem. Arbeits- und Sozialrichter Dr. Reinhard Wieczorek das neu gegründete Referat für Arbeit und Wirtschaft.

742 SZ v. 18.2.1993.

743 SZ v. 25.2.1993.

744 Die Regierung von Oberbayern hatte beanstandet, daß Burkert die erforderlichen Laufbahnprüfungen für den höheren Dienst nicht absolviert hatte, außerdem könnte sie auch keine Ersatzleistungen, wie zum Beispiel eine dem Aufgabengebiet als

Stadtschulrätin entsprechende mindestens dreijährige Leitungsfunktion, vorweisen.

745 SZ v. 23.4.1993.

746 Auch der kulturpolitische Ausschuß des Bayerischen Landtags stellte sich auf die Seite der Regierung von Oberbayern.

747 »Am liebsten würde die allmählich zur Wohnungsbaubehinderungsbehörde werdende Stadt daraus (Panzerwiese, Anm. d. Verf.) einen einzigen Park machen. Das wäre ja schön, ist in der jetzigen Wohnungsnot aber sozial nicht zu verantworten« (SZ v. 18.11.1990).

748 Der Spiegel 1992, Nr. 10, S. 61/65

749 Ebd.

750 Der Spiegel 1992, Nr. 16, S. 44/45.

751 Ebd.

752 SZ v. 14.4.1992.

753 AZ, Ostern 1992.

754 Ebd.

755 Ebd.

756 Der Spiegel 1992, Nr. 37.

757 SZ v. 7.9.1992.

758 SZ v. 16.12.1993.

759 Der Verkäufer hatte die Auflage gemacht, den Krankenhausbetrieb sechs Monate nach dem Erwerb aufzunehmen. Ferner bestand eine 20jährige Nutzungsbindung.

760 SZ v. 16.12.1993.

761 Ebd.

762 Rathaus Umschau v. 24.7.1991.

763 AZ v. 17.11.1989; SZ v. 17.11.1989; MM v. 17.11.1989.

764 SZ v. 7.12.1989.

765 Urteil des LG München I v. 19.2.1992, Az.: 9 O 19442/91.

766 SZ v. 21.1.1993.

767 Brief Kronawitters an den Direktor der Mercedes-Niederlassung München, Karl Dersch, v. 28.8.1988.

768 Rundschreiben Nr. 45 der Stadtverwaltung München v. 28.4. 1993. SZ v. 7.5.1993, 28.5.1993, 2.6.1993 (Leserbrief von OB Kronawitter »Ein Konzernchef würde sich totlachen ...«).

769 SZ v. 7.5.1993, 28.5.1993; MM v. 30.6.1993; AZ v. 5./6.6. 1993.

770 Flügel in der SPD. Historischer Abriß der Flügelbildung in der deutschen Sozialdemokratie (unter besonderer Berücksichtigung des linken Flügels). Darstellung und Kritik von Typologien der Flügel in der SPD, Typologie der Flügel in der SPD auf der Grundlage einer Inhaltsanalyse. Magisterarbeit. München 1978. Referent: Prof. Dr. Kurt Sontheimer.

771 Linksopposition in der SPD von der Vereinigung mit der USPD 1922 bis zur Abspaltung der SAPD 1931 (Phil. Diss. München 1982). München 1983.

772 BayVGH Beschluß v. 29.7.1993. Az.: 3 CE 93.1964; SZ v. 3.8.1993 und 11.8.1993.

773 SZ v. 15.6.1993.

774 Ebd.

775 SZ 13.5.1993.

776 SZ v. 15.6.1993; Stimmen aus Politik und Wirtschaft zu Kronawitters Ankündigung zurückzutreten: Hans-Günter Naumann, damals noch Münchner SPD-Vorsitzender, kommentierte den Abgang seines Parteifreundes, mit dem er oft genug aneinandergeraten war, wie folgt: »Kronawitters Führungsstil war oft eine Art Stahlgewitter für seine Umgebung, leichter auszuhalten dadurch, daß es sich stets auf mehrere entlud.«

Gerhard Bletschacher, damaliger Vorsitzender der CSU-Stadtratsfraktion: »Nun liegt es an den Münchnerinnen und Münchnern, den grün/roten Spuk zu beenden. Die CSU ist auf die Wahlauseinandersetzung vorbereitet, Christian Ude darf nicht Oberbürgermeister unserer Stadt werden!«

Heidrun Kaspar, Fraktionsvorsitzende der Stadtrats-F.D.P.: »Das ist ein cleverer und raffinierter Schachzug. Er ist unangreifbar, da er keine Verantwortung mehr hat und kann sich selbst zu allen Fragen äußern.«

Gesa Tiedemann, stellvertretende Vorsitzende der Fraktion der Grünen: »Wir wünschen ihm alles Gute für seine persönliche Zukunft und seine Landtagskandidatur und danken ihm, daß er die ganze Zeit wie eine Eins zum rot-grünen Bündnis stand. Erstes Ziel ist jetzt, zu verhindern, daß Gauweiler OB wird.«

Werner Gress, Hauptgeschäftsführer der Handwerkskammer für München und Oberbayern: »Wir hoffen, daß jetzt in Sachen Wirtschaftspolitik und Wirtschaftsförderung in München neue Akzente gesetzt werden. Zum Beispiel liegt uns die Ausweisung neuer Gewerbegebiete sehr am Herzen.«

Wilhelm Wimmer, Hauptgeschäftsführer der Industrie- und Handelskammer für München und Oberbayern: »Die IHK hat die Erklärung des Oberbürgermeisters überrascht und erstaunt zur Kenntnis genommen. Der Umgang mit OB Kronawitter war in all den Jahren offen und freimütig, daraus ergab sich ein gutes, sachliches Verhältnis trotz mancher Meinungsverschiedenheiten.« (SZ v. 16.6.1993; MM v. 15.6.1993).

777 SZ v. 1.7.1993.

778 Münchner Rathausumschau v. 2.7.1993.

779 Ebd.

780 Münchner Rathaus Umschau v. 2.7.1993.

781 Ebd.

782 Ebd.

783 Das Ergebnis der Wahl zum Bayerischen Landtag v. 25. September 1994: CSU 52,8 % (120 Sitze), SPD 30,0 % (70 Sitze) und

Bündnis 90/Die Grünen 6,1 % (14 Sitze), Republikaner 3,9 %, F.D.P. 2,8 % und ÖDP 2,1 %.

784 Außer Kronawitter (Stimmkreis 101 München-Altstadt) gewannen noch Franz Maget (Stimmkreis 107 München-Milbertshofen), Monica Lochner-Fischer (Stimmkreis 102 München-Schwabing), Renate Schmidt (Stimmkreis 501 Nürnberg-Nord und Dr. Thomas Jung (Stimmkreis 509 Fürth-Stadt) ein Direktmandat.

785 Bayerisches Landesamt für Statistik und Datenverarbeitung (Hrsg.): Wahl zum Bayerischen Landtag am 25. September 1994; Heft 492.

786 Ebd.

787 Vor Kronawitter belegten Renate Schmidt (+8094 Stimmen) und Eberhard Irlinger (+6244 Stimmen) die beiden ersten Plätze.

788 Georg Kronawitter 328139 Stimmen, Renate Schmidt 294849 Stimmen. Die Gesamtstimmen ergeben sich als Summe aus Erst- und Zweitstimmen.

789 Bayerische Staatszeitung v. 23.12.1994.

790 Maximilianeum, Beilage der Bayerischen Staatszeitung, August 1995.

791 Bayerische Staatszeitung v. 16.2.1996.

792 Ebd.

793 spk v. 15.3.1996.

794 spk v. 15.3.1996.

795 Georg Kronawitter, Was ich denke. München 1996. S. 62.

796 Ebd., S. 63.

797 Ebd., S. 65.

798 Ebd., S. 66.

799 Ebd., S. 68.

800 Ebd., S. 69/70.– Mit der gleichen Forderung trat Kronawitter am 18. November 1996 nochmals an die Öffentlichkeit. Zusammen mit der damaligen Münchner SPD-Vorsitzenden Ingrid Anker sowie seinen Fraktionskollegen Monica Lochner-Fischer und Franz Maget präsentierte er ein vierseitiges Papier, das in einer Auflage von 30 000 Stück verteilt worden war. In dem Papier wurden die Bürger auf die »Steuerungerechtigkeit« aufmerksam gemacht, gleichzeitig sollte aber auch »Druck von unten« auf die Regierenden ausgeübt werden. Kronawitter bezeichnete Kohls Politik als »Faustschlag in das Gesicht der Arbeitnehmer«, die von Finanzminister Waigel »wie Weihnachtsgänse ausgenommen« würden, während man die Reichen »wie Schoßhündchen« schone. Bereits 1993 hatte Kronawitter in einem Artikel des Spiegel (1993, Nr. 47, S. 30/38) eine Vermögensabgabe von Reichen gefordert. Die »Superreichen« sollten mit einem 15prozentigen Solidarbeitrag belastet werden. Jährlich könnte der Staat so 60 Milliarden Mark, zehn Jahre lang, kassieren. »Die SPD muß mit einem Paukenschlag dafür eintreten, daß endlich Arbeit und Vermögen gleichwertig herangezogen werden.« Die Sozialdemokraten könnten die Bundestagswahl 1994 nur gewinnen, »wenn sie dem unteren Drittel der Gesellschaft das Signal gibt, ihre Interessen zu vertreten«.

801 Kronawitter, Was ich denke, S. 71.

802 Ebd., S. 72.

803 AZ v. 30.9.1996.– Kronawitter verlangte von der SPD, daß endlich Arbeit und Vermögen gleichwertig zur Finanzierung der Wiedervereinigung und zur Krisenbewältigung herangezogen werden. Bis heute würden »nur Lohn- und Gehaltsempfänger immer rabiater belastet.« Das müsse in kurzer Zeit den sozialen Frieden ernsthaft gefährden. Sein Vorschlag lautete deshalb: »Die 10 Prozent der besonders Vermögenden, also der Superreichen, müssen mit einem 15prozentigen Solidarbeitrag belastet werden. Von ihren rund 4000 Milliarden Mark Vermögen (Schulden gegengerechnet) seien etwa 600 Milliarden aufzu-

bringen, und zwar in zehn Jahresraten, das seien jährlich 60 Milliarden Mark oder 1,5 Prozent. Gemessen an den erheblichen Einbußen des Realeinkommens der Lohn- und Gehaltsempfänger sei dies wohl »als zumutbar« zu werten. Der Solidarbeitrag sei so zu staffeln, daß die Besitzer der größten Vermögen mit einer Abgabe bis zu 20 Prozent ihres derzeitigen Besitzes betroffen sind. (Der Spiegel 1993, Nr. 47, S. 30/38).

804 Stellvertretender SPD-Fraktionsvorsitzender im Bayerischen Landtag.

805 Der niederbayerische Bäderunternehmer Johannes Zwick jr. war von der Wirtschaftsstrafkammer am Landshuter Landgericht wegen Steuerhinterziehung von weit über 60 Millionen Mark (ausstehende Steuern und Säumniszuschläge) lediglich zu einer Bewährungsstrafe von einem Jahr und zehn Monaten sowie zu einer »Geldauflage« in Höhe von 1,63 Millionen Mark verurteilt worden. Kritik übte der Vorsitzende der Wirtschaftsstrafkammer, Gottfried Dobler, am bayerischen Finanzministerium. Den für den Fall Zwick zuständigen Beamten sowie den damit befaßten Ministern – Max Streibl und Gerold Tandler – komme ein »massives Mitverschulden« zu, urteilte Dobler. Der von der Familie Zwick 1987 vorgelegte Vermögensstatus sei nicht ausreichend geprüft worden, obwohl falsche Angaben offenkundig gewesen seien. Pfändbares Inlandsvermögen in Höhe von rund drei Millionen Mark sei nicht beachtet worden. Zugunsten von Johannes Zwick jr. wertete die Wirtschaftsstrafkammer deshalb die Nachlässigkeit des Finanzministeriums. Der Vorsitzende Richter betonte, ohne die Versäumnisse des Ministeriums hätte Johannes Zwick eine Haftstrafe von drei bis vier Jahren zu erwarten gehabt. »Massiv strafmildernd« habe sich zudem ausgewirkt, daß Zwick die reine Steuerschuld seiner Eltern in Höhe von 32,8 Millionen Mark bezahlt und ein Geständnis abgelegt habe. Für die Säumniszuschläge, die sich auf 29,8 Millionen Mark belaufen, könne Zwick jr. nicht zur Rechenschaft gezogen werden.

806 Bayerische Staatszeitung v. 10.5.1996.

807 Bayerische Staatszeitung v. 17.5.1996.

808 Pressemitteilung des Finanzministeriums v. 19.6.1996.

809 Bayerische Staatszeitung v. 19.7.1996. Kronawitters Steuergerechtigkeits-Kampagne fand auch noch 1997 seine Fortsetzung. Ende Mai beklagte er den geradezu dramatischen Rückgang der Auszubildenden für die Bayerische Finanzverwaltung (Bayerische Staatszeitung v. 30.5.1997).

810 Der Spiegel 1993, Nr. 47, S. 30/38. Die von ihm berechnete fiktive Vermögensabgabe würde die Fürstin »etwa so spüren, wie ein Ochse, den man ins Horn zwickt«. Siehe auch Anm. 803.

811 Der Spiegel, ebd.

812 Der Spiegel, ebd.

813 Bletschacher war für diese Veruntreuung zu drei Jahren und neun Monaten Haft verurteilt worden.

814 Die wichtigsten Rügen des ORH lauteten: Die vom Finanzamt am 19.2.1992 getroffenen Entscheidungen in Sachen »Stille Hilfe« seien »nicht mehr vertretbar«, weil der damals vorgelegte Vorstandsbeschluß nicht ausreichend gewesen sei, die »vom Finanzamt erkannten Bedenken gegen die Mittelverwendung auszuräumen«. Ferner hätte die Formulierung des Vorstandsbeschlusses ohne jede Klarstellung der Darlehnsgewährung an Bletschacher vom Finanzamt »keinesfalls unbeanstandet hingenommen werden dürfen«. Auch sei der Verein damals nicht aufgefordert worden, »einen ordnungsgemäßen Darlehensvertrag mit angemessener Zinsvereinbarung vorzulegen«. Zudem wäre es »zwingend gewesen, Nachweise zur Darlehenssicherung anzufordern«. Ebenfalls »unverständlich« sei es gewesen, daß das Finanzamt 1992 die weitere Klärung der noch offenen Zweifel verschoben hat. Da »ein nicht mehr korrigierbarer Steuerausfall« drohte, »wäre ein in die Zukunft gerichtetes konsequentes Handeln zur Vermeidung möglicher weiterer Ausfälle um so dringlicher gewesen«. »Nicht verständlich« sei auch

die vom Finanzamt gezeigte Großzügigkeit bei wiederholten Fristversäumnissen Bletschachers gewesen. Insgesamt, so der ORH in seinem Bericht, sei ein »unverständlich zögerlicher Ablauf der Ermittlungen festzustellen«, die Aberkennung der Gemeinnützigkeit für die »Stille Hilfe« im August 1994 sei »erheblich verspätet« erfolgt.

815 Pressemitteilung des Finanzministeriums v. 16.9.1996.

816 Ebd.

817 Presseerklärung Kronawitters v. 17.9.1996.

818 Ebd.– Da sich Huber über die gravierenden Vorwürfe des ORH im Haushaltsausschuß des Landtags mit der lapidaren Bemerkung hinwegsetzte, es sei »alles in Ordnung« und die Opposition mache nur ein »absurdes Theater«, beschloß die SPD-Fraktion am 16. Oktober 1996 einen Untersuchungsausschuß im Landtag zu beantragen, der die Frage klären sollte, ob und inwieweit der ehemalige Vorsitzende der Münchner Stadtratsfraktion bei der Veruntreuung von 4,8 Millionen Mark Spenden von Finanzbehörden geschont worden sei. Als Mitglieder nominierte die SPD-Fraktion Kronawitter und Jung (Presseerklärung der SPD v. 16. Oktober 1996). Am 12. November 1996 stellten beide den vierzehn Fragen umfassenden Fragenkatalog für den Untersuchungsausschuß zur »Käseschachtel-Affäre« vor. Der Katalog war in drei Hauptpunkte untergliedert – Betriebsprüfung im Jahre 1990, Folgearbeiten der bayerischen Finanzbehörden und Zusammenarbeit bayerischer Finanzbehörden mit der bayerischen Justiz. Der Untersuchungsausschuß sei »in die Zukunft gerichtet«, mit dem Ziel, daß sich ein solcher Vorgang nicht mehr wiederholt (Sonderrecht und Sonderbehandlung für prominente CSU-Mitglieder), erklärte Jung.

819 Die wichtigsten Fakten sind nach Hubers Ansicht:

1. Es sei schließlich das Finanzamt gewesen, das die kriminellen Machenschaften von Bletschacher an die Staatsanwaltschaft weitergeleitet und damit eine Strafverfolgung ermöglicht habe.

2. Der Rechnungshof habe eindeutig festgestellt, daß es keinerlei politische Einflußnahme gegeben habe.
3. Sei es nicht Aufgabe des Finanzamts, sondern der Vereinsführung, das Handeln und das Vorgehen des Vereinsvorsitzenden zu überwachen (Pressemitteilung des Finanzministeriums v. 18.9.1996 und 12.11.1996).

820 Pressemitteilung des Finanzministeriums v. 18.9.1996.

821 Landtagsdrucksache 13/6927 v. 19.12.1996.

822 tz v. 8.7.1997.

823 Ebd.

824 Damit spielte Kronawitter auf die sich lange hinziehende Anklageerhebung gegen Alt-OB Erich Kiesl an. Kiesl muß sich nun aber seit dem 20. Januar 1998 wegen uneidlicher Falschaussage, Untreue und Steuerhinterziehung vor Gericht verantworten.

825 Am 8. Juli 1997 trat Bletschacher als reuiger Sünder vor dem »Käseschachtel«-Untersuchungsausschuß auf. Er entschuldigte sich während seiner Zeugenaussage wiederholt bei den Mitarbeitern des Finanzamts und seinen Vorstandskollegen der »Stillen Hilfe«. In »grenzenloser Selbstüberschätzung« habe er lange Zeit geglaubt, die Sache wieder in Ordnung bringen zu können. Er sei deshalb auch zu Recht in Landsberg in Haft. »Es gibt keinen anderen Schuldigen außer mir.« Kronawitters indirekten Vorwurf, daß die Finanzverwaltung schuld sei, daß Bletschacher einsitzen müsse, bezeichnete Ausschußmitglied Dr. Thomas Zimmermann (CSU) als »pharisäerhaft« (Bayerische Staatszeitung v. 11.7.1997).

826 Bayerische Staatszeitung v. 23.1.1998; dpa/lby v. 20.1.1998; SZ v. 21.1.1998.

827 Die ganze Angelegenheit eskalierte schließlich, da Albert Schmid noch vor der Wahl durch den Arbeitskreis gegenüber der Süddeutschen Zeitung geäußert hatte, die bayerische SPD sei »in einer einzigartig beschissenen Situation«. (SZ v. 11.7.

1996) Daraufhin forderte das Präsidium der bayerischen SPD Schmid auf, als stellvertretender Landesvorsitzender zurückzutreten.

828 spk v. 25. April 1997.

829 Ebd.

830 Ebd.

831 spk v. 27.9.1996.

832 SZ v. 14./15.9.1996.

833 Auch auf dem Parteitag der Münchner SPD am 17. Februar 1997 heizte Kronawitter die Stimmung zum Thema »soziale Gerechtigkeit« sowie große Geld- und Vermögensbesitzer nochmals kräftig an. Mit markigen Worten griff der Alt-OB Finanzminister Theo Waigel als »Schutzpatron der Superreichen« und »Schinder-Theo des kleinen Mannes« an. Es sei an der Zeit, die großen Geld- und Vermögensbesitzer in die Pflicht zu nehmen. (SZ v. 18.2.1997; MM v. 19.2.1997) Aber auch die »Roten« bekamen ihr Fett ab: Sie hätten zu lange geschlafen, die Bonner Genossen warnte er eindringlich vor »faulen Kompromissen«. Der nunmehrige Münchner Partei-Chef, Franz Maget, freute sich: »Wir spielen bundesweit eine Vorreiterrolle.« Und ein anderer Spitzengenosse bewundernd: »Der Schorsch ist einfach ein Phänomen. Von dem kann sich manch Junger eine Scheibe abschneiden« (AZ v. 19.2.1997).

834 spk v. 24. Januar 1997.

835 Pressemitteilung des Finanzministeriums v. 17. Januar 1997.– Unter der Überschrift »Robin Kronawitter, der Rächer im ›Perlach Forest‹« glossierte Jürgen Umlauft in der Frankenpost v. 25./26. Januar 1997 die Aktion des roten Schorsch treffend: »Münchens Altoberbürgermeister Georg Kronawitter (SPD), in der Landeshauptstadt als Rächer der Kleinverdiener und Enterbten vom ›Perlach Forest‹ berüchtigt, hat wieder zugeschlagen. ›Jetzt sind die großen Vermögensbesitzer dran!‹ tat der in CSU-Kreisen geächtete Abgeordnete kund und verteilte unter

dem roten Banner seiner Truppe auf dem Marktplatz vor dem Rathaus einen entsprechenden Aufruf. Beigeheftet war eine Umfrage, in der ›Robin‹ Kronawitter wissen wollte, ob die Bürger eine höhere Besteuerung der ›Superreichen‹ wünschten. 190 Rückmeldungen aus der Millionenstadt erhielt er, nur vier widersprachen ihm. Der für die Staatsfinanzen zuständige ›King John‹ Huber entlarvte Kronawitters Aktion als ›lächerlichen Propaganda-Trick‹. Mag sein, aber die Sympathiewerte sprechen für den Mann aus dem ›Perlach Forest‹. Da liegt er in München parteiübergreifend unschlagbar vorn!«

836 Die Sachbuch-Reihe »querdenken!« wird von Prof. Dr. Horst Herrmann herausgegeben, der seit 1971 katholisches Kirchenrecht und seit 1981 auch Soziologie an der Universität Münster lehrt. In vielen Veröffentlichungen hat er kritische Themen behandelt und immer wieder – auch in den Medien – Denkanstöße für breite öffentliche Diskussionen geliefert.

837 SZ v. 22./23.2.1997.

838 Statt des »roten Schorsch« tritt nun seine Frau Hildegard Kronawitter (siehe Anm. 9) 1998 für die Erdinger SPD zur Landtagswahl an (SZ v. 5.3.1997).

839 AZ v. 21.4.1997.

840 In einem Interview erklärte Kronawitter, warum er kandidierte: »Die SPD muß im Wahlkampf noch härter einsteigen wie bisher. Es ist mir unbegreiflich, warum die Bonner SPD die großen Vermögensmillionäre immer noch nicht zur Kasse bittet. Ich möchte meine Erfahrungen einbringen und alle meine Vorstellungen durchsetzen, meine Strategien und Aktionen, die beim Bürger ankommen. Ich, der älteste, und die jüngste von den Jusos, können eng zusammenarbeiten. Es wird sich was tun.« Ferner hoffte er, daß die Münchner SPD bei der nächsten Landtagswahl fünf Direktmandate holt. »Gauweiler und seine CSU sind bei den Münchnern nicht gefestigt. Vielleicht noch bei den Rechten. Da können wir in der Mitte was erreichen.« Von den Freien Wählern erwartete sich Kronawitter wenig, da

er sie als »fünfte Kolonne der CSU« einschätzte. Nach der Wahl würden sie sofort mit Stoiber kooperieren. Für die SPD im Bund will der Alt-OB keine Neuauflage der Troika. »Aber wenn Schröder, Lafontaine und Scharping jetzt eisern zusammenstehen und die Kraft haben, sich auch gegenseitig ehrlich zu loben, dann kann Helmut Kohl die Wahl nicht mehr gewinnen« (AZ v. 21.4.1997).

841 Bild München v. 22.7.1997.

842 SZ v. 23.7.1997.

843 Bild München v. 22.7.1997, vgl. MM v. 23.7.1997.

844 Bild München v. 22.7.1997, vgl. tz v. 23.7.1997.

845 SZ v. 23.7.1997.

846 AZ v. 23.7.1997.

847 SZ v. 25.4.1997.

848 Ebd.

849 Ebd.

850 Ebd.

851 SZ v. 21.5.1997.

852 Ebd.

853 Gespräch mit Dr. Hans-Peter Uhl am 22.1.1997.

854 Ebd.

855 Gespräch mit Walter Zöller am 5.12.1996.

Personenregister

L

M

N